本集刊由

（青松觀）香港道教學院

北京大學道家研究中心

合辦

道家文化研究

第三十四輯

陳鼓應 主編

中華書局

圖書在版編目（CIP）數據

道家文化研究.第三十四輯/陳鼓應主編. —北京：中華書局，
2022.8
ISBN 978-7-101-15816-8

Ⅰ.道… Ⅱ.陳… Ⅲ.道家-文化研究 Ⅳ.B223.05

中國版本圖書館 CIP 數據核字（2022）第 121424 號

書 名	道家文化研究（第三十四輯）
主 編	陳鼓應
責任編輯	白愛虎
責任印製	陳麗娜
出版發行	中華書局
	（北京市豐臺區太平橋西里 38 號 100073）
	http://www.zhbc.com.cn
	E-mail:zhbc@zhbc.com.cn
印 刷	三河市宏盛印務有限公司
版 次	2022 年 8 月第 1 版
	2022 年 8 月第 1 次印刷
規 格	開本/850×1168 毫米 1/32
	印張 17⅛ 插頁 2 字數 364 千字
國際書號	ISBN 978-7-101-15816-8
定 價	78.00 元

編者的話

　　眾所周知，儒、道兩家乃是中國思想史上最爲重要、影響最爲深遠的兩大學派。中國思想發展至當代，針對儒、道兩家的專題研究和比較研究層見疊出，呈現一派欣欣向榮的氣象。然而，較爲遺憾的是，目前所見的研究多留意於儒、道的相異之處，而較少關注兩者的會通之際。基於這樣的研究狀況，《道家文化研究》第三十四輯以"儒道會通"爲主題，試圖呈現儒、道兩家的思想相通之處。

　　圍繞這一主題，我們收到了國際與國內不少學者的精彩稿件，内容涉及從先秦至明代的儒道交流與會通。例如，中國臺灣學者曾春海教授、林明照教授、中國社會科學院盧國龍研究員、山西大學王玉彬副教授、北方工業大學苗玥博士等立足於《莊子》，從不同方向探析了《莊子》文本中呈現的儒道會通；臺灣師範大學陳麗桂教授、復旦大學林志鵬教授、湖南大學陳之斌等討論了黃老道家哲學中的儒道會通；另外，天津社會科學院研究員張永路、北京師範大學副教授蔣麗梅分別探析了魏晉時期與明代文獻中的儒道思想對話。總之，圍繞這一主題，學者們進行了新穎深入而又饒有趣味的研究與寫作，《道家文化研究》樂見其成。

　　另外，本輯另外開設“道家與道教”、“簡帛研究”兩個專欄，以呈現近期關於上述兩個主題的優秀學術成果。值得一提的是，在“道家與道教”研究專欄中，我們將發表國際知名道教學者柏夷教授（Stephen R. Bokenkamp）關於《真誥》譯文的研究；在“簡帛研究”中，我們以去年新發佈的清華簡爲契機，收錄了陳鼓應先生關於清華簡《心是謂中》的研究與討論。

目　録

道家與道教

戰國、西漢的莊學……………………………………… 饒宗頤 3

偷聽真人的誥辭:《真誥》的英譯 ……… Stephen R. Bokenkamp

（柏夷）著　吳寶麟譯　程樂松校 15

《莊子》的儒學批判和理解 ………………………… 盧國龍 41

《齊物論》中的“道通爲一” ………………………… 林明照 67

稷下黃老開先者

——宋鈃學説體系探論………………………… 林志鵬 91

《莊子·逍遙遊》中的“神人”新探 ……… 吕鵬志　薛　聰 106

《老子》“受國之垢,是謂社稷主”觀念溯源 ……… 寧鎮疆 118

“恍惚”與“窈冥”

——從語文與思想的張力進行分析 ………… 賀敢碩 134

由古希臘的“physis”看《老子》的生成論

和"自然" ·······························阮漢樑 174

以謎爲匙:四種當代西方道家釋讀中的

　　反諷與吊詭·············易冬蘭(Dimitra Amarantidou) 212

儒道會通

内聖外王的《莊》、《孟》之辨 ················曾春海 243

從《淮南子》的《脩務》與《主術》看黄老道家的儒道

　　融合 ·······························陳麗桂 278

朱得之《莊子通義》儒道思想之會通研究 ·········蔣麗梅 305

論蘇軾"小園觀物"的旨趣

　　——從《和子由記園中草木》與程顥《秋日》

　　　詩的比較説起 ···················李　溪 320

儒道對話中的莊學窮通觀

　　——基於《莊子》中"孔子圍於陳蔡之間"的

　　　解讀 ·························苗　玥 334

"天"、"人"之辨

　　——荀子與莊子的"天人觀"之比較 ··········王玉彬 351

正命與復命

　　——再論德性倫理學上的儒道會通 ··········鄭澤綿 373

先秦儒家對老子學的吸收與轉化

　　——以子夏、曾子爲例·················陳成吒 395

"直"與"自然"

　　——從王弼《論語釋疑》看儒道會通 ·········張永路 411

詮釋與重建:郭象《莊子注》中的黃老意涵 ……… 陳之斌 434

章太炎關於莊子之四種定位及其思想意蘊 ……… 李智福 457

簡帛研究

初讀清華簡《心是謂中》 ……………… 沈建華 487

從清華戰國竹簡《心是謂中》看戰國黃老思潮

　　關聯性 ……………………… 陳鼓應 498

清華簡《心是謂中》“心君”章與戰國黃老思想 …… 曲禎朋 514

道家與道教

戰國、西漢的莊學[*]

饒宗頤

一

魏晉以來，莊子成爲顯學，注解之書，至今爲數計得二百種以上，宋高似孫撰《子略》，有"晉人好言老莊"一則，首引阮籍《達莊論》。明焦竑的《莊子翼》附刻一卷，列《史記·莊子傳》，阮籍、王安石《莊子論》(按王安石有《莊周》上下，見《臨川文集》卷六十八，謂"孔子所謂隱居放言者，周殆其人也")。蘇軾《莊子祠堂記》，潘佑《贈別》(按《南唐書》卷十三《潘佑傳》言其酷好老莊言，有文名曰"贈別"，引《莊子》"安時處順"爲説)，王雱《雜説》，李士表《莊子九論考》等文。史遷以降，亦以阮籍爲

* 編者按：此文係饒宗頤先生於 1970 年任新加坡大學中文系系主任時所作。文章曾發表於《星洲日報》新年特刊(1970 年 1 月 1 日)，但並未收入饒宗頤先生的文集或著作集中。今值文章發表五十年之際，爲紀念饒公，本刊特將文章重新刊出。在此特別感謝清華大學出土文獻研究與保護中心沈建華女士幫助提供文稿。

首,晚近湯用彤爲《魏晋玄學流别略論》,則引嵇康卜疑"寧如老聃之清净微妙,守玄抱一乎? 將如莊周之齊物,變化洞達而放逸乎?"作爲玄學的開端。錢賓四先生《莊子纂箋》云:"兩漢治黄老學,魏晋以後始轉重老莊,阮籍開其端。阮書有《達莊論》。"這些説法,都是以阮、嵇爲莊學的前驅。其實漢初黄老並稱,而淮南王安書中,"老"、"莊"亦並稱,正當文景之世,蓋自荀子而後,莊子文句每見徵引,莊子書鑽研者大有其人,不能以阮籍爲開始。本文將戰國和西漢,各思想家言及莊子之資料,提出加以討論。

二、戰國

(一)《荀子·解蔽》篇云:"莊子蔽于天而不知人。"

在《大宗師》裏,莊子極論"天"、"人"間的關係,最標準的人叫做"真人",他説:"不以人助天,是謂真人。""天與人不相勝也,是之謂真人。"他重天而輕人,主張毋以人滅天,而要還人於天。他對天的深刻理解,是有根據的,下面試舉出一些例證:

a.《逍遥遊》云:"天之蒼蒼,其正色邪? 其遠而無所至極邪?"按《晋書·天文志》漢郗萌引宣夜書云:"天了無質,仰而瞻之,高遠無極。眼瞢精絶,故蒼蒼然也,譬之旁望遠道之黄山而皆青,俯察千仞之深谷而窈黑,夫青非真色而黑非有體也。"宣夜是古代天文三家之一,其法早已絶滅(見晋虞喜《安天論》)。《逍遥遊》這句很不易懂,該是對蒼蒼是否爲天之正色提出追問,似乎即根據宣夜而來的。

b.《莊子·則陽》篇引容成氏曰:"除日無歲,無内無外。"容成是什麼人呢?《淮南》高誘注:"黃帝時造曆者。"他是曆法的創始者。楊文會解釋這二句謂:"除日無歲,破時量也;無内無外,破方量也。"意思是破除時間和空間的約制,而只是一個無限。這是否爲莊子的本意,是很難説的,但他對時空的觀念,乃自容成氏領會到,卻是很明顯的。

c.《莊子·天運》篇"天其運乎? 地其處乎? 日月其争于所乎? 孰主張是? 孰維綱是? 孰居無事推而行是?"一段,對于天有無主宰,加以追詰,很像《楚辭》的《天問》,《史記·孟荀傳》:"楚有長盧(子)。"他的著作保存一點在《列子·天瑞》篇,是討論"天地不得不壞,而終歸於壞"的問題。可見天地的究竟,乃楚國哲學上的主題,莊子很可能受到他們的影響。

d. 又《天下》篇云:"南方有倚(畸)人焉曰黃繚,問天地所以不墜不陷雷霆之故。……"這一段和《列子》中的杞人憂天故事很相似,亦是出於南方之學,倚人即大宗師的畸人,言其"畸于人而侔于天",謂不耦於人,而有合於天,是謂畸人。

莊子和墨子一樣是博極群書的,《逍遥游》中引志怪的《齊諧》,又引湯問於夏革之語(《列子》有《湯問》)。"古之道術有在于是者,莊周聞其風而悦之"。他的見解是有很多來歷的。他對於天的探索,特別有興趣。太空的形狀、起源、歸宿等問題,他很留心窮究。他偏重於天,成爲一邊倒的"天"底哲學。荀子一言加以道破,可見他對於莊子思想了解的深度。

(二)《呂氏春秋》

呂不韋編集十二紀八覽六論,對《莊子》時有采用,兹舉出二三例:

a.《求人》篇云:"昔者堯朝,許由于沛澤之中。曰:'十日出而焦火不息,不亦勞乎? 夫子爲天子,而天下已治矣,請屬天下于夫子。'許由辭曰:'爲天下之不治與? 而既已治矣,自爲與? 鷯鷦巢於林,不過一枝;偃鼠飲于河,不過滿腹,歸已君乎! 惡用天下? ……'"(卷二十二)這段是《逍遥遊》中有名的故事。其間有一些異文。莊云"爝火",此作"焦火","鷦鷯"此作"鷯鷦";莊云"請致天下",此作"請屬天下于夫子";莊云"歸休乎君",此作"歸已君乎"。好像加以意譯,有點以《史記》之譯《尚書》一樣。

b.《精通》篇云"宋之疱丁好解牛,所見無非死牛者,三年而不見生牛,用刀十九年,刃若新磨研,順其理,誠乎牛也。"(卷九)這出於《莊子·養生主》。生牛,《莊子》作全牛。《論衡·訂鬼》篇云:"宋之疱丁學解牛,三年不見生牛,所見皆死牛也。"即本諸《吕覽》,"新磨研"句亦與《莊子》不同。《淮南子·齊俗訓》云:"疱丁用刀十九年,而刀如新剖硎。何則? 游乎衆虚之間。"亦用吕書。"順其理",莊作"依乎天理"。

c.《必己》篇"莊子行乎山中"至"胡可得而必"一段,即采《莊子·山木》篇。只一二處小異,如《莊》"以和爲量","和"此作"禾";《莊》"尊則議"句,此作"尊則虧"。又多"直則骩"、"愛則隳"句,餘全同。

他處引《莊》尚多。《呂覽・不二》篇中舉十人爲天下豪士，道家爲老耼、關尹、列子、陽生，而不數莊子。呂不韋是現實主義者，和莊子氣味，自然是不甚接近的。

三、西漢

（一）賈誼

賈生是一個充分接受莊子思想的人物，在他所作的《鵩鳥賦》文中，幾乎鎔冶老莊列思想於一爐。他提到“萬物變化”、“天地爲爐”、“愚士繫俗”、“至人遺物”、“釋智遺形”等主題，李善注概引《莊子》一一指出它的來歷。其他“其生若浮”、“其死若休”、“泛泛乎若不繫之舟”，完全襲用《莊子》的原句，這可看出他如何把《莊子》讀得滾瓜爛熟，臨文時加以活用。後來孔臧寫《鴞賦》，是模倣《鵩鳥賦》的（賦中有云“昔在賈生，有志之士，忌茲服鳥，率用喪己”），卻說道：“棲遲養志，老氏之俦。”《隋書・李士謙傳》，說《鵩鳥賦》中表現有佛教的輪迴思想，有點牽強。文中主要還是演繹《莊子》的意思。

（二）枚乘

《七發》最末一段云：“客曰：將爲太子奏方術之士，有資略者，若莊周、魏牟、楊朱、墨翟、便蜎、詹何之倫，使之論天下之精微，理萬物之是非。……此亦天下要言妙道也。太子豈欲聞之乎？于是太子據几而起曰：渙乎！若一聽聖人辯士之言，涊然汗出，霍然病已。”聖人辯士之言，居然可以起太子的沈疴。枚乘列舉諸賢,而莊周排在第一名。可見莊子在文景時候學人的心目中,有極崇高的地位。

(三) 淮南王和他的《莊子略要》

淮南王劉安對道家典籍,浸淫甚深,《道應訓》中有明文引《莊子》的,如云:"盧敖遊乎北海。……見一士焉……悖若有喪也。曰:吾比夫子,猶黄鶴與壤蟲也。終日行不離咫尺,而自以爲遠,豈不悲哉? 故莊子曰:'小年不及大年','小知不及大知','朝菌不知晦朔,蟪蛄不知春秋',此言明之有所不見也。"

劉安對莊子寫有專書,清俞正燮在《癸巳存稿》卷十二有《莊子司馬彪注集本跋後》云:

"《經典釋文》言司馬彪注本二十卷五十二篇,是彪本《莊子》爲《漢志》全本。……彪本五十二篇中《淮南王略要》。《漢志》五十二篇爲淮南本,入秘書讎校者,今知所缺十九篇目,《畏累虚》、《惠施》(按《北齊書·杜弼傳》,弼注《莊子·惠施篇》,未見)、《淮南王略要》而已。"是淮南王著有《莊子略要》,收入司馬彪注本之《莊子》,惜已失傳。《莊子略要》,惟見《文選》李善注引之,共有四處。

(1)《文選·入華子岡詩》"且申獨往意"句下李善注云:"淮南王《莊子略要》:'江海之士,山谷之人,輕天下,細萬物,而獨往者也。'司馬彪曰:'獨往任自然,不復顧世也。'"這段話又見(2)江淹《雜體詩·許詢》"資神任獨往"句,及(3)《文選》任昉《齊竟陵王行狀》"山宇初構,超然獨往"句下李注,並言淮南王《莊子略要》。惟(4)陶淵明《歸去來辭》,"懷良辰以孤往"句下李注引《淮南子要略》曰："山谷之人，輕天下，細萬物而獨往者也。"司馬彪曰："獨往任自然，不復顧世。"（據《文選》胡克家刻本）文字悉同，而書名作《淮南子要略》，不作《莊子略要》，當是奪誤。（查《淮南子·要略訓》並無此文，此誤'略要'爲'要略'。）

《文選》注所引另有"淮南王《莊子后（後）解》"。張協《七命》"爭寶之訟解"李善注云："淮南子《莊子后解》：'庚市子，聖人無懲者也。人有爭財相鬥者，庚市子毀玉于其間，而鬥者止。'"（哈佛燕京社刊《文選》引書引得漏此"莊子后解"。）是淮南王安對于《莊子》原著有《莊子略要》及《莊子後解》，唐時尚存，李善猶及見之。安曾作《離騷傳》（即《史記·屈原傳》所采者），他的《莊子略要》及《後解》，疑同樣是一篇学術文章，不是一部書，但無論如何，是早於阮籍的《達莊論》。他喜歡屈原，又喜歡莊子，屈、莊是通過他的游揚而著稱，他才是解莊的開山人物。

《淮南子》書中引用《莊子》的地方極多，例如《俶真訓》開頭就說"有始者，有未始有始者，有未始有夫未始有始者……"一段，即取自《齊物論》而加以發揮。《泰族訓》論王喬赤松"可謂養性而未可謂孝子"一節，後來引述"可乎可，而不可乎不可；不可乎不可，而可乎可"數句，亦是襲用《齊物論》，他在書中直接地或間接地發揚莊子的思想（參看王叔岷教授《淮南子與莊子》，《清華學報》新二卷第一期）。最後於《要略訓》上說："道應者……近觀往古之跡，察禍福利害之反。考驗乎老莊之術，而以合得失之勢者也。"

這是老莊並稱在西漢初期已出現的證據。（淮南王安爲高帝之孫,孝文十六年,封淮南王。）

（四）司馬相如

《大人賦》云"載雲氣而上浮"、"與真人乎相求"、"呼吸沆兮餐朝霞"等句,和《逍遥遊》的"吸風飲露,乘雲氣御飛龍而遊乎四海之外",正是一鼻孔出氣,《大人賦》的詞藻取之《楚辭·遠遊》,而宗旨與後來阮籍的《大人先生傳》,全是出自《莊子》。

（五）東方朔

這位滑稽突梯如脂如韋的人物,他是受過莊子洗禮的,他的作品中,可以見到,試舉二例:

a.《誠子》:"……依隱玩世,詭時不逢,是故才盡者身危,好名者得華。有群者累生,孤貴者失和,遺餘者不匱,自盡者無多。聖人之道,一龍一蛇,形見神藏,與物變化,隨時之宜,無有常家。"（《藝文類聚》二十三引）

這是從《莊子·山木》篇"一龍一蛇與時俱,而不肯專爲"脱胎而來。東漢初馮衍的《顯志賦》云"大人之德……風興雲蒸,一龍一蛇,與道翱翔,與時變化",仍舊是這一套思想。

b.《隱真銘》:"……處天地之先,不以爲長,在萬古之下,不以爲久,隨時應變,與物俱化。"此文見釋法琳《辨正論》引,如果真是出於東方朔之手,那是很明顯地模倣《大宗師》"在太極之先而不爲高"、"先天地生而不爲久"等句。東方朔的人生觀,是傾向莊子一路的。

（六）司馬遷

他在《史記》列傳中首爲莊周立傳,合稱老莊,和《淮南要略》的見解一樣。

（七）劉向

他很重視《莊子》中寓言部份。《史記索隱》引《別錄》云：
"莊子，宋之蒙人也。""……使相與語，是寄辭于其人，故莊子有
《寓言篇》。"他在《列子書錄》上説："孝景皇帝時貴黄老術；此
書頗行于世，及後遺落，散在民間，未有傳者，且多寓言與莊周相
類，故太史公司馬遷不爲列傳。"又《關尹子書錄》云："列禦寇，
莊周皆稱道家……辭與老列莊異，其歸同。渾質崖戻，汪洋大
肆，然有式則，使人泠泠輕輕，不使人狂。"他指出莊列性質相
同，都富於寓言，關尹與莊，歸趣同而表現不同。雖然他没有寫
過《莊子書錄》一類的文章，可是屢次提及莊子。

（八）嚴遵（君平）

《漢書·王貢傳序》："嚴君平卜筮于成都市。……博覽無
不通。依老子嚴周（按嚴即莊，避明帝諱改）之指，著書十萬餘
言。楊雄少時從遊學。"君平所著《老子指歸》十四篇，即云："莊
子曰：昔者老子之作也，變化所由，道德爲母。"即援引《莊子》之
説，他亦是老莊的信徒。

（九）楊雄

他是嚴君平的門人，他所以好玄，未嘗不是受到君平的影
響。他在所著《法言》中，屢次談及莊子。

a.《問道》篇："莊周申韓，不乖寡聖人而漸諸篇，則顏氏之
子閔氏之孫其如台？或曰：'莊周有取乎？'曰：'少欲。''鄒衍有
取乎？'曰：'自持。'至周罔君臣之義，衍無知于天地之間，雖鄰

不覯也。"

b.《問神》篇:"或問:'鄒、莊有取乎?'曰:'德則取,愆則否。''何謂德愆?'曰:'言天地人經德也;否,愆也。愆語,君子不出諸口。'"

c.《五百》篇:"莊楊蕩而不法,墨晏儉而廢禮,申韓險而無化,鄒衍迂而不信。"

他對莊子,把他和鄒衍相提並論,稱爲"鄒、莊",只是有取他的少欲,與淮南《莊子后解》言聖人無欲相同。但攻擊他"罔君臣之義",又有"愆德",又説他"蕩而不法"。他站在儒家立場來説話。能通天地人才是儒,貫通三才方是全德,這和《莊子·德充符》的"德",意義完全不同,可説是"道不同不相爲謀"了。從楊雄的理論,可以看出董仲舒崇儒以後,莊子思想到了西漢末期已被排斥,反不如漢初的流行。

(十)班嗣

嗣雖是班固的從伯父。《漢書·叙傳》云:"彪與從兄嗣共遊學,家有賜書,内足於財,好古之士,自遠方至,父黨楊子雲以下,莫不造門。嗣雖修儒學,然貴老嚴(按即莊)之術。桓生欲借其書,嗣報曰:'若夫嚴(莊)子者,絶聖棄智,修生保真,清虚澹泊,歸之自然。獨師友造化,而不爲世俗所役者也。漁釣于一壑,則萬物不奸其志,栖遲于一丘,則天下不易其樂,不絓聖人之罔(網),不觀驕君之餌,蕩然肆志,談者不得而名焉,故可貴也。今吾子已貫仁誼之羈絆,繫名聲之繮鎖,伏周孔之軌躅,馳顏閔之極摰,既繫攣于世教矣。……恐似此類,故不進。'"

　　這封信寫得非常動人,可看出他對莊子了解的深度,和儒與道二種思想的矛盾,他所以不把《莊子》書借給桓譚,就是因為他知道桓君山已"繫攣于世教",沈溺在儒家的圈子。這樣,何必去讀莊子。所以索性不借給他。(班嗣的時代,嚴可均列於西漢末是對的。)

　　我們從上面所述十家,可以看到莊子在西漢開始時,便不斷受到人們的尊重。他的思想被賈誼所吸收,而寫成那篇劉勰譽為"致辨于情理"的《鵩鳥賦》。枚乘舉出方術之士,把他列首。劉安撰《莊子略要》,在《淮南子》中屢屢稱引《齊物論》,又言"老莊之術",把他和老子並稱。以後司馬遷據以立傳,嚴君平、班嗣都把"老莊"合稱。楊雄説他"蕩而不法",這時候已是儒家思想支配着的天下,莊子當然不免要受到貶抑。最可注意的是文景之世,黃老盛行,劉安正是在這一時代的學術界領導層的主要人物,他已經提出"老莊"一詞,把他們並列起來,可見道家在那時無論莊子列子都同樣是被人歡迎的,劉向的《書錄》中正透露這一消息。這些事情的認識,對於研究早期玄學及漢代哲學史的人們,也許有些帮助。

四

　　聞一多寫過一篇文章叫《莊子》的,時常被人稱引,已收入《古典新義》中,文中很多地方值得檢討:

　　(1)他説"西漢人講黃老不講老莊",從《淮南子》"考驗乎老莊之術”一句,可以知其不然。

（2）他説“兩漢竟没有注莊子的”。淮南王明明寫過《莊子略要》,俞正燮已提出了,這應算是解莊的作品。

（3）他説“桓譚連莊子都没見過”,按桓譚《新論》第一篇是《本造》,其中有云:“莊周寓言,乃云堯問孔子。”又云:“莊周等雖虚誕,故當采其善,何云盡棄耶?”(《太平御覽》卷六百二引),似乎他被班嗣拒卻借書以後,後來仍是見到《莊子》的。

（4）他説“崔譔首先給（莊子）作注”。按《隋書·經籍志》,崔譔是東晉議郎。而向秀與嵇康吕安爲友,《秀傳》言其注莊子及成以示二友。安乃驚曰:“莊周不死矣。”嵇、向皆魏時人,在崔譔之前。《隋志》云:“《莊子》二十卷,晉散騎常侍向秀注本二十卷,今闕。梁有《莊子》十卷,東晉議郎崔譔注,亡。”向秀列於崔譔之前,甚是。(劉孝標《世説新語》注引向《秀傳》末有“聊應崔饌所注,以備遺忘”語,姚振宗據此謂崔注在向注之前。此應是孝標按語,非《秀傳》文,故當從《隋志》以向秀爲注莊之第一家。)

由是觀之,聞氏在《莊子》文中所論各點,細加考察,很難成立,附爲辨正於此。

作者簡介: 饒宗頤(1917—2018),號選堂,廣東潮州人,香港大學榮譽文學博士。曾任香港中文大學藝術系及中國文化研究所榮譽講座教授,香港大學中文系榮譽講座教授。有《選堂集林·史林》(三册)、《梵學集》、《老子想爾注校證》等專著數十種。

偷聽真人的誥辭：《真誥》的英譯

柏夷(Stephen R. Bokenkamp)著　吳寶麟譯　程樂松校

一、引言：本文主題及其方法論價值

1. 思想史圖景中的焦點與盲區

任何方法論的反思總是來自某些具體的研究進路和結論。本文展開的方法論反思就緣起自胡適先生關於《真誥》中所見的《四十二章經》文本的研究。今本《真誥》中有部分内容是與今本《四十二章經》一致的，對此，胡適先生在《陶弘景的〈真誥〉考》①一文中曾説：

> 他（陶弘景）自抄，自闕，自校，自補，又自己做出那種故設迷陣的注語來欺一世與後世的讀者。……陶弘景不僅僅自己補足了這三十四個字的脱文，他簡直是這二十條的

---

①參見歐陽哲生編：《胡適文集》第五册，北京：北京大學出版社，1998 年，第 138 頁。

作僞者。他採取了《四十二章經》的二十章，把"佛言"都改
作了道教高真的話。

衆所周知，《四十二章經》的序文中講述漢明帝夢見佛的故
事，嗣後他被告知那是釋迦牟尼佛，他便派遣人到印度迎請佛經，
並安放在白馬寺。這個故事也見於《牟子理惑論》等早期文獻。
然而，我們必須意識到，現存的《四十二章經》最早版本就是《真
誥》裏的這些文字。胡適也注意到了這一點，他覺得這是剽竊本，
進而認爲陶弘景是個騙子。這種認識實際上是犯了一種範疇錯
置的錯誤（categorical mistake），是基於某種先入之見。由於 20 世
紀的佛教和道教是兩個不同的宗教，因此一本 4 世紀道經不可能
（或者説不應該）出現佛教的資料，這種先入之見是值得懷疑的。
胡適先生這麽優秀的學者犯這樣的邏輯錯誤當然有其背後的複
雜因素。雖然他看似十分尖鋭地批評了陶弘景，但真正讓胡適先
生感到憤怒的是他的祖國在 1930 年代遭到的外族入侵。他將這
種憤怒遷轉到了作爲"外來（文化）入侵"的佛教上，更遷轉到了陶
弘景在這一過程中起到的作用。我們可以理解他的動機，但不能
同意他的結論。對此展開的方法論反思可運用"地圖"這一象徵
形式，這一象徵形式的方法論運用源自數學家阿爾弗雷德·科日
布斯基（Alfred Korzybski）提出的討論，而後，喬納森·Z·史密斯
（Jonathan Z. Smith）將這個方法應用於宗教學。① 他們嘗試説明

①Alfred Korzybski, *Science and Sanity：An Introduction to Non-Aristotelian Systems and General Semantics*，New York：Institute of General Semantics，1933，p. 58；Jonathan Z. Smith, *Map is Not Territory：Studies in the History of Relgions*，Chicago：The University of Chicago Press，1978.

和分析學者如何瞭解他們所掌握的資料——人們往往用一幅虛
構的地圖來指引自己進入未知的土地——他人的宗教、心靈的
領域。同時,學者也經常忘記導引他們的地圖是他們自己的認
知結構和先入之見,而不是那個客觀的地形。我們可以把胡適
先生的思考和分析方式視作"看地圖",從中我們意識到,研究
任何問題時必須從方法論意義上提示自己如下的立場:

(1)地圖是某種抽象的概述

思想史的書寫很像繪製地圖,地圖是一種概述的方式,圖上
標注的路線就是思想史發展的線索。例如,對比魏晉南北朝時
期佛教與道教,會輕易地感到兩者都屬於宗教。這種感受預設
了一個前提:兩個宗教和其他宗教有共同的因素,如聖神崇拜、
核心教條、創建者等。一切宗教現象都是同一個實質——諸如
神聖——的不同展現(all "religious" phenomena are manifesta-
tions of a unitary core substance, such as the sacred.)。然而,事
實卻往往未必如此。

(2)地圖往往只能重點標注部分資訊,而忽略了其他細節。

正如地圖有好幾種——地形圖、氣候圖、礦產圖、藍圖
等——一樣,研究方法也是多元的,而且都有不同的功能。設計
"研究地圖"時必須十分清楚它的特徵。例如,選取資料時,很難
避免一種錯覺——佛教是印度的宗教,所以有異質的因素,胡適
先生以及許理和先生的"佛教征服中國"①的説法恐怕就犯了這

①E. Zürcher, *The Buddhist Conquest of China: The Spread and Adaptation of Buddhism in Early Medieval China*,Leiden: Brill, 1959.

樣的範疇錯誤。他們没注意到,一旦佛教踏入中土,它就變爲中國的宗教了。他們選擇佛教中與本土的宗教有差異的因素作爲研究資料。實際上,早期道教徒對佛教並非敵對態度,他們甚至還會認爲佛教與他們是"殊途同歸"的(我們後文還會具體討論)。

(3)地圖是爲使用者製作的。

由此,繪製地圖的方法變得更重要、更複雜。至少有一個核心的規則,即使用地圖的人應該説明他們製造地圖的基本原則和想法。

通過以上的分析,我們不難看到胡適先生爲何匆忙地斷言陶弘景是個騙子。胡適先生所畫的是一張路線圖,然而他是從終點開始畫的。推動他探討佛教的動機是當時——1930年代——中國的困境。他畫路線圖的目的就是要知道"我們爲什麽文化不如以前? 爲何走到這個死胡同? 是不是外來的因素所致?"就是出於這樣一個目的,他搜集資料時所找的是宗教墮落的痕跡和證據。

2. 研究早期佛道教關係的新視角

在中國早期佛道關係的問題上,我希望設計一張新的地圖。這張地圖——正如以前的地圖一樣——不能引導我們完全發現這塊土地的一切資訊。然而,我希望它能繪出一些從前還没有被人充分領會的新領域。

我想賦予這張地圖一個宏大的名稱——因我希望找出還没走的路。我當然期待將來有人會使用我的研究路徑,所以最好給它起個引人注意的名稱——"中國作爲一個統一國家真正的起源是魏晉南北朝"。

當然,中國作為統一國家的所有要素在漢朝,或者早在戰國時已經完備了。此處是希望强調,只有當中國接觸到另外一個有相當發展程度的文化——尤其是有充分發達的文字、有豐厚經典和文獻的文化——它才産生了成熟的對自己是一個統一國家的自我意識和自我認同。當然,當時的中國没有從政治和軍事的意義上直接接觸印度。胡適先生的名句有道理:"印度連一個兵員也没派遣過來。"①但是他的地圖有明顯的缺點:漢傳佛教不是印度典型的宗教,中國吸收佛教將其融入自身文化,不是戰争或征服的關係。相反,佛教融入中國的歷史的變遷全部發生在中國境内。中國人民從佛教體會到他們的"文化共同體"不是唯一的有文字的"天下",由此,也開始重新審視自身文化。②

與之相關的一個推論是,漢朝分裂以後,漢朝的民衆也開始深深地理解了大一統對於中國的重要性。中國没走上羅馬帝國分裂後歐洲國家的道路,其中不能忽視這個因素的作用。在這個恢弘的主題下,我當然不會企圖畫出整個地圖。本文能探討

---

① Hu Shih, "The Indianisation of China: A Case Study of Cultural Borrowing," (for the Harvard Tercentenary Conferencre of Arts and Sciences), in *Independence, Convergence and Borrowing in Institutions, Thought and Art*, Cambridge: Harvard University Press, 1937, p. 247.

② Stephen R. Bokenkamp, "This Foreign Religion of Ours: Lingbao Views of Buddhist Translation," in John Kieschnick and Meir Shahar(ed.), *India in the Chinese Imagination: Myth, Religion, and Thought*, Philadelphia: University of Pennsylvania Press, 2014, pp. 182-198.

的只是地圖的一角(one corner of the map):佛教的漢化和一個大約生活於公元 2—6 世紀的中國人的故事,這個人的特殊之處在於,他頭一次瞭解到世上存在着其他擁有文明的民族。

導致佛教漢化的當然是支持佛教的漢人。爲佛教辯護的人,是在要與佛教一決高下的道教人士的刺激下,才決意改良佛教。影響到佛教"漢化"的道教文獻當中,有一部公元 4 世紀的中國道教靈媒的抄本。這個靈媒就是上文所説的楊羲。楊羲,或者説他所溝通的神靈,寫出了非常優秀和引人注目的詩歌與啓示性文本。這些内容吸引了大概 70 年之後的陶弘景的注意,陶弘景是早期中古中國最著名的學者之一,也是《本草經》的注釋者。① 他以鑒定楊羲手抄筆跡爲基礎,收集了楊羲所有的手稿,並加上自己的注釋、序文,這個工作的成果就是《真誥》,現存於《道藏》的版本總共 20 卷。

二、《真誥》的核心内容、新意與影響

1. 作爲神和真人間秘密靈媒的作者

在《真誥》中,真人傳給楊羲的啓誥不但與他本人有關,還包括雇用楊羲的晉朝官員許謐與他家人、朋友的消息。這些話語都是他報告給許氏家族的私密資訊,所以,今天的讀者實際上都是"偷聽者"。楊羲用迷人的詞彙描述真人和美麗詩意的天界景象,真人也在觀察世上人們的所作所爲。這些語言要翻譯

---

① 參見王家葵:《陶弘景叢考》,濟南:齊魯書社,2003 年。

成英文是十分困難的①。例如,前四卷有許多來歷不明的地名,都是各種"闕":金闕、黃闕、帝闕、雲闕、七闕、絳闕、龜闕、綠闕、晨闕、清闕、紫闕。我們在當時的地圖上找不到這些地名,陶弘景作爲注釋者也不知道其來歷。黃闕是否金闕的別名,也不得而知,遑論書中記載的各種神明的來歷。如果我們想象自己親身回到真人向楊羲啓示的那個時代與環境中,我們會十分失望。楊羲將他冥想的場所稱作"精舍"——其實只是一個簡樸的、鋪着茅草的木屋,大概長5米、寬4米、高2.5米。② 裏面擺放着一個長凳,还有香爐、紙刀、硯臺、毛筆和紙。所有的事情都在楊羲的想像中發生:女神出現,她們的衣衫閃爍着空靈的光芒,有時還伴隨着攜帶經文的侍從,也攜帶着仙藥與神物。在引人注目的鏡頭中,這位女真人闡明自己是來"娶"楊羲做天上配偶的。(我用"娶",因爲她作爲天上的存在物,地位、權力都比楊羲高得多。但她還是覺得楊羲修煉的成績不錯,可考慮做配偶。)③

　　有時候楊羲能够俯視地下世界最黑暗的角落。這還不是佛

①如今《真誥》只有部分的英譯,包括司馬虛(Michel Strickmann),"The Mao Shan Revelations: Taoism and the Aristocracy" in T'oung-pao 63 (1977): pp. 41-64(《中華道藏》,2. 237a-241a);Elizabeth Hyland, "Oracles of the True Ones: Scroll One", Ph. D. Dissertation, University of California, Berkeley, 1984, (《中華道藏》, 2. 112a-118b); Paul Kroll, "Seduction Songs of One of the Perfected", in Donald Lopez, Religions of China in Practice, Princeton: Princeton University Press, 1996, pp. 80-187, and "A Poetry Debate of the Perfected of Highest Clarity", Journal of the American Oriental Society 132. 4(2012): pp. 577-586 (《中華道藏》, 2. 127a-c).
②《真誥》卷18(《中華道藏》,2. 229b-c.).
③Stephen R. Bokenkamp, "Declarations of the Perfected," in Donald Lopez, Religions of China in Practice, Princeton: Princeton University Press, 1996, pp. 166-179.

教所引入的處罰極端惡行的地獄,而是跟我們地上陽間世界一樣,有貴族、平民等級差別的官僚世界。通過真人的誥授,楊羲能給世人報告他們已故親人的現狀。他們在陰間世界或升級、或貶職,或者更可怕地被遷謫了! 其中關於超越世界的説法十分豐富,以至於許謐曾長期想使用《真誥》中真人提及的"他們現在何處"的各種誥授内容來增補《神仙傳》①。

楊羲描述了女神出現時的情形,女真人衣着靈韻飄逸,還帶着侍從:

> 紫微王夫人見降。又與一神女俱來。神女着雲錦襦、上丹下青、文彩光鮮。腰中有緑繡帶。帶繫十餘小鈴。鈴青色、黄色更相參差。左帶玉佩……有光照朗室内,如日中映視雲母形也。雲髮鬖鬖,整頓絶倫。作髻乃在頂中,又垂餘髮至腰許。指着金環,白珠約臂。視之年可十三四許。②

大多時候,楊羲轉達的女真人詩歌,都在形容她們如何能帶領人從宇宙的一端到另一端毫不費力地飛行,再輕盈地飛回她們在中國東北方海面上漂浮着的宫殿,即"東方諸宫"。很明顯,真人從天上、地下帶來的資訊總讓人感覺像是切身經歷,且非常私密,而聽上去她們對這些私事都一清二楚。

---

① 《真誥》卷14(《中華道藏》,2.206a)陶弘景注。
② 《真誥》卷1(《中華道藏》,2.115c—116a)。

2.《真誥》中所見特異的天界地府系統

與那些早期道教的經典相比,這些誥辭長期以來被學者們認爲是分析楊羲著作和生平影響的指南。陶弘景對這部文獻的彙編,標識了明確的日期,爲這部文獻的研究立下了最初的里程碑,使得學者們能够借助這些成果,與没有明確年代的《道藏》文獻作比對,從而摸索出時代坐標。

進而言之,這些誥辭標誌着歷史上出現的新興宗教形式在有文化的貴族階層中流行起來,並在之後幾個世紀影響着中國人的文化生活。楊羲在誥辭中引入《上清經》中全新的、更高級的諸天和新的神仙類型,這些内容完全不爲此前的道士們所知。楊羲把天三分爲太清天、上清天、玉清天,這就將此前所知的仙人(transcendents)僅限制在下層天中,而新的氣化的仙人(qi-formed beings)——真人(perfected),則居於中間的天界,但也可以在諸天界之中漫遊。

除了新的天界外,楊羲的神靈系統還提供了佛教傳入之前最爲詳細的對死後世界的描摹。佛教的地下世界概念令人毛骨悚然,地獄中充滿了"集中營"式的場景。在那裏死者必因爲生前所犯的罪過——例如吃肉——經歷一段難以忍受的日子。在這些地獄"集中營"裏,一群新的恐怖生物會懲罰死者,然後送他們重生爲人類或禽獸,這些結果都與他們的家庭出身無關(僅涉及個人行爲導致的後果)。地獄審判的對象不是家庭或社會團體,而是個人,個體必須爲自己的罪行負責。

相比之下,楊羲啓示中的地下世界——酆都——是一個完全以家庭爲中心,且以官僚方式組織起來的世界。一個人可能因爲個人不檢點而被降職,而家人也會受到懲罰。地上的貴族階層成員仍然可以指望在酆都裏保持陽間的職位。他們可以在地下世界待很久。幸運的話,他們最終可以通過地下世界的學習經歷,而成爲仙人,或成爲真人。因此,家庭幸福仍與祖先命運緊密相連,晉升和降職是楊羲所啓示的信衆們關注的核心問題。楊羲在地下世界的官僚體系裏安放了許多著名的政治家和公衆人物。他通過令人不寒而慄的細節,叙述了他們的升遷和降職,這些新近去世的祖先會直接影響在世後代的命運和健康,而這些後代正是楊羲作品的直接讀者。

3.《真誥》與許氏家族

《真誥》所彙編的通信,主要接收人都來自一個貴族家庭。真人指示楊羲將這些話傳遞給他的"雇主"許謐和他的兒子許聯、許翽。不過,真人也透露了一些他們的熟人所取得的修煉進展或原地踏步的狀況。某種程度上,追求成爲真人也是这個家庭的事業,我們能够從真人和陶弘景那裏瞭解到很多關於這些成員的情況。作爲一個嚴謹的學者,陶弘景經常對照自己的資料來檢查真人的言論。在關於酆都的叙述中,展現了男性在政治、社會和精神上的詳細情形,和少量女性的資訊。附錄中陶弘景給出了許氏家族的詳細情況。許氏家族的成員明顯被真人貴族氣質的語言所吸引,這些語言是真人通過楊羲書寫的。當他們通過楊羲與神溝通時,他們用同樣風格的習語來回應。此外,根據陶弘景的詳細記錄,楊羲也將許家成員死後的情況和修煉方法廣泛傳播。

4.《真誥》在其時,以及對後世的影響

《真誥》對中國文學的影響之大,超乎我們想象。楊羲並未以詩人自居,但與他溝通的神與女神都堪稱詩人,他們自由奔放的詩句對後來的詩歌產生了廣泛的影響。這些詩篇也以驚人的方式爲中國叙事詩的題裁做出了貢獻。另外,其中的一部分影響深遠,以至於它們又在後來的志怪文學中重現。

許多相同的人物出現在這一時代的另一部叙事作品《世説新語》中(由馬瑞志在 1976 年譯出①)。這兩部作品中所表達的社會想象之間複雜的相互作用,總體而言都還没有得到充分探究。但是,我們或許可以大致區分二者性質:《世説新語》是公共的,而《真誥》是私密的。

《世説新語》是一部奇聞異事合集。其分章標題反映了書中主要人物的性格類型,如"方正"或"雅量"("virtuous conduct" or "cultivated tolerance")②。其中記録的事件有時非常私密,但通常包括與家庭外部人士在公共領域的互動。因此,我們可以將這些故事和軼事中的公共性"品評"稱爲"外部"的。③

---

①Liu I-ch'ing, with commentary by Liu Chün, *Shih-shuo-hsin-yü*: *A New Account of Tales of the World*, trans. by Richard B. Mather, Minneapolis: University of Minnesota Press, 1976.

②Liu I-ch'ing, with commentary by Liu Chün, *Shih-shuo-hsin-yü*: *A New Account of Tales of the World*, trans. by Richard B. Mather, Minneapolis: University of Minnesota Press, 1976, pp. 3-24, 179-195.

③關於魏晉時期評價人性格的風俗,見唐長儒:《清談與清議》,載《魏晉南北朝史論叢》,石家莊:河北教育出版社,2000年,第276—284頁。

相比之下,真人所提供的關於許氏家族成員的人物評論往往非常私密。有時,真人甚至明確表示,家族外某人的資訊不會透露給本人。因此,毫不誇張地説,就現存的中國歷史文獻看,《真誥》爲我們提供了唯一的親密家庭生活的第一手資料和細緻記録。楊羲傳達的啓示針對的是許氏家族的日常事務,並以筆録和與當事人的書面交流作爲證據支持。因此,細心的傾聽者可以聽到家庭成員的聲音,包括家庭中女性成員的聲音。這種細緻而真實的家庭記録即使在之後的中國歷史中都是極其罕見的。

同時,由於它指向的讀者是一群文化精英分子,《真誥》體現出深厚的文學素養。雖然女真人没有做過凡人,但往往會應用中國古典文學和思想傳統,例如《詩經》、《楚辭》、《道德經》、《莊子》,且對這些經典有相當程度的理解,這是有趣的現象。

三、《真誥》與其他宗教文學經典的比較

1.《真誥》的思想和文學價值堪比《神曲》

這些誥辭可以與世界上最富於想像力的文學經典相媲美,而這些經典文學作品往往都有宗教内容。比方説,在許多方面,都可以把《真誥》與但丁(1265—1321)的《神曲》相提並論。兩部作品都展現了光明天國和黑暗地下世界中引人注目的景象:二者都借各自社會中的重要人物表達了自己的政治觀點,例如判斷某些官員的好壞;二者的愛情故事都頗具神聖而空靈的色

彩,這種特殊的愛情帶有神聖性、超越性;二者都成功地拓展詩歌體裁的邊界,從而重塑了文學的新意。

　　二者也有一些重要的區別,我們列舉以下三處:首先,楊義的想象是通過自身作爲衆神的媒介實現的;其次,他在這部作品中並沒有使用單一的、清晰的叙述方式,相反,楊義企圖迎合這些文本最初的閱讀者的現實需要,而講述了許多有利於他們的故事,這或許讓它比《神曲》更值一讀;再次,《真誥》中與真人的親密性,與基督教思想影響下的大多數文學作品完全不同。

　　《神曲》中,詩人但丁的夢中情人貝雅特麗齊(Beatrice)是血肉之軀的凡人,且她沒嫁給但丁,可能長大後也沒有和但丁説過話。《神曲》裏貝雅特麗齊(Beatrice)象徵着上帝永不褪色的愛護。其中兩個鏡頭是爲人熟知的:一個是《地獄》篇開頭,她擔心但丁迷路,要求已經死去的古羅馬詩人、哲學家維吉爾做但丁的導遊,而維吉爾象徵智慧、理智;另一個則是到了天堂之後,但丁不理解天堂的一切,以爲看到的一切都不是真的。在認爲但丁雙腳尚不穩固,不能行走於真理的土地之時,貝雅特麗齊(Beatrice)再次指導但丁,並告訴他,"你像小娃娃一樣稚嫩!兩隻腳還不穩定,不能走上真理的國土":

'You baby!' she said, 'Don't worry or wonder,

to see me smile at all these ponderings.

Those feet are not yet steady on the ground of truth.

Your mind, from habit, turns round to a void.

And yet those beings that you see are true,

bound here below for vows they disavowed.

So speak to them. And hear and trust their words.

The light of truth that feeds them with its peace

will never let their feet be turned away. ' ①

《真誥》中的女真人也有教訓楊羲的時刻：

> 紫微夫人又問某，世上曾見有此人不。某答曰，靈尊高
> 秀，無以爲喻。夫人因大笑，於爾如何。某不復答。

紫微王夫人把神女安妃介紹給楊羲時，問他："這樣的人你曾經
看過嗎?"他不能直接回答心裏真正的想法，楊羲很快意識到，
此時最好沉默不開口。② 可見他們之間的關係是比較逍遥自
在、親和的狀態，這與但丁將貝雅特麗齊（Beatrice）當作高貴無
上的象徵很不一樣。比《神曲》更值得一讀的，就是這種靈媒與
真人之間關係的親密色彩，以及對個人問題的關懷。這與基督
教神學關照下的文學作品很不同，也與一般人心中西方"個人
主義色彩濃厚"而東方個性淡漠的慣常印象正相反。

　　楊羲和真人的精神結合即所謂"偶景"。他們超越天師道

①"The Bliss and Abyss of Freedom: Hope, Personhood, and Particularity", trans. Vittono Montemaggi, in George Corbett and Heather Webb (eds.), *Vertical Readings in Dante's Comedy*, Cambridge: Open Book Publishers, 2015, vol 1, p. 70.
②《真誥》卷1（《中華道藏》，2.116b）。

的陰陽之術"合氣"來實行神話性的、精神上的結合,即天上的女真人與地上的肉身之人結合,這稱作"偶景"。① 楊羲的真人同樣把美麗的女真人配給許謐做偶景對象。但是介紹她給許謐以前,天上的高真集合在东方諸島上討論能不能讓凡人依靠他力來得道。他們以有莊子"有待/無待"的詩歌來探討這個問題。

在《真誥》十二篇《有待詩歌》後的注釋當中,陶弘景告訴我們應該如何解讀這些晦澀深奧的文字:

> 按,此諸歌詩,並似初降語……有待之説並是指右英事。非安妃也。②
>
> These songs all seem to have been delivered when the Perfected first descended [To Yang]……Further the matter of "dependence" refers to [Lady] Right Blossom. Not to Consort An.

安妃是楊羲的配偶。右英夫人是可能會與許謐偶景的女真人。陶弘景的意思是讓讀者不要誤以爲這些詩歌談的是楊羲與安妃之間的偶景。在此後卷帙的解釋中,他也表明這兩個事件都是人與神的結合:

① 按照上清經的資料,人的身體分爲三個部分,即三丹田。每個部分有八個主要的體内神。修煉可以把此神變無瑕而恢恢發光。這個狀態名爲"三元八景"。"偶景"是把兩個人或神的體内神結合的虛無縹緲的過程。
② 《真誥》卷3(《中華道藏》,2.127c)。

併衿接景楊安。亦灼然顯説。凡所與有待無待諸詩,
及辭喻諷旨,皆是雲林應降嬪遷侯。事義並立表著。(陶
弘景)①

The matter of the linked lapels and joined phosphors of
Yang Xi and Consort An is explained with brilliant clarity. The
poems inspired by the questions of "dependence" or "inde-
pendence" [of the *Zhuangzi*]. With verbal metaphor and in-
direct criticism. They all refer to the question of whether or not
the Lady Right Blossom of the Cloudy Grove should descend to
marry Transcendent Marquis [*Xu Mi*]. The matter is very
clearly expressed.

《有待詩歌》第一篇,右英夫人的詩歌,如下:

駕欻敖八虛。徊宴東華房。
阿母延軒觀。朗嘯躡靈風。
我爲有待來。故乃越滄浪。②

Piloting wisps of *qi* I roam far into the eight directions of
space, Returning to feast in chambers of the Eastern Flower,
Amah invites me to the radio balcony of the watchtower,
Whistling a clear note, I tread the numinous wind.

①《真誥》卷 19(《中華道藏》,2. 235b)。
②《真誥》卷 3(《中華道藏》,2. 127a)。

Now I have come for the sake of dependence—

For this reason I have traversed the blue-green waves.

這是引用《莊子·齊物論》中批評列子的典故進行的創作。按照陶弘景注釋,有待、無待討論的是能否將"偶景"的方法傳給許謐,因爲他得此方法便可以如列子禦風而飛。雖然能飛,還是有待。他是依靠女真人得道,而非自力更生。所以用十二首詩討論這個問題。右英夫人開啓討論的一首詩明顯表明她是爲了幫助有待的肉身之人才來到此世。以上例子説明,《真誥》中人和神的關係是如此的貼近、親切。從這個意義上説,這真是世界上少有的獨特作品。

2.《真誥》與其他宗教啓示文學相比提供了更豐富的社會歷史資訊

與《約翰啓示録》(*Apocalypse of John*)、《摩門經》(*Book of Mormon*)或《神曲·煉獄篇》(*Tractus de Purgatoriosancti Patricii*)等影響深遠的著作不同,這些誥辭在創作後不久就受到了一位文獻學者陶弘景的關注。陶氏的注釋中,大量引用了早期遺失的歷史記録,爲我們提供了許多新的資訊。這使我們不僅有了楊羲與神溝通程式上的叙述,同時也獲得了圍繞這一事件的真實討論。我們能夠瞭解他的冥想地點的大小和陳設,用於書寫啓示的紙張和筆跡等等,還有這些程式的原因,例如神爲何拒絶自己親自書寫。

目前可以確定的是,這些誥辭——無論是在其狹義的對生者和死者的叙述中，還是廣義的在一個多世紀後陶弘景提供的注釋中——都爲這一時期的歷史研究提供了新的意想不到的視角。衆所周知，以故事性文學爲基礎的晉代歷史是不準確的，而這些資訊則是一個非常有益的補充。

總之，因爲這本獨特的啓示文獻，我們得以詳知這些啓示的社會背景和物質基礎，這都遠遠超過我們能從其他文化中的宗教啓示性作品中得到的內容。通過這一文本的翻譯，我們希望對研究其他時代和地方的啓示性文學的學者有所幫助。

四、《真誥》思想與佛道教關係

在文章伊始已經説過，我們可以利用《真誥》中的材料，繪製那幅巨大地圖的一角（one corner of the map）。如果我們期待路線圖能幫助我們理解佛教的傳入和怎麼引起中國的自我認同，就還有不少大問題需要回答：

（1）既然道佛論衡構成了相互分裂的勢力，何等現象調解他們的矛盾？胡適先生好像以爲佛教傳來中國是一種武裝的侵略，但實際上中國歷史上的宗教之間的正統之争（尤其與中東、西方的比較）是相當和睦的。恐怕這問題太大，篇幅不够，不能詳述。把問題縮小一點就有答案：

（2）魏晉南北朝初期佛教開始普及時，中國人民爲何接受？佛教漢化的過程，是支持佛教的漢人實現的，這同時也引起道教辯護。這個問題仍須寫一本書回答。進一步縮小，可能更有説

服力:

(3)《真誥》能否幫助我們瞭解道佛之間的關係? 從下面的資料可知,4—5世紀早期道經,雖然跟佛教思想不同,卻承認二者同歸於真道。我們能充分地體會到這一點,可算是對回答以上第(2)和第(1)問題,及何等現象調解了道佛之矛盾,有了一個良好的開頭:

老子主生化,釋迦主死化……太上作此三道教化,法雖殘途,終歸道真,無有異也。(《三天內解經》*Inner Explanations of The Three Heavens*,422BCE)①

仙之言佛,佛是胡語耳…雖途殊,而同歸太上矣。(《真一自然經訣》*One*,*LB* #23)②

在佛爲留秦,在道爲玉皇,斯亦殊途一致耳。

Within [the way of] the Buddha, he is Krakucchanda(fourth of the seven Buddhas of the past); Within the Dao, it is the Jade Luminaries. This is an example of different paths that arrive at the same goal. (陸修靜(406—477)③

道也與佛,逗極無二,寂然不動,致本則同。感而遂通,達跡成異。(張融(444—497)④

夫佛之爲道,乃道之一法……兩學相若,此乃術有內

①《中華道藏》,8.547a。
②《太上洞玄靈寶威儀洞玄真一自然經訣》敦煌 P. 2356。
③王懸河《三洞珠囊》卷二(《中華道藏》,28.415b)引《道學傳》。
④僧祐《弘明集》卷第六,四部叢刊初編本。

外,法有異同。本非華戎之隔,精粗之殊也。而邊國剛疏,故宜用其宏經;中夏柔密,所以遵其淵微耳。(陶弘景(456—536)①

而這個漢化、融合過程,之所以能夠持續進行,很大的因素是中國固有的"道"的觀念所致。道的力量,和它的象徵性意義、它代表的思維模式,使得中國宗教能夠比較相互理解、和諧共存。所以早期道教經典,雖然批評佛經思想走了異途,但還是承認他們是行道者,值得尊重。就連顧歡辨析夷夏之差別時也説:

佛非東華之道,道非西戎之法,魚鳥異淵,永不相關,安得老、釋二教,交行八表?今佛既東流,道亦西邁,故知世有精粗,教有文質。(顧歡(fl. 420-479)《夷夏論》)②

再如,早期佛教僧人慧遠將七位過去佛與道教玉皇比較,也是採用道的象徵性力量,來容納外來宗教:

釋迦之與堯孔,致不殊。(慧遠(331—415)《沙門不敬

①敦煌 S 4314, S 6193, P 2751,《紫文行事訣》(《中華道藏》,2. 357b)。此文獻原爲陶弘景的《登真隱訣》遺失的部分。見 Stephen R. Bokenkamp, "Research Note: Buddhism in the Writings of Tao Hongjing", *Daoism, Religion, History, and Society*, 6 (2014): pp. 247-268.
②《南齊書·列傳·第三十五》。

王者論》)①

　　當然,佛教在"漢化"過程中也有摩擦,主張要將外來的佛教趕
走,例如寇謙之(365—448)時北魏太武帝滅佛、梁武帝蕭衍
(464—549)抑道、周武帝宇文邕(543—578)毀佛。然而,大體
上佛教在中國人中是受歡迎的,它與道教並不是敵對的。這個
歷史事實是經得起考察的。

　　由此回到本文開頭提到的"地圖"方法論,這些道教徒中親
密的人神關係也影響到佛教。當佛教碰到中國本土宗教,原始
面貌就漢化了。有以下幾個例子:

　　(1)中國地下也有阿育王塔跡(晉沙門慧遠、劉薩訶等和道
教的洞天説,如華陽洞),表明佛教不僅在印度存在。

　　(2)中國道教靈媒接受佛經(以梵文的形式),例如僧祐
(445—518)《出三藏記集》:

　　　　(以上經文)齊末太學博士江泌處女尼子所出。初尼
　　子……有時閉目靜坐,誦出此經。或説上天,或稱神授,發
　　言通利。有如宿習,令人寫出。②

　　這裏記載他們只是誦説經文,不能書寫。僧祐懷疑此來源
真實性。梁武帝否定這些佛經,列爲疑僞經,但是僧祐好像感到

①僧祐:《弘明集》,(《大藏經》,T2102,52.31b)。
②《大正藏》,T2145,55.406。

尼子用靈媒方式受經典也可信,或者至少不是不可能的。他在此下的注釋裏面記載以前也有同樣的事情發生:

> 昔漢建安末,濟陰丁氏之妻,忽如中疾,便能梵語,又求紙筆自爲梵書。復有西域梵人,見其此書云,是經莂,推尋往古不無此事。①

(3)人神關係模式發生變化。這與印度的菩薩開始在中國出現有關,例如慧皎(497—554)《高僧傳》:

> (釋道冏,姓馬,扶風人)嘗中夜入禪,忽見四人御車至房。呼令上乘,冏歘不自覺,已見身在郡後沈橋。見一人在路坐胡床,侍者數百人,見冏驚起,曰坐禪人耳。彼人因謂左右曰,向止令知處而已,何忽勞屈法師,於是禮拜執別,令人送冏還寺。扣門良久方開,入寺見房猶閉,衆咸莫測其然。②

這裏記載他們得到了普賢菩薩或觀音菩薩的啓示。佛藏、志怪小説裏同樣的故事驚人得多。是否真的有這樣的事情發生並不重要。慧皎把它記載於《高僧傳》裏已表示他覺得外國的神出現於中土是自然的事情。可以説,以往的"傳道"的風俗習

---

①《大藏經》,T2145,55.40b。
②《大藏經》,T2059,50.407a–b。

慣已讓中國人期待這樣親密的神。

出於種種原因,我們現在去理解當時的宗教,往往會照搬一種模式,即先見地以爲宗教、教派之間存在尖銳區別,因此把佛教和道教置於兩端。而當時的人們是否如此看待兩個宗教,是值得斟酌的。按照當時人的體會,佛、道教徒都被視爲"道人",而學者們可能忽略了從古人的生命體驗來理解佛道教。楊羲借鑒了很多剛剛進入中國的佛教的因素,我們不能因此覺得他是騙子。他的神給了他《四十二章經》的版本,這在當時的人看來並不奇怪——因爲佛教也是"道"的一部分。

今天,我們已經熟知,道教是一種在歷史上不斷轉變形式(shape-shifting)的宗教,它深深融入中國文化發展的歷程中,而不是一直僅僅以我們最初想像的方式——例如圍繞着一些不可改變的教義或信條——組織起來。在這些誥辭出現的時代,道教剛剛開始採用全面吸收佛教種種因素的策略——冗長的經文、對死後世界的刻畫、新的時間觀和宇宙觀等等。如今的學術研究業已成熟,足夠重新考慮《真誥》以及其他《上清經》對於佛教的影響。

結　語

《莊子·齊物論》有一段,可以作爲我們的結語:

可乎可,不可乎不可。道行之而成,物謂之而然。有自也而可,有自也而不可;有自也而然,有自也而不然。惡乎然? 然於然。惡乎不然? 不然於不然。物固有所然,物固

有所可。無物不然，無物不可。故爲是舉莛與楹，厲與西
施，恢詭譎怪，道通爲一。

這裏我選取了英語世界中兩個譯本，分別是 Graham 的和
Mair 的：

Allowable? -Allowable. Unallowable? -Unallowable. The
Way comes about as we walk it; as for a thing, call it some-
thing and that's so. Why so? By being so. Why not so? By not
being so. It is inherent in a thing that from somewhere that's so
of it, from somewhere that's allowable of it; of nothing is it not
so, of nothing is it unallowable. Therefore when a ' That's it'
which deems picks out a stalk from a pillar, a hag from beauti-
ful Hsi Shih, things however peculiar or incongruous, the Way
interchanges them and deems them one. (Graham) [1]

　　Affirmation lies in our affirming; denial lies in our deny-
ing. A way comes into being through our walking upon it; a
thing is so because people say that it is. Why are things so?
They are so because we declare them to be so. Why are things
not so? They are not so because we declare them to be not so.
All things are possessed of that which we may say is so; all
things are possessed of that which we may affirm. There is no

[1]A. C. Graham, *Chuang-tzu: The Seven Inner Chapters and Other Writings*, London:
George Allen and Unwin, 1981, p. 53.

thing that is not so; there is no thing that is not affirmable. Thus, whether it be a tiny blade of grass or a mighty pillar, a hideous leper or beauteous Hsi Shih, no matter how peculiar or fantastic, through the Way they all become one. (Mair)①

但相比之下,我還是最中意陳鼓應先生的翻譯:

> 萬物千差萬別,人各有不同,各有特殊性,但主體之間不要相互排斥,要相互會通,在整體中相互寬容、和睦相處。②

陳先生的白話譯文與莊子原本精神頗相契合,也十分切合《真誥》所體現的道教和佛教的關係及中國本土性宗教和世界其他宗教的關係。這種宗教間彼此相容並蓄的關係,及孕育這種關係的寬容態度,根植於早期中國思想,尤其是道家思想中,陳先生稱之爲“道家的人文精神”。③ 這此種底色之上,道教對待一個外來宗教的精神令人動容。

> （本文根據柏夷在北京大學“道家文化講座”的
> 內容整理而成）

---

①Victor H. Mair, *Wandering on the Way: Early Taoist Tales and Parables of Chuang Tzu*, New York: Bantam Books, 1994, p. 16.

②陳鼓應:《我爲何主張多讀〈老子〉與〈莊子〉》, http://www. daoisms. org/article/sort028/info-38060. html,2020 年 5 月 9 日,20:51 獲取。

③Chen Guying, *The Humanist Spirit of Daoism*, Leiden: Brill, 2018.

作者簡介：柏夷（Stephen R. Bokenkamp），美國漢學家，1986 年获加州大學柏克萊分校博士，現爲亞利桑那州立大學學監教授（Regents' Professor），專長於中國六朝隋唐道教史，特別關注中古道教文獻和佛道關係。曾出版《早期道教經典》、《祖先與焦慮》等專著，以及數十篇學術論文。並獲得古根海姆獎、美國國家人文基金會基金等。

《莊子》的儒學批判和理解

盧國龍

內容提要 《莊子》儒學批判和理解的思想實質,是文明史批判,即追問文明合理性的依據及其歷史表現。本文叙述《莊子》的這一思想。

一、文明史反思的啓示

自從孔子"因史修經"①,將紛繁複雜的堯舜夏商周的全部歷史,締構成同條共貫的、以禮樂制度相互損益爲主脈的文明史,孔子儒學就以"六經"所蘊涵的文明模式以及文明史意識,體現出中華文化的主流傳統、主體特性。也正由於這個主體性,所以每逢中國社會面臨變革,思想文化需要革新,孔子儒學就必然成爲歷史反思的主要對象。反思可能在政治或者哲學等不同層面展開,但核心問題只有一個,即圍繞文明模式展開理性批

———————
①用蘇洵説,詳《嘉祐集》卷9《史論上》。

判，諸如政治上反思文明模式的歷史成敗及其現實作用，哲學家反思文明模式是偏是全的合理性及其依據等等。而中國文化的發展以及歷史連續性，就蘊積在不斷的反思之中。唯其反思，所以文化能夠在對於歷史傳統的理性批判中有所發展，也唯其批判的對象是自身的歷史傳統，所以文化的發展保持着宏觀的歷史連續性，呈現爲"舊邦新命"式的革故鼎新。從批判便是繼承發展的意義上說，儘管近現代的文化革新以"打倒"開篇，但在宏觀的歷史進程中，依然只是反思的一種形態、一個階段。這個階段向世界文明開放的思想張力，也許不是經學、玄學、理學等所能比擬的，我們甚至可以認爲，這是一個全球化視野下的新的諸子百家時代，文明意識以及相應的秩序，需要在全新的世界文明史觀的基礎上重新締構，由"六經"所體現的中國傳統的文明史觀，缺乏世界史眼光，即使還沒有從學理上被顛覆，至少也已在觀念上受到深度懷疑，不能再堂而皇之地被當作"特殊國情論"的支撐點。但另一方面我們也應該看到，與"普世價值論"相對應的新的世界文明史觀，必須包含對於中華傳統的現代反思，沒有中華，即不成世界，不可能構築新的世界文明秩序，當然也不應該有某種無視中華傳統的秩序原理。

　　全球化視野下的中國文化反思，實踐中當然可以參照、理論上更應當全面借鑒西方文明。但借鑒必定是有主體性的，不能指望簡單的模仿能夠帶來文明發展的持久活力，也不能指望片面仰賴某個西方的理論體系，就能夠形成文明的自我生長機制，如果由於"西化"而窒息了自身批判創新的思想能力，那麼最終剩下的，就只能是集體性的思想惰性，是文明精神的枯竭。這方面，我們確實需要某種返本開新的意願和勇氣。而批判儒家、展開文明史反思既深邃又活潑的最初源頭，最具有返本開新意義的，就是《莊子》。迄今為止，從各種角度批判儒學、反思文明的著述，可謂汗牛充棟，但還没有哪家哪派能夠像《莊子》這樣深閎而肆，更多的批判者都不過以己為是，指儒為非，充其量也只能處在與儒家"類與不類相與為類"的層面上，以立場論是非。只有《莊子》，在考問文明合理性的層面上考問儒學的仁義主張、《六經》的文明史意義，稱得上"不經而為百家之冠"①，所以我們相信，《莊子》依然是展開文明史反思的源頭活水。

二、儒學批判的核心問題

談論《莊子》的儒學批判或文明史反思究竟應該從哪裏開始？《莊子》本身有没有一個思想上的邏輯起點？這個問題確實讓人很困擾。《莊子》的許多篇章，都用"寓言"、"重言"的形式寫成，表現形態異常活潑，以至很難勾勒出某種邏輯框架。寓言講故事，明顯是編造的，重言借別人的口説自己的話，當然也是編造的，也是故事。故事片段中究竟包含了什麼樣的邏輯？至少在形式上是無跡可求的，只不過寓言和重言的主角，以孔子及其門徒居多，所以單就行文來看，可以説孔子儒學讓《莊子》很糾結，既是嬉笑怒罵的主要對象，也是思想展開的基本素材，

————————————

① 用郭象説，詳《莊子序》。

即使編故事，也跳不過、繞不開。《莊子》書中當然也有許多同情儒者的表述，但讓人印象更深刻的，卻是那些痛快淋灕的嬉笑怒罵，這種現象，很容易被猜測爲儒道兩家立場對立，屬於道家的《莊子》更像自由知識分子，而孔子儒學則疑似官家意識形態，因此讓《莊子》在觀念上難以苟同，情緒上需要宣洩。但是，檢視《莊子》可以發現，在作者極盡誇張的筆墨中，孔子儒學只是仁義禮樂的守望者，並不是官家意識形態的代表，對於孔子等儒者，《莊子》可以哀其不幸，嘲其不智，但儒者與衛靈公、河監侯們不可同日而語，在《莊子》中是分得很清楚的。而且春秋戰國時代，儒家語仁義忠信的"游居學者"，與"尊主强國"、"致功並兼"的"朝廷之士"是兩種人，在《莊子》中也分得很清楚①，例如《人間世》專談政治，並不涉及孔子儒學等。既然儒學並沒有實際機會去承擔政治責任，那麼憂世至深的《莊子》，爲什麼不將批判的矛頭指向掌控世事的衛靈公們，卻要盯住儒學不放？在指桑罵槐幾乎成爲習慣的當代，不免要懷疑這一派的鼻祖，也是莊子。但莊子本人睥睨天地之間，本來就是個天子不得臣、諸侯不得友的自由身份，況且戰國那樣一個時代，思想處在可以爭鳴的發展狀態，還沒有哪家居於獨尊地位，能够鉗制人口，有效限制言論的自由，所以生活在那個時代的《莊子》，可以罵槐就直接罵槐，用不着拿桑樹來掩飾。站在這個角度來看，《莊子》之所以盯住儒學不放，一種可能的解釋，就是將儒學當作思想的"郅質"，正如辯論將惠施當作"郅質"一樣。没有了惠施，莊子

---

① 詳參《莊子·刻意》。

的生活是寂寥的、落寞的；同樣，抽乾了儒學，《莊子》的思想是空洞的，虛化的。這是我們理解《莊子》批判儒學的一個基本前提，即《莊子》崇尚自然的主張儘管更接近《老子》，但其思想誘因或者說基礎，卻主要是儒學。正是通過儒學批判，才可能展開其文明史反思，追問殘酷的、濁亂的現實之根源。如果我們相信一切思想的發生都必有其因緣，不能憑虛相酬酢，那麼我們同時也應該相信，《莊子》之糾結儒學，是必然的，因爲儒學是其思想發生的主要因緣——即使更多的時候，《莊子》都將這種因緣關係表現爲反其道而行。

　　《莊子·田子方》講過這樣一個故事："莊子見魯哀公。哀公曰：'魯多儒士，少爲先生方者'。莊子曰：'魯少儒。'哀公曰：'舉魯國而儒服，何謂少乎？'莊子曰：'周聞之，儒者冠圓冠者，知天時；履句屨者，知地形；緩佩玦者，事至而斷。君子有其道者，未必爲其服也；爲其服者，未必知其道也。公固以爲不然，何不號於國中曰：'無此道而爲此服者，其罪死。'於是哀公號之五日，而魯國無敢儒服者，獨有一丈夫儒服而立乎公門。公即召而問以國事，千轉萬變而不窮。莊子曰：'以魯國而儒者一人耳，可謂多乎？'"這是一段莊子捍衛真儒榮譽的故事，故事的真實性或許很可疑，但故事對真儒的評價卻無可疑，在作者的心目中，真儒博學而善斷，應對國家政治事務從容裕如。然而，現實中的真儒太稀缺了，遊蕩在世俗社會中的儒冠儒服者，可能會說一些儒學的語言，弄一些儒者的做派，但不能理會儒學之道。如果全社會都像魯哀公這樣，以爲儒冠儒服便是儒者，指望他們照着一知半解的儒學去治國平天下，那麼結局只能是給竊國爲諸侯者錦上添花，給已然冷酷的社會雪上加霜。而《莊子》所目睹的冠服相望者，絕大多數都是這樣的儒士。於是《莊子·在宥》沈痛地感慨，"今世殊死者相枕也，桁楊者相推也，刑戮者相望也，而儒、墨乃始離跂攘臂乎桎梏之間。噫，甚矣哉！其無愧而不知恥也甚矣！吾未知聖知之不爲桁楊椄槢也，仁義之不爲桎梏鑿枘也，焉知曾、史之不爲桀、跖嚆矢也！"儒士講仁義，墨者說兼愛，但在殘酷的現實面前，仁義、兼愛既不能有效地制約強者，必然也就不能實際地保護弱者。於是，儒士、墨者以其學說介入現實，就構成這樣一幅極具諷刺意味的畫面，"離跂攘臂乎桎梏之間"。因爲戰國時代的現實，是諸侯兼並與反兼並的生存法則，導致各諸侯國競相窮民財、竭民力，用嚴刑峻法脅迫民眾參與諸侯國的殘酷競爭，民不堪命，則被入之以罪，而罪名正是從仁義、兼愛等文明法度中衍生出來的。儒士，當然還有墨者，急於以其仁義、兼愛之說重建文明法度，卻意識不到文明法度完全可能像現實已經證明的那樣，異化爲強權的工具。所以在《莊子》看來，不通過文明史反思以探賾文明法度異化的根源，不致思於文明大全無偏的終極合理性，所謂"聖知"，所謂學說，都可能成爲社會性的、有組織脅迫的工具甚至幫凶。由現實觀察所得出的這樣一種判斷，注定《莊子》要追問仁義的倫理高標準與現實的嚴酷法度究竟是什麼關係？仁義是否符合普遍的人性？以人類理智追求普遍性原則是否可能？預設某個普遍性原則以推動人間世同化是否必要？這些問題，構成了《莊子》批判儒學的基本內涵。

三、特殊的仁義何以遮蔽"天下有常然"的普遍人性

與階級分析論形似而實不同,《莊子》也曾將儒家的仁義倫理與嚴酷的政治現實聯繫起來,如《駢拇》說:"枝於仁者,擢德塞性,以收名聲,使天下簧鼓以奉不及之法。非乎? 而曾、史是已。"曾參之孝義,史魚之仁愛,可以假設爲出於個人稟性,但起碼是真實的。將個人真實的孝義仁愛的稟性,與天下人都難以遵循的嚴屬法度聯繫起來,確實有些無限上綱的嫌疑。但就《莊子》本身的思想邏輯來說,發生這種聯繫的緣由,不是儒家可能站在統治階級的立場上,要爲統治階級的利益樹立一個道德標兵,而是儒學高標仁義的淑世理想,注定他在拔高社會道德訴求的同時,制約了人性自然生發的多種可能性,壓縮了人性自由的多元空間。而且,按照某個理想化的道德模範設定倫理行爲的正當性和標準化,就無可避免地抬高甚至强化了社會的禮法規範,即使不是嚴刑峻法的社會基礎,至少也爲嚴刑峻法的社會環境推波助瀾。所謂"擢德塞性",可以理解爲在有意拔高道德標準的同時,必然以犧牲人性的全面舒展爲代價,否則難以率領天下人遵守那套爲人性所不堪的"不及之法"。在《莊子》的思辨中,孝義仁愛的稟性是特殊的,否則沒有必要樹立爲榜樣,當做一派學説的事實基礎,以至要藉助其影響力去改造民衆。既然是特殊的,那麼對於不具備這個特殊稟性的絕大多數人來

説,所謂孝義仁愛就像駢拇枝指,是品德上的骨質增生,而將這種特殊的道德品質推廣爲普世的道德要求,則普世的道德就被人爲地擠壓成"奢於性"的畸形。於是,《莊子》要剽剥仁義,捭斗折衡,如《胠篋》説,"削曾、史之行,鉗楊、墨之口,攘棄仁義,而天下之德始玄同矣。彼人含其明,則天下不鑠矣;人含其聰,則天下不累矣;人含其知,則天下不惑矣;人含其德,則天下不僻矣。"這樣的言論,無疑會讓一些人大爲震撼,而另一些人大爲震怒。震撼的人,往往胸中别有塊壘,其中甚至包括道學家二程子等,因爲他們曾説過捭斗折衡之言"却尚可恕"之類的話①。至於震怒,則由於這種言論通常被理解爲反對價值觀引導,反對以道德爲理由建立公共秩序和權力,甚至被指責爲"反智",所以震怒的人往往隨着歷史的推移越來越震怒。但這樣的理解,却未必都合乎《莊子》的本來思想。還有些人,或許也未必理解其捭鬥折衡的真實含義,如兩晉之際的放蕩派"名士",將道家的因任自然簡單理解爲針對名教的行爲叛逆。而《莊子·駢拇》却説:"余愧乎道德,是以上不敢爲仁義之操,而下不敢爲淫僻之行也。"標榜仁義和行爲叛逆,都太用力於倫理表現了,都鑿破了道德的天真。而《莊子》之所以不敢,是因爲思想上對道德懷有很高的敬畏,堅信道德之成其爲道德,是天下所有人都能够發揮其聰明才智,都可以展現其德性判斷的精神依據和自然狀態,既毋須倡導,也不必抑制。在"人含其知"和"人含其德"的意義上,道德本來就是以意識能力爲基礎的人類同一性狀態,

---

① [宋] 程顥、程頤著:《二程集》(上),北京:中華書局,1981 年,第 5 页。

是"玄同"的。"玄同"不是同一於某個特殊的樣板或者模式,而是同一於人人天性自足的原本狀態,未經過抑揚頓挫的意識控制和意志選擇,所以既不可能被強權意志所利用,更不可能成爲社會強權的種因,反而是抑制社會強權或者意志膨脹的正義原則。正如個體一樣,由於敬畏道德,乃至上不敢標榜仁義,下不敢放任淫僻。社會的倫理生活,因此呈現爲個人意識不抑不揚的自由伸展。

剝剝仁義的《莊子》態度,可能根源於法度嚴厲甚至很殘酷的現實感受。類似的感受和態度,更多出現在詩人或者政論家的筆墨里,而由此昇華爲哲學的,似乎都是些不同時代的例外。《莊子》就是戰國時代的一個例外。借助"孔子問禮於老聃"的傳說,《莊子·天道》補充了一段很有趣的故事情節,以此質疑仁義是否"人之性"。故事說,"孔子西藏書於周室,子路謀曰:'由聞周之徵藏史有老聃者,免而歸居。夫子欲藏書,則試往因焉。'孔子曰:'善。'往見老聃,而老聃不許。於是翻十二經以說。老聃中其說,曰:'大謾,願聞其要。'孔子曰:'要在仁義。'老聃曰:'請問,仁義,人之性邪?'孔子曰:'然,君子不仁則不成,不義則不生。仁義,真人之性也。又將奚爲矣?'老聃曰:'請問,何謂仁義?'孔子曰:'中心物愷,兼愛無私,此仁義之情也。'老聃曰:'意,幾乎後言!夫兼愛,不亦迂乎!無私焉,乃私也。夫子若欲使天下無失其牧乎?則天地固有常矣,日月固有明矣,星辰固有列矣,禽獸固有群矣,樹木固有立矣。夫子亦放德而行,循道而趨,已至矣;又何偈偈乎揭仁義,若擊鼓而求亡子

焉？意，夫子亂人之性也。'"比較而言，孟、荀之所謂性善、性
惡，都是着眼於倫理以及政治主張的論説，只有《莊子》的人性
論，才稱得上是一種哲學思考。因爲倫理和政治都是具體的，形
而下的，所以不論主張性善還是性惡，其論説都言之有物，至少
善惡這兩個字，就大有文章可作。而從哲學的層面來聚思人性
問題，則所思越是深邃，所能言説的義理就越是虛無縹緲，最終
也只能强調什麼不是人性或者人性不是什麼，很難就人性的内
涵和外延給出一個言能盡意的界定。在這點上，《莊子》也未能
例外。但《莊子》質疑仁義是否"人之性"，就將問題引向了不同
於善惡判斷的向上一路。質疑的核心主要有兩點：其一，仁義所
追求的"兼愛無私"，是思想上、觀念上的一種取捨，也可以説是
對"人之性"的一種取捨。取捨的出發點，必然是主觀的選擇，
而主觀只能是個人的私意，所以"無私"本身就是"私"；其二，講
仁義的儒者悲天憫人，憂患社會無序，因而要用一種主張來駕馭
社會，但人爲主張的秩序，畢竟只是自然秩序的片面呈現，以此
片面的秩序維護私意的選擇，在偏執的道路上越走越遠，最終由
喪失人性基點所引起的社會性混亂，必定比自然的"滑疑之耀"
更加不可收拾。戰國時代的現實，無可爭辯地證明了《莊子》的
思想邏輯。即如《莊子·駢拇》所説："意仁義其非人情乎！彼
仁人何其多憂也？……今世之仁人，蒿目而憂世之患；不仁之
人，決性命之情而饕貴富；故曰仁義其非人情乎！自三代以下
者，天下何其囂囂也？……天下有常然。常然者，曲者不以鈎，
直者不以繩，圓者不以規，方者不以矩，附離不以膠漆，約束不以

繰索,故天下誘然皆生而不知其所以生,同焉皆得而不知其所以得。故古今不二,不可虧也。"講仁義的儒者備受憂患的煎熬,而不仁不義的衛靈公們卻享受着富貴大餐。對於這種荒誕的現實,許多人都在崇尚仁義的名義下默默忍受甚至接受,卻找不到一個精神支點對社會秩序的合理性產生根本的懷疑。釀造這種天下大惑的酵母,就是以仁義倫理建構社會秩序的私意選擇,人性的能力因此受到禁錮,不僅喪失了重新選擇的行動,而且喪失了重新選擇的意識。所謂"天下有常然",可以理解爲人性的本然狀態或正常狀態,不是被刻意塑造出來的人文化成的作品。按照人性的正常狀態,天下本來沒有什麽問題,而執意按照某種主張去安排、去解決,反而一切都成了問題,所以在《莊子》看來,復歸人性之本然是擺脫"大惑易性"的唯一出路。

四、各然其然的人性本然

進而言之,所謂復歸人性之本然,是人人各然其然,並没有某個同一的、出於普遍性假設的模式。這可能是《莊子》思想中最具有基本觀念意義的内核,即懷疑形形色色的普遍性預設。《莊子·徐無鬼》中一段近乎真實的故事,流露出這種基本觀念。"莊子曰:'射者非前期而中,謂之善射,天下皆羿也,可乎?'惠子曰:'可。'莊子曰:'天下非有公是也,而各是其所是,天下皆堯也,可乎?'惠子曰:'可。'莊子曰:'然則儒、墨、楊、秉四,與夫子爲五,果孰是耶? 或者若魯遽者耶? 其弟子曰:我得

夫子之道矣,吾能冬爨鼎而夏造冰矣。魯遽曰:是直以陽召陽,
以陰召陰,非吾所謂道也。吾示子乎吾道。於是乎爲之調瑟,廢
一於堂,廢一於室,鼓宮宮動,鼓角角動,音律同矣。夫或改調一
弦,於五音無當也,鼓之二十五弦皆動,未始異於聲,而音之君
已。且若是者耶?'惠子曰:'今夫儒、墨、楊、秉,且方與我以辯,
相拂以辭,相鎮以聲,而未始吾非也,則奚若矣?'"很可惜,在這
個故事里,惠施未能發揮出作爲"郢質"所應有的思辨水平。按
照莊的意思,"公是"亦即普世真理,是未曾確定内涵的預設。
也唯其普世真理的内涵未曾確定,所以各家各派都可以認爲自
己掌握着真理。而不同流派關於真理内涵的差異甚至對立,恰
好表明按照各派的立場和思想邏輯,不可能確認所謂普世真理。
那麼按照莊子廢五音不用的方法,能否調理出某個五音共振的
普世真理呢? 這個普世真理的内涵又將如何? 莊子的思辨漸入
佳境,而惠施無以爲繼,又回到學派争執的老路上,以爲辯論場
上擅一時之長,就能够擁有真理。所以莊子嘲諷説,這種辯論除
開結怨、製造紛争之外,没有任何真實的意義。

　　一場引人入勝的對話,由於惠施掉隊而中斷了。不過,從
《莊子》書中,要找到整個故事的結局並不困難。按照《莊子》的
"天籟"理論,能够讓不同的琴弦同樣受到感應、發出各自聲音
的,只能是《齊物論》所説的"大塊噫氣"。五弦由此而宫商角徵
羽,各成各的調,但就其音出於其性而言,是"玄同"的,五音之
中,没有哪一種音可以爲"君",可以代表普遍性。那麼,"大塊
噫氣"是否代表了普遍性呢? 也不是,因爲發生"大塊噫氣"的

原因,不是幕後有某個更高的主宰,不存在某個怒而爲風的"誰",而是"生物之以息相吹",是一切存在物都有其生發動用並且相互作用的結果,其中包括五弦之生發五音。由此可見,所謂普遍性,只是每一種存在物都以其特殊性參與萬物的互動。這樣的普遍性,也就是大化之"玄同"。以大化之"玄同"爲鏡子,來映照人世間的秩序安排,以及爲安排統一秩序所預設的真理普遍性和同一性,《莊子》認爲人間的這些努力,只是"勞神明爲一而不知其同也",就像猴子吃芋頭,要爲朝三暮四或是朝四暮三作出艱難選擇,以至爆發紛争。其中最顯眼並且最值得反思的,就是儒學以仁義爲普遍的人性。

無須諱言,《莊子》的儒學批判,有些篇章或片段確實很辛辣、很犀利,如《盜跖》、《漁父》等。這些篇章是否出自不同的作者之手,現在無從稽考。不過,透過犀利的批判、辛辣的嘲諷來看,這類篇章的出發點,無非是戲説儒者不識時務,仁義之教不合時宜,所以識時務的莊子當説客,總是游刃有餘,每每得手,如《説劍》等;而不識時務的孔子當説客,往往捉襟見肘,大敗而歸,如《盜跖》等。編排這些故事和説辭,也許是爲了表達一種看法,即儒者迂闊,而衛靈公們蠢惡、不堪以文明施加教化,智者則在玩世不恭的入世遊戲中,宣洩着對於社會文明的悲觀情緒。無論如何,《莊子》的儒學批判,是一種理解性的批判,其焦點只在仁義,其餘的情緒宣洩,只能作爲批判仁義的附贅,其意義,不是讓儒學批判的内涵更豐滿了,而是凸顯出這樣一個問題:如果説孔子的仁義主張,立足於"鳥獸不可與同群"的人的類意識,那麼《莊子》對於這種類意識是否也棄之如弊履，以至拋開了人間世的情懷，身居世間卻作出世之思？從《莊子》有關類意識的基本思想來看，非但不能得出這樣的推論，而且還延伸出《莊子》對於儒學《六經》不同於後世儒者的另樣理解，即批判性的理解。

所謂人的類意識，說到底還是人性、人的同一性問題，只不過人性、人的同一性從概念出發，而人的類意識從生活經驗和感受出發，將人性從仁義或者善惡的倫理層面，向生活狀態的層面還原。在中國，關於人的類意識的經典表述，大概要首推孔子所說的，"鳥獸不可與同群也，吾非斯人之徒與而誰與？"這句設問，真實的意味複雜而且深長，讓人頗費思量，尤其是當我們習慣於強調孔子"仁者愛人"的時候，顯然要注意，聖人也是人，也會有情緒，而且情緒並不總是那麼好，孔聖人說這句話的時候，情緒或許就很不好。但也唯其是人，所以能夠產生關於人的類意識；唯其情緒有時候不好，所以會流露出冷峻的、理性的想法。孔子的想法就很冷峻。所謂"鳥獸不可與同群"，是由人和鳥獸的自然屬性規定的，是一個冷硬的事實，不是假設。但孔子之所以要拎出這個事實，卻洩露出曾經假設與鳥獸同群的前奏，只是結論乃"不可"而已。這個"不可"，就是由自然屬性所規定的"人"的底線，也是社會文明最原始的根據，即"人"必須與自己的同類共同生活。而人的類生活，亦即相"與"，就構成社會，於是衍生出以類意識爲基礎的人的社會屬性，也即衍生出個人與生活共同體的相互關係。所謂社會文明，從根子上說，不僅僅是生活共同體的規範，更是這個規範與參與者相對應的關聯。如果切斷了這層關聯,那麼對於個人來說,所謂社會文明究竟是好是壞,是虛是實,全都無關緊要。孔子的想法就是,這層關聯根本切不斷,所以對於社會文明不能不介入。而孔子介入社會文明的方式或者説終生志業,就是刪述《六經》,倡導仁義,從而以文明史的積累作爲精神資源,超越一個個自然人的局礙,將不堪相與爲群的人改造成不妨相與爲群的人,解決社會生活處處讓人想要逃離的諸多問題。

《莊子》的想法和表述,要比孔子恍惚憍怪許多,其真實思想,不像孔子的自白那樣容易理解。或許,《莊子》的真實想法和感受,本來就不入俚耳,所以要運用"謬悠之説"的表述方式,諸如"神人"、"至人"、"與寥天爲一"、"千歲厭世,去而上仙"等等。如果只從字面上找證據,也許就會追問,"神人"、"至人"還是不是人?"與寥天爲一"或"去而上仙"的人,是不是就從人的類別規定中金蟬脱殼了?《莊子》的語言,相對其自身的思想表述來説,想必是適宜而且準確的,但相對於讀者的理解來説,卻可能是誘發誤解的煙霧,所以《齊物論》才説,"萬世之後而一遇大聖知其解者,是旦暮遇之也"。我們不敢奢望達到這樣的境界,但也不至於像上面的詰問那樣,誤會得那麼徹底,似乎《莊子》就不甘與他人同類。當真如此,也就沒有那麼多的"謬悠之説"非説不可了。這方面,我們大概也要採取些言意之辨的方法,掘發出《莊子》在超越類意識的表述中所隱含的類意識感受。

《莊子·大宗師》説:"其一,與天爲徒;其不一,與人爲徒。"所謂"與人爲徒",意猶孔子"斯人之徒與",也就是人的類意識。

只是孔子的表述更像是由個人經驗所生出的感慨,而《莊子》的表述則像是思辨性的概念歸納,其意義也同樣可以分出兩層,第一是個人與他人同類,第二是人類與非人類的萬物有分別,是"不一"的,人的類意識具有排他性,亦猶孔子之"鳥獸不可與同群"。所謂"與天爲徒",真實意思當然不像字面顯示的那樣,將個人與上天混爲一談,而是順適甚至玩賞造化的意識境界,既意識到造化是必然的、不可違的,也意識到個人只是造化流程的偶然呈現,是萬物變化的一次偶然狀態,因此要超越人的類意識,不能貪戀爲"人"。《大宗師》中一個頗富想象力的例子,可以幫助我們在想象中理解《莊子》的類意識觀點。"今大冶鑄金,金踴躍曰:我且必爲鏌鋣。大冶必以爲不祥之金。今一犯人之形,而曰人耳人耳。夫造化者,必以爲不祥之人。今一以天地爲大爐,以造化爲大冶,惡乎往而不可哉?"這清楚表明,在《莊子》的觀察或者理解中,人都更願意做人,懷有强化類意識和類歸屬的意願,但這種"人耳人耳"的自主選擇,必然被造化看成一件很鬧妖怪的事。所以,人固然都有類意識,但同時也要承認,相對於自然大化,類意識是有局限的。自然大化既是人之所以爲人的原因,也是人之能够成其爲人的大限。在自然大化面前,人所能作出的選擇,不是向自然大化索取永遠做人的特權,而是由"與人爲徒"向"與天爲徒"昇華。

五、"藏天下於天下"的解惑方略

就《莊子》而言,這樣的昇華是可能的,但昇華既不意味著做一個長生不死的人，也不意味着厭棄爲"人"，而是要在"人"與"道"之間，建立起思與所思的關聯，將"道"作爲精神生活的終極對象。正是在這層關聯上，莊子既與惠施發生分歧，也對儒學展現其批判性的理解。

莊子與惠施的分歧有許多例證，如《德充符》嘆惜惠施，"道與之貌，天與之形，無以好惡内傷其身。今子外乎子之神，勞乎子之精，倚樹而吟，據高梧而瞑。天選子之形，子以堅白鳴。""天選子之形"也就是造物者將惠施造成了一個人，但惠施卻没有作爲一個人所應當具有的精神向上一路，終日苦思冥想的盡是些離堅白之類的顛覆常識的奇談。滿足於支離破碎的知識和善辯的虛榮，對於一個人所應該深造的"道"，反而"駘蕩不得"。顯而易見，在《莊子》的思想中，"人"是有特殊性的，即人所具有的特殊稟賦。而特殊稟賦的生發動用，就是有意識地將"道"作爲思的終極對象，從而達到與"道"混芒的生存狀態。

與"道"混芒的狀態可能是個人的，但希望是天下的。就其天下情懷而言，《莊子》與儒家或許更接近些，而與惠施相距明顯。也正是這種天下情懷，一方面構成《莊子》理解儒學的情感基礎，以至《莊子》書中無處不在地表現出對於儒學的關注；另一方面，既然是放言天下之事，就不能單純從個人經驗或者體驗出發，也不能從某個表達其特殊主張的理論模式出發，而必須以公共的文化爲基礎，尤其是涵蓋各學派淵源的歷史文化，這就注定《莊子》要面對孔子"六經"，因爲只有"六經"是對歷史文化的系統總結，是歷史文化可以共享的載體。"六經"本身的這種地位,是《莊子》理解儒學的理性基礎。但《莊子》之道與儒學之道不同,《莊子》的“天下”與儒學的“天下”也因此產生差異,所以理解又必然帶有批判的性質。

按照《莊子》的表述,個人與道混芒的狀態,可以出現在“坐忘”的獨特體驗中,從而發現其理論上的可能性。但在現實生活中,卻只能選擇“處乎材與不材之間”,以苟全性命於亂世。理論的可能性終究停留在理論的層面上,回歸現實就一切都變了樣。就天下而言,《莊子·天地》說,“而今也以天下惑,予雖有祈向,不可得也。不亦悲乎!”因“天下惑”而不能實現的“祈向”,必然是有關天下而非僅僅關乎個人的。然而一旦面對天下,《莊子》也只能和懷着淑世理想的儒者一樣,觀看悲劇的情緒頓時瀰漫,發現理論上可能的,在現實中竟然很無望。這究竟是理論錯了,還是現實偏了? 從“而今以天下惑”來看,《莊子》顯然不認爲自身的理論有什麼問題,那麼,所謂“以天下惑”究竟是一種什麼樣的“惑”? 又該如何化解?

《莊子》所謂“以天下惑”的意思,想必不是說天下人全都糊塗。天下人可能都糊塗,也可能都不糊塗,但那不是《莊子》所要置評的。如果從《莊子》書中來取“内證”,那麼“以天下惑”的意思,可以理解爲由於“天下”的原因造成困惑,分開來看大要有兩層,其一是“天下之治方術者”在思想理論上的“惑”,其二是“自虞氏招仁義以撓天下”的政治模式、組織形態之“惑”。而《莊子》的全部思想努力,也可以說就在於化解這兩種“惑”。

爲“治方術者”解惑,也就是爲諸子百家之學解惑。這方面的評議,可以散見於《莊子》各篇,但主要集中在《天下》。《莊子》三十三篇中,《天下》可能是唯一一篇稱得上正言儻論的作品,而且正面叙述儒學"六經",所以其作者的真實身份,歷來受到懷疑。不過,從以道術之大全爲宗旨的思想特質來看,《天下》只能是莊子或其後學的作品。至於文風丕變,或許與評議天下學術的主題有關。畢竟,提綱挈領地總結各流派學術,與解讀某一派的某一種觀點,在叙述要求上是有所不同的。而從《天下》的論旨來看,也並非立意要抬舉"六經",只是從求索"内聖外王"的大全之道出發,從輓救百家學術"往而不返"的流弊出發,從克服"道術將爲天下裂"的危機出發,不能不將"六經"作爲整合學術思想的歷史文化依據。因爲"六經"是各派共同的淵源,共同的傳統,在歷史文化的各類載體中,最接近"古人之大體"。

作爲中國歷史上的第一篇思想評論,《天下》對於各派學術的叙述,是概要性的,遠没有後來的"學案"或思想史、哲學史那麽詳盡,但創榛辟莽的初始元氣,卻也爲後人所不及,這主要體現在《天下》的思想評論,是從《莊子》自成體系的哲學出發的,不假手他人,不倚靠借來的並且已經概念化的哲學以立論,所以叙議各派的優勝處既精准切要,指陳各派學術的通弊也更高屋建瓴。這個通弊,就是各派都將自己的特殊主張,當做構築"天下"的普世真理。而克服通弊的可能途徑,不是各派都放棄自己的主張,而是在強調自我主張的同時,不否認其他主張的合理性,自是而不相非。唯其如此,相互的差異才可能構成互動的張力，整體性地朗顯出“天地之純，古人之大體”。這樣一種哲學，可能是“天籟”體驗所啓示的，但個人的獨特體驗正如形上學的邏輯預設一樣，不能作爲共同的觀念體系之基礎，所以《天下》認爲，只有“六經”可以作爲復現“古人之大體”的共同資源。這個資源“明而在數度”，呈現爲具體的、真實的歷史文化，有以克服各派自説自話的主觀隨意性。也正是在這個意義上，構成了《莊子》對孔子儒學的類似於歷史哲學式的理解，即儒學的大本大端在“六經”。至於仁義之説，只與楊朱“爲我”、墨家“兼愛”一樣，是一種特殊的學派主張。

　　將《莊子》作爲一個思想者的思想軌跡來看，肯定“六經”載述“古人之大體”，並不必然意味着《莊子》其實服膺孔子儒學，但表明了《莊子》對於歷史文明的關切①，以及通過文明史反思以朗顯大全之道的思想努力。只是這樣的文明史，雖“舊法世傳之史尚多有之”，但系統的歷史總結卻由孔子“六經”完成。所以不管《莊子》對孔子儒學究竟抱着什麽樣的情緒，由“六經”所彰顯的文明史都是其思想的重要基礎，並且在歷史上第一次概括出“六經”之要旨，“《詩》以道志，《書》以道事，《禮》以道行，《樂》以道和，《易》以道陰陽，《春秋》以道名分”。就《莊子》本身的思想邏輯而言，肯定“六經”與剿剥仁義，並不存在任何矛盾，因爲《詩》所表達的志，《書》所記載的事等等，都不是簡單

————————

① 在《人間世》關於游説的討論裏，還有所謂“與古爲徒”的説法，和“與天爲徒”、“與人爲徒”並列。“與古爲徒”的意思，是“成而上比”，“雖直不爲病”。這種託古以立論的游説技巧，或許可以旁證《莊子》對於歷史的關切。

的仁義二字所能概括的,其中包含了生活多元化的豐富內容。
理解《莊子》這方面的思想,或許還應該注意到《莊子》與《老子》的一層差別,如前引《天道》,寓言孔子見老子,"翻《十二經》以説",而老子以爲太蕪雜,"願聞其要"。這確實是老子的思想特色,而莊子與之不同,所以《天下》將關尹、老聃列爲一派,"主之以大一";莊子自成一派,"弘大而辟,深閎而肆"。嵇康的《卜疑》也曾注意到這層差別,如説老子"守玄抱一",是個寬容的一元論派,而莊子"變化洞達",是個開放的多元論派。從這個角度來看,《莊子》褒"六經"而貶仁義,符合其多元論的思想邏輯。而"六經"之所以能夠整合諸子百家學,或者爲諸子百家學的自覺整合提供一種觀念上的共同框架,再現"古人之大體",關鍵也就在於"六經"本身是多元的。主張多元,可以説就是《莊子》爲"天下之治方術者"解惑的鑰匙。

比較而言,"方術"之惑是由觀念和知識交織而成的,雖然學者們都謀求立一義以爲天下法,但事實上都還只是一種假説。所以這方面的解惑,可以理解爲學術上的對話,思想上的交流。而"自虞氏招仁義以撓天下"之惑,是由權力和利益交織而成的現實網絡。雖然名義上,這個網絡以仁義爲綱,但事實上,仁義也同樣只是一種假説而已,作爲大威權之下的小恩惠或許果有其事,而作爲政治的憲綱,一定是個虛名。所謂"恩威並施",清楚表明仁義之恩和權力之威必然聯繫在一起,不外乎當權的兩樣工具,行使"施"的權力才是要害。顯然,要解除這方面的惑,單純批判仁義、在工具理性的層面盤旋是不夠的,還必須關注現實的政治問題,正視由利益和權力盤結出的問題癥結,推闡“天下”之所以爲“天下”的《莊子》理念。

《莊子·天地》説,“無爲爲之之謂天,無爲言之之謂德,愛人利物之謂仁,不同同之之謂大,行不崖異之謂寬,有萬不同之謂富。”孤立地看這些議論,似乎很空泛,如果做一些簡單的比較,或許就能讓意義呈現出來。《禮記·王制》有所謂“四誅”,其中包括鑽律令的空子,變更官銜器用;搞些奇裝異服、奇怪的器物;言論不實卻説起來常有理,學術不正卻淵博;利用鬼神信仰、卜筮活動迷惑民衆等等。觸犯其中的任何一條,都要誅殺,“不以聽”,也就是不容申辯。而《莊子》卻認爲,天下可以有那樣一種寬容,什麽樣的行爲都不會讓人驚訝,不會被目爲怪異;有那樣一種博大,因爲同樣都各不相同而獲得安頓,不會由於差異而產生政治的焦慮,反而將千差萬別看作天下的財富。兩相比較,無異天壤。產生這種差異的根源,在於《王制》替帝王立法,而《莊子》卻在下文接着説,“不拘一世之利以爲己私分,不以王天下爲己處顯。”因爲嚴刑峻法的根源,紛爭戰亂的根源,全在於天下私有,所以解決私天下問題,是解決一切問題的根本。而私天下,是徹底違背天道的。《大宗師》説:“若夫藏天下於天下而不得所遁,是恒物之大情也。”《天地》説:“四海之内共利之之謂悦,共給之之爲安。”這是一個觸及政治制度問題的大選擇,要麽將權力的“天下”藏在皇宫里,誘動文武百官以爲守固之策;要麽將“天下”就放在天下里,坦然與天下人共之。如何選擇既是一個現實利益問題,也是一個對於現實利益如何理解的問題,因而也是一個智慧的問題。天地包藏萬物的啓示,簡單而且明白,藏"天下"於天下既是萬物所情願的,是公衆所愉悦的,因而也是安全的,不用防賊,尤其不用防着曾經幫助防賊的人成了賊。

用現代的話語説,《莊子》所謂"藏天下於天下",大概可以稱之爲關於政治制度的"頂層設計"或"設計頂層",是改造現行制度的非凡暢想。但在帝制時代,這樣的暢想爲帝制所不容,所以往往被指責爲個人逍遥主義、無政府主義,而其實,《莊子》的主張只是虚君,從而紓解由於權和利的極端集中所造成的重重矛盾,拓展開天下人自由發展的制度空間。以此制度空間爲前提,不是要瓦解政府,而是要重新確立因任民意等施政原則。如《在宥》説,"賤而不可不任者,物也;卑而不可不因者,民也;匿而不可不爲者,事也;粗而不可不陳者,法也;遠而不可不居者,義也;親而不可不廣者,仁也;節而不可不積者,禮也;中而不可不高者,德也;一而不可不易者,道也;神而不可不爲者,天也。"兩千多年前的政治思考,竟然在許多方面都與現代意識相吻合,不免讓人猜想,政治作爲人的類生活的一種方式,以類生活的本原要求爲起點,確有其自身的常規常理,"天下有常然",有其應然如此的内在規定性,是超越特定時代環境,更超越具體制度現實和短暫功利目的的。這個常規常理,在《莊子》中被表述爲"藏天下於天下"、因任民意、順應變化、多元並舉等,而在歷史實踐中,則體現爲牽動制度變革的永恒維度。歷史地看,儘管還没有哪個時代的哪一種制度模式,完全彰顯出政治的常規常理,完全符合人的類生活的合理狀態，但又都程度不等地從正反兩個方面證明了政治常規常理的存在。而從現實的制度模式中"發現"其存在的，同時也就會像《莊子》一樣，發現"而今以天下惑"——從類生活的本原要求演變爲"天下"的大困惑，但不一定都能像《莊子》這樣獨立展開文明史的反思。所以《莊子》的"卮言日出"就像一杯喝不完的酒，總能被不同時代的人借來澆胸中塊壘。

六、"參萬歲而一成純"——文明史反思的意義

承上所述，《莊子》對於儒學的批判和理解，表現爲針砭仁義而褒賞"六經"。"六經"之所以受到褒賞，是因爲這些歷史文獻所載述的"古人之大體"，印證了從"天籟"體驗中所發現的天道，證明人的類生活的本然方式，在宏觀歷史的層面像自然萬物一樣，是無限多元的。這種歷史性的多元文化本相，既可以幫助諸子百家學走出困境，克服"道術將爲天下裂"的危機，也可以爲政治制度提供參照，開闢"藏天下於天下"的制度空間。仁義之所以必須針砭，不是説仁義不好，要放任不仁不義的"淫僻之行"，而是因爲儒學將仁義當成了文化一元論的基礎，像楊朱"爲我"、墨子"兼愛"一樣，掉入固守其特殊主張的一元論陷阱，就喪失了"六經"的多元氣象和活力。而且，現實政治所出現的種種問題，全都根源於這種一元論的思想基礎，所以在理論上，就不能不將仁義視爲儒學的特殊主張，痛加針砭。這是《莊子》

思想邏輯的必然表現，因此遭到許多感性化的誤解甚至曲解，也是必然的經歷。

本文不敢故意曲解，但也不敢擔保無所誤解，更不是對《莊子》的通解。只是就《莊子》的儒學批判和理解問題，略攄己見，並且接受郭象對《莊子》思想的基本判斷，即《莊子》的宗旨，乃在於闡述"經國體致"，也就是經邦濟國的體和用，而不是某種高超的思想遊戲。這個宗旨，正建立在儒學批判和理解的基礎之上。即如郭象《莊子序》所説，"夫莊子者，可謂知本矣，故未始藏其狂言，言雖無會而獨應者也。夫應而非會，則雖當無用；言非物事，則雖高不行。與夫寂然不動，不得已而後起者，固有間矣。斯可謂知無心者也。夫心無爲，則隨感而應。應隨其時，言唯謹爾。故與化爲體，流萬代而冥物，豈曾設對獨遘而游談乎方外哉？此其所以不經而爲百家之冠也。"看起來很費解的這段文字，説的就是莊子與孔子。孔子删述"六經"，只是對歷史文獻用減法，其創造性，主要體現在制定體例、整理編輯方面，是"述而不作"的，思想的表達很謹慎，所以郭象認爲孔子"六經"與歷史文化、生活狀態融合在一起，潤物無聲。而莊子"設對獨遘"，設定一種對象性的理念，在個人的精神世界里獨自與之遭遇，對孔子儒學則採用批判的語言、批判的思路，思想的表達既縱恣，思想的過程也未免有苦心孤詣的氣象，所以與"六經"敘事是"言雖無會"的，不合符節的，在境界上與孔子有差距。但莊子畢竟又是孔子的理解者、呼應者，不僅呼應，而且"獨應"，以其特有的縱恣的表達方式，將孔子之道朗顯出來，所以才可能

在理論上達到"經國體致"的全新境界——"神器獨化於玄冥之
境而源流深長"。神器或者説天下要取得源遠流長的持續發
展,就不能受到某種特殊意志或理論偏見的操控,不能姓張姓
王,而必須"獨化",像天下本來的樣子,姓萬種姓而獨立。所謂
"玄冥之境",也就是《莊子》所説的,"玄同"於本來就有的千萬
種不同,只有在這個意義上,天下才是天下本身的。這種"經國
體致"的境界,郭象是從《莊子》中發現的。那麼《莊子》又是如
何發現的?《莊子·齊物論》説,"參萬歲而一成純,萬物盡然,
而以是相蘊"。所謂"參萬歲",也就是展開歷史的反思,其中包
括"六經"的歷史叙事。"一成純"即發現一以貫之之道,發現天
下之所以爲天下的常規常理,這個"道"不是什麼孤懸在萬物之
上的"絕對實體",而是萬物都有其生發動用之合理性的道理,
從而構成一個相互承認、相互尊重其合理性的廣袤天下,也即
"以是相蘊"。

作者簡介:盧國龍,1959 年 11 月生,湖北黄梅人,1984 年畢
業於廈門大學哲學系。中國社會科學院研究員、儒教研究室主
任、博士生導師。從事道教研究,主要著述有《中國重玄學》、
《道教哲學》、《中華道藏》(合編)等,及論文多篇。

《齊物論》中的"道通爲一"

林明照

内容提要 《莊子·齊物論》關於"一"的意涵,可由"道通爲一"與"勞神明爲一"二者意義的對比中展現。其中的意義,既涉及"一"的哲學意涵,也關涉"一"的論題與當時歷史背景及時代思潮之間的關係。本文將分兩部分討論,首先討論"勞神明爲一"的哲學意涵,以及對於政治及時代思潮的反思,其次則就"道通爲一"的哲學意涵及政治反思作出討論。從"勞神明爲一"到"道通爲一",我們可以看出"一"在《齊物論》中的意義脈絡及其重要性,並可借之理解"齊"在《齊物論》中的意義。

前　言

在關於"一"的討論上,《齊物論》提及了一組相對的"爲一"之論,即"勞神明爲一"與"通爲一"。而這可以從狙公賦芧寓言中看出。寓言以狙公與衆狙互動展開,衆狙體現了"勞神明爲一",而狙公則隱喻了"達者知通爲一"。可見"勞神明爲一"與"通爲一"是具有對比性的。這一組對比之所以值得探討,原因至少有四:其一,二者所論及的"一"與《齊物論》篇名中的"齊"意義相近,也因此,這組論及"一"的對比説法當與"'齊'物"或"'齊'物論"之意義密切相關。其二,若擴及整本《莊子》,"一"既是該著中的重要概念,同時也是核心的哲學觀念,例如《天下》視"内聖外王之道"爲古之道術的核心内涵,進而言及"聖有所生,王有所成,皆原於一",將"一"視爲内聖外王之道的理論基源。其三,就外緣而言,《齊物論》之所以關注"齊"或"一"當與對時代環境與思潮的反思有關。因爲在戰國時期,"一"的論題既涉及"一天下"的政治論題,也關連到名辯學、思想爭辯及德行修養理論等層面。"一"的論題或與《齊物論》的時代性反思緊密聯繫。其四,如果"一"在《齊物論》中具有上述的意義及重要性,則"一"在論述中的對比性,是否又格外含具深刻而具張力的意義? 本文希望能就此有關"一"的對比説法進行探討,既深入梳理其中的理論脈絡及張力,也藉之呈現"'齊'物"或"'齊'物論"之意旨。

一、"勞神明爲一"的意義

正如前述,《齊物論》中出現了一組關於"一",或更周延地來説,關於"爲一"的對立説法,一爲"勞神明爲一",另一爲"通爲一"。此二説法緊連着"狙公賦芧"一寓言而來。我們先討論

"勞神明爲一",繼而再析論"通爲一"之義。

(一)"勞神明爲一"之"不知其同"

"勞神明爲一"之說出自《齊物論》"狙公賦芧"一寓言,如下:

> 勞神明爲一,而不知其同也,謂之朝三。何謂朝三?曰狙公賦芧,曰:"朝三而暮四。"衆狙皆怒。曰:"然則朝四而暮三。"衆狙皆悦。名實未虧,而喜怒爲用,亦因是也。

此則寓言由對比"已而不知其然,謂之道"與"勞神爲一,而不知其同"展開,正關聯着"通爲一"與"勞神明爲一"的對比。與"勞神明爲一"聯繫的是"不知其同",二者應具互爲因果的關係,因此,可以從"不知其同"來理解"勞神明爲一"之義。《莊子》中,"同"與"一"具有條件關係者亦見於《德充符》,其言:"自其同者視之,萬物皆一也",相對於"自其異者視之,肝膽楚越也。""同"與"一"關係表現在認知觀點上:在認知上,如果從萬物之間相同的部分來看,萬物乃爲"一"。這裹的"一"也可解釋爲"相同",如此則與"同"同義,雖然因此讀起來顯得重複:"自其同者視之,萬物皆同也",亦即在認知上,從萬物相同的部分來看,萬物都是相同的;不過"一"的相同義可以側重從認知上"不需分別"或"不需强調其分別"來理解,如此可解釋爲在認知上,從萬物相同的部分來看,不需强調萬物的分別。

"自其同者視之"尚有值得討論之處,即從什麼部分來視其

"同"？若就《德充符》而言，視萬物所同之處並非任意，而是"物之化"①。換言之，縱使萬物千差萬別，但卻可視之同在變化不已中。萬物所同之處儘管所在多有，但《德充符》從"物之化"視萬物之同，乃具有"根本"之義。也就是説，此視及萬物根本相同處。如果《德充符》是從"物之化"視萬物之同，則由此爲前提所延伸出的"萬物皆一"，"一"除了具有"相同"或"不需分別"之義外，便還有"共同隸屬"的意思。具體一點説，即"共同隸屬於不已之化"。

相對於《德充符》將"一"視爲透過"同"的視角所獲得的認知與理解，《齊物論》的"勞神明爲一，而不知其同"則呈現出相反的認知方向：不從"同"的角度下來認知或理解"一"，而是透過"勞神明"來與"一"相聯繫，亦即"爲一"。這樣的對比呈現出關於"勞神明爲一"幾點有待討論的問題：首先，不知其同的"勞神明"是如何的心靈活動？其次，由於"不知其同"，因此透過"勞神明"所理解的"一"必然與由"同"的視角所認知的"一"不同。如前述，前者蘊含"無需分別"或"共同隸屬"的意涵；至於後者的意義爲何呢？其三，"勞神明爲一"的"爲一"除了涉及對於"一"的認知與理解，是否還蘊含與之相關的其他面向，例如情感或行動？對於此，我們回到寓言來探討。

寓言中以狙公賦芧也就是"朝三"來説明何謂"勞神明爲一，而不知其同也"。"朝三"應當爲"朝三暮四"的略稱，寓言

————————
①《德充符》中，"自其同者視之，萬物皆一也"是在描述王駘之德，而與此呼應的乃是"命物之化，而守其宗也"。

中雖僅是狙公最初給予衆狙栗子的方式，但應當統攝了寓言中衆狙的視角。從衆狙的角度來看，狙公先後提出的兩種給予栗子的不同方式："朝三暮四"與"朝四暮三"，這可以從"衆狙"對於狙公改變給予方式後"轉怒爲喜"的情緒變化可看出。而衆狙之所以視二者爲不同，或許是從朝、暮所對應的數量差異上來視之；相對地，寓言以"名實未虧而喜怒爲用"來評價衆狙的情緒反應，則反映了狙公的視角："朝三暮四"與"朝四暮三"二者乃"名實未虧"，也就是視二者没有不同。狙公之所以視二者爲同，當是從"實"意謂的數量總合，或是從三、四的數字符號來看①。就此來看，衆狙所展現的"不知其同"，重點不是對於事之間的"同"這一事實缺乏認識，而是不從事物相同之處來理解或認知事物之間的關係。"不知其同"當是"不從同者視之"之義；同樣的，狙公所呈現的"知其同"，重點也不是認識到事實層面事物之間的"同"，而是從事物相同之處來理解或認知事物之間的關係，也就是"自其同者視之"。

如果我們注意這對比視角的平行性，則可以看出如下的意義：如果狙公與衆狙的差異涉及認知的角度，則儘管在這則寓言中，狙公較衆狙在角色所代表的理論意義上是較爲理想的，但我們不能説衆狙視"朝三暮四"與"朝四暮三"二者爲異在認知上

---

① 關於"名實未虧"，有釋者解之爲名同實亦同，如王叔岷釋曰："名七升，實亦七升"，《莊子校詮》，臺北："中央研究院"歷史語言研究所，1994年，第65頁。另有釋者將"名實"以偏義複詞釋之，視"名"爲虚義，故"名實未虧"爲"實未虧"亦即實爲同之義。如林雲銘言："狙公之輸芧以食狙，朝三暮四與朝四暮三，於芧之本數，原未嘗加損。"參見《增注莊子因》，臺北：廣文書局（影印本），1968年。

是錯的,而狙公視二者爲同則是正確的認知。進一步而言,側重於凸顯"自其異者觀之"與"自其同者觀之"的視角差異,當是作爲該寓言進一步論及狙公如何因應衆狙情緒反應的前提。換句話説,寓言中狙公與衆狙的互動,正關係到"自其同者觀之"與"自其異者觀之"兩種視角與認知之間的往來。不過,後文我們將會指出,問題並非如此簡單。狙公事實上代表的,並非僅是相對於衆狙的"自其同者觀之"的視角,而是同時擁有這二種視角,只是所謂的同時擁有,是指能自覺與反思"自其同者視之"與"自其異者視之"二視角,也因此其視角性是在第二序的反思層次上展現的,這點討論到"通爲一"的意義時再予細論。

(二) 意欲同化他人

回到衆狙所體現的"勞神明爲一,而不知其同也"的討論上,如果"不知其同"意味着"自其異者視之",而"勞神明爲一"的"一"意指相同或無差異,則"勞神明爲一,而不知其同"就內含著矛盾:既肯定又不肯定事物之間的差異。當然這樣的矛盾性是可以取消的,即不將"一"理解爲相同或無差異。但是,如果"勞神明爲一"的"一"不是事物之間相同或無差異之意,則該如何理解?

雖然目的在了解"勞神明爲一"的"一"爲何義,但我們可以先從"不知其同"做爲討論起點。究竟"不知其同"所強調的差異爲何? 回到寓言,就衆狙而言,差異之處表現在"朝三暮四"與"朝四暮三"兩種給予橡栗的方法之間,這是就此二方法而言。但實際上,這兩種方法其實內蘊着最初狙公與衆狙的兩種

視角甚或意願。換言之,衆狙"不知其同"所着眼的差異,不單
是在二種方法本身的差異,更是在這兩種方法背後意謂的自我
(衆狙)與他人(狙公)的差異。換言之,"不知其同"不是第三
人稱立場所指稱的事物差異,而是指向第一人立場對於自我與
他人之間的差異性感知。對於衆狙而言,差異性表現在自我與
他人的區別,還可從衆狙的情緒反應看出。狙公"朝三暮四"與
"朝四暮三"兩種給予方式之所以對衆狙起了不同的情緒反應,
關鍵在於何者稱合了衆狙的心意。據此來看,一旦衆狙"不知
其同"地着眼及感知了人我之間的差別,同時無法容忍此差別,
則衆狙只有兩種反應:一是讓他人轉爲同於己;另一則是相反地
讓自己轉爲與他人同。顯然,衆狙之喜怒反應呈現出,前者才是
他們的意願。如此,"勞神明爲一"之意即可理解,即衆狙處心
積慮地希望他人轉而和自己一致。就此而言,"勞神明爲一"和
"不知其同"與"自其異者視之"有何關聯呢? 我們可以如此理
解:如果我們屢屢要求別人轉而和我們一致,則必然蘊含我們自
身意識到人我之間的差異,並且是不可容忍的差異。相對地,如
果自身只視人我之間的差異而不視其同,並且放大了差異的不
可容忍性,則必然具有同化他人的意向及行動。因此,"勞神明
爲一"的"一",不是就事物之間的關係而論,而是就自我與他者
的關係而論,指向自我欲同化他人的意願及行動。歸結來看,
"勞神明爲一"的"爲一"是一種取消他人與自身之間主觀上不
可容忍的差異的意圖及行動,這背後既蘊含情感機制與思慮活
動("勞神明"),也蘊含着對於他人之不合於己的不可容忍性,

此如《在宥》所謂:"世俗之人,皆喜人之同乎己,而惡人之異於己也。同於己而欲之、異於己而不欲者,以出乎衆爲心也"。衆狙對於狙公行爲的理解及喜怒反應,正體現此。

我們可以繼續追問的是,爲什麽《齊物論》要對比"勞神明爲一"與"通爲一"兩種"爲一"之道。除了莊子欲藉對比突出"通爲一"的意涵及其價值,是否亦有某些背景讓莊子不直陳具理想義的"通爲一"或"道通爲一"之旨,而是同時凸出了另一種"爲一"的追求? 如果考察相關文獻,應當可看出莊子言"勞神明爲一"當是有背景式的反思的。

二、"勞神明爲一"的反思背景

"勞神明爲一"的"爲一"呈現出《齊物論》對於人我關係的反思,其中是否有特定的反思背景? 對此,歷來在解釋"勞神明爲一"的意涵時,已有釋者論及。這包括以下幾個面向:

(一) 反思争辯的論者

有論者認爲,《齊物論》"勞神明爲一"之説,是在反思當時陷入是非之争的論者,例如儒墨等"執是以非他"或"執一偏之見"①的狀況。"爲一"即各自所執持之"是"或"一偏之見"。這種看法若對照《齊物論》對於論者是非争辯的反省,頗爲合理。其次

――――――――――

① 如林希逸釋:"人有勞苦神明,自爲一偏之説。"參見《南華真經義海纂微》,北京:中華書局,2018 年,第 67 頁。釋德清言:"如儒墨各執一端爲是,乃但能可其可,不能可其不可。"參見《莊子内篇注》,臺北:廣文書局,1991 年,第 41 頁。

則認爲"勞神明爲一"專指辯者的學術情態,特別可能是指惠施以名辯證"天地一體"之説①。《德充符》中記載莊子批評惠施"外乎子之神,勞乎子之精,倚樹而吟,據槁梧而瞑"即將惠施的名辯活動視爲"外神勞精",也正是"勞神明"之義。而《天下》篇確實也提及惠施有關"一"的論點,包括"至大無外,謂之大一"、"至小無内,謂之小一"及"氾愛萬物,天地一體"等;同時《墨子·經下》中也有"區物一體"之論,反映"一"確實爲辯者關注的論題。將"勞神明爲一"視爲是《齊物論》針對惠施或辯者而論,較前一種説法更具針對性,亦有其合理之處。

(二)關於把握或實踐道的方式

另一種看法則涉及把握或實踐道的方式,這種看法認爲,"勞神明爲一"指涉了一種力求把握道,與道一致的實踐意向②。"一"指向道,而"勞神明"則是主動探求的態度。在《莊子》中,確實具有"一"與道密切聯繫的説法。例如《徐无鬼》言:"德總乎道之所一"及"道之所一者,德不能同也",道與一相互聯繫;另外,《天下》既言及:"聖有所生,王有所成,皆原於一",又將"道術將爲天下裂"與"内聖外王之道,闇而不明,鬱而不發"相聯繫,可見

---

①聞一多言:"惠子歷物之藩,存雄益怪,而終謂'天地一體'。此勞神明爲一,而不知其同也。"參見《聞一多全集》第九册,武漢:湖北人民出版社,1993年,第83頁。
②郭象注曰:"夫達者之因是,豈知因爲善而因之哉? 不知所以因而自因耳,故謂之道也。"又言:"夫達者之於一,豈勞神哉? 若勞神明於爲一,不足賴也,與彼不一者無以異矣。亦同衆狙之惑,因所好而自是也。"參見郭慶藩《莊子集釋》,臺北:華正書局,2004年,第73頁。牟宗三則是認爲如同哲學上以思辨方式追求最終真理,參見牟宗三講述,陶國璋整理:《莊子齊物論義理演析》,臺北:書林出版有限公司,1990年,第104頁。

道術與"一"意義相通。將"勞神明爲一"的"爲一"指向一種探索或實踐道的方式,在以下的考量可能具有合理性:寓言的開頭是以"已而不知其然謂之道"來和"勞神明爲一,而不知其同"相對比,則二者的差異當與是否合於道有關,這也證諸與"勞神明爲一"相對的"通爲一",在《齊物論》中同時與道聯繫,而爲"道通爲一"之説,顯出"勞神明爲一"與"通爲一"的主要差別在"道"。既然"勞神明爲一"之負面意義與其缺乏或者違背道有關,則認爲"勞神明爲一"反應了一種離道更遠的求道方式,亦有其間接的合理性。不過這樣的看法雖有其合理之處,但與將"勞神明爲一"特定地歸爲是對辯者關於"一"的反思論點一樣,可能弱化了"勞神明爲一"與"不知其同"所具有的同與異之間的張力。

(三)政治層面的反思

除了上述歷來論者所提出的看法,若參照《莊子》及當時相關典籍中的説法,似乎可看出"勞神明爲一"在《齊物論》其他可能的反思背景,這主要涉及政治層面的反思。關於此,可分兩點來説明。

1."一天下"的關注

首先,戰國時代,"一"在政治層面具有"一天下"之義。《孟子》中的例子最鮮明。所謂"天下惡乎定?""定於一",以及"不嗜殺者能一之"(《梁惠王》)。"一"即一統天下之義。"一"指向一統天下,《莊子》中即顯此義。《天道》在論及"虛静恬淡"、"寂寞無爲"的價值時言:"以此進而撫世,則功名大顯而天下一也",正論及"一天下"之義,只不過,儘管《莊子》肯定"虛静恬

淡"、"寂寞無爲"在現實政治上能具有"一天下"之功；但《莊
子》對於"一天下"實有所反思及理想。這可以從其"至一"之論
看出。《繕性》言及："古之人在混芒之中，與一世而得澹漠焉。
當是時也，陰陽和静，鬼神不擾，四時得節，萬物不傷，群生不夭，
人雖有知，無所用之，此之謂至一。當是時也，莫之爲而常自
然。"這一段文字雖在描述"古之人"，但是一方面在《莊子》中，
時間向度之遠古常投射了價值層面的理想①；另一方面，此段文
字在描述"古之人"後即接續論及燧人、伏羲、神農、黄帝、唐虞
等"治天下"之弊，因此，對於"古之人"的描述，當可視爲《莊
子》理想"天下"圖像的投影，而神農、黄帝、唐虞等"始爲天下"
之諸般流弊及衰落歷程，則藴含《莊子》對"治天下"和"爲天
下"的反思。

　　在對古之人的描述中，除了論及四時有序、萬物不傷、鬼神
不擾外，更關鍵的是言及"人雖有知，無所用之"。《莊子》此言
可從二層面討論其義：其一是從個別或特定之人來理解"人雖
有知"；其次則從衆人、天下人的角度來理解。前者意謂縱使特
定或少數的人有其智巧或心念，但天下没有其能施展的機會與
條件；後者則意指雖然人們具有聰明智巧、精心計慮的能力，但
天下間衆人不需賴此方得生存。無論是從哪個角度來理解，其
中都顯現出如下的意義：對於《莊子》而言，理想的天下及其可

①如《齊物論》、《庚桑楚》並言"古之人，其知有所至矣"、《天道》"古之人，貴夫無爲
也"、《知北遊》"古之人，外化而内不化"、《列禦寇》"古之人，天而不人"、《天下》
"古之人其備乎"等。

能,其中一個重要條件,不是讓特定的人或衆人弱化其心智能力,而是不讓心智能力的運用成爲生存保障、意志實現的核心且必要條件。《莊子》將此情況下的天下稱爲"至一",反映了其對"一天下"看法:理想的"一天下"既非由少數人也不是由多數人的心智及知識力量而達成。而這也是在描述"古之人"後,接續伏羲、燧人、唐虞等"爲天下"反而使天下衰亂的關鍵批評,也就是經過歷世的爲天下而最終使人"去性而從於心,心與心識知而不足以定天下"。"去性而從於心"的心即指向心智能力、智慮活動的開展,而"心與心識知"則指衆人心智活動的强化,以及智識的傳遞。《繕性》認爲,一旦天下秩序的維持及穩定必須依賴智慮及智識的運用,則"一天下"將難以長久延續,亦即"不足以定天下"。《齊物論》"勞神明爲一"即可能藴含對藉由"心"之識知,亦即"勞神明"以求"一天下"的政治作爲之反思;而其對"古之人"的描述,也當可能是相對於"勞神明爲一"之"通爲一"、"至一"背後所具有的理想政治圖像。

2. 對於政治秩序與信念一致化的反思

"勞神明爲一"可能具有的政治反思背景,除了前述"一天下"的面向,還更具體地指向政治秩序的建立與思想、信念的一致化之間的聯繫。關於此,墨家"一同天下之義"的尚同思想,可能是此中反思的主要背景之一。《墨子》之所以提出"一同天下之義"乃着眼於一旦天下多義,也就是人人各有價值及真理上的制定及信念,則難免於争論與衝突。其言:"若苟百姓爲人,是一人一義,十人十義,百人百義,千人千義,逮至人之衆不可勝計也,則其所謂義者,亦不可勝計。此皆是其義,而非人之義,是以厚者有鬥,而薄者有争。"(《尚同下》)既然一人一義最終將導致天下争鬥,基於治天下之故,即當一同天下之義,《墨子》言:"察天下之所以治者何也? 天子唯能壹同天下之義,是以天下治也。"(《尚同上》)。雖然一同天下之義是由天子使然,但在《墨子》中天子不能獨行其意,必須上同於"天志"。無論最終是由何者來"一同天下之義",天下多義對《墨子》而言是與前述的"一天下"相衝突的。也因此在《墨子》中,"一同天下之義"與"一天下"實乃相互一致。

　　《莊子》中確實記載了對於類似"一同天下之義"作爲的批評,間接支持着"勞神明爲一"可能包含對於"一同天下之義"的政治反思。例如《應帝王》中記載了日中始告知肩吾如何治理天下的原則:"以己出經式義度,人孰敢不聽而化諸!"所謂"人孰敢不聽而化諸"意謂天下人信念、行爲之改變,而改變的方式即一以君王所制定之法度規範與價值標準爲鵠的,此正符合"上同"之義。《應帝王》繼而批評此治天下之原則實爲"欺德",其理由爲"聖人之治也,治外乎? 正而後行,確乎能其事者而已。且鳥高飛以避矰弋之害,鼷鼠深穴乎神丘之下,以避熏鑿之患,而曾二蟲之無知!"意謂鳥不須制約、引導其飛行,其自身即有能力知道高飛以躲避弓箭之傷害;鼷鼠不須教導與訓練,其自身即知道躲藏於神壇下方的洞穴以避免烈火熏灼之害。治天下者若認爲須由一定之規範與信念來引導與制約人們,天下方得大治,這豈不是認爲人的能力無法自身知道生存之道,而竟然

比不上鳥與鼷鼠？據此，聖人之治天下，不應以一己之義化天下
之志；而是尊重每個人都同樣地具有自身的生命特質與性情傾
向，讓人們能無制約地依據其能力與意願行動與生活，也就是
"正而後行，確乎能其事者而已矣"之義。在這裏"以己出經式
義度，人孰敢不聽而化諸"正是"勞神明爲一"可能的政治反思；
而"正而後行，確乎能其事"地認知到衆人皆同樣地具有其自身
的生命特質，則是呼應了"知其同"而"通爲一"背後蘊含的政治
思維。

　　由於在寓言中，"勞神明爲一"涉及以第一人立場對於他人
的同化，因此在前述幾點可能的反思背景中，是非之辯中的是己
非他以及政治面向上的"一天下"及"一同天下之義"，都符合
"勞神明爲一"之義而可能爲其反思背景，同時也間接說明，無
論是"勞神明爲一"或"通爲一"，《齊物論》的"爲一"之論當與
時代思潮及背景相聯繫。接下來我們轉而討論"通爲一"的
意義。

三、"通爲一"的意涵

　　在討論完"勞神明爲一"的意義及其可能含蘊的反思背景
後，接着即轉而討論"通爲一"的意涵，並探討其與"勞神明爲
一"對比下所展現的意義。"通爲一"在《齊物論》中出現三次，
分別可略稱爲"道通爲一"、"復通爲一"與"知通爲一"。前二
者涉及"通爲一"的意義，第三者則關涉"通爲一"的實踐內涵。

以下我們先分別就"道通爲一"與"復通爲一"進行討論，再就
"知通爲一"的實踐意義作出探討。

（一）差異中的相通性

"道通爲一"之說出現在《齊物論》以下的段落：

> 可乎可，不可乎不可。道行之而成，物謂之而然。惡乎
> 然？然於然。惡乎不然？不然於不然。物固有所然，物固
> 有所可。無物不然，無物不可。故爲是舉莛與楹，厲與西
> 施，恢恑憰怪，道通爲一。

"可"與"不可"是對一事物做出價值評判上的讚許與不讚許；
"然"則是透過稱謂而賦予一事物特定性質或功能，即"物謂之
而然"；"不然"則是否定此事物藉由稱謂而賦予的特定性質或
功能。上述"可"與"不可"、"然"與"不然"雖體現對事物不同
的價值評判及對事物特質的不同認定，但是在以下這點上卻是
相同的，即皆各有其支持的前提或理由。此即"可乎可，不可乎
不可"、"然於然"、"不然於不然"，以及"物固有所然，物固有所
可"之義。若從前提的支持性來看，這也意謂，儘管價值評價或
對事物性質的認定差異頗大甚而相互對立，但是就理論上來説，
只要支持其成立的前提存在，則任一價值評判或對事物性質的
認定，便都可以成立，儘管是兩個對立的評價或認定，這也即是
"無物不然，無物不可"的意涵。

我們或可以藉由《齊物論》的一段文字作爲例子來説明此

意涵,其言:"天下莫大於秋豪之末,而大山爲小;莫壽乎殤子,而彭祖爲夭。天地與我並生,而萬物與我爲一",大、小、壽、夭作爲概念即前述的"謂",而其指稱的空間形態及時間意義則是"然",是"謂"所賦予的性質。一般而言,我們會"謂"秋毫爲"小"、泰山爲"大",以呈現前者微小、後者龐大的形態性質;也會"謂"殤子爲"夭"、彭祖爲"壽",以表達前者生命短暫、後者生命長久的時間意義。這樣的"謂"與"然"是具排斥性的:在稱謂上,秋毫爲"小"就不能也是"大",泰山爲"大"便不能亦爲"小";殤子與彭祖的夭、壽之謂亦然。這在"然"的性質認定上也是如此,若我們認定秋毫是微小的,就不會同時也是巨大的。換言之,一物若爲"然"(微小),就不能是也是"不然"(不是微小的)。

　　但是若就任一評價或判斷都有其前提,亦即"然於然,不然於不然"來看,我們之所以認定秋毫爲微小,是因爲以比其自身巨大的事物爲認定的前提與基準,例如以泰山爲基準,因而認定秋毫微小。如果我們同樣依此基準,以較泰山爲巨大的事物爲認定前提,如天地,則我們同樣會對泰山在形態性質上做出微小的認定;相對而言,泰山之所以會被認定爲巨大,是以形態上較其爲微小的事物爲基準,如秋毫來認定;如果我們同樣依此基準,以較秋毫爲微小的事物爲認定前提,如細菌,則我們同樣會對秋毫在形態性質上做出巨大的認定。這也就是"莫大於秋毫"、"大山爲小"的意涵,背後正是"然於然"及反面意義的"不然於不然"的觀點。

《齊物論》中的"道通爲一" 83

據此，由於我們總能以較大的事物爲基準來認定一事物爲小，或以較小的事物爲基準來認定一事物爲大，因此可以説，每一個事物都可能被認定爲"小"，也有可能被認定爲"大"。秋毫、泰山皆可謂爲"小"，也皆可謂爲"大"，而這即是"無物不然"之義。至於"無物不可"也可以從上述轉換前提而轉換判定的脈絡來理解。

前述討論顯現出兩點意義：首先，就任何對於事物進行"然"及"可"的認定及評價，實際上皆各自依據特定的前提這一點來説，涉及了"然"與"可"的推演與形構方式。"可乎可，不可乎不可"、"然於然……不然於不然"之説正指出了儘管對於事物的"然"、"可"各有不同，但其推演及形構的方式其實是一樣的。其次則是，依據不同的前提，任一事物都可能擁有不同的"然"與"可"；而不同的事物則可以擁有同樣的"然"與"可"。這意謂，事物與其"然"或"可"之間，不是固定或對應的。如此將物與"然"及"可"之間的單一關係化除，轉化爲多元關係，即爲後文"道通爲一"的"通"。

引文接續言："故爲是舉莛與楹，厲與西施，恢恑憰怪，道通爲一"，"故爲是"是推論的連接語，即"據此而……"之義，因此其所接續的"舉莛與楹，厲與西施，恢恑憰怪，道通爲一"之語即是依據前文的分析所作出的結論。如前文所分析，在"然"、"可"，也就是對事物性質的認定及價值層面的評價上，一方面儘管對於事物的"然"、"可"各有不同，但其推演及形構的方式其實是一樣的；另方面，在物與然、可的關係上，依據不同的前提,任一事物都可能擁有不同的"然"與"可";而不同的事物則可以擁有同樣的"然"與"可"。據此,"舉莛與楹,厲與西施,恢恑憰怪,道通爲一"其義當爲:對於莛與楹,厲與西施,恢恑憰怪等在感知上差異極大的各種事物,我們可能給予不同的稱謂進而賦予不同的意義及評價。如莛爲"小"、楹爲"大",厲爲"醜"、西施爲"美"等;但是在以下這兩個層面上這些事物蘊含了相同性:一方面,不管所給予的認知與評價有何不同,基本上形構這些認知與評價的方式都是一樣的;另一方面,莛與楹,厲與西施,恢恑憰怪等各種事物,既可以擁有相同的然與可,也可以各自具有不同的然與可。亦即莛與楹皆可爲"大"又爲"小";同時,莛不必然爲"小",可與楹同爲"大";楹亦不必然爲"大",可與莛同爲"小"。如此,物與稱謂之間既非固定與對應,物與物之間也不存在稱謂之間的相互排斥,此即"通爲一"。"一"既指不同的事物被形構意義及評價的方式是一樣的,同時也意指不同的事物可以擁有同樣的稱謂以及所含蘊的意義與價值。

(二)"復通爲一"的意涵

這"通爲一"的意義也體現在另一處"復通爲一"之説上。其言:

> 其分也,成也;其成也,毀也。凡物無成與毀,復通爲一。

分、成與毀也就是前述的"然"與"不然",是對於"物"的稱謂及認知。對於事物賦予分、成與毀的認知或評價,乃是由相應的前提來支持。例如,對於一棵樹的樹材被木匠砍伐一事而言,若從樹身的完整性來看,樹身的完整性顯然支離了;但是若就此樹材組構成一棟嶄新的屋舍來看待,則又是一種完成;然而隨着屋舍的大量建立,原本的原野也逐漸消失,此角度又顯出毀壞之義。如此,樹材被砍伐,其性質及意義可以是支離,也可以是完成,同時也能够是毀滅;相對的,也可以説既是支離也不是支離,既是完成也不是完成,既爲毀滅又非毀滅。由於無法理解爲特定而不變的性質,因此也可以説其意義無所謂支離、完成與毀滅。此即可説"其分也,成也;其成也,毀也",最終又可説"物無成與毀"。而分、成與毀因此可以被等同,也可以相互替換,這是對於"通爲一"的再一次説明,此即"復通爲一"。

就上述來看,"通爲一"不是就莛與楹,厲與西施,恢恑憰怪等"物"的存在層面來視其爲同;而是就我們如何認知、評價這些事物的方式及相應的結果上,來看到其中的相同、相通之處。如果"通爲一"着眼的是人們的心智如何建構世界觀及價值觀的方式及結果,則"通爲一"之强調視其同,顯然是針對差異,特別是不可容忍的差異這一點而來,也就是世界觀及價值觀的衝突與對立。由於"勞神明爲一"是在凸顯他人與我認知及價值信念上不可容忍的的差別及對立前提下,嘗試以自我爲依準來同化他人,則相對於此的"通爲一",則是從我們如何認知、評價事物的方式及相應的結果之相同、相通之處,來疏通化解原本的不可容忍性以及同化他人的意圖。這點,以下論及"知通爲一"

的實踐意義時將詳細討論。

(三)"道通爲一"的意涵

至於"道通爲一"的"道"如何來理解？字面上看,其意指"道"提供了"通爲一"的可能。如此,至少道是與前述"然"、"可"的推演、形構方式,以及事物與"然"、"可"之間的關係有關。如果擴大文脈來看,在緊接於後的狙公賦芧寓言中乃具體言及了"道"的内涵:"已而不知其然,謂之道。"由於此相對於"勞神明爲一而不知其同,謂之朝三",而"勞神明爲一"正又相對於"道通爲一",可見"已而不知其然"作爲道的意涵,當也相應於"道通爲一"之"道"。"已而不知其然,謂之道"雖作爲狙公賦芧寓言的起始,然自身亦承"爲是不用"一段而論,故其義當呼應"爲是不用"之語,"已"因此即指"爲是不用"。"爲是"乃是執某觀點爲"是"之義,就然、可而言,也即將某事某物對應於特定的"然"、"可"。"爲是不用"正是對此認知與評價方式的否定。基於此,"已而不知其然"作爲道的意涵即指:不再只是賦予某事某物特定的然與可,亦即不將事物限定在特定的然、可中。如此正和"通爲一"的意義相互聯繫,後者正既指不同的事物被形構意義及評價的方式是一樣的,同時也意指不同的事物可以擁有同樣的稱謂以及所含蕴的意義與價值。"道通爲一"的"道"與"通爲一"意義上正可視爲互爲因果的關係。

(四)"知通爲一"與人我互動

在藉由"道通爲一"與"復通爲一"討論完"通爲一"的意義後,我們接着探討"知通爲一"的實踐意涵。《齊物論》有"達者

知通爲一"之説,而所謂"達者"即聯繫到寓言中的狙公。完整的文脈如下,其中包含前文已討論的"朝三暮四"一段:

> 唯達者知通爲一,爲是不用而寓諸庸。庸也者,用也;用也者,通也;通也者得也,適得而幾矣,因是已。已而不知其然,謂之道。勞神明爲一,而不知其同也,謂之朝三。何謂朝三?曰狙公賦芧,曰:"朝三而暮四。"衆狙皆怒。曰:"然則朝四而莫三。"衆狙皆悦。名實未虧,而喜怒爲用,亦因是也。是以聖人和之以是非,而休乎天鈞,是之謂兩行。

前文已論及,"通爲一"特別指向如何看待自我與他人在"然"、"可"之間的同異關係。也就是一方面,彼此賦予事物意義及評價方式上實際上是相同的;另一方面,儘管彼此賦予事物不同的稱謂及意義,但對事物不同的稱謂及意義上的認知與評價,實際上可以並存、互換而非決然對立。據此"達者知通爲一"首先即意謂"達者"能看到彼此差異之間的相同與相通。不過,看到彼此的通同,雖然意謂着不再如"勞神明爲一"者着眼於人我之間不可容忍的差別與對立,但是也並不意謂着忽視了他人的獨特性及人我間的差異,反而是在容受他者獨特性的同時,擁有進入他人脈絡的能力。換言之,達者之"知通爲一",乃是既通其同,又能視其異,此於下文論及"兩行"之義時再深論。

　　接着，文中具體地提及"知通爲一"的達者如何與他人互動："爲是不用而寓諸庸，庸也者，用也；用也者，通也；通也者，得也，適得而幾矣，因是已。"所謂"寓諸庸"，"寓"是一種行動方式，通常與"不得已"相連而有"寓於不得已"①之説。"不得已"在《莊子》中具體的意義可見於"感而後應，迫而後動，不得已而後起。去知與故，循天之理"（《刻意》）之論。所謂"知與故"指主動構劃及主觀意願；相對於"知與故"，"感而後應，迫而後動"意謂行動是依據感受性以及情境要求。感受性不是主觀感受，更接近於移情（empathy），即感知、分享了他人的感受。換言之，基於不得已的"寓"，其行動性非由主動構劃與自主決定促成，而是在感受他者的前提下，由情境遭遇所引導的行動回應。

　　至於"庸"，文中以"用"釋之。而"用"可連結到後文狙公賦芧寓言中的"名實未虧，而喜怒爲用，亦因是也"，其義爲就狙公視之，"朝三暮四"與"朝四暮三"實無不同，但是將前者調整爲後者，卻當下影響了衆狙由怒轉喜的情緒改變，換言之，"喜怒爲用"意指衆狙的喜怒變化受到狙公的影響。而狙公之所以能影響衆狙的情緒，在於其"因是"，也就是因順，甚而感知了衆狙的"是"，"是"包含第一人立場所作出的真理判斷及價值讚許，以及其背後的情感好惡。據此，狙公的行動，不是依據自身主動構畫及主觀意願，而是在感受他者（衆狙）的前提下，由情境遭遇的特質（衆狙—他者的認知及好惡）所引導而行動，此正

――――――――――――

①《人間世》言及："一宅而寓於不得已，則幾矣。"另言："託不得已以養中，至矣。""託不得已"即"寓於不得已"之義。

是“寓於不得已”。故而,狙公的行動特質正是“寓”。就其影響
衆狙的認知及情感一點而言,則是“寓諸庸”或“寓諸用”。由於
“寓諸庸”在心態及行動上,是以感受他者、情境引導及作用影
響爲優先,因而能弱化人我之間因拘執信念與好惡而形成的對
立或衝突,甚至在進入他人脈絡,靈活調整言説與行動方式上,
得以溝通彼我、完善關係①,此正爲“庸也者,用也;用也者,通
也;通也者,得也”之義。

　　在論述完“寓諸庸”及狙公賦芧寓言後,《齊物論》最終將
“達者知通爲一”歸結到“兩行”上。“兩行”之意爲:“聖人和之
以是非,而休乎天鈞,是之謂兩行。”所謂“休乎天鈞”既可以理
解爲如轉動的陶鈞般,人我之間能彼此以他人脈絡來檢視自身、
調整自身,再進一步重新理解對方,如此“反覆相喻”地“調適而
上遂”,讓意義逐漸深刻而豐富。②“休乎天鈞”也可理解爲覺知
差別之中的共通性。“和之以是非”則是透過進入彼此是、非判
斷的内在脈絡來免除在認知與信念上的對立與衝突。統言之,
“和之以是非而休乎天鈞”意謂,既覺知彼此建構是非認知方式
的相同性,同時亦能在對方脈絡中回過頭來檢視調整自身,而後
重新理解對方,達致彼此心靈的調適與豐富。

①狙公對衆狙情緒的影響,實蘊含轉化的環節。影響他人情緒並不是最終目的,而
　是在使他人在情緒轉換中,形成自身省思與轉化的動力。如《人間世》中的顏回,
　必須能“達人心”、“達人氣”地觸動衛君的情感或情緒,方得使衛君有着啓動自身
　轉化機制的可能。
②參見林明照:《〈莊子〉“兩行”的思維模式及倫理意涵》,《文與哲》第二十八期,
　2016年6月,第269—292頁。

　　歸結而言,在"達者知通爲一"的意義中,"通爲一"和"勞神明爲一"都具有人我互動的意義。前者是一種第一人立場的同化他者,後者則是一方面以多樣、靈活的方式看待物與然、可之間的關係,因而得以容受他人以不同視角及情感關注所投射的語言及意義建構;另一方面,當達者面對他人,尤其是"勞神明爲一"者時,其以兩重視角一方面"知其同"地通人我,另方面又知其異地進入他者的視域。如此在情境變化中,靈活地以"寓"的方式,隨機應變地觸動影響人我互動的關鍵作用,亦即"庸",此是"通爲一"在人我互動中的倫理性意義。

結　論

　　就反思背景而言,若"勞神明爲一"反思了儒、墨等論者及辯者的自是非他,以及政治上以"一同天下之義"爲支柱的"一天下"之追求,則相對而言的"道通爲一",對於相同的反思背景,則是對是非之爭含蘊的人我倫理性互動,以及政治層面中統治者面對臣民,如何以"寓諸庸"而通之,乃是其中涵蘊的價值理想。

作者簡介:林明照,臺灣大學哲學系教授。研究領域爲先秦道家哲學。近年來的研究主題爲先秦道家的倫理思想。著有《先秦道家的禮樂觀》一書,並發表論文多篇。

稷下黄老開先者[*]

——宋鈃學説體系探論

林志鵬

一、前言

錢穆《宋鈃考》云:"宋子宗墨氏之風,設教稷下,其殆黄老道德之開先耶!"①謂宋鈃"宗墨氏之風",雖未必正確②,但他提出宋子乃稷下黄老之開先者,卻是頗具眼力的。

宋鈃身處百家爭鳴的戰國時代,爲融通道、儒、墨的思想大家,孟子曾在石丘與之論寢兵(《孟子·告子下》),荀子則在其著作中以相當的篇幅批判宋子"見侮不辱"、"情欲寡"之説(《荀子》的《正論》、《正名》)。在《莊子·天下》中宋鈃與尹文

---

* 本文得到國家社科基金一般項目"《漢書藝文志》匯釋"(項目號 18BZS002)的資助。

① 錢穆:《先秦諸子繫年》,東大圖書公司,1999 年,第 375—376 頁。
② 筆者認爲宋子並非墨徒,宋鈃對墨學的接受主要在救世精神和寢兵主張,其學的基礎乃是老子之學。參考拙著《宋鈃學派遺著考論》,復旦大學出版社,2018 年,第 242—246 頁、第 252—258 頁。

合論,被視爲重要學派。不過到了經學昌盛的西漢,宋子之説被打入冷宫,《漢書·藝文志·諸子略》著録"《宋子》十八篇",入小説家,貶爲"街談巷語,道聽塗説者之所造",蓋視爲黄老道家末流①。

若從道家的學術源流來看,宋鈃一派爲連結老、莊學説的鏈環,其鎔鑄調和的學風更促進各家學術之交流,允爲戰國中期在儒、墨之外的另一顯學。不過,由於《宋子》書亡佚甚早②,歷來學者又多視宋子爲墨家支裔,使得其思想面貌更加模糊。筆者過去曾搜羅宋子一派相關文獻③,今重新董理舊説,冀能對該派的學説體系有更深一層的認識。

二、宋鈃學派的研究材料

梁啓超在《中國近三百年學術史》中曾説:"以吾所見,輯子部書尚有一妙法:蓋先秦百家言,多散見同時人所著書,例如從《孟子》、《墨子》輯告子學説;從《孟子》、《荀子》、《莊子》輯宋鈃學説……諸如此類,可輯出者不少,惜清儒尚未有人從事於此也。"④受其啓發,筆者認爲《宋子》雖佚,仍可對其學説進行研究,相關材料可分爲三類:一是先秦諸子書中所見對於宋鈃一派

①按,《漢書·藝文志》"《宋子》十八篇",班固自注:"其言黄老意。"是仍承認其爲黄老道家。
②《宋子》書在《隋書·經籍志》已無著録,蓋亡於漢魏六朝之際。
③參考拙著《戰國諸子評述輯證》,復旦大學出版社,2014年,第87—101頁。
④梁啓超:《中國近三百年學術史》,東方出版社,1996年,第294頁。

之評述資料。其中《莊子·天下》對該派有較全面的論述,且文中直引宋鈃之語,爲考證其思想内涵的礎石。《荀子》中的《正論》、《正名》以較長的篇幅批判宋鈃"見侮不辱"、"情欲寡"之説,亦不容忽視。此外,《孟子·告子下》記載孟子與宋鈃論寢兵一事,可資考證宋鈃之年世;《韓非子·顯學》以"寬"、"恕"二語歸納宋鈃思想,可見其學説之精神;《尹文子》記載彭蒙與宋鈃辯"聖人之治"與"聖法之治"之異,則可用以區别宋鈃與彭蒙、慎到一派之分際。上述文獻雖屬間接之評述材料,但因宋鈃著作早亡,若要鉤稽其遺説或佚篇,必須以這些材料作爲研究的起點。

第二類材料是前人指爲宋鈃遺著之《管子》的《心術》、《白心》、《内業》,《吕氏春秋》的《去尤》、《去宥》等篇①。由於學者對於諸篇所呈現之思想内涵理解各異,產生較大的爭議,所以在研究時需從材料本身出發,即通過詳細的校釋,先復原文本,然後在此基礎上考證各篇之文獻性質及學派歸屬。

就筆者所考,《管子·心術上》(前半爲"經",後半爲"解")、《心術下》是一組包括"經、解、傳"的作品。從思想内涵來看,《心術上》經文當爲宋鈃一派所作,但其解文大談"因循"之論,且略具稷下精氣論色彩,其詮釋與經文原意不盡相合,疑爲田駢、慎到一派學者所作②。至於《心術下》乃對《心術上》經文作進一步的引伸發揮,可視爲其"傳",故附於解經之文後。

---

① 關於宋子學派著作的研究概況,參考拙著《宋鈃學派遺著考論》,第2—7頁;揣松森《〈宋子〉研究綜述》,《湖北工程學院學報》,第32卷第5期(2012年9月),第51—53頁。
② 參考《宋鈃學派遺著考論》,第163—170頁。

《心術下》所論大體上切合《心術》經文，惟該篇提出"精氣"一詞，而文獻中未見宋鈃談治氣養生之記載，所以難以判斷其是否爲宋子一派所作，但大體可歸爲稷下黄老著作①。被一同收入《管子》的《白心》多處申論《老子》義理，又主張"義兵"，反對"盈滿"，與傳世文獻所述宋子學風較近，疑爲該派作品②。至於《内業》雖可與《心術下》比附，但該篇前後大談精氣論與長壽養生，篇旨與《心術上》、《白心》不同，疑爲稷下道家以精氣説爲基礎，雜糅心術説及醫家養生理論的集大成之作③。

　　此外，《吕氏春秋》的《去尤》、《去宥》二篇，以短小寓言陳説"去囿"的道理，與宋鈃學説合，前人如陳奇猷、郭沫若等已指爲宋鈃、尹文一派之作④，筆者認爲此説可從，二篇當爲宋子後學採擇、鈔撮戰國時期流行的"别囿"故事集⑤。

　　除上述傳世文獻外，上海博物館藏戰國楚竹書有《彭祖》一篇，其内容託言耇老問道於彭祖，敷陳"慎終葆勞"、"五紀畢

①參考《宋鈃學派遺著考論》，第171—179頁。

②參考《宋鈃學派遺著考論》，第125—129頁。

③錢穆《莊老通辨·釋道家精神義》説："或以《白心》篇與《心術》、《内業》齊舉並稱，則非其倫也。大抵《内業》最粹美，《心術上》次之，而《白心》爲下。"以思想的精深程度來説，《内業》誠爲上述《管子》四篇之冠，可視爲戰國時期黄老道家修身論的典範之作。

④陳奇猷：《吕氏春秋校釋》，華正書局，1988年，第690頁；郭沫若：《宋鈃尹文遺著考》，《郭沫若全集·歷史編》第一卷，人民出版社，1982年，第550頁。

⑤顧頡剛在《史林雜識初編·宋鈃書入小説家》留意到二篇體製略有差異，他説："《去尤》篇末云：'解在乎齊人之欲得金也，及秦墨者之相妬也，皆有所乎尤也。'此兩事皆見《先識覽·去宥》，一若《去宥》爲《去尤》之傳者。"鵬按，從體例上來看，二篇當如顧氏所言，原本有經、説之别，其形式如《韓非子》的《内儲説》、《外儲説》，但編入《吕覽》時割裂爲二，内容亦可能經過删改。

周"、"心白身懌"等説,並有主敬慎、非鬪及戒驕泰盈滿之論。
周鳳五先生曾指出:竹書内容夾雜儒、道,篇中"心白身懌"一語
和《管子·白心》及《莊子·天下》所述宋鈃一派有關①。筆者
通過竹書文本的復原和思想内涵的討論,認爲此篇可以歸入宋
子學派著作②。

第三類材料乃戰國時期其他諸子之著作以及《史記》、《漢
書》等相關史籍,可視之爲背景材料。對於某一思想家的研究,
不能僅限於其學説内涵的發掘,而應該將之置於歷史的脈絡,論
述其思想源流及其在學術史之地位。宋鈃之學説具有融通道、
儒、墨的特色,他又與其他稷下先生彭蒙、田駢、慎到、尹文、荀況
等論辯交往,因此要梳理宋鈃思想之源流及其與諸子之關係,必
須參照《老子》、《莊子》、《尹文子》、《慎子》、《荀子》等傳世文獻
以及近出子思學派竹書(如郭店《五行》、《性自命出》等篇)③。
惟上述諸子著作需經過甄別,如《尹文子》、《慎子》涉及材料的
真僞問題,《老子》、《莊子》又有著作時代先後之争論。此外,
《史記·田敬仲完世家》、《孟子荀卿列傳》及《鹽鐵論·論儒》

①周鳳五:《上海博物館楚竹書〈彭祖〉重探》,《南山論學集——錢存訓先生九五生
日紀念》,北京圖書館出版社,2006年,第11—15頁。
②參考拙著《宋鈃學派遺著考論》,第74—80頁。
③周鳳五先生指出:郭店楚簡中的儒家著作"《魯穆公問子思》、《窮達以時》、《緇
衣》、《五行》、《性自命出》、《成之聞之》、《尊德義》、《六德》等八篇的寫作,直接間
接都與子思有關,内容也都是子思生平或學術思想的記録與闡述。……上述八篇
似乎可以匯爲一編,且很可能就是傳自先秦,北宋以後日漸散佚的《子思子》的主
體。"見《郭店竹簡的形式特徵及其分類意義》,《郭店楚簡國際學術研討會論文
集》,湖北人民出版社,2000年,第54頁。類似看法又見李學勤《荆門郭店楚簡中
的〈子思子〉》,《重寫學術史》,河北教育出版社,2002年。

記述戰國時期稷下先生之事蹟,這些史料雖出自漢代學者之手,但對於討論宋鈃與其他諸子之年世及關係仍頗有助益。

三、宋鈃思想研究述評

在上世紀四零年代,劉節、郭沫若對宋鈃一派的學説面貌已作了比較深入的討論①,其所據材料除了傳世文獻中對於宋子言行的記載,還包括他們所認定的宋鈃學派遺篇,即《管子》的《心術上》、《心術下》、《白心》、《内業》等篇。七零年代後,學者對於上述《管子》四篇的學派歸屬有較大争論②,也因此對於劉、郭之説持着保留的態度。在海外漢學家方面,史華兹(Benjamin I. Schwartz)和葛瑞漢(Angus C. Graham)對於宋鈃的思想頗有研究,他們主要根據傳世典籍中所見宋子評述資料,態度較爲矜慎,也提出一些值得重視的看法。兹引録四家之説,間下己意,以作爲復原宋子學説體系的鋪墊。

郭沫若將"宋鈃、尹文"視爲一派③,他根據傳世文獻中對於二子的評述資料指出:

①劉節:《管子中所見之宋鈃一派學説》,《劉節文集》,中山大學出版社,2004年,第193—209頁;郭沫若:《青銅時代・宋鈃尹文遺著考》,收入《郭沫若全集・歷史編》第一卷,第547—572頁。

②或仍持舊説,主張諸篇爲宋鈃、尹文一派作品,如杜國庠、李學勤、金德建等;或認爲田駢、慎到所作,如朱伯崑、裘錫圭、吳光(前二者後來放棄此説);多數的學者則擱置學派歸屬的討論,籠統地認爲《心術》等篇爲"稷下黄老道家"著作。

③郭説的主要根據爲《莊子・天下》將二子合論。白奚《稷下學研究》認爲宋鈃、尹文的學説差異較大,當别而視之,其説是。

　　我們可以知道宋派學説的大概,他主要在談心與情,心欲其無拘束,情欲其寡淺,本"黄老意",是道家的一派。主張見侮不辱,禁攻寢兵,因而也頗接近墨子,故荀卿以"墨翟、宋鈃"爲類。也談名理,但不主張苟察,而且反對苟察,雖然與惠施、公孫龍異撰,但因談名理,故亦被歸爲名家。孟子、荀子都尊敬宋鈃,而且都受了他的影響,可見和儒家的關係也並不很壞。①

郭氏將宋鈃思想的主軸定爲"心、情"之學,大致不誤。宋子主張"見侮不辱"、"禁攻寢兵"表面雖與墨子接近,但其立説基礎迥異,劉咸炘就認爲,墨子之説以兼愛爲本,以實利爲主;宋、尹之説則以人情爲本。劉氏説:"宋、尹曰'以此白心',而墨則曰'備世之急',此則異矣。其同者,其形跡也;不同者,所持之故與其説之柢也"②。前引郭説認爲宋子"也談名理",這主要是尹文的學説特色,宋子一派或許受儒家"正名"之影響,也有類似的主張(如上博竹書《彭祖》有"正五紀"説③)。

　　關於宋鈃與儒家的關係,郭沫若進一步根據《心術》等篇認爲宋、尹"採取道家的立場而卻與儒家旁通……合乎儒家的地方,則是他們並不非毁仁義禮樂(按,引《心術上》、《内業》爲

①郭沫若:《宋鈃尹文遺著考》,《郭沫若全集·歷史編》第一卷,第551頁。
②劉咸炘:《子疏定本》,《劉咸炘學術論集·子學編》,廣西師範大學出版社,2007年,第93頁。
③見該篇竹書簡5"五紀必(畢)周,雖貧必攸;五紀不正,雖福(富)必失","五紀"指君臣、父子、兄弟、夫婦、朋友五倫。

證)"。"宋鈃這一派,無疑是戰國時代的道家學派的前驅,而它
的主要動向是在調和儒、墨的。"①在討論《白心》時,郭氏留意到
該篇對於"中"的觀念特別强調,他敏鋭地指出《内業》、《白心》
的"中"字都是内心的意思,認爲"這似乎是受了'皇子貴衷'、
'子莫執中'或子思的中庸之類的影響"②。鵬按,其拈出孔伋作
爲宋子"心學"的可能來源,值得重視。

劉節將宋鈃學説的來源推至孔、墨,他説:

> 孔子以"仁"(忠恕)説德……孔子之後,對於心的研究
> 越加普遍與深刻。其代表的人物是孟子與宋鈃。另外一
> 派,是想設法取孔子説"仁"的精神而代以"兼愛",專向客
> 觀社會方向發展的,是墨翟。可是宋鈃的思想,是間於墨學
> 與孟學之間的(按,劉氏下文引《天下》以禁攻寢兵和救世
> 精神爲宋派承自墨學處)。……一方面(宋鈃之説)同孟子
> 的"養心莫善於寡欲"説極相接近。《天下》篇説"以禁攻寢
> 兵爲外,以情欲寡淺爲内"……宋鈃一派確是兼有孔學、墨
> 學之長,也可以説真正調和孔、墨兩家學説的,只有宋鈃一
> 個人。③

劉氏將宋子之學置於戰國時期心性之學發展的歷程中觀察,指

① 郭沫若:《宋鈃尹文遺著考》,《郭沫若全集·歷史編》第一卷,第 566 頁、570 頁。
② 郭沫若:《宋鈃尹文遺著考》,《郭沫若全集·歷史編》第一卷,第 569 頁。
③ 劉節:《管子中所見之宋鈃一派學説》,《劉節文集》,第 193—194 頁。

出其與孟子"養心"之説相近,頗具啓發性。宋、孟之心學往上推溯,其共同來源疑爲子思①。孔伋(公元前483—前402年)與墨翟(前480—前390)並世爲戰國早期儒、墨二派大師②,宋鈃之年世(前382—前305)晚於二子③,受兩派顯學之影響,其所調和之對象,精確地説當是"子思、墨翟"之學。

從郭、劉二氏的討論中,可以清晰地看到宋鈃之學作爲稷下道家之先驅,具有融通儒、墨的特色,其思想以《天下》所稱"語心之容,命之曰心之行"的"心術"説作爲主軸④。對於宋子的心學,葛瑞漢、史華兹有更深一層的體會。葛瑞漢注意到宋鈃對於"心之行"的强調具有建立"主體性"的重要意義,他説:

> 宋鈃有别於墨家的地方在於提出一個實行改革的新處方,通過意識到觀點狹隘(别囿)來改變人的内心世界,從他人的判斷祛除自負自大,以及認識到人把本來不多的基本需要人爲地膨脹了(按,即"人之情欲寡,而皆以己之情爲欲多")。孔子和墨子把"行"理解爲社會行爲,宋鈃强調注意"心之行"。……他在轉向專注内心方面扮演了主要角色。⑤

---

① 參考拙著《宋鈃學派遺著考論》,第258—269頁。
② 子思與墨子的年世約數從錢穆説,參考《先秦諸子系年》,第89—90頁、第172—176頁、第616頁。
③ 宋鈃的年世約數從顧實説,見《莊子天下篇講疏》,臺灣商務印書館,1980年,第128頁。
④ 關於《天下》篇二句的解釋,參考《宋鈃學派遺著考論》,第17—18頁。
⑤ 葛瑞漢:《論道者——中國古代哲學論辯》,中國社會科學出版社,2003年,第115—116頁。

《天下》説宋鈃"接萬物以別宥（囿）爲始"，葛氏指出宋子提出
"别囿"説的目的在改變人心，其説是。宋子的"别囿"即去除外
在的物欲及世俗觀念對人的拘限，試圖恢復人心的澄澈狀態
（即"白心"）。

　　另一位漢學家史華兹認爲宋鈃的道家色彩體現在"内在超
脱的態度"①。在一篇合論宋鈃與慎到的文章中，史華兹又提出
宋子之學略有"工具性道家學説"的色彩②。他説：

　　　　通常被認爲是具有道法結合思想的宋鈃和慎到③，他
　　們身上道家思想因素雖然在精神獨立和内在超然方面呈現
　　出鮮明的老、莊特色，實質上卻是他們用來實現社會改良的
　　工具。宋鈃、慎到真正關注的，並不是本體意義上的"道"，
　　而是"道"在現實社會中的種種實現。他們對"道"的追求
　　包括了以平静超脱的内心狀態去實現自己積極的社會
　　理想。④

宋鈃的淑世精神雖受到墨子的影響，但其改造社會之道並非如

―――――――――

①史華兹：《古代中國的思想世界》，江蘇人民出版社，2008 年，第 329 頁。按，所謂
　"内在超脱的態度"即《莊子·逍遥遊》所述宋榮子（即宋鈃）"舉世而譽之而不加
　勸，舉世而非之而不加沮。定乎内外之分，辨乎榮辱之境"。
②史華兹所謂"工具性的道家學説"即顧立雅（Herrlee Greel）所稱"目的性的道家學
　説"，指申不害、慎到等具有道、法融合色彩的學説。
③按，從《尹文子》"田子讀書"章可以看出宋子在政治上仍重人治，此點與田駢、慎到
　"以法齊物"，主張法治的立場迥異。參考拙著《戰國諸子評述輯證》，第 17—19 頁。
④史華兹：《黄老學説：宋鈃和慎到論評》，《道家文化研究》第四輯，上海古籍出版
　社，1994 年，第 128 頁（引自文前摘要）。

墨徒般"日夜不休,以自苦爲極",亦非如慎到等道法家注重
"法"的優先性,而是具有内在精神革新的意義。史華兹在文中
討論《孟子·告子下》宋鈃與孟子遇於石丘章,提出如下的
觀察:

　　在與孟子的一次邂逅中,我們看到他奔波於秦、楚之
間,勸説統治者不要發動戰争,當孟子問及他有何論據時,
他回答要以"言其不利"來説服他們。這裏可以清晰地看
到一位墨家模式的積極分子,實際上是一種在墨子身上也
看不到的激進的新模式的跡象,宋鈃準備越過政治機構而
直接呼籲人民"以此周行天下,上説下教,雖天下不取,强
聒而不舍者也,故曰上下見厭而强見也。"(《天下》)……
(道家思想在其身上的體現)似乎是他們内心生活自由和
保護心靈不受流行於他們所生存的環境中之虚假的善惡觀
念所干擾的真切感受。他們如果是墨家,就會感受到墨子
對於人們内在精神狀態的嚴重忽視可能是其世界觀中的缺
陷之一。……他們忍受着人們的淩辱和污蔑,因爲他們從
心裏明白,這些侮辱並不能傷害他們真正的尊嚴。儒家的
君子達不到這種平静,他必定在意自己人格的受辱,因爲禮
的整個結構都依賴於對君子尊嚴的維護。……宋鈃則可以
避開一切怨仇和争執,因而,就其内心之不受外界干擾而
言,他的確具有老莊式發自心底的精神獨立。
　　而這種内心的平静,非但不妨礙他處世的積極,反倒使

他更加堅定,他在内心的平静、滿足與爲了人類幸福的不倦
努力之間劃了一道清晰的界限。他對於"人之情欲也寡,
而皆以己之情欲爲多"的堅信,與墨子認爲人們處在"自然
狀態"下,死守着自身利益的觀點形成鮮明的對照。這一
信念鼓勵着他,相信自己能够通過説教來打動人們。①

此處所論頗能見宋子之學與儒、墨之分野,如果我們對比三家宗
師之教,孔子以詩書禮樂之"文"和"仁德"授徒,墨子從實用功
利的角度教導世人要"泛愛兼利",宋鈃則强調以"心術"(去囿、
白心)上説下教。

四、宋子學説體系復原

綜合上節所述前賢之説,可以將該派的學説體系描述如下:
宋子一派認爲要達到"天下安寧",除了列國要"禁攻寢兵",還
需以"心術"作爲改革社會之道。宋子的"心術"是以"白心"爲
個人修身之境界,以"去囿"爲治心的方法,而去囿的主要内涵
在"人之情欲寡"及"見侮不辱"。宋子後學或受尹文、慎到影
響,亦有"正名"(遠紹孔子)及"静因之道"(承自老子)的主張。
兹將上述要點略加説明:

1. 心術及白心:宋鈃重視心的作用及地位,以"心術"爲其

———————

① 史華兹:《黄老學説:宋鈃和慎到論評》,《道家文化研究》第四輯,上海古籍出版
社,1994年,第132—133頁。

理論主軸。所謂"心術"即"心之行"。《管子·心術上》經文開篇便説:"心之在體,君之謂也。"《莊子·天下》亦點出宋子之學的要旨在於"語心之容(用),命之曰心之行"。《天下》又謂宋子一派"不累於俗,不飾於物,不苟於人,不忮於衆。願天下之安寧,以活民命。人我之養,畢足而止。以此白心"。白心即彰明其心,使心恢復本然澄澈的狀態。《管子·白心》更以此爲主旨,除以隱語論心爲人身之主宰,並呼籲人們通過審慎的觀察,去除外在事物對心的干擾,如云:"人言善亦勿聽,人言惡亦勿聽,持而待之,空然勿兩之,淑然自清,無以旁言爲事成。察而徵之,無聽而辨,萬物歸之,美惡乃自見。""白心"可視爲宋鈃學派追求之境界,其工夫則在別囿。

　2. 去囿①:《天下》謂宋子"接萬物以別囿爲始",所謂"別囿"即去囿,其内涵包括"不爲苛察,不以身假物"、"不累於俗,不飾於物,不苟於人,不忮於衆"、"定乎内外之分",即將外在的榮辱及多餘的物欲視爲人心之囿限,別而去之,維持心之潔白。《心術上》經文云:"虚其欲,神將入舍;掃除不絜,神乃留處。"又云:"君子不訣乎好,不迫乎惡。恬愉無爲,去智與故。"皆合於別囿之旨。此外,《吕氏春秋·去尤》説:"所以尤(囿)者多故,其要必因人所喜與因人所惡。"將人之蔽囿歸結爲心中之喜惡,既有喜惡,則外有所重,而"外有所重者,泄蓋内掘(拙)也"。同書《去宥》也説:"凡人必別囿然後知,別囿則能全其天矣。"

①在宋鈃之後,戰國諸子圍繞"去囿",提出一些不同的主張,參考拙文《戰國諸子的"別囿"觀》,《中國文化》第44期(2016年10月)。

3. 情欲寡淺：宋鈃主張"以情欲寡淺爲内"、"情之欲寡以爲主"，又説："請欲固置，五升之飯足矣，先生恐不得飽，弟子雖飢，不忘天下。"（《天下》）宋子倡"情欲寡"乃認爲人心的欲望本來不多，卻自以爲本性多欲，如此只會徒增煩擾及紛争。

4. 見侮不辱：宋鈃特別强調對於"榮辱"觀念的破除，緣於民間的私鬥往往因爲言行的侮辱而生。以宋子來看，世俗所謂"榮辱"，不過是一種思想上的拘束，應當打破，所以他主張"見侮不辱，救民之鬥"，榮辱之圉既破，則可使民無鬥。此外，《莊子·逍遥遊》謂宋子"舉世而譽之而不加勸，舉世而非之而不加沮"，即將世俗之非譽榮辱置於度外。葛瑞漢認爲："'見侮不辱'的趣味在於它引起一個問題：個人的自我評價能否完全獨立於他人的好惡。宋鈃和莊子主張它能够獨立而且應該獨立。"①

5. 正名：戰國竹書《彭祖》如前所述，爲宋子一派作品，篇中宣導等級名分乃人之綱紀，必須遵守，簡文説："父子兄弟，五紀畢周，雖貧必攸；五紀不正，雖富必失。"《管子·心術上》也强調"君臣父子人閒之事謂之義。"解文謂"義"爲"各處其宜"。此主張表現出宋鈃兼融儒家學説的一面。宋派上承孔子"君君、臣臣、父父、子子"、"名不正則言不順，言不順則事不成"之正名觀，主張"正名自治之，奇名自廢。名正法備，則聖人無事"（《白心》），"物固有形，形固有名，名當謂之聖人"（《心術上》）。

6. 静因之道：《心術上》由虚静推出静因之道，可能爲宋子

_____

①葛瑞漢：《論道者——中國古代哲學論辯》，第117頁。

一派對《老子》虛靜無爲説的發展。所謂"靜因之道"即"其應也,非所設也;其動也,非所取也。""其處也若無知,其應物也若偶之。"需要指出的是,《心術上》經文雖初步提出"因"、"應"之觀念,但全篇所重仍在"虛"、"靜",解文則受慎到一派影響,大談因循之論。此外,《白心》云:"聖人之治也,靜身以待之,物至而名自治之。……不可常居也,不可廢捨也。隨變以斷事也,知時以爲度。"亦合於靜因之説。

　　上述宋鈃學説,"去囿"、"情欲寡淺"及"靜因之道",可視爲《老子》之學的進一步發展①;"正名"受儒家影響,"心術"説則更受子思學派之沾溉;而"禁攻寢兵"雖受墨家影響,但立論基礎不同。綜合來看,宋鈃學説融合道、儒、墨,而以《老》學爲其根柢。若以漢人學術流派之劃分,其思想當歸入道家。

　　作者簡介:林志鵬,臺北人。武漢大學歷史學博士,目前爲復旦大學歷史學系教授。主要研究興趣爲先秦學術史、戰國西漢簡帛古書。在相關領域已出版專書兩種(《宋鈃學派遺著考論》、《戰國諸子評述輯證》),發表論文五十餘篇。

---

① 參考拙著《宋鈃學派遺著考論》,第 242—245 頁。

《莊子·逍遥遊》中的"神人"新探

吕鵬志　薛　聰

内容提要　《莊子·逍遥游》描述藐姑射山神人有云:"其神凝,使物不疵癘而年穀熟。"該"使"字句與上下文中無功、無爲的神人形象相齟齬。本文作者經研究發現,該句文意費解的原因是存在脱文,所脱文字内容恰好保存於抄襲《莊子·逍遥遊》的《列子·黄帝》篇中。本文對勘《列子·黄帝》篇異文校補該句脱文,論證神人的確是無功、無爲的得道者,成功地解決了今本《莊子·逍遥遊》的矛盾問題。

《莊子·逍遥遊》中對"神人"有這樣一句描述:"其神凝,使物不疵癘而年穀熟。"①如果細究這一"使"字句,即將此句理解爲"神人精神凝聚,致使物無災害、五穀豐登"②,便隱約與上文

---

① 本文所引《逍遥游》文本均引自《莊子集釋》。參見郭慶藩:《莊子集釋》,北京:中華書局,2012年,第1—47頁。

② 成玄英《疏》:"凝,静也。疵癘,疾病也。五穀熟,謂有年也。"參見郭慶藩:《莊子集釋》,第34頁。

"神人無功"、下文"孰弊弊焉以天下爲事"相齟齬。前者爲有爲，後者爲無爲。然而歷代的注疏、研究大都未明確言及此"使"字句與上下文相抵牾。① 有鑒於此，本文將重新校讀此句，敬祈方家教正之。

一、"使"字句與上下文矛盾

欲證"使"字句與上下文是否存在矛盾，當從兩方面入手：一是神人是否"無爲"，以及如何理解"無爲"；二是"使"字句是否能説明神人"有爲"。

（一）"神人"作何理解

《莊子·逍遥遊》中對神人描述有一關鍵處：

> "若夫乘天地之正，而御六氣之辯，以遊無窮者，彼且惡乎待哉！故曰：至人無己，神人無功，聖人無名。"

---

① 元代羅勉道將此句解爲"言所居而化也"，但又在總結"肩吾問於連叔"至"孰肯以物爲事"一段大意時説："此言神人無功，明曰有神人居焉。又曰使物不疵癘而年穀熟，旁礴萬物以爲一世蘄乎亂，皆言功也。"（據羅勉道注：旁礴，言其能轉動萬物也。蘄乎亂，求乎治也。本文認爲他將"一世"連讀。奚侗明確批評了這種與下文言神人"孰弊弊焉以天下爲事"相矛盾的讀法，而應讀爲"旁礴萬物以爲一，世蘄乎亂"。）僅從字面上看，羅勉道似乎意識到了這個問題。不過，聯繫他在前文關於聖人、神人、至人"三等亦自有淺深"的立論來看，無法斷定他是據這個"使"字而提出的。參見羅勉道述，門人彭祥點校：《南華真經循本》，載《道藏》第16冊，北京：文物出版社、上海書店、天津古籍出版社，1988年，第26c—27c頁；方勇：《莊子纂要》（壹），北京：學苑出版社，2012年，第91頁。

唐成玄英《疏》："至言其體,神言其用,聖言其名。故就體語至,就用語神,就名語聖,其實一也。……一人之上,其有此三,欲顯功用名殊,故有三人之別。此三人者,則是前文乘天地之正、御六氣之辯人也。欲結此人無待之德,彰其體用,乃言故曰耳。"①按"故"字乃結前文之説,因此成玄英的觀點符合原文,至人、神人、聖人三者名異實同。如此,神人同時具備"無己"、"無功"、"無名"的特徵。郭象云:"無己,故順物,順物而至矣。"清郭慶藩引晉司馬彪注:"神人無功,言修自然,不立功也。聖人無名,不立名也。"②有"己"則待於一己之狹,無己則無意,無意則自然無爲;"功"、"名"都待於外界,無爲則功名不立。可見,神人的形象就是順任自然、超絶世俗的得道者。

　　神人之"無爲"在上下文的寓言故事中也有體現。如堯讓天下於許由,許由云:"歸休乎君! 予無所用天下爲。庖人雖不治庖,尸祝不越樽俎而代之矣。"又如肩吾不解接輿之言,連叔曰:"之人也,之德也,將旁礴萬物以爲一,世蘄乎亂,孰弊弊焉以天下爲事! ……是其塵垢粃糠,將猶陶鑄堯、舜者也,孰肯以物爲事!"這些都在强調自然無爲之旨。

　　"神人無功",即忘卻功名、無待内外,超越世俗之限制,上達逍遥之自由境界。《莊子·天運》篇云:"逍遥,無爲也。"無爲即指向逍遥無待之義。由此觀之,《莊子·大宗師》中"芒然彷徨乎塵垢之外,逍遥乎無爲之業"一句可謂是對神人之無爲形

①郭慶藩:《莊子集釋》,第25頁。
②郭慶藩:《莊子集釋》,第25頁。

象的精准刻畫。

(二)"使"字句作何理解

既然"神人無功"的涵義是神人順任自然、無爲無待,那麽,"其神凝,使物不疵癘而年穀熟"中的"使"字又如何與其産生矛盾呢?

從字義上看,《説文》:"使,伶也。從人,吏聲。"甲骨文"使"、"事"、"吏"原爲一字,後分化爲三字。其本義爲"命令、派遣",此處應理解爲引申義"讓,致使"。① 故此句解爲:"神人精神凝聚,致使(讓)物無災害、五穀豐登"。如此,從語法上看,此句爲"致使句"。所謂"致使",即"某實體發生某種情狀(包括動作行爲、活動變化、性質狀態等)不是自發的,而是受某種致使主體的作用或影響而引發的"。② 其基本結構爲"NP1+V1(使/令/遣)+NP2+V2",其中 NP1 爲"致使主體"、NP2 爲"致使客體"。③ 根據洪波的研究,上古就已經出現此種語法現象,"使"字可作表目的性的"讓",如《韓非子·八姦》:"薄者數内大使以震其君,使之恐懼";公元 1 世紀以後還可以作致因性的"致使、導致",如《論衡·儒增》:"有扣頭而死者,未有使頭破首碎者也。"④即前者重在表目的,後者重在表因果。不過,在此句

---

① 漢語大字典編輯委員會:《漢語大字典》,武漢:崇文書局,四川辭書出版社,2010年,第 179 頁。
② 范曉:《論"致使"結構》,載中國語文雜誌社編:《語法研究和探索》(十),北京:商務印書館,2000 年,第 135 頁。
③ 參見張美蘭:《近代漢語使役動詞及其相關的句法、語義結構》,載《清華大學學報(哲學社會科學版)》2006 年第 2 期。
④ 參見洪波:《使動形態的消亡與動結式的語法化》,載吳福祥、洪波主編:《語法化與語法研究》(一),北京:商務印書館,2003 年,第 334 頁。

中,兩義皆可。

在"其神凝,使物不疵癘而年穀熟"一句中,致使結構與上文提及的還有所不同:"其"(指代神人)爲"致使主體";"凝神"爲"致使方式";"使"字表明"致使關係";"物"、"穀"爲"致使客體";"不疵癘"、"熟"爲"致使結果"。這種致使關係表明:第一,"神人"通過"凝神"使得"物不疵癘而年穀熟",故而神人之作爲與物不疵癘之間存在直接的因果關係;第二,"物不疵癘"非由己力,而是受外力影響而成,物自身没有主動性;第三,致使主體是有行爲能力的人,不是客觀的狀況或事件,同時,致使客體不是有感知力的人,而是物。因此,"使"訓爲"致使"義在此句中很難抹去致使主體具有目的的可能。[1]　從這三點來看,"其凝神"與"物不疵癘而年穀熟"存在直接的因果關係,如此,神人則是有功的、甚至是有目的的。這便與上文"神人無功"的逍遥無待形象相矛盾。

(三)"使"字句與上下文矛盾在古今注解中的體現

上文論證了"使"字與上下文確實存在矛盾,同時,在一些涉及到此句的注疏和研究中,也能發現這種矛盾的痕迹,主要分爲兩種。

---

[1]董傑認爲"使"理解爲"致使"義只表單純的因果關係,"無意是"使"字句中致使者的一個典型特徵"。如果致使客體是具有行爲能力的人,這個説法是成立的,因爲客體的改變來源於客體受外界刺激後的自發感受。而如果致使主體是有行爲能力的人,致使客體是無感覺的物,並且主體做出某種行爲而導致客體産生改變,這種情況就很難説致使主體是"無意"的。參見董傑、韓志剛:《論"使"字句的句式意義》,《天津大學學報(社會科學版)》,2012 年第 6 期。

　　第一種是將"使"字直接理解爲"致使",從而無意間暴露了這種矛盾。如成玄英《疏》云:

　　聖人形同枯木,心若死灰,本迹一時,動寂俱妙,凝照潛通,虛懷利物。遂使四時順序,五穀豐登,人無災害,物無夭枉。聖人之處世,有此功能,肩吾未悟至言,謂爲狂而不信。[1]

既然聖人"心若死灰",爲何還要"虛懷利物"?"聖人之處世,有此功能"不正是神人"有功"的表現嗎? 在《莊子》英譯中矛盾暴露得更加明顯。如美國學者華兹生(Burton Watson)將此句譯爲:"By concentrating his spirit, he can protect creatures from sickness and plague and make the harvest plentiful。"[2]這種注解傾向於將神人看作是具有"法術"的神話人物,"凝神"就是施法,"物不疵癘而年穀熟"就是施法的結果,如此理解,神人完全就是一個有爲之人。

　　第二種是注意到"使"字與上下文可能矛盾而採取辯證式的理解,努力避免矛盾。如今人李生龍將此句理解爲:"無功可建大功,藐姑射之山的神人'其神凝',似不求功,卻可以做到'物莫之傷',還能'使萬物不疵癘而年穀熟',豈非大功?"[3]這

①郭慶藩:《莊子集釋》,第34頁。
②Burton Watson, *The Complete Works of Chuang Tzu*, New York: Columbia University Press, 2013, p. 4.
③李生龍:《宋以後回歸文本之〈莊子·逍遙遊〉探勝》,《甘肅社會科學》2015年第5期。

種解讀同時受了前文"神人無功"和"使"字句的影響,將神人之"神"歸結爲其有"無功之功",實則不合文意。神人本來就無功,它無待於任何"大功"而顯其爲"神",神人之"神"應體現在前文"乘天地之正,而御六氣之辯"即逍遥無待這一方面。這種看似辯證的説法,實際上並没有克服這種矛盾。

但並不是古今所有注家都受到"使"字的影響,也有很多注家在詮釋時强調局部服從整體理解而直接忽略了"使"字。如宋代林希逸《南華真經口義》云:"其精神凝然而定所居之地,百物自無疵癘之病而年穀自熟。"①顯然,這無異於將"使"字去掉,只解釋"其神凝,物不疵癘而年穀熟"。這是因爲林希逸把握了上下文大意,故而解釋此句時直接跳過了"使"字。但文本中存在的"使"字不能視而不見,因此,便需要給"使"字找到着落。

二、"使"字句脱文考補

試想,若將"其神凝,使物不疵癘而年穀熟"標點斷爲"其神凝使,物不疵癘而年穀熟"或"其神凝使物,不疵癘而年穀熟"顯然均不成文義或文義未安。要正確理解這一"使"字句,不能不借助異文進行校讀。參考王叔岷的《莊子校詮》、方勇主編的《莊子纂要》,僅王叔岷提出此句存在一處異文:"《列子·黄帝》

①林希逸:《南華真經口義》,載《道藏》第15册,北京:文物出版社、上海書店、天津古籍出版社,1988年,第692a頁。

篇'瘤'作'厲',與或本合,'瘤'、'厲'正假字。"①雖目前所能
見到的《莊子》諸本在此句没有異文,但前輩學者在此處還是留
下了一條線索。對照《列子·黄帝》中對"神人"一段的描述,就
可以發現與《莊子·逍遥遊》非常相似:

《莊子·逍遥遊》	《列子·黄帝》
藐姑射之山,有神人居焉,肌膚若冰雪,淖約若處子,不食五穀,吸風飲露。乘雲氣,御飛龍,而遊乎四海之外。其神凝,使物不疵癘而年穀熟。	列姑射山在海河洲中,山上有神人焉,吸風飲露,不食五穀;心如淵泉,形如處女,不偎不愛,仙聖爲之臣;不畏不怒,愿愨爲之使;不施不惠,而物自足;不聚不斂,而己無愆。陰陽常調,日月常明,四時常若,風雨常均,字育常時,年穀常豐;而土無札傷,人無夭惡,物無疵癘,鬼無靈響焉。②

從上表可以看出,二者對神人的居住地、外貌飲食特徵描述
非常相似。不同之處有三:首先,從字數上看,《列子·黄帝》後
半部分描寫得非常詳細;其次,從字義上看,"愿愨爲之使"中的
"使"字爲動作性較强的"役使、差遣"義,但與下文的"物無疵
癘"不構成致使關係;最後,從結構和句意上看,"不偎不愛,仙
聖爲之臣;不畏不怒,愿愨爲之使;不施不惠,而物自足"每一句
中的前半句都是對神人無爲的描述,後半句中的動作都是自發
的行爲,二者之間是轉折關係,因此不存在《逍遥遊》中的直接

①王叔岷:《莊子校詮》上册,臺北:"中央研究院"歷史語言研究所,1999年,第25—
26頁。參見方勇:《莊子纂要》(壹),第90—94頁。
②楊伯峻:《列子集釋》,北京:中華書局,1979年,第44—45頁。

因果關係。可譯爲："他（神人）不親不愛,仙人、聖人都甘願臣
服於他;他不威不怒,忠厚之人都自願供他役使;他不施捨不惠
贈,但人們的財物都自然充足。"①由此,可以發現上文提及的林
希逸注非常貼合《黄帝》篇的這段文字;而這段文字也很符合
《逍遥遊》的上下文大意。②

　　根據以上對勘比較,本文懷疑今本《莊子·逍遥遊》的這一
段文字有脱文,而其脱落的文字極有可能保存在《列子·黄帝》
篇"列姑射山"這一段中,理由如下。第一,《列子》是抄襲衆多
古籍而成的僞書,這一點已經被許多學者所證明,而且證據非常
充分有力。③ 據譚家健的統計,《列子》中與其他古籍互相重複
者爲97次,其中與《莊子》相同最多,爲19次。兩者或基本相
同、或片段相同、或表述相近,詳略有别。④ 因此,極有可能《黄
帝》篇因抄襲而保存了《逍遥遊》此處脱漏了的文字。確切言
之,《莊子·逍遥遊》中的這一"使"字很可能是《列子·黄帝》
篇"愿慤爲之使"的句末之字,這樣"使"字就有了着落。第二,
對照《黄帝》篇,《逍遥遊》很有可能在"使"字前後均有脱文,進

────────────

①愿慤,忠厚誠實。譯文參考嚴北溟、嚴捷:《列子譯注》,上海:上海古籍出版社,
　2006年,第31、53頁。
②《沖虚至德真經鬳齋口義》:"此段之語多與《莊子》同,其意只形容無爲之治而
　已。"這表明在林希逸看來兩個文本的主旨相同,也印證了上文所言,他從整體主
　旨出發解釋《莊子·逍遥遊》,從而忽略了"使"字。參見林希逸:《沖虚至德真經
　鬳齋口義》,載《道藏》第14册,北京:文物出版社、上海書店、天津古籍出版社,
　1988年,第744c頁。
③可參考《列子集釋》的附録三《辨僞文字輯略》。參閲楊伯峻:《列子集釋》,第
　285—348頁。
④參見譚家健:《〈列子〉故事淵源考略》,《社會科學戰線》2000年第3期。

而使得“使”字不得不理解爲“讓、致使”，如果按照《列子·黃帝》篇來理解，“使”字與上下文的矛盾便迎刃而解了。第三，《逍遙遊》中“藐姑射山”一段附近也可能存在脱文和倒文。如王叔岷認爲“孰肯以物爲事”應與上文“孰弊弊焉以天下爲事”對文，據《淮南子·俶真訓》疑“肯”下脱“分分然”三字。① 後文“是其塵垢秕糠，將猶陶鑄堯舜者也。”周乾認爲：“其道無爲，又何能造成堯舜？至於説堯舜爲神人的塵垢秕糠所造成，更近於詆毀，這是有違莊子意的。”故疑今本把“塵垢秕糠”和“陶鑄堯舜”兩個詞組和短句誤倒，應作“是其陶鑄堯舜者，將猶塵垢秕糠也。”②又如張景據上下文懷疑“宋人資章甫”的故事突兀地插在堯舜的故事中間，很可能是由於錯簡造成的。③ 這些皆可作“使”字前後有脱文的旁證。

至此，本文認爲《逍遙遊》中“其神凝，使物不疵癘而年穀熟”，這句話的“使”字訓爲“讓、致使”義則與上下文中無功無爲的神人形象產生矛盾，應對勘《列子·黃帝》“列姑射山”一段進行校讀。此句明顯脱文，可據後者校補如下（個別文字或乙或改）：

> “其神凝，〔心如淵泉，形如處女，不偎不愛，仙聖爲之臣；不畏不怒，愿愨爲之〕使；〔而土無札傷，人無夭惡，〕物

①方勇：《莊子纂要》（壹），第 94 頁。
②參見周乾：《〈莊子〉（内篇）校讀三札》，載《天津師大學報（社會科學版）》1998 年第 6 期。
③參見張景，張松輝：《關於〈逍遙遊〉的幾個疑難問題》，載《中國哲學史》2013 年第 2 期。

無（不）疵癘，〔鬼無靈響焉；不施不惠，而物自足；不聚不斂，〕而〔己無怨。陰陽常調，日月常明，四時常若，風雨常均，字育常時，〕年穀〔常〕豐（熟）。”

其大意爲：“神人精神凝聚……一切人與物都自願爲他所役使……萬物自然地無病害、成熟豐收。”校補後首先消除了原文中“使”字導致神人有爲的可能，神人不待於百物無病害纔顯其“神”，神人是得道者，他無待任何功名，故無爲而遊乎四海之外。同時，“使”字“致使”義的取消，使得萬物都有了主動性，它們的變化不是受外力而成的，而是“内力”而成。神人“凝神”完全是一種得道的象徵，萬物受其冥合自然的感召，從而主動積極地修道、合於自然，故而願意爲神人（道體象徵）所役使，自然而然地無病無害。這種解釋符合下文“堯治天下之民，平海内之政，往見四子藐姑射之山，汾水之陽，窅然喪其天下焉”的描寫。其中，堯不是被要求去藐姑射山見四子（神人）的，他是聞其有道而主動訪求；同時，去之後就“窅然喪其天下”也不是四子要求他的事，而是他自己體會到自然之道，進而無爲無待而忘天下。因此，文本想要表達的是，神人作爲得道者，他不需要作爲，也無心作爲，萬物自動會受其道的感召而主動合於自然。要説這之中有什麼聯繫，也絕不是“使”字之“致使”義所具有的直接因果關係。

　　綜上所述，《列子》雖是僞造，但也不是一無是處，它也有校勘、研究的價值。對於本文而言，理解《逍遙遊》中“其神凝，使物不疵癘而年穀熟"一句的關鍵,就是對勘《列子·黄帝》"列姑射山"一段,補出《逍遥遊》的脱文。如此,纔能避免誤解,得出符合上下文的解釋,還原神人無爲的形象。

作者簡介:吕鵬志,哲學博士,西南交通大學人文學院教授、博士生導師,西南交通大學中國宗教研究中心主任。主要研究領域爲道教史(特别是道教儀式史)、道教文獻、道教思想和中國宗教。著有《道教哲學》、《唐前道教儀式史綱》,先後在國内外學術書刊發表論文及譯文共八十餘篇。

薛聰,西南交通大學人文學院中國哲學碩士研究生,研究方向爲道家哲學。

《老子》"受國之垢,是謂社稷主"觀念溯源

寧鎮疆

內容提要 《老子》"受國之垢,是謂社稷主"有着非常久遠的觀念源頭,文獻、銅器銘文甚至甲骨卜辭中都有大量的記載:那就是君王要爲國家治理承擔責任。當國家治理不好時,君王要首負其責。這意味着,《老子》的這一思想同樣是經驗世界可以觀察到的現象,由之衍生的"道"也並不玄虚。早期君王的權威來自於爲國家任過、爲民衆操勞,透露出鮮明的"民本"思想,這即是"德",因此《老子》並不排斥"德";另一方面也説明《老子》之"德"有很高的標準,這對於我們理解的《老子》"上德不德"及其一系列功成身退的思想都是一把鑰匙。

一

天下莫柔弱於水,而攻堅强者莫之能勝,其無以易之。弱之勝强,柔之勝剛,天下莫不知,莫能行。是以聖人云:

"受國之垢,是謂社稷主;受國之不祥,是爲天下王。"正言
若反①。(《老子·七十八章》)

　　該章是《老子》典型的"人往低處走"(李零語)式反向思
維,章末甚至專門説"正言若反"②。另外,《老子》第八章的"上
善若水。水善利萬物而不争③,居衆人之所惡,故幾於道矣",同
樣是以水取譬,與七十八章同,而"居衆人之所惡"與七十八章
的"受國之垢"、"受國之不祥"義同。再如二十八章的"知其雄,
守其雌,爲天下谿。知其白,守其辱,爲天下谷",也同樣表現了
這種反向思維,故而《莊子·天下》將其與"受天下之垢"並列爲
老聃代表性思想。二十八章的這種表述,常被後人用以講"欲
取反予",或以退爲進的"兵法",似乎純粹是一種策略。不過,
水之處下甚至"弱之勝强"都是經驗世界可觀察到的現象,然
則,"受國之垢,是謂社稷主;受國之不祥,是爲天下王"是否也
是經驗的呢? 如果是經驗的,它又反映了什麽樣的歷史經驗呢?
　　前人疏解"受國之垢"、"受國之不祥"兩句,常引《左傳·宣
公十五年》伯宗的話:"川澤納汙,山藪藏疾,瑾瑜匿暇,國君含

①本文《老子》之文,除有原則分歧,需特殊討論外,均依王弼本。
②北大簡本此章與七十九章合爲一章,雖不乏嚴遵本這樣的古本依據,但兩章主旨
　相去甚遠,各自獨立當爲故書之舊。
③此二字馬王堆帛書乙本作"有争",北大簡本同,但這與傳世本"不争"正相反,北
　大簡整理者以爲本作"有静",後人妄改,裘錫圭先生重新整理帛書本時以通行本
　爲是(《長沙馬王堆漢墓簡帛集成》,第 46 頁),這確實符合老子一貫的思想。學
　者或從哲學玄思角度立主"有争"爲是(見崔曉姣:《"水善利萬物而有争"——從
　北大簡〈老子〉看〈老子〉第八章及〈老子〉文本的發展演變》,《中國哲學史》2015
　年第 1 期),曲説不可從。

垢,天之道也。"伯宗時肯定無《老子》書,只能説明《老子》這種
觀念久有源頭。然則,"受國之垢"、"受國之不祥"具體是什麽
情形呢? 西漢末嚴遵的《老子指歸》對這兩句曾有詳細解釋:

> 何謂受國之垢? 曰:食民所吐,服民所醜,居民所使,樂
> 民所苦,務在順民,不違適己。故民託之如父,愛之如母,願
> 爲臣妾,與之俱死。是以,處寒磬之地,沙石之壤,僻迴之
> 國,阨狹之野,困辱爲榮,存其祖宗,變禍爲福,長爲民主。

> 何謂受國之不祥? 曰:忍民所醜,受民所惡;當民大禍,
> 不以爲德;計在喪國,不失天心。慮在殺身,不失民福。①

　　嚴遵解釋透露出兩點信息:其一,君王簡直是"受氣包",實
在不是好差事,他必須忍辱負重,爲國操勞,也就是《左傳》伯宗
所謂的"受汙納垢",其二,君王如此"憋屈",主要是爲民衆考
慮,説白了就是"民本",只有這樣國君才能得民心,才能成王。
與此類似的思想還有《左傳·莊公十一年》引臧文仲的話説:
"宋其興乎。禹、湯罪己,其興也勃焉;桀、紂罪人,其亡也忽焉。
且列國有凶稱孤,禮也。言懼而名禮,其庶乎。"關於桀紂的"罪
人",《韓詩外傳》卷三以及《説苑·君道》述其事都説桀紂"不
任其過",反襯禹湯的"罪己"就是主動"任其過",也就是能"受
垢",反而能成王。由此看來,這種觀念確實有久遠的淵源,因
此恐不能把《老子》的"知雄守雌"理解爲"陰謀術"。理解了這

---

① 王德有點校:《老子指歸》,北京:中華書局,1994 年,第 115 頁。

一點,就可知道,《禮記·禮運》所謂:"故國有患,君死社稷謂之義。"(《禮記·曲禮下》"國君死社稷")亦與這一觀念有關。

另外,傳世文獻中言及國家治理不好,君王要一個人承擔的記載其實還有很多,如:

《國語·周語上》引《湯誓》:"余一人有罪,無以萬夫;萬夫有罪,在余一人。"(今《湯誓》無此句)

《盤庚》也說:"國之臧,則惟女衆。國之不臧,則惟余一人,是有逸罰。"

《秦誓》:"邦之杌隉,曰由一人。邦之榮懷,亦尚一人之慶。"

《論語·堯曰》:"(湯)予小子履,敢用玄牡,敢昭告於皇皇后帝:有罪不敢赦。帝臣不蔽,簡在帝心。朕躬有罪,無以萬方;萬方有罪,罪在朕躬。……雖有周親,不如仁人。百姓有過,在予一人。"

《墨子·兼愛中》引《傳》曰:(武王)"雖有周親,不若仁人。萬方有罪,維予一人。"

《墨子·兼愛下》所引《湯說》極類:"……萬方有罪,即當朕身;朕身有罪,無及萬方。"

《呂氏春秋·順民》:"昔者湯克夏而正天下,天大旱,五年不收。湯乃以身禱於桑林,曰:'余一人有罪,無及萬夫。萬夫有罪,在余一人。無以一人之不敏,使上帝鬼神傷民之命。'"

《尸子·綽子》篇(《群書治要》引):"湯曰:朕身有罪,無及萬方;萬方有罪,朕身受之。"

這類記載主要的意思也是一致的,那就是講國家有難或者

治理不好時,總是要由王一個人承擔,而非什麼其他的人。類似觀念,西周金文亦有見。宋人著録之塱盨銘文云(集成4469):

> ……有進退,雩邦人、正人、師氏人,有罪有故(辜),廼協倗即汝,乃鯀宕,俾復虐逐厥君、厥師,廼作余一人怨①。……勿使暴虐縱獄……

此例周天子同樣稱"余一人"。此銘前部殘缺,且文辭古奧,不易盡曉。其中的"虐逐厥君、厥師",郭沫若徑釋爲厲王奔彘②,過於具體。竊以爲楊樹達先生於此解説似更洽,楊説略謂:"若對於邦人及長官軍旅之部屬有罪過者寬縱不治,則彼等將益無所畏忌,進而虐逐其君長,於是乃爲余一人之咎過也。"③楊氏所釋之"咎",實當釋"怨"(見下)。也就是説,此處"廼作余一人怨",當理解爲:臣下有過錯,國家治理得不好,就會導致對周王的怨恨,這還是表明周王自己要"一個人"承擔責任。類似觀念還見於前幾年所出的眉縣楊家村四十三逨鼎,其銘云:

> ……毋敢橐,敢橐唯有宥從,乃務(侮)鰥寡,用作余我一人怨,不肖唯死。

---

① 此字原釋"咎",從後面所舉四十三年逨鼎來看,當以釋"怨"爲是,此承復旦大學出土文獻與古文字研究中心陳劍教授教正。
② 郭沫若:《兩周金文辭大系圖録考釋》(下),上海:上海書店出版社,1999年,第141頁。
③ 楊樹達:《積微居金文説》,北京:中華書局,1997年,第123頁。

"余我一人",顯系"余一人"的繁構。其中的"怨",學者或釋爲"咎",但董珊先生釋爲"怨",裘錫圭先生同之,可從。其實,"作怨"乃古書習語。可資參照者,《尚書・康誥》云:"敬哉!無作怨。"清華簡《尹誥》亦云:"厥辟作悁於民。"整理者以"悁"讀如"怨"字,故"作悁"即"作怨",良是。《左傳・僖公九年》"三怨將作"及《左傳・昭公八年》"怨讟並作",均是本之"作怨"格式,而稍變其結構。益知此銘之"作余我一人怨"及上塑盨之"作余一人怨"均當爲"作怨"的稍顯繁複的表達。儘管"乃侮鰥寡"前兩句相關語詞不能確識,但與"乃侮鰥寡"一樣,也應該是負面的情況,也就是國家治理得不好。這種情況下,王認爲又要自己承擔責任:"用作余我一人怨。"類似觀念及表述文獻亦有見,《左傳・昭公三十二年》記載周天子派人去晉國請求晉侯召集諸侯城成周:"其委諸伯父,使伯父實重圖之。俾我一人無征怨於百姓,而伯父有榮施,先王庸之。"此例周天子自稱又是"我一人"。當然,其時周室權威不再,只能仰仗晉國,即所謂"委諸伯父"。但周天子仍然要説"俾我一人無征怨於百姓"(杜注:"征,召也"),觀此口氣似乎周王有點狂妄自大,其實,從上舉二器的"乃作余一人怨"、"用作余我一人怨"就可看出來,這種表述其實是源流有自的。

我們認爲,上述銘文及文獻中所説如果國家治理不好,對周王來説就是"作余(我)一人怨",正是"受國之垢,是謂社稷主"或"國君含垢,天之道"的觀念源頭,它們的精神實質都是一致的。

　　讀者可能已注意到,無論是上舉傳世文獻還是金文中,這種反映國家有難或治理不好時首先要"問責"於王的觀念,王往往都自稱"余一人"(《墨子·兼愛下》、《尸子》所云雖未見"余一人",但也說到"朕身")。關於此稱,我們知道上個世紀胡厚宣先生曾先後有兩文集中討論之①,胡文主要是就卜辭材料立論,然則令我們感興趣的話題是:這種國家有難,君王首先要擔責的觀念卜辭中是否也有呢? 回答是肯定的。首先應該說明一點,上舉胡先生的後一文寫成於 1975 年,對當時卜辭的最新資料利用到了小屯南地甲骨(《屯南》726),自那以後,殷墟卜辭雖然有花園莊東地這樣的大宗發現,但花東屬"子"卜辭,其中卻並未見"余一人"之類材料。因此,雖然胡文寫成較早,但應該說對於卜辭中"余一人"資料的占有還是相當全面的②。檢視胡文所提到的卜辭中目前所知全部"余一人"用例,我們發現其中有一個有趣的現象,那就是它有多達 60% 的文例都是屬於在"有求"③或其他異象的前提下,卜問是否會對"一人"或"余一人"即商王有什麽憂咎。④ 其常見辭例如:

---

①兩文分別爲《釋"余一人"》和《重論"余一人"問題》,先後載於《歷史研究》1957年第 1 期和《古文字研究》第六輯,北京:中華書局,1981 年。其中後一文又見《四川大學學報叢刊》第十輯,《古文字研究論文集》,1982 年。

②蔣玉斌先生亦提到至目前爲止,對於卜辭中"一人"或"余一人"材料,仍以胡厚宣先生搜羅最全,參其博士論文《殷墟子卜辭的整理與研究》,第 124 頁。

③"求"字過去多釋爲"祟",後裘錫圭先生專門予以澄清,主張釋爲"求",讀爲"咎",可從。參裘錫圭:《釋"求"》,《裘錫圭學術文集》第 1 冊,上海:復旦大學出版社,2012 年,第 274 頁。

④拙文《也論"余一人"問題》,《歷史研究》2018 年第 2 期,對此有詳細分析,可以參看。

1) 乙亥貞,有求(咎)……【一】人(合集 1067)

2) 乙亥卜,爭貞:王束有求(咎),不於【一】人囚(憂)
(合集 4978)

3) 癸酉卜貞,旬有求(咎),不於一人……(合集 4979)

4) 癸未卜,旬有求(咎),【不於】一人囚(憂),八月(合
集 4980)

5) ……亥【卜】貞,旬【有】求(咎),亡於一人……(合
集 4983)

6) ……未貞……求(咎)……一人囚(憂)(合集
34085)

7) …卯卜貞,…有求(咎),才(在)……不於一人囚
(憂)(英藏 1557)

8) 癸巳【卜】出貞……有求(咎),不於一【人】囚(憂),
九月(懷特 737)

9) ……卜貞,……鳴,不……一人囚(憂)?(合集
4981)

這一類材料最令人感興趣的是,爲何在"有求(咎)"或者異
象的前提下,商王首先要問對自己有沒有憂咎?再者,學者還曾
討論卜辭中的"有設",認爲其一般指自然界的異象,當"有設"
出現的時候,也往往引起對王是否吉利的貞問①。那現在的問

———————

① 李學勤:《論殷墟卜辭的新星》,《中國古代文明研究》,上海:華東師範大學出版
　社,2005 年,第 7 頁。

題是, 爲何一旦出現"有求 (咎) "或其他異象的情況下, 商王首先想到對自己是否不利呢? 換句話説, 爲何"有求 (咎) "或異象的情況只針對商王, 或者只有商王"一人"害怕呢? 此前胡厚宣先生在論及此一問題時評論説: "但他作爲一國之王, 所關心的不是整個國家, 不是全國的人民, 也不是其他的那一個, 而是他自己這獨自一個人。用甲骨占卜, 其所貞問的僅僅是他自己這一個人會不會有什麽災禍。"胡先生此説是想證成自己所謂商王稱"余一人"代表"專制"、"獨裁"義, 凡是讀過胡先生後一文的學者對此都不會陌生。但其實三代的王如果都已經是"專制"或"獨裁"了, 這與後世的皇帝就没有什麽區别了。筆者最近曾詳細梳理卜辭中的所有"余一人"辭例, 我們認爲不唯其中占有絶大部分 (60%) 的"有求 (咎) (異象) ——不於一人囚"模式不能證明商王的"專制"或"獨裁", 其他較少比重的"余一人"材料同樣也不能證明這一點。我們認爲"余一人"傳統説法如《白虎通·號篇》認爲是謙稱, 還是有道理的, 與諸侯稱"孤"道"寡"義同①。此種稱謂就其本義上看, 是想强調國家的治理責任由王之一人承擔, 體現了早期王權的責任意識。但國家萬千政事之巨與承擔責任之"一人"形成巨大反差, 在國家治理重任面前, 王之"一人"無疑顯得勢單力孤, 這正是傳統自謙説法的由來。

　　另外, 上舉卜辭第9例中的"【 】鳴", 當屬異象, 情形與《尚書·高宗肜日》"雊雉"類似, 卜問在此情況下會不會對商王有

----

① 參見拙文: 《再論"余一人"問題——兼説商周的"民本"與王權》, 《國家起源研究的理論與方法國際學術研討會論文集》, 上海大學 2015 年 11 月。

什麼憂咎。關於異象的例子，胡文所舉最典型的例子還有《屯南》726 的下面這條材料：

壬寅，貞月又戠，王不於一人囚？

其中的"戠"，胡先生釋爲"埴"，意思是變赤，但現在多或釋爲月食①，總歸也是一種異象。當這種異象出現的時候，又引起會不會對王"一人"有憂咎的卜問。這種日食之類的"異象"，其實就是"不祥"，這種一旦異象出現君王就要擔驚受怕的邏輯，其實正曲折反映了"受國之不祥，是謂天下王"。換句話説，自古就有的異象或者"不祥"與君王的對應關係，這才是老子"受國之不祥，是謂天下王"的觀念源頭，它同樣是經驗的。應該提到的是，關於卜辭"有設"之"設"，李學勤先生釋爲"鑿"，讀爲"兆"，但其後來在文章的附記中也提到陳劍以聲韻關係讀爲"異"似更合理，以這裏討論的"異象"而論，陳説確實更優②。順便説一句，針對日食之類"異象"，古代有所謂"凶禮"，《左傳·文公十五年》："日有食之，天子不舉，伐鼓於社，諸侯用幣於社，伐鼓於朝，以昭事神、訓民、事君，示有等威，古之道也。"《左傳·昭公十七年》"夏六月甲戌朔，日有食之"，昭子、太史均建議以"凶禮"對之，但季平子不爲所動，昭子評論説曰："夫子將有異志，不君君矣。"杜注謂"安君之災，故曰有異志"，所謂"安君之災"

①李學勤：《夏商周年代學劄記》，沈陽：遼寧大學出版社，1999 年，第 79 頁。
②李説見前揭李先生《論殷墟卜辭的新星》。

正説明日食之類異象指向的不是別人,正是國君。更有名的例子是《史記・宋微子世家》所記宋景公處理"熒惑守心"的材料。宋景公對"可移於相"、"可移於民"、"可移於歲"等建議均不認可,從需要"移"的背景看,時人還是認爲異像是指向國君的。最終景公躬自受之,子韋評價謂高風亮節,其實這本就是君主的本分。有意思的是,"移於相"、"移於民"、"移於歲"的主意正出自子韋,這種嫁禍於人的想法説明他對相關事件的内涵可能已不太了然。值得注意的是,《史記・天官書》云:

> 日變修德,月變省刑,星變結和。凡天變,過度乃占。國君彊大,有德者昌;弱小,飾詐者亡。太上修德,其次修政,其次修救,其次修禳,正下無之。

其中的"日變"、"月變"之類,即屬上面所述的"異象"。有意思的是,對於這些"異象"的處理,《史記》云"太上修德,其次修政,其次修救,其次修禳,正下無之",最好的辦法是身自承擔,並"修德"、"修政",而"禳除"之類舉措倒是等而下之的。這恐怕也説明上述子韋"移於相"、"移於民"、"移於歲"之類"嫁禍"的做法是晚出、不古的。

二

前引《左傳・宣公十五年》伯宗説"國君含垢"是"天之道",而前面所舉《老子》第八章講水之"居衆人之所惡"時,也説這樣就"幾於道",而"天道"問題更是老子乃至道家豔稱之詞。
對此,後人常作過度抽象的哲理玄思,由我們前面對所謂"受國
之垢"觀念源頭的討論看,這裏所談的"道"和"天之道"並不玄
奧,而是有着深刻的歷史背景。因此,"受國之垢"背景下的"天
之道",在老子那裏其實應該理解爲"本來應該如此之道",或者
說這才是"自然"之"道"。具體來說,那就是國君本來就應該是
受汙納垢的,本來就應該是忍辱負重的,本來就應該是爲民衆利
益勞心焦思的,這是早期君王的"本分"。筆者在前述討論"余
一人"的小文中曾指出,從卜辭中所涉及的所有"余一人"或"一
人"辭例看,並無胡厚宣先生所說的"獨裁"或"專制"義,"余一
人"本義其實與諸侯稱"孤"道"寡"義同,都是强調君王的勢單
力孤,就是《白虎通·號篇》所謂的謙稱,尤其是面對國家的萬
千政事的治理責任時更是如此。這種意思的"王"或者"一人"
其實還殘留原始社會由推選而產生首領的特徵:首領必須深孚
衆望,爲本部族利益考慮,是部族安危、禍福之所系。正是有鑒
於此,很多學者才指出,"民本"主題其實不是自孟子始,也不是
自周初始,它其實是中國早期國家產生或中國政治學的"元問
題"①,最近公佈的清華簡《厚父》篇同樣說明了這一點②。正因

①可參謝維揚:《中國早期國家》,杭州:浙江人民出版社,1998年,第393、400頁;常
　金倉:《二十世紀古史研究反思錄》,北京:中國社會科學出版社,2005年,第230、
　269頁;沈長雲、張渭蓮:《中國古代國家起源與形成研究》,北京:人民出版社,
　2009年,第140頁。
②參拙文:《清華簡〈厚父〉"天降下民"句的觀念源流與豳公盨銘文再釋——兼說先
　秦"民本"思想的起源問題》,《出土文獻》第七輯,上海:中西書局,2015年。

爲此，早期文獻還多有堯、舜、禹、湯甚至文王這些人雖爲君王，
但其實幹的多是"苦差事"的記載：

　　《史記·殷本紀》引《湯誥》："古禹、皋陶久勞於外，其
有功於民，民乃有安。……後稷降播，農殖百穀。三公咸有
功於民，故後有立。"
　　《左傳·襄公二十九年》："見舞《大夏》者，曰：'美哉！
勤而不德，非禹其誰能修之？'"
　　《尚書·無逸》："文王卑服，即康功田功，……文王至
於日中昃，不皇暇食，惠於小民，唯政之恭。"
　　《莊子·天下》："禹親自操橐耜而九雜天下之川，腓無
胈，脛無毛，沐甚雨，櫛疾風，置萬國。禹大聖也，而形勞天
下也如此。"
　　《韓非子·五蠹》："堯之王天下也，茅茨不翦，采椽不
斵，糲粢之食，藜藿之羹；冬日麑裘，夏日葛衣；雖監門之服
養，不虧於此矣。禹之王天下也，身執耒臿，以爲民先，股無
胈，脛不生毛，雖臣虜之勞，不苦於此矣。"

　　既然上古君王"民本"、勤苦如此，筆者還想就《老子》中的
另一概念即"德"談談粗淺的看法。如前所述，上古君王的"本
分"應該是要勇於"任過"，甚至受汙納垢的，因此自我顯擺、表
彰自己的功德就是難以想像的。這正是我們理解《老子》三十
八章"上德不德，是以有德"的一把鑰匙：所謂"不德"，即不矜誇

其德。巧合的是,上舉《左傳·襄公二十九年》推舉禹是"勤而不德",亦用"不德",可爲佳證。古來解老者多重此章,韓非《解老》篇即開宗明義:

> 德者,内也。得者,外也。"上德不德",言其神不淫於外也。神不淫於外,則身全,身全之謂得。得者,得身也。凡德者,以無爲集,以無欲成,以不思安,以不用固。爲之欲之,則德無舍;德無舍,則不全。用之思之,則不固;不固,則無功;無功,則生有德。德則無德,不德則有德。故曰:"上德不德,是以有德。"

所謂"德"、"得"之訓,以及"神不淫於外",甚至"以無爲集,以無欲成……"等等,晦澀玄虛,不知所云。其"身全"之解又啓後世嚴遵、河上公甚至王弼諸本養生之訓,可以說越說越遠,離題萬里。瞭解上述老子"受國之垢"思想的歷史背景,就可以知道它本來沒那麼神秘。另外,既然"上德"的標準就是不矜誇其德,所以我們就能理解《老子》書中爲何有那麼多崇尚"功成身退"的記載:

> 二章:"萬物作焉而不辭,生而不有,爲而不恃,功成而弗居。"
>
> 九章:"功遂身退,天之道。"(又是"天之道")
>
> 五十一章:"生而不有,爲而不恃,長而不宰,是謂玄

德。"

七十七章："是以聖人爲而不恃,功成而不處。"

由"上德"、"玄德"兩詞來看,老子並不排斥"德",道家後
學及後世學者或以爲"德"與"仁"、"義"一樣,均爲儒家豔稱而
爲道家所拒斥,其實均非老子本義。老子是並不排斥"德"
的,如:

二十一章："孔德之容,惟道是從。"

二十八章："爲天下谿,常德不離,復歸於嬰兒。……
爲天下谷,常德乃足,復歸於樸。"

四十一章："上德若谷,大白若辱,廣德若不足,建德
若偷。"

五十一章："道生之,德畜之,……萬物莫不尊道,而貴
德。道之尊,德之貴,夫莫之命而常自然。……生而不有,
爲而不恃,長而不宰。是謂玄德。"

五十九章："早服謂之重積德。重積德則無不克。無
不克則莫知其極。莫知其極可以有國。有國之母可以
長久。"

六十五章："常知稽式①,是謂玄德。玄德深矣、遠矣!
與物反矣。"

_____

①北大簡本及部分傳世本作"楷式"。

　　從這些表述看,老子絕不可能否定“德”,但讀者可能也注意到,上述表述中老子對“德”又常加限定詞,如“孔德”、“常德”、“玄德”,這些才是最完美的“德”,其實也就是三十八章所謂的“上德”,因此也就是高於一般的“德”。這些完美的“德”,二十一章説“惟道是從”,二十八、四十一章又以“谷”取譬,五十九章説“可以有國”,這串聯起我們上文對“受國之垢”問題看法的幾大要點:君王受汙納垢是“天之道”,謙卑若谷故“幾於道”,只有這樣才能是“社稷主”,亦即“有國”。另外,六十五章論述“玄德”時最後説“與物反矣”,何謂“與物反”? 王弼解“反其真”①,稍嫌抽象;河上公本解爲“玄德之人與萬物反異,萬物欲益己,玄德欲施與人也”②,考慮到上文論及的上古爲君之擔當和“民本”要求,此説可謂更洽。當然,從“反”字看,老子那裏理想的社會也只能是“復古”的。誠如二十八章所説“常德乃足,復歸於樸”,十四章也説“執古之道以御今之有。能知古始,是謂道紀”,八十章甚至乾脆謂“小國寡民”云云,這都是大家熟知的老子取向了。

　　作者簡介:寧鎮疆,1972 年生,山東郯城人,現任上海大學歷史系教授,中國先秦史學會常務理事,主要研究領域爲先秦史、先秦文獻及思想、儒家經學。

①樓宇烈:《王弼集校釋》,北京:中華書局,1980 年,第 168 頁。
②王卡點校:《老子道德經河上公章句》,北京:中華書局,1993 年,第 255 頁。

"恍惚"與"窈冥"

——從語文與思想的張力進行分析

賀敢碩

内容提要 道家文獻如《老子》、《莊子》等,常見"恍惚"、"窈冥"等聯綿字語詞,這種語詞因其自身獨有的語文形態而生發出多種變體,並在語境中表達了豐富的語文涵義與深邃的哲學線索;"恍惚"、"窈冥"語詞亦多見於其他早期文獻内。因此,對其亟待一種自語文現象分析其思想脈絡、並落實到道家哲學語境的分析。本文試圖藉助"恍惚"、"窈冥"詞彙的語文現象,推敲其思想與語文之間的張力,揭櫫道家哲學的思維特徵和語言特點,進而延展至道家的宇宙論、知識論與心性學等多個維度的思考。

"恍惚"、"窈冥"可謂道家哲學話語中的"常辭",然其自身獨有的哲學表達意義卻往往在研究中被忽略。就語文學角度來說,"恍惚"、"窈冥"皆可歸類爲聯綿字,其含義往往依賴於語音而不問字形,因而出現大量同音異構字形。如方以智《通雅》言"恍惚,一作洸忽、慌惚、怳惚、荒忽,通作怳烮"①;又有"怳惚"、"怳忽"、"芒芴"②、"昏忽"③、"曶怳"④等變體,也包括"荒兮""忽呵""望呵"等單字或"忽忽"、"曶曶"、"芒芒"等疊字表述。"窈冥"同樣擁有衆多異構,如"窅冥""幽冥""杳冥"等,就訓詁傳統來看,它提示了更多的内容:如《爾雅》曰"冥,幼也"⑤,"幼"、"窈"可通;《説文》曰"冥,幽也"(段玉裁改作"窈"),又曰"窈,深遠也";王弼注"窈兮冥兮"曰"窈冥,深遠之歎";又"窈冥"、"要眇"或可爲轉語⑥,且"眇"故訓爲微細不可見,與深遠之義相通;《老子·二七章》有"要妙",于省吾認爲即"幽眇"⑦;典籍中多"玄妙深微"語,"眇"、"妙"通,且"玄"、"幼"、"幽"在語文上也有關聯。⑧

如上所示,對"窈冥"訓詁的分析似乎能爲我們揭示一些問

①方以智:《通雅》卷六,北京:中國書店景清康熙姚文燮浮山此藏軒刻本,1990 年,第 73 頁。
②傅奕古本《老子·二一章》"恍兮惚兮"亦作"芒兮芴兮"。
③《大戴禮·五帝德》。見王國維:《聯綿字譜》譜上,《王國維遺書》(第九册),上海:上海古籍書店,1983 年。
④見《漢書·揚雄傳》。一本作"曶怳"。
⑤《小雅·斯干》毛傳曰:"冥,幼也。"
⑥見姜亮夫:《楚辭通故》(第 1 輯),昆明:雲南人民出版社,1999 年,第 602—603 頁。
⑦于省吾:《雙劍誃群經新正·雙劍誃諸子新證》,上海:上海書店出版社,1999 年,第 341—342 頁。
⑧可見沈兼士:《石鼓文研究三事質疑》一文對"幺"、"糸"、"玄"、"幽"等字字形關聯的分析,據《沈兼士學術論文集》,北京:中華書局,1986 年。又《管子》有《幼官》《幼官圖》二篇,何如璋以爲"幼"當作"玄",張佩綸以爲當作"幽"(見黎翔鳳撰:《管子校注》,北京:中華書局,2004 年,第 133—134 頁)。足見上舉諸字在語文上的聯繫。

題,但這些對訓詁書的引述終究只是一些星星點點的人文動機,
或一串滯後的雅訓。聯綿字的特殊語文形態,使得分訓行爲難
免南轅北轍,從而掩蔽了思想史的全貌。由此,只能在語文訓詁
的基礎上,繼而發掘"恍惚"、"窈冥"的思想語境,以此投射這些
語彙的内涵,揭示語文與思想之間生發的張力。① 拙稿首先從
語文層面分析"恍惚"、"窈冥"在其語境中所呈現的語文現象及
其含義,在此基礎上,進一步在道家哲學特殊的哲學語境中討論
這些詞彙焕發出的表達作用,即哲學語用。

一　語文現象之概述

　　如故訓所示,以"深遠"來解釋"恍惚"、"窈冥"大抵無錯,
但這種明箸出的"實義"多少遮蔽了更複雜的思想走向。其實
在日常話語意味更濃的《楚辭》中,"恍惚(荒忽)"語詞的使用
便呈現了相當雜糅的特徵:

　　　荒忽兮遠望,觀流水兮潺湲。(《九歌·湘夫人》)

---

①由於"恍惚"之辭本身的特殊性,一些立足於傳統訓詁、對勘,對字形、字音、字義
進行的一種"本義""祖義"的語文學探索,很難説是完全有效的,至少是不完整
的,且未抓住哲學語境中的問題實質。而且,字句的涵義並非是完全固定、彼此斷
裂的,它只是指向一個印象範疇,對這個範疇的探索則需藉助思想史的分析,是被
雅馴化、固定化的考據所無法完成的。因此,我的意見是,語文學研究只能作爲一
個參考,而無法作爲思想研究的最終定論,也無法完整揭示其複雜的哲學語境。
對"恍惚"辭的相關語文學、訓詁學研究,可參考王博:《老子思想的史官特色》,臺
北:文津出版社,1993 年,第 162—165、215—217 頁;夏世華:《老子"恍惚"考辨及
釋文》,《哲學研究》2019 年第 5 期。

　　怊荒忽其焉極?(《九章·哀郢》)

　　意荒忽而流蕩兮,心愁悽而增悲。(《遠遊》)

　　块兮軋,山曲弟,心淹留兮恫慌忽。(《招隱士》)

　　忽容容其安之兮,超慌忽其焉如?(《七諫·自悲》)

　　臨淵兮汪洋,顧林兮忽荒。(《九懷·蓄英》)

細分疏之,"荒忽"辭首先指向一種視之不諦的感知狀態,這於《楚辭》的"窈冥"辭例顯示得尤爲明顯,如"深林杳以冥冥兮"(《涉江》)、"浮雲霧而入冥兮"(《哀時命》)。與之雜糅無隙的是以時空感彰顯的浩渺無根、不可履及的"地理位置",它們爲感知所不諦的"恍惚"所指涉,從而借特殊的語言外殼出現在思想世界中(所訓"深遠"其實就是感知的不可見)。更重要的是,"恍惚"表徵出内在層面的精神知覺或精神狀態,如引文《楚辭》各句就内含了惆悵糾結、思緒渾沌的情緒特徵。這樣的表述在此仍顯囫圇,但其提示了重要的問題,因而需要被看作本文分析所不可忽視的向度。

　　我們以語境分析爲經,詞義詁訓爲緯,來考察"恍惚""窈冥"話語在不同語境中所呈現的語文涵義。

　　(一)首先,自時空體量的視角、即"深遠"這一故訓開始分析。前引《哀郢》"荒忽其焉極"句一本在文前有"怊"字,聞一多以爲"怊讀作超,遠也。荒忽,亦遠也"①。在古人的思想世界

────────
① 聞一多:《古典新義》,上海:上海古籍出版社,2014年,第283頁。《九歌·國殤》亦曰"平原忽兮路超遠",又如前引《七諫·自悲》"超慌忽其焉如"皆是。

中，"遠"的意思不同於幾何空間以固定位置發散出的無限廣延，而是建基於社會意識的推進結果。例如《遠遊》曰：

> 覽方外之荒忽兮，沛罔象而自浮。

何謂"方外"？王逸注曰"遂究率土"，"方"即方國、方土之意；《商頌·長發》曰"洪水芒芒，禹敷下土方"，鄭箋云"禹敷下土，正四方"。"方"代表某種疆域界限，這一地理意識作爲古人空間觀念的體現，與人文共同體的社會政治活動與統治版圖的範圍不可分割。在這一體系內，若欲使土地變得明晰可指，必須使其具備可稱呼的詞彙，即一個"名"，這是方位與路途得以解釋的唯一方法；因此"方"也有秩序、可把捉的意思，若《繫辭》言"神無方而易無體"、《樂記》曰"變成方謂之音"。古人在"方"的話語內理解土地與空間，"方外"則指向了可理喻、區別的人文空間之外的荒野。"恍惚"在這層意義上進入語境，它表現並指涉了某種超出人文世界感知外的特殊地理內容，某種"深遠"的所在。這種含義也兼具地域、體量之廣大狀態的描述：

> 天命玄鳥，降而生商，宅殷土芒芒。（《商頌·玄鳥》）

毛傳曰"芒芒，大貌"；《左傳》引虞人之箴曰"芒芒禹跡"，杜預注曰"芒芒，遠貌"；前引《長發》"洪水芒芒"，《楚辭·悲回風》

"莽芒芒之無儀",《哀時命》"招①茫茫而無歸兮",皆可指地理空間之廣大。馬瑞辰以爲"芒芒"爲"荒荒"之假借,很有啓發;其以"㡳"字借訓,自《説文》"㡳,水流廣也"推出"㡳通作荒,荒借作芒"的結論,雖稍嫌迂曲,但可爲狀態語詞的字音相假借提供論據。② 自語文角度以音聲看"荒"③"芒""恍"可通,"芒芒"類如"恍恍"④,皆可統攝於"恍惚"辭。司馬相如《上林賦》曰"芒芒恍惚",可看作義同連語;賈誼《鵩鳥賦》曰"寥廓忽荒兮與道翱翔","寥廓"亦言廣大之詞;古籍常言"大荒"、"四荒"、"八荒",《廣雅》云"荒,遠也",顔師古曰"八荒,八方荒忽極遠之地也"⑤,此皆可爲觀念雜混之旁證。

　這種提示廣大渺遠之義的"恍惚"話語的命名,建基於用名言把握某種秩序之外的内容的目的,即對所謂"方外"的言説與捕捉;"窈冥"之"深遠"訓詁與此密切相關。如《楚辭·遠遊》

①"招"或可讀作"怊",訓作"遠"。見前引聞一多解。
②詳見馬瑞辰撰:《毛詩傳箋通釋》,北京:中華書局,1989 年,第 1166 頁。
③王力又從訓詁學意義上指出,"荒"、"廣"、"曠"、"寬"、"闊"等字在聲訓、義訓上所具有的同源關聯,值得注意。(見氏著:《同源字典》,北京:商務印書館,1982 年,第 347—348 頁)
④例如通行本《老子》中"恍惚"一詞,傅奕古本作"芒芴",《莊子·至樂》亦作"芒芴"。《楚辭·湘夫人》、《遠遊》、《哀郢》、《畜英》皆作"荒忽",《管子·水地》亦作"荒忽"。《法言·孝至》曰"芒芒聖德,遠人咸慕",司馬光曰"李本'芒芒'作'荒荒'",錢本亦作"荒荒"。以上足證"芒"、"荒"、"恍"音聲可通。
⑤《漢書·陳勝項籍傳》,北京:中華書局,1962 年,第 1821 頁。又《漢書·文帝紀》顔師古注"四荒"謂"言其荒忽去來無常也";蕭望之對策解釋"戎狄荒服"爲"言其服,荒忽亡常"(《漢書·蕭望之傳》);蒙文通也解釋《周語》"戎狄荒服"之"荒"爲"'荒忽亡常',是居處無定的意思"。(見氏著:《略論〈山海經〉的寫作時代及其産生地域》,《蒙文通文集》(第一卷),成都:巴蜀書社,1987 年,第 64 頁)以上所示觀念皆相關。

云"歷玄冥以邪徑兮","邪徑"即人文秩序世界之外的荒野迷途;又《思古》"冥冥深林兮"、《怨思》"經營原野杳冥冥兮"、《懷沙》"脩路幽蔽道遠忽兮",皆如此意。《逍遥游》開篇談及"北冥""南冥",《釋文》曰"北冥,本亦作溟,北海也。嵇康云:取其溟漠無涯也。梁簡文帝云:窅冥無極,故謂之冥"①;下文進而言"窮髪之北,有冥海者,天池也",鍾泰指出"上言'南冥者,天池也',此'窮髪之北有冥海'而亦曰天池者,明南北皆假像,非果爲異地也"②,可見"北冥"這一地理命名很大程度上出自一種地理位置的想像;又《天運》提到"冥山",郭注以爲"北極之山",其命名多少與之有關③;《新語》又述及"冥冥之野"。這都是"窈冥"話語的語形訓詁所給予的提示。

　　"恍惚"、"窈冥"話語在時間維度中對上古的討論亦與之類似,甚至可以説,它與"方外"所呈現的地理意識具有相似的思維結構,即"推"的思維模式。司馬遷描述鄒衍之學曰:

　　　　其語閎大不經,必先驗小物,推而大之,至於無垠。先序今以上至黄帝,學者所共術,大並世盛衰,因載其禨祥度

----

① 郭慶藩又引《一切經音義》中引司馬云"溟,謂南北極也。去日月遠,故以溟爲名也。"(見氏著:《莊子集釋》,北京:中華書局,2012年,第3頁)
② 見鍾泰:《莊子發微》,上海:上海古籍出版社,2002年,第12頁。又《列子·湯問》引此句"窮髪之北"作"終北之北"。王叔岷以"終北"爲國名。(見氏著:《莊子校詮》,臺北:"中央研究院"歷史語言研究所,2001年,第16頁)注意"終北"也是略帶特殊的地理表達,有地理之極限之意。
③ 古籍提到北地又常言"幽都",如《墨子·節用》、《韓非子·十過》、《尚書·堯典》、《莊子·在宥》、《史記·五帝本紀》、《淮南子·脩務》、《新書·脩政》皆以爲堯之統治爲"北至幽都"。

制,推而遠之,至天地未生,窈冥不可考而原也。(《史記·
孟荀列傳》)

可見,時間序列的構築與立足於"推"的地理空間具有相同的邏
輯;換言之,只能從文化、制度與歷史的反面來理解文本中"窈
冥"的涵義。① "窈冥"試圖描述言辭無法把捉的論域,即歷史時
間維度上的"方外":一個不可言詮、沉默荒涼的時間。這一内
容源自對生滅變化之物理起源的追問,中西早期思想中皆有類
似的内容,即所謂宇宙論模式。"天地未生"的叙述是常見的宇
宙論邏輯②,該過程在歷史時間的序列中發生,"未生""無有"
指的就是原始未形的渾沌。早期思想於這方面的表達大多
類似:

　　遂古之初,誰傳道之? 上下未形,何由考之? 冥昭瞢
闇,誰能極之? (《楚辭·天問》)
　　虛無刑,其寂冥冥,萬物之所從生。(馬王堆帛書《經
法·道法》)
　　恒無之初,迵同太虛,虛而爲一,恒一則止,濕濕濛濛,
未有明晦。(馬王堆帛書《道原》)

_____

①《風俗通義·皇霸》言"蓋天地剖分,萬物萌毓。非有典藝之文,堅基可據,推當今
　以覽太古,自昭昭而本冥冥,乃欲審其事而建其論,董其是非而綜其詳矣,言也實
　爲難哉",此"冥冥"亦從此説。
②《老子·四十章》"天下萬物生於有,有生於無";《莊子·庚桑楚》"萬物出乎無
　有,有不能以有爲有,必出乎無有"等。

　　古未有天地之時,惟象無形,窈窈冥冥,芒芠漠閔,澒蒙
鴻洞,莫知其門。(《淮南子·精神》)

　　天地未形,窈窈冥冥,渾而爲一,寂然清澄,重濁爲地,
精微爲天,離而爲四時,分而爲陰陽,精氣爲人,粗氣爲蟲,
剛柔相成,萬物乃生。(《文子·九守》)

此處"冥昭瞢闇""芒芠漠閔"都是"窈冥"的另一種表述,是對
"未形"、"無形"狀態的指涉,是"有生於無"這一理論演繹的展
開。語詞在語境中被固定爲對天地化生的初始階段的描述,並
以在時間尺度中從"有形"至"無形"的推進以及二者之間語義
蘊涵的張力來完成意義塑造,從而不至於成爲無實項所指的空
洞符號。這顯然與"芒芒"的"方外"狀態的語文表現類似。《法
言·問神》曰"著古昔之㫚㫚,傳千里之忞忞[1]",左思《魏都賦》
曰"茫茫終古[2]",皆同。

　　以上所突出"恍惚"、"窈冥"話語在時空視野中所發揮的描
述作用,很容易由於語詞的固着性,而令我們滯留在其名言劃定
的地理、歷史語境範疇中。有趣的是,這些地理位置或時間序列
的指涉,其意義發揮都需要借助擯絶感知內容得到一種提示。
(或者説,時空感本身就是最重要的感知內容)在對"恍惚"所表
述的時空話語進行討論時,認識主體的感知因素時刻在發揮着
作用。如《老子·二十章》通行本作"澹兮其若海,飂兮若無

---

[1]《楚辭·漁父》、《史記·屈原列傳》有"物之汶汶","汶汶"猶言昏暗。
[2]一本作"芒芒終古",李善注爲"遠貌"。

止",各本舉下:

> 忽兮若海,漂兮若無所止。(河上本)
>
> 忽若晦,寂無所止。(敦煌本)
>
> 淡兮其若海,飄兮似無所止。(傅奕本)
>
> 没旖其如晦,芒旖其無所止。(漢簡)
>
> 忽呵其若□,望呵其若無所止。(帛甲)
>
> 涃呵其若海,望呵若無所止。(帛乙)

從語文規律來説,簡帛本"没旖"、"忽呵"、"涃呵"即"惚兮","芒旖"、"望呵"即"恍兮"。"恍惚"在此所描摹的是什麽呢?後者"若無所止"的表述指向了廣大無垠的時空描述,如徐梵澄言"浩然若千頃之波不可量也"[1]。與之對舉之字若作"海",即就其空間感而喻;如河上公注曰"我獨忽忽如江海之流,莫知其所窮極也",于省吾也認爲"作'海'爲是……《莊子·應帝王》'北海之帝爲忽',《釋文》引李云'忽,喻無形也'。《淮南子·精神》'而游於忽區之旁',注'忽區,忽恍無形之區旁也'。是'忽'謂無邊際,'忽兮'正形容海之不可窮極"[2],皆以空間語境作解。除漢簡、敦煌本之外,嚴遵本、玄宗御注本"海"亦作"晦";成玄英云"晦者,暗也"[3];北大簡整理組則以爲兩種版本

---

[1]徐梵澄:《老子臆解》,北京:中華書局,1988年,第29頁。
[2]于省吾:《雙劍誃群經新正·雙劍誃諸子新證》,第341頁。
[3]蒙文通:《道書輯校十種》,《蒙文通文集》(第六卷),成都:巴蜀書社,2001年,第416頁。

古已有之。①“海”（或“晦”）與“無所止”在文本中的對舉關係，至少説明了它們具有某種可對偶的關聯。“海”、“晦”常可通，《釋名》曰“海，晦也”，畢沅引《尚書考靈曜》云“海之言昏暗無睹”，朱謙之據此以爲“海、晦義同。此形容如海之恍惚，不可窮極”②。這種相對晚出的訓詁成果無法全然作爲思想史的依據，但至少映射了某種人文思考路徑，即視之不諦的特殊感知與廣垠的“方外”時空描述相互雜糅膠着在一起；《莊子》對“北冥”之討論也暗含這一點。

　　“恍惚”、“窈冥”的狀態流離於這種語境的雜糅之間，共同構築起了古人對於不可形狀的事物與不可抵達的時空的獨特“看法”。爲便於論述，我們先以一個未經檢討的表述來前設這種狀態：其試圖表達的是一種“無形之形”，或可説是“有情而無形”的内容。這一内容嵌套了地理、古史的深遠，及與之相關的感知不諦的知識語境，並延伸至一種特殊的精神狀態。這便是對於“恍惚”、“窈冥”所表達狀態的總括，是語詞運用背後的思維模式的體現。道家文獻中一系列相關的否定性語詞，如“無形”、“無狀”、“無極”、“未央”，往往與“恍惚”、“窈冥”聯繫在一起，其彰顯的就是一種相對於可條縷的世界“之外”的内容，這正是道家哲學試圖展開、表達其玄思的基礎。

　　（二）如上所述，“恍惚”、“窈冥”的語文表現與感知因素存

---

①北京大學出土文獻研究所編：《北京大學藏西漢竹書》（二），上海：上海古籍出版社，2012年，第153頁。
②朱謙之：《老子校釋》，北京：中華書局，1984年，第84頁。

在千絲萬縷的聯繫。鄭開將它們概括爲"視覺語詞",認爲其表現需訴諸視覺或至少具有視覺意味。① "恍惚"的語文含義在感知層面指的就是視之不諦的隱約狀態,當然這個説法仍有待於哲學理論層面的澄清。爲便接下來的分析,我們先簡略梳理視之不諦的語義與先秦知識論語境的關係。

感覺、感知在古代哲學中往往被認爲是知識的起點,對先秦諸子而言,"知,接也"的命題在其論辯中幾乎已成爲一種不言而喻的理論預設。② 對早期感性認識的分析要聯繫"形"、"象"的概念:其指的就是所認識物件在認識能力下的呈現,這些概念所構築的共識語境,則構成早期思想中對於"物"的普遍認識,如"物固有形"、"凡見者謂之物"。"形"、"象"的概念表達與感知相關聯,故書多言"視之不見其形"、"視之無形"、"觀古人之象""見乃謂之象",這些概念正是"知"的秩序形成的基底。換言之,在感知材料基礎上被統攝的知識,正是古代思想中對於"知"的日常理解。

因此,"無形"、"無狀"的説法,正是對於感知所建立的知識系統的破壞;毋寧説,"恍惚"、"窈冥"在語境中的語義指向,就是對於感知系統的質疑與扭轉。其試圖"形狀"的內容本身是與可"形狀"的思維模式相違背的,它在這種張力中嘗試樹立起一個提示。留意以下辭例:

①鄭開:《道家著作中的"視覺語詞"例釋》,《思想與文化》2016年第1期。
②沈有鼎釋曰"'知,接也'的'知'是認識能力與事物接觸,因而反映出所接觸事物的樣子來。例如人目看見外物"(見氏著:《墨經的邏輯學》,北京:中國社會科學出版社,1982年,第5頁)。

無將大車,維塵冥冥。(《小雅·無將大車》)

視儵忽而無見兮,聽惝怳而無聞。(《楚辭·遠遊》)

眴①兮杳杳。(《楚辭·懷沙》)

冥冥乎不見其形。(《管子·內業》)

視乎冥冥,聽乎無聲。《莊子·天地》)

窅然空然,終日視之而不見,聽之而不聞,搏之而不得
也。(《莊子·知北遊》)

目芒然無見。(《莊子·盜跖》)

準確地説,"恍惚"、"窈冥"所摹狀的狀態,就是對於"無形"、
"無狀"這種否定語詞表述的"肯定表述"或"正面表述"。"恍
惚"表達的對立面(以感知語境看)就是一種基於"見聞"的感知
所形成的知識系統,即"知(智)"的秩序。相反,"恍惚"表述的
感知狀態與其説是一種"知",不如説是一種"知止";以地理或
歷史的論域議論,它代表知識不可履及的荒野與玄古。道家文
獻有許多這種"不知"的表述,可注意其中"恍惚"、"窈冥"辭例
的鑲嵌:

天下莫不沈浮,終身不故。陰陽四時運行,各得其序。
惛然若亡而存,油然不形而神,萬物畜而不知。(《莊子·
知北遊》)

----

①"眴"、"眩"古字通,意爲目視不明。見聞一多:《古典新義》,第285頁。又《史
記·屈原賈生列傳》引作"眴兮窈窈",《集解》引徐廣曰"眴,眩也"。

　　冬日之陽,夏日之陰,萬物歸之,而莫之使,極自然。至精之感,弗召自來,不去而往,窈窈冥冥,不知所爲者而功自成,待目而照見,待言而使命,其於治難矣。(《文子·精誠》)

　　譬如隋侯之珠,和氏之璧,得之者富,失之者貧,得失之度,深微窈冥,難以知論,不可以辯説也。(《淮南子·覽冥》)

　　吾安知夫刺灸而欲生者之非惑也? 又安知夫絞經而求死者之非福也? 或者生乃徭役也,而死乃休息也? 天下茫茫,孰知之哉?(《淮南子·精神》)

　　禍乎福之所倚,福乎禍之所伏,禍與福如糾纏。渾沌錯紛,其狀若一,交解形狀,孰知其則。芴芒無貌,唯聖人而後決其意。(《鶡冠子·世兵》)

　　生生死死,非物非我,皆命也,智之所無奈何。故曰:窈然無際,天道自會,漠然無分,天道自運。(《列子·力命》)

這類狀態語詞在知識語境中的使用,蘊含了對"知"的秩序本身的反思。同時,道家哲學也在破壞以往的舊"知"的基礎上試圖重新建立一種非同尋常的"知"。這部分內容仍借用了"恍惚"、"窈冥"複雜語文涵義中某個面向的呈現,這一面向與其在知識論中的"否定"表現息息相關,並以此引向對精神層面的特殊知覺的表徵與摹狀。

　　(三)"恍惚"的意涵中往往具有"主體"的精神現象與内在知覺的涉入,其語文本身即具備這一面向。前文討論"恍惚"描述的是不可以"知"履及的内容,而這種難以原理的内容也常包

括我們的"精神世界"。先民已有相關議論,如《荀子》言:

> 無冥冥之志者,無昭昭之明。無惛惛之事者,無赫赫之功。(《勸學》)

楊倞注云"冥冥、惛惛,皆專默精誠之謂也",顯然是據於語境拈出的訓詁,但其仍反映了某些問題:"冥冥"所形容的"專默精誠"的勤勉精神狀態在辭義上有些不易理解,大致可以説,它表達作用於我們的認識過程的精神狀態具有不可"知"的特性。但是,"冥冥"語彙因其本身語形所提示的語義會帶來某種混淆不清(《大戴禮》或因此而寫作"憒憒"),如《荀子》別一處"冥冥"曰:

> 凡觀物有疑,中心不定,則外物不清。……冥冥而行者,見寢石以爲伏虎也,見植林以爲後人也。冥冥蔽其明也。(《解蔽》)

楊注"冥冥"爲"暮夜",即外在環境遮蔽;但從引文論述來看,此處"冥冥"應指一種恍惚不清的精神狀態。"明"在這裏可傾向理解爲基於感官所得到的秩序化的"理性"認識;即以"冥冥"描摹的那種精神狀態多少是"違背理性"的,是一種"中心不定"的惶惑。在這一狀況下,我們無法清晰地描摹事物,事物在這一精神狀態中也成爲不可秩序化、形名化的"冥冥"。因此,"冥冥"

的語義具有某種模糊,在整體的精神狀態語境中,它用於描摹一切不知所以、不可秩序化的"事物";其中既包括視之不諦的事物,也包括作用於事物、立足於描摹之主體的精神自身("冥冥而行")。① 可確定的是,"冥冥"的語義呈現了一個新的語境,在知識之"明"的"方外"開闢了論述空間。

"恍惚"對於精神狀態的描寫,前引《遠遊》已見"意荒忽而流蕩兮,心愁淒而增悲",初步呈現"恍惚"在內在精神層面的意義;宋玉《神女賦》曰"精神怳忽,若有所喜。紛紛擾擾,不知何意",漢武帝賦李夫人曰"宵寤夢之芒芒"、"荒忽而辭去"(《漢書·外戚傳》),都指向這種精神狀態。《禮記》對喪禮、祭祀的描述也運用"恍惚"辭例:

> 其往送也,望望然、汲汲然如有追而弗及也;其反哭也,皇皇然若有求而弗得也。故其往送也如慕,其反也如疑。求而無所得之也,入門而弗見也,上堂又弗見也,入室又弗見也。亡矣喪矣!不可復見已矣!故哭泣辟踊,盡哀而止

①若詳加分析,我們可以説《荀子·勸學》"冥冥之志"這一表述的語境中,"志"是一個作爲外在被討論客體的精神,是抽離了主觀的因素的一個"志"的"概念","冥冥"形容的是它處於不可見、不可知的狀態,如被誤認爲伏虎的寢石;這與"冥冥而行"的精神狀態描述存在區別。當然,"冥冥之志"仍然能爲我們帶來某種提示,即作爲最重要因素的"志"本身是一個"冥冥"的狀態,是脱離形名表述的;甚至,"志"所代表的精神狀態大多就處於"冥冥"的狀態,這種"冥冥"既可以説用一種"外在"的眼光客觀地對這個概念的性質進行判斷(這或許更加符合作爲理論形態的表述),也可以深入其中,沉溺於其"冥冥"的整體語境中;至少在道家文本運用在"恍惚"、"窈冥"之辭的表述辭例中,二者經常被混同爲一。在刻意地混同過程中,就是在營造一種新的語境。

矣。心悵焉愴焉,惚焉愾焉,心絕志悲而已矣。(《問喪》)

　　孝子將祭,慮事不可以不豫。比時,具物不可以不備。
虛中以治之。宮室既修,牆屋既設,百物既備,夫婦齊戒、沐
浴、盛服奉承而進之,洞洞乎,屬屬乎,如弗勝,如將失之,其
孝敬之心至也與! 薦其薦俎,序其禮樂,備其百官,奉承而
進之。於是諭其志意,以其慌惚以與神明交,庶或饗之。庶
或饗之,孝子之志也。孝子之祭也,盡其愨而愨焉,盡其信
而信焉,盡其敬而敬焉,盡其禮而不過失焉。進退必敬,如
親聽命,則或使之也。孝子之祭,可知也,其立之也敬以詘,
其進之也敬以愉,其薦之也敬以欲;退而立,如將受命;已徹
而退,敬齊之色不絕於面。孝子之祭也。立而不詘,固也;
進而不愉,疏也;薦而不欲,不愛也;退立而不如受命,敖也;
已徹而退,無敬齊之色,而忘本也。如是而祭,失之矣。孝
子之有深愛者,必有和氣;有和氣者,必有愉色;有愉色者,
必有婉容。孝子如執玉,如奉盈,洞洞屬屬然,如弗勝,如將
失之。(《祭義》)

“望望然”、“皇皇然”①即在喪禮儀式中所呈現的“悵焉愴焉、惚
焉愾焉”的精神狀態;《檀弓下》也有“皇皇焉如有求而弗得”

①《法言・學行》曰“學之爲王者事,其已久矣。堯舜禹湯文武汲汲,仲尼皇皇”,則
其與一種勤勉的政教語境相關。可借此來聯繫前引《荀子》之“冥冥之志”説,可
見這種形容有其複雜性。但其共同之處在於,它們都是一種對於不同於感知、理
知的精神狀態的描摹。

"望望焉如有從而弗及"語;其語文與"芒芒"音聲相似。①《祭義》引文不僅展現了祭祀的儀式化進程,更隱含了祭儀内藴的精神層面的向度。"交於神明"、"交神明之道"語多見於《祭統》、《祭義》等篇,鄭開指出:"在古代宗教裏,人神之間是通過特定方式溝通,例如貞卜、齋戒、歌舞、祭祀都是'通於神明'的方式,早期話語中常見的(神的)'降涉'也愈來愈被解釋爲通過上述'通於神明'方式而顯現……也就是説,迷狂恍惚的意識狀態和凝静入神的内在向度源自古代宗教中的精神體驗。"②"恍惚"在此所摹狀的就是祭祀過程中的内在精神體驗或特殊知覺,文中"洞洞屬屬"摹辭亦類似。這種精神知覺的呈現本身滑向了一種神秘體驗的向度,其本身特性就是不可訴説的"冥冥"。鄭玄注"庶或饗之"之"或"字云"或,猶有也,言想見其仿佛來","仿佛"、"恍惚"俱言若有若無之意③;孔疏曰"言孝子以其思念情深,慌惚似神明交接……是孝子之志意也。言想見其親仿佛而來也",也是在特殊狀況下發生的内在體驗,超乎感知與理性之外。再如:

> 神心忽恍,經緯萬方,事繋諸道、德、仁、義、禮。(揚雄

①可參《釋名》"望,茫也。遠視茫茫也",其義有極目遠眺之義,與"遠"義相近,可與之前内容相互對照。又帛書本、漢簡本中"恍"皆作"望","望"、"朢"可通("望"或爲"朢"之初字)。則"望"、"芒"、"恍"、"皇"音近,皆表狀態。
②鄭開:《道家形而上學研究》(增訂版),北京:中國人民大學出版社,2018 年,第 165—166 頁。
③或有可能"恍惚"、"仿佛"爲一聲之轉,見方以智:《通雅》卷六,第 73 頁。

《法言序》)

精神者,何謂也? 精者,静也,太陰施化之氣也。……
神者恍惚,太陽之氣也,出入無間。(《白虎通・情性》)

"恍惚"辭例在此都是對"神"的摹狀;"經緯萬方"、"出入無間"
都帶有一些空間體量的意味;"恍惚"在此表達的是無所謂時空
規限的特殊對象。並且,其描摹的内容也自覺在語境中指向一
種特殊的語用,區别於感性之"知"的效驗:

生而目視、耳聽、心慮。目之所以視,非特山陵之見也,
察於荒忽。耳之所聽,非特雷鼓之聞也,察於淑湫。心之所
慮,非特知於麤粗也,察於微眇。(《管子・水地》)

小夫之知,不離苞苴竿牘,敝精神乎蹇淺,而欲兼濟道
物,太一形虚。若是者,迷惑於宇宙,形累不知太初。彼至人
者,歸精神乎无始,而甘冥乎无何有之鄉。(《莊子・列禦寇》)

至神逍遥倏忽而不見其容。(《吕覽・君守》)

神明藏於無形,精神反於至真,則目明而不以視,耳聽
而不以聽,必條達而不以思慮,委而弗爲,和而弗矜,冥性命
之情,而智故不得襍焉。(《淮南子・本經》)

這種爲"恍惚"、"窈冥"所摹狀的特殊知覺,即在特殊的精神體驗
中"通於神明"的狀態,它在諸子哲學中經常象徵最高的智慧,區
别於純粹的感知所建立的"知"。《繫辭》云"易無思也,無爲也,

寂然不動,感而遂通天下之故。非天下之至神,其孰能與於此",
"神以知來,知以藏往",即指這種"神明之知"的特殊效驗。①

二　哲學語境之分析

在語文意涵層面對"恍惚"、"窈冥"話語進行梳理之後,我
們可在此基礎上闡釋道家哲學語境中所進行的哲學表達。這一
闡釋的關鍵就是在道物關係的理論框架内,將日常語言世界中
的語文涵義轉化爲對"道"的哲學性描摹,並建構起哲學語境中
對"道"的語用性的指涉與塑造。與其語文表現類似,"恍惚"、
"窈冥"話語以其複雜涵義完成了多種建基於道物關係的針對
"道"的表達形式,並鏈接了多種哲學語境。首先參考一些故
訓,對道家文本的"恍惚"、"窈冥"辭例給出初步考察:

道之爲物,惟恍惟惚。惚兮恍兮,其中有象。恍兮惚
兮,其中有物。窈兮冥兮,其中有精。其精甚真,其中有信。
(《老子·二一章》)
是謂無狀之狀,無物之象,是謂惚恍。(《老子·十四章》)
忽兮恍兮,不可爲象兮。恍兮忽兮,用不詘兮。窈兮冥

①徐梵澄也將其概括爲"靈明":"人之智性,本至靈至明,不囿於耳目之知者也。精
神不淫於外,返觀内省,一歸於恬愉虚静,久乃發其本有之靈明,則可以知者大。
識之知,見聞之類也;智之知,思慮之謂也。明則超乎見聞、思慮。見聞不可憑,然
不可廢也,依乎智;思慮不可憑,亦不可廢也,終依乎明。識與智,猶外也;靈明,内
也。"(見氏著:《老子臆解》,第68—69頁)

兮,應化無形兮。遂兮通兮,不虚動兮。(《文子·道原》)

芒乎芴乎,而無從出乎。芴乎芒乎,而無有象乎。
(《莊子·至樂》)

芴乎芒乎,中有象乎。芒乎芴乎,中有物乎。宵乎冥
乎,中有精乎。(《鶡冠子·夜行》)

諸家解釋曰:

忽忽恍恍,若存若亡,不可見之也。(河上公注《十四章》)

言至道之爲物也,不有而有,雖有不有,不無而無,雖無
不無,有無不定,故曰恍惚。……窈冥,深遠也。(成玄英
疏《二一章》)①

不有不無,沖用難名,故云恍惚。(玄宗御注《二一章》)

若夫能忘其視聽,冥其循搏,混一都無,則至矣盡矣,不
可以加矣。……夫歸於無物者,非空寂之謂也,謂於無形狀
之中而能造一切形狀,於無物象之中而能化一切物象,欲言
有邪,而不見其姓,是即有而無也;欲言無邪,而物由之以成,
是即無而有也。有無不定,是爲恍惚。惚,無也,言無而非無。
恍,有也,言有而非有。故曰恍惚爾。(陳景元注《十四章》)②

夫道杳然難言,故眠聽不能聞見,何物之可謂邪? 今言
物言,蓋因强名以究妙理也。夫大德之人,能從順於道,道既

---

① 蒙文通:《道書輯校十種》,第417—418頁。
② 蒙文通:《道書輯校十種》,第756—757頁。

無形,何從之有,既無其形,又不可名,當何以爲從乎? 唯叩
其恍惚者,則可影響其象罔耳。恍,似有也,在有非有;惚,似
無也,居無非無,即空是色也;在有非有,即色是空也。有無
不可測,復假借於象物以明道也。……窈,深遠貌。冥,寂默
貌。夫道,恍惚不能定,象物不能見,又窈兮深遠,冥兮寂默。
問者不知其體,應者不明其理。(陳景元注《二一章》)①

　　芒者似有,芴者似無。(陸佃注《夜行》)

　　忽恍之間,應用無窮,窅冥之際,變化無方,原之似有
物,尋之乃無狀也。(默希子注《道原》)

注釋者不斷強調,應從"視"、"形"、"名"、"象"等概念,即感知
及基於其所形成的"知"的反面角度理解"恍惚"、"窈冥"的摹
狀,從而形成某種對"道"或"道之爲物"的"若存若亡"的提示
性認識。"恍惚"、"窈冥"語辭之所以重要,因其從道物關係、或
"有無"的關係上,描摹了一種立足於感覺認識立場的對"道"或
"道之象"的思考與表達;其表達内容是落在"有無"之間。即,
"恍惚"、"窈冥"所摹狀的是一個"無狀之狀,無物之象",而可
理解爲一種對"道"的特徵(或至少是"部分"特徵②)的"隱喻"。

---

①蒙文通:《道書輯校十種》,第771頁。
②所謂"部分",可參考王弼《老子指略》所云"夫'道'也者,取乎萬物之所由也;
　'玄'也者,取乎幽冥之所出也;'深'也者,取乎探賾而不可究也;'大'也者,取乎
　彌綸而不可極也;'遠'也者,取乎綿邈而不可及也;'微'也者,取乎幽微而不可睹
　也。然則道、玄、深、大、微、遠之言,各有其義,未盡其極者也。然彌綸無極,不可
　名細;微妙無形,不可名大。是以篇云'字之曰道','謂之曰玄',而不名也"。

進言之,其試圖描摹的"道"超乎"有無"之上、"形象"之外,即超出感知所形成的知識系統之外。引文《老子》言"其中有象",《文子》、《淮南子》則言"不可爲象兮",可見"恍惚""窈冥"的語用不可用視聽形色以明:既不能言其有"象",也不能説其無"象";在以形色感知所表述的"象"的思考模式中,以"物"的視角觀察的"道"之"恍惚"只能是"無象之象";《文子·道原》言"惟象無形,窈窈冥冥"表達的也是同樣的意思。① "恍惚"、"窈冥"在"道物"的哲學語境中的意義只能夠訴諸話語置入的語境而獲得某種"被給予"②;也可説,它是一個在語境的張力中形成

① 《淮南子·精神》作"惟像無形"。俞樾以爲"惟"乃"惘"字之誤,"惘像"即"罔象"。(見何寧:《淮南子集釋》,北京:中華書局,1998 年,第 503 頁)俞氏所提出的證據不够有説服力,何寧上揭書内已駁之。但此處使用"象"字,或許也試圖以此"罔象"對於"象"的觀念進行强調與扭曲。

② "被給予"的術語參考了胡塞爾的一個説法,當然不一定完全合適,但也希望能够提供一種指向式理解。胡塞爾説:"我們必須承認,在某種方式上背謬的東西,完全愚蠢的東西也是'被給予的'(Gegebenheit)。一個圓的四角形不會像屠龍者一樣出現在我面前那樣,顯現在想像中,也不會像一個通常的外部事物那樣出現在感知中。但一個意向客體卻是明見地存在於此。我能够根據其實項内涵來描述一個'圓的四角形的思想'這個現象,但是圓的四角形卻不在其中,而這一點卻是明見的,即:它在這個思維中被思維,並且這個被思維之物本身在思維過程中被加上了圓形和四角形的特徵。"(見氏著:《現象學的觀念》,倪良康譯,北京:商務印書館,2016 年,第 78 頁)胡塞爾此處的"被給予"所强調的是基於意識同一性的主體意識活動而在直觀中"還原了的純粹的現象"(上引書,第 11 頁)的顯現;換言之,"被給予性"建基於一種自我出發的意向性,對象的充盈在"被給予"中被"看到"。(亦可參考倪梁康:《胡塞爾現象學概念通釋》,北京:生活·讀書·新知三聯書店,2007 年,第 178—179 頁)但如我們所分析,"恍惚"、"窈冥"的描述所帶來的同時是一種昏亂、迷蒙的精神狀態,即一種糾纏與煩擾;因此,"恍惚"並未完全被統攝入"我"的主觀能動的視域,從而服從於"我"的權能,而是擾亂、拆散了"我"的世界,自我是在一種惶惑不安的精神狀態中接受到這一直觀。換言之,它不是純粹知識性、意識性的。

的指涉,試圖指出一個不可"形象"的内容之"有情(實)而無形"的特質。

　　道物關係是道家哲學構建其理論形態的基本信念與思考基礎。《老子》曰"道之爲物",傳世各本大多相同;簡帛本作"道之物",有學者嘗試將"之"訓作"生"或"是"以使句意完整①;又開元邢州龍興觀經幢本作"道之於物"②。從語文規律來說,"道之爲物"是一個更合適的訓讀,當然"道之於物"的版本也呈現某種暗示;從思想規律來說,我覺得"爲""於"更像是一種補充性、強化性的語法表述,文本試圖顯示的是道物之間的關係。"道"因其不可言說、不可致詰,因而只能夠從"物"的角度去提示並思考它。③ 這一過程中難免遭遇語文上的牴牾:以析離的"名"來指示"道",結果只能是"强爲之名"。

　　在感知語境中形容視之不諦而阻礙知識産生的狀態的"恍惚"、"窈冥"之辭,恰在這層意義上符合對"道"的摹狀。言其崖略地說,它們放棄了知識語境中清晰化、秩序化的表達,而轉向一種模糊、囫圇而充滿内在張力的言語構建,從而能在特殊的哲學語境中發揮某種獨有的語用,指涉不可言詮的"道"。接着我們以"恍惚"、"窈冥"的哲學語境分析爲參照,嘗試沿着道家哲學表述的脈絡,進一步擴展、深化之前的論證。

　　(一)對於"道"的指涉方式繁雜多元。宇宙論是最常見的

————————

① 高明:《帛書老子校注》,北京:中華書局,1996年,第329—330頁。
② 轉引自高明:《帛書老子校注》,第329頁。
③ 例如王安石《老子注》佚文曰:"道非物也,然謂之道,則有物矣,恍惚是也。"

理論模型，即在時空中“道生物”的自然哲學。據之前分析可知，宇宙論語境内的時空之“始”是以“推”的方法自“形”推導至“未形”而演繹的。“恍惚”之“未形”的哲學意義相當於歷史語境中的“上古”，或至少具有相同的理論結構。如：

　　道之爲物，惟恍惟惚。惚兮恍兮，其中有象。恍兮惚兮，其中有物。窈兮冥兮，其中有精。其精甚真，其中有信。自古及今，其名不去，以閲衆甫。（《老子·二一章》）

通行本“道之爲物”似乎也在提示一種生成論，“以閲衆甫”則顯然表達了“推”的旨趣。① 王弼注“衆甫”曰“物之始也”，河上公曰“始也”；簡帛本作“衆父”，亦有始意；想爾本作“終甫”則進一步强化了“終始”的理論模式。這種“有形生於無形”“宇宙生於混沌”的思維模式在古代十分普遍，《老子》的很多論述都可以發掘這種模式的影子。② 同時，“恍惚”、“窈冥”在這種理論語境中的運用與感覺知識具有千絲萬縷的聯繫，可直接説它們就是“視覺語詞”。文例又有：

―――――――

① 《老子》的文本複雜性在於，一方面裏面有對於這種“推”的模式的否定與質疑，但另一方面在叙述過程中也保留了許多這方面的内容，例如《十四章》言“執古之道，以御今之有，能知古始，是謂道紀”。

② 又《老子·一章》“無名天地之始，有名萬物之母”，《四章》“道沖而用之或不盈。淵兮似萬物之宗”，《六章》“谷神不死，是謂玄牝。玄牝之門，是謂天地根”，《二五章》“有物混成，先天地生”，《三九章》“昔者得一者，天得一以清，地得一以寧”，《四十章》“天下萬物生於有，有生於無”，《四二章》“道生一，一生二，二生三，三生萬物”。

察其始而本无生,非徒无生也,而本无形,非徒无形也,而本无氣。雜乎芒芴之間,變而有氣,氣變而有形,形變而有生,今又變而之死,是相與爲春秋冬夏四時行也。(《莊子·至樂》)

夫道者,陶冶萬物,終始无形,寂然不動,大通混冥。(《文子·道原》)

天地未形,窈窈冥冥,渾而爲一,寂然清澄,重濁爲地,精微爲天,離而爲四時,分而爲陰陽,精氣爲人,粗氣爲蟲,剛柔相成,萬物乃生。(《文子·九守》)

天墜未形,馮馮翼翼,洞洞灟灟,故曰太昭。道始于虛廓,虛廓生宇宙,宇宙生氣。氣有涯垠,清陽者薄靡而爲天,重濁者凝滯而爲地。(《淮南子·天文》)

古未有天地之時,惟像無形,窈窈冥冥,芒芠漠閔,澒蒙鴻洞,莫知其門。(《淮南子·精神》)

在宇宙化生的理論語境中,"窈冥"、"恍惚"狀態所指的就是無形無序的、未分化的、原始的"混沌"(Chaos)。在道物關係的理論語境中,這些詞彙直接被視爲對"道"的描述。諸如"雜乎芒芴之間,變而有氣,氣變而有形,形變而有生"、"道始生虛廓,虛廓生宇宙,宇宙生氣"的句子,幾可看作是對"道生一,一生二,二生三,三生萬物"的解釋與補充。氣化論是宇宙論的常見形態[1],在漢

<hr>

[1] 如《老子·四二章》於"道生一,一生二,二生三,三生萬物"後就緊跟一句"萬物負陰而抱陽,沖氣以爲和"。

魏文獻內更普遍地出現,故"恍惚"也用以描述元氣未分的
狀態:

> 太素之前,幽清玄静,寂漠冥默,不可爲象。(張衡《靈
> 憲》)
> 上古之世,太素之時,元氣窈冥,未有形兆。(《潛夫
> 論·本訓》)
> 人未生,在元氣之中。既死,復歸元氣。元氣荒忽,人
> 氣在其中。(《論衡·論死》)

宇宙論這種立足於"始"、"生"概念的理論模式是戰國秦漢
諸子所共有的思考路向;並且以"元氣"釋"道"的傾向在這一理
論模式中逐漸加强。[1] "恍惚"、"窈冥"辭例因其特殊語文形
態,故可描述宇宙誕生的"渾沌"狀態。在道家哲學理論語境
中,這種宇宙論上的起點直接成爲"道"的指涉。但是,只能將
其當作道家言"道"的理論形式之一,甚至是較粗略的形式。[2]
"恍惚"、"窈冥"辭例還有許多複雜的應用,但其隱含的宇宙論
思維的影子會持續投射在其他形式的理論構建中,這一點需要
特別留意。

---

① 可參見王曉毅:《"天地"、"陰陽"易位與漢代氣化宇宙論的發展》,《孔子研究》
2003 年第 4 期。
② 儘管"道生物""有生於無"的命題在早期哲學仍多有出現,但可以發現,後來這些
宇宙論內容被逐漸弱化了。可參看鄭開:《莊子哲學講記》,南寧:廣西人民出版
社,2016,第 87—96 頁。

（二）如前所述，宇宙論的思考方法，實際就是自"方内"向"方外"的推演，這一語境中"恍惚"、"窈冥"的摹狀内涵其實建立在自"形"至"未形"的演繹中；而在道物關係的哲學語境中以這種感知化思考導向"道"的同時，對"道"的指涉也墮入與之敵對的"推"的視野之中；換言之，"道"在宇宙論内被詮釋成了"方外之物"。① 這説明，僅以感知内容表述道物關係有所欠缺，以暗含感知背景的宇宙論思考釋"道"也猶有未澈。以這一視野分析《莊子》中一段對話：

> 冉求問於仲尼曰："未有天地可知邪？"仲尼曰："可。古猶今也。"冉求失問而退，明日復見，曰："昔者吾問'未有天地可知乎'，夫子曰：'可。古猶今也。'昔者吾昭然，今日吾昧然，敢問何謂也？"仲尼曰："昔之昭然也，神者先受之；今之昧然也，且又爲不神者求邪？无古无今，无始无終。未有子孫而有子孫，可乎？"冉求未對。仲尼曰："已矣，末應矣！不以生生死，不以死死生。死生有待邪？皆有所一體。有先天地生者物邪？物物者非物。物出不得先物也，猶其有物也。猶其有物也，无已。"（《知北遊》）

叙述提示了對"推"的傳統，及對"未有天地"之問的宇宙論色彩

---

① 這會産生許多内在矛盾，例如《莊子·齊物論》就此論述曰："有始也者，有未始有始也者，有未始有夫未始有始也者。有有也者，有無也者，有未始有無也者，有未始有夫未始有無也者。"

的反抗①,語境中刻意强調的"知"的概念非常顯眼。有趣的是,
"知"的概念在語境中被某種精神狀態所融攝,發生"昭然"到
"昧然"的變化。這不正是我們之前提到的精神狀態對"知"的
認識進程的影響麽? 同時,引文也暗含了這種精神狀態對於
"知"的認識過程的支配與反向引導。很大程度上,這段文本蘊
藏了道家哲學獨特的知識理論思考,且這些玄思的表達與"恍
惚""窈冥"的感知化語文表述都有密切的關聯。

　　"昭然""昧然"也是一種狀態摹狀,二者對舉的敘述形式借
助了日常生活中光與暗的隱喻,這一隱喻化思考在西方哲學也屬
常見。② 昏暗、光亮兩組詞族語義間的張力,爲知識論哲學思想的
詮釋提供了充足的譬喻式表達空間,也應合了感知的特性,且與
上古神話、宗教祭儀密切相關。③ 然而,道家哲學語境的表達需求
與感知所呈的内容之間有着内在的牴牾;換言之,日常語言中建
基於感知的對立析離的概念就是"知"或"形名"的秩序的呈現,而
"無名"的"道"則無上無下、無皦無昧。這意味着我們必須跳出語
文所搭築的意義藩籬,在道家哲思的層面上理解"昭然"的意味。
粗略地説,它試圖借助精神狀態化的表述彰顯一些不同於尋常的
"知"的内容。"昭然"借仲尼之口被描述爲"神者先受之",鍾泰

---

① 林疑獨注曰:"未有天地之前,果可知乎? 以有天地之後推之,則可知矣。"(見褚
　伯秀撰:《莊子義海纂微》卷六九,《正統道藏》第 15 册)
② 古希臘哲人柏拉圖著名的"洞穴喻"和"太陽喻"正借此而發。又參保羅·利科
　(Paul Ricoeur):《活的隱喻》,汪堂家譯,上海:上海譯文出版社,2004 年,第 402—
　403 頁。
③ 參見楊儒賓:《先秦思想的明暗特徵》,載《中國文化與世界》(第 6 輯),何寅主編,
　上海:上海外語教育出版社,1998 年。

言"夫子應病與藥,特爲提一'神'字。'神'者,不知之知也"①,
正是解開連鎖的關鍵:"昭然"指向一種明覺性的内在體驗與精
神狀態。

我們可發現語文現象與哲學表達之間的張力:"窈冥"與此
處"昧然"的語文意義儘管類似,但在哲學表達中的語用則截然
相反;"昧然"在日常語言中隱喻了"神"向"知"的滑落,"窈冥"
則走向了與之相反的理論脈絡:

> 至道之精,窈窈冥冥;至道之極,昏昏默默。无視无聽,
> 抱神以静,形將自正。必静必清,无勞女形,无搖女精,乃可
> 以長生。目无所見,耳无所聞,心无所知,女神將守形,形乃
> 長生。慎女内,閉女外,多知爲敗。我爲女遂於大明之上
> 矣,至彼至陽之原也;爲女入於窈冥之門矣,至彼至陰之原
> 也。(《莊子·在宥》)

諸如"無視無聽""目無所見,耳無所聞,心無所知"的論述在否
定感知的論調下,指向了更深邃的哲學思考。道家哲學的知識
理論就是在錘破這種經典知識體系的廢墟上築立的,"多知爲
敗"的叙述在摒棄尋常意義的"知"的同時,也啓開了獨特的知
識論目標,即對於超越的"道"的把握與理解。"窈窈冥冥"的語
文内容無疑表現對感性認識的否定,但若囿於這種思路,就無法

---

① 鍾泰:《莊子發微》,第508頁。

理解爲何"窈窈冥冥""昏昏默默"能够描摹"至道之精""至道之極",因前者在語義上指向的只是一種反向的日常知識論。

　　無疑,哲學表述自身需要超越語文所蘊藏的含義,我們試着以分析《在宥》"窈冥之門"這一提法來觀察。"門"的喻象在早期思想中很常見,其理論指向往往與感知相關:

　　　　不出户,知天下。不窺牖,見天道。(《老子·四七章》)

　　　　塞其兑,閉其門。(《老子·五二章》)

　　　　天圓而無端,故不得觀其形,地方而無涯,故莫窺其門。(《文子·自然》)

　　　　門者,謂耳目也。耳目者,所以聞見也。(《管子·心術上》)

這部分内容顯然可與"慎内閉外"語句相對應。以感知爲基礎,該喻象也涉及一些宇宙論的内容:

　　　　有實而无乎處,有長而无乎本剽,有所出而无竅者有實。有實而无乎處者,宇也;有長而无本剽者,宙也。有乎生,有乎死,有乎出,有乎入,入出而無見其形,是謂天門。天門者,无有也,萬物出乎无有。有不能以有爲有,必出乎无有,而无有一无有。(《莊子·庚桑楚》)

　　　　萬物有乎生而莫見其根,有乎出而莫見其門。(《莊

子·則陽》)

　　古未有天地之時,惟像無形,窈窈冥冥,芒芠漠閔,澒蒙
鴻洞,莫知其門。(《淮南子·精神》)

“莫見其門”的表述以宇宙論形式表現了對知識的思考,用以摹
狀的“窈窈冥冥”、“芒芠漠閔”並未躍出宇宙論的窠臼,且“莫
見”“莫得”、“莫知”在此所表達的仍是一種感知局限性。那麼
“窈冥之門”就等同於“莫知其門”麼? 不能否認,“窈冥之門”
確有一些“莫知其門”的含義,但又不局限於它。文本還有一些
輔助性表述:《在宥》將“大明之上”與“窈冥之門”置放在同一
句子結構中,而“大明”即類似“神”、“神明”;“至陽”、“至陰”據
鍾泰言乃“別其非物之質而爲天地之精”[1],其表達意旨與“大
明”相似,即一種特殊的、超越對耦的語用指向。“窈冥之門”在
這種語境提示下,使其所表述的比表面的視之不諦的“不知”增
多一層更深刻的向度,即一種“真知”,它指涉了對“道”的洞見
與觀照。同時,“門”的喻象所蘊攝的宇宙論、知識論的語境背
景也在幫助理解並深入這種語用表述。道家文本中尚有許多相
似表達,如“玄之又玄,衆妙之門”[2]、“玄牝之門”;“玄”亦爲視
之不諦、幽昧深遠,與清晰相對而與“恍惚”同。文獻另一些“莫
得其門”的辭例可示:

----

[1]鍾泰:《莊子發微》,第230頁。
[2]關於“妙”、“眇”二字古通的問題,前人論已甚詳。又《淮南子》中有“玄眇”、“冥
　　冥之眇”、“道至眇者無度量”語。綜上,“衆妙之門”當可作“衆眇之門”,恰與“玄
　　之又玄”旨趣相似。

> 聖人用其心,沌沌乎博而圜,豚豚乎莫得其門。(《管子·樞言》)
>
> 薄乎其方也,韕乎其圜也,韕韕乎莫得其門。(《管子·白心》)
>
> 得道之人……精充天地而不竭,神覆宇宙而無望,莫知其始,莫知其終,莫知其門。(《呂覽·下賢》)
>
> 與玄明通,莫知其門,是謂至神。(《淮南子·兵略》)

狀態語詞“沌沌”、“豚豚”、“韕韕”三詞疊韻,此處都描摹“渾沌”的狀態,在語境中的含義近於“恍惚”、“窈冥”;這種意義上的“莫知其門”就指向了對“至神”的形狀,而“至神”與“大明”又可互相參照。此處實際上已經偏離了尋常知識論(及其語境內的宇宙論)的討論範圍,進入“聖人用心”的特殊語境。總之,《在宥》篇“窈冥之門”的表達需要從更複雜的向度來理解,它與“神明”的呈現有密切的關聯。

進而考察“恍惚”、“窈冥”話語在道家知識語境的表現,這些辭例“通於神明”的效驗在道家文本中得到了反復地強化與重述:

> 視乎冥冥,聽乎無聲。冥冥之中,獨見曉焉;無聲之中,獨聞和焉。故深之又深而能物焉,神之又神而能精焉。(《莊子·天地》)
>
> 真人託期於靈臺,而歸居於物之初。际於冥冥,聽於無

聲,冥冥之中獨有曉焉,寂寞之中獨有照焉。其用之乃不用,不用而後能用之也,其知之乃不知,不知而後能知之也。(《文子·微明》)

　　聖人託其神於靈府,而歸於萬物之初。視於冥冥,聽於無聲。冥冥之中,獨見曉焉;寂漠之中,獨有照焉。其用之也以不用,其不用也而後能用之;其知也乃不知,其不知也而後能知之也。(《淮南子·俶真》)

文中"視(眎)"、"聽"的表述使語境呈現了知識取向,但也存在獨特的理論性。例如"知之乃不知,不知而後能知之也"這一表達:第一個"知之"即建基於感知及"推"的方法,以秩序表述的"知";"不知"則意味着其延伸向了某個感性、理性邊緣之外的地方,唯有放棄尋常的知識訴求,才能企及第二個"知之",即語用表現出的某種更高的"真知",這正是在超越感知的"知識論語境"中指向"道"的契機。"冥冥之中,獨見曉焉""寂漠之中,獨有照焉"就是在這種背反的張力中產生的表達,與"以其慌惚以與神明交"的表述可相互參照。"視乎冥冥"是一個曖昧躊躇的辭句:它一方面劃定了以視聽爲代表的感知的邊界,另一方面在邊界之外提示了某種帶有知識論色彩的"看法"。這種"看法"就是一種語境中映照出的"知識性"語用,它以"獨見曉焉"①的叙述得到了進一步提示。以"神明"述"道"的辭例亦可

①高誘注曰"曉,明也",即一种光照的洞見與体察,近於"通於神明"的知覺体驗。

謂不勝枚舉。①

　　前引《淮南子·兵略》"與玄明通"也是一層提示。何謂"玄明"？"玄"、"明"二字也是"視覺語詞"，是光明與晦暗的摹狀。當二者被組合在一起構成一個詞彙之後，就從語文的對反之間生發出一種新的思想張力。回顧之前義訓中"恍惚"的構詞不也具有"有無"、"光暗"二者之間的張力麼？這種構詞屢見早期哲學文本，如《老子》提到的"微明"，它們都指一種特殊的"明"。事實上，"昭昭"與"冥冥"的張力始終貫穿在道家文獻的論述中：

　　　　昭昭生於冥冥。(《莊子·知北遊》)
　　　　人能貫冥冥入於昭昭，可與言至矣。(《淮南子·繆稱》)
　　　　《覽冥》者，所以言至精之通九天也，至微之淪無形也，純粹之入至清也，昭昭之通冥冥也。(《淮南子·要略》)

與"冥冥"緊密關聯的"昭昭"所摹狀的就是超乎感性之知的"神明"。藉由"窈冥"狀態所通達的特殊智慧，也被訴諸於道家一系列光照與昏暗交織的獨特表述。如《老子》曰"滌除玄覽，能無疵乎？"陳碧虛注曰"玄覽，心照也"，顯然留心到光亮與幽暗

---

① 例如《文子·自然》"夫道者，体員而法方，背陰而抱陽，左柔而右剛，履幽而戴明，變化无常，得一之原，以應无方，是謂神明"，《鶡冠子·世兵》"道有度數，故神明可交也"，《兵政》"道乎道乎，與神明相保乎"，馬王堆帛書《經法·名理》"道者，神明之原也"。又可參考鄭開：《道家形而上學研究》(增訂版)，第159—195頁。

在語文之間的關聯;《老子》又曰"常無欲以觀其眇,常有欲以觀其徼";《淮南子》篇目稱"覽冥";《莊子·在宥》言"睹有者昔之君子,睹無者天地之友","睹無"也有類似旨趣;又見陸賈《新語》言"達幽洞冥"。有理由認爲,這些所謂"洞冥"之辭與一種内在知覺的光照,即"通於神明"的體驗相通。這就是道家哲學所提示的觀照"道"的路途。

總之,"恍惚"、"窈冥"在道家的知識語境中,與通達"道"的"大知"、"真知"有密切的關聯,它藉由一種"恍惚"而"通於神明"的精神狀態以表達,這種精神狀態在文本中的描摹由感性表現的效驗所暗示,也可解釋爲身心交互作用下的内在體驗與精神現象。從語用角度看,這種知識理論路徑從日常的"知"的反向張力提示了"道"。其中隱含的主客交融的現象也不可忽視。

(三)"恍惚"的描摹還將理論語境拓展至更深邃的層面,即對於心性理論的思考。前面引文部分辭例值得留意,如:(1)"聖人用其心"、"真人託期於靈臺""聖人託其神於靈府",指的是得道之人的用"心"之法;(2)"歸居於物之初""至真"、"太初",則將語境引導至"真性"這一向度。《老子》曰"夫物芸芸,各復歸其根。歸根曰靜,是謂覆命。覆命曰常,知常曰明",所謂"復歸其根"或"覆命"實際上都是心性學意義上的"復性",在道家文獻中這些内容常以"窈冥"描述之:

墮爾形體,吐爾聰明。倫與物忘,大同乎涬溟。解心釋

神,莫然無魂。萬物云云,各復其根。各復其根而不知,渾
渾沌沌,終身不離。若彼知之,乃是離之。(《莊子·在
宥》)

　　消知能,脩太常,墮肢體,絀聰明,大通混冥,解意釋神,
漠然若無魂魄,使萬物各復歸其根。(《淮南子·覽冥》)

這些詮釋呈現了知識與心性在理論語境中反復溝通的關係。
"混冥"、"涬溟"義同聲近①,郭象注"涬溟"曰"與物無際",即
"大通"、"大同"之意;成玄英、司馬彪解釋"涬溟"皆云"自然之
氣";又《論衡》言"溟涬濛澒,氣未分之類也";《淮南子·本經》
曰"四海溟涬",高誘注"無崖畔也"。這些語詞呈現的表達作
用,皆體現了一種無分主客的特殊認識;以心性向度延伸,就可
以認爲這種能力是"用心"與"真性"所顯示的品質,而其"復
歸"則要求"消智慧,循大常,墮枝體,黜聰明"的工夫,以滌除感
知所帶來的禁錮與束縛(反過來説,"知"則意味着"離")。"混
冥"成爲了心性論統攝下的泯合主客、物我分際的知識性質的
表述。同時,"神明"也貫穿了這類理論語境:

　　諄芒將東之大壑,適遇苑風於東海之濱。苑風曰:"子
將奚之?"曰:"將之大壑。"曰:"奚爲焉?"曰:"夫大壑之爲

---

①"涬"匣母耕部字,"混"匣母文部字,雙聲音近。又《在宥》篇此段引文爲"鴻蒙"
　所説,"鴻蒙"東部疊韻,與"涬溟"一聲之轉。又《説文》有"水冥坙"語,段玉裁以
　爲"冥坙"即"涬溟"之古字,訓作"水大貌";如前所述,"廣大"也是"恍惚"、"窈
　冥"狀態語的重要表現之一。

物也,注焉而不滿,酌焉而不竭,吾將遊焉。"苑風曰:"夫子
無意於橫目之民乎? 願聞聖治。"諄芒曰:"聖治乎,官施而
不失其宜,拔舉而不失其能,畢見其情事而行其所爲,行言
自爲而天下化,手撓顧指,四方之民莫不俱至,此之謂聖
治。""願聞德人。"曰:"德人者,居無思,行無慮,不藏是非
美惡。四海之内,共利之之謂悦,共給之之謂安;怊乎若嬰
兒之失其母也,儻乎若行而失其道也。財用有餘而不知其
所自來,飲食取足而不知其所從。此謂德人之容。""願聞
神人。"曰:"上神乘光,與形滅亡,此謂照曠。致命盡情,天
地樂而萬事銷亡,萬物復情,此之謂混冥。"(《莊子·天
地》)

"照曠"即"昭曠"[1],義同"昭昭";"上神乘光"所言與"神明"
同,如鍾泰言"乘光猶言乘神"[2];"與形滅亡"所述正是"混冥"
的境界。因此,與"恍惚"、"窈冥"密切聯繫的神明洞見,在心性
論語境中就是"大通混冥"的體道境界;引文屢言"致命盡情"
"萬物復情",也是一種心性論意義上的"復性",並嵌套了消融
主客的意味,如曰"萬事銷亡"即是。一定程度上,"復情"這一
心性言説也在其叙述内復辟了宇宙論的理論向度,對"道"的體
證與把握能够得以與描摹宇宙原初的"窈冥"、"渾沌"之辭相互

---

[1]鍾泰引姚鼐《莊子章義》云:"晉人諱昭,皆書作照。"(見氏著:《莊子發微》,第275
頁)"照"、"昭"音義皆同,或可從。王夫之解亦作"昭曠"。王力《同源字典》中提到
"光"、"曠"二字的同源關係,值得注意。(見氏著:《同源字典》,第345—346頁)
[2]鍾泰:《莊子發微》,第275頁。

映照，並藉由後者得到指示或隱喻。如《秋水》曰"無東無西，始於玄冥，反於大通"，作爲"始"的"玄冥"無疑啓用了描摹大化初始之渾沌的提示，而朝向"大通"的回溯則爲"復歸其根"的心性叙述；前引各家注"滓溟"、"渾冥"辭例，多云"氣未分"、"無涯際貌"，也從此解。

結　語

在以上蒐討過程中，我們依稀捕捉到了某種類似"二元對立"的結構。使周遭成爲意義世界而得以現身，即讓以析離、對待的感知而被認識的秩序化的"物"，以"形名"的方式進入意義世界中，一切事物被要求得理性而清晰。這便是道家眼中"知"（或"推"）的思路所賦予的内在要求與運作氣質。然而，古人視野之外的内容，例如被表述爲"冥"的幽暗大海與上古之事，並非是全然物件化、對象化地出現在名言世界之中，而是在其中預設了感知的無能爲力。"恍惚"所投射的"方外"某種意義上是一種完形式的填充，在知覺層面完整了認知領域的空白，提供了一個"名"的指向，但它同時也是我們自身精神世界的投影。古人對於陌生荒野的想像、期盼與恐怖完成了這種自"方内"事物反向詮釋"方外"的過程。借助這類語詞的指示，古人完成了對不可履及之地理與遠古、不可捉摸之神秘效驗以及若有若無之精神力量的思考、指涉與言説。這些線索都是同構的，其表達的形式也相類似。

　　當哲學家運用這些語詞表達自己的哲學思想時,他就將其詞彙背後的思想元素拖入了哲學語境中,從而使自己的寫作能夠免於滯留在日常的語言世界。在哲學語境中使用"恍惚""窈冥"意味著語用的某種更新,即爲言説不可言詮的"道"而服務。"恍惚""窈冥"辭的多義與雜糅在語境中得到保留,以便從事多種不同的哲學思考路徑,並回應了各方面的思想脈絡提出的問題。就承認"道"的超越性而言,"恍惚"、"窈冥"似乎是用於指涉"道"的隱喻(metaphor);但它們不構成一個嚴格意義上的"符號—實指"結構的一環,而是處在清晰的秩序與無意義的空無二者"之間"的未析之處。這種語詞以其獨有的語文形式本身提供了一種張力的輪廓,在哲學語境中指涉一個若有若無、非有非無、"既是又不是"的東西,並使它與一種特殊心性狀態密契融會,從而營造一種特殊的表達效果。爲促成這一目標,文本的寫作和語境的塑造也付出了巨大的努力。

　　作者簡介:賀敢碩,1991 年生,浙江寧波人。北京大學哲學系博士。現爲中國社會科學院哲學研究所博士後。主要研究方向爲道家哲學。

由古希臘的"physis"看《老子》的
生成論和"自然"

阮漢樑

內容提要 古希臘早期自然哲學家創立"physis"哲學,以物質爲存在物作爲前提,其目的在於構建一段不涉及神明的宇宙整體敘事,其內容包括宇宙最初物的屬性和基本物質的形成,以及天體現象和自然秩序的來源。而柏拉圖《法律篇》指出只承認物質爲存在物的宇宙論無法指稱宇宙整體的目的和善,提出超越物質的"靈魂—神",闡發了超越物質存在的形而上學。《老子》中也有和古希臘自然哲學相似的宇宙生成思維。其中,一些篇章根據道生成萬物,認爲道的原則就是周遍萬物的原則,並由此論證普遍於萬物的道理。此外,還有另一些篇章反對這樣的闡論方式,通過"自然"的思維來反思,強調道"惟恍惟惚"、"不自爲大",告誡我們萬物紛繁的原則不可化約,萬物本有的價值不可審判。

一 神話和"Physis"：兩種生成論

古希臘自然哲學的興起，標誌着西方哲學的開端。這個開端意味着哲學範疇的確立，和哲學思維的形成。所謂自然哲學，是有關"physis"的哲學。接下來，我們先簡約地認識"physis"的字義，然後再討論"physis"對伊奧尼亞哲學家以及其後的哲學發展到底意味着什麼。

"Physis"是一個頗爲尋常的字眼，見於神話、戲劇、歷史、法律、醫學、哲學等不同範疇的文本。它一般只用在人、神，和動植物身上。這些對象作爲有生命的東西，有自然的來源，能夠生長，並具有自主行動和變化的能力。"physis"的動詞形態是"phyō"，意思是"使誕生"，也就是包括"分娩"、"使生長"、"催生"等意思。"-sis"後綴一般指的是一個動作"在現實中的全過程所體現的抽象概念"①。"physis"一字用法廣泛，具有多種意涵，包括與"誕生"相關的"來源"、"生長"和"成熟乃至死亡"的意思；和圍繞"生長的內在動力和原則"的"能動之力"和"生長的趨向和根據"等意思；也包括"作爲生長的結果所顯現出的能力和特點"，也就是"獨有的能力"和"本有的能力"的意思；這種能力除了指行爲動作的能力和作用之外，也用於形容物體在生長和成熟時所展現出的形態和特點，因此可以翻譯爲"外表"、

①Emile Benveniste, *Noms d'agents et noms d'action en indo-europeens*. Paris：Klincksieck, 1948, p. 80.

"特質"、"性格"、"本性"或者"本能"。總之,"physis"這個字,離不開生長的過程,以及在這個過程中表現出的特質。①

古代和現代學者都一致認爲 physis 的發明,要歸功於伊奧尼亞先哲。泰勒斯(Thales,約公元前 624—公元前 546)、阿那克西曼德(Anaximander,約公元前 610—公元前 546)、阿那克西曼尼(Anaximenes,約公元前 585—公元前 528)對 physis 各有闡論,因此被稱爲自然哲學家(physikos)。相應地,"peri physeōs"(論自然)是自阿那克西曼德和赫拉克利特(Heraclitus,約公元前 530—公元前 470 年)以降諸多思想家著作的篇名②,也是傳統上用來概括前蘇格拉底時期自然哲學的一個統稱。③ 在哲學語境中,physis 的出現標誌着思想範疇的革新。這場革新並非憑空創造、無的放矢,而是圍繞古早而且傳播廣泛的古希臘宇宙生成神話而展開的。④ 以下,我們通過對比的方式,分析 physis 的思想與宇宙生成神話的緊密聯繫,以及前者對後者的承襲與變更。

古美索不達米亞文明的《埃努瑪·埃立什》是現存世上最古老的創世史詩,古希臘赫西俄德的《神譜》在結構上對前者多

---

① 見 Liddell-Scott-Jones Greek-English Lexicon 中"phyō"和"physis"詞條。
② 其他早期的前蘇格拉底作家還包括:巴門尼德(Parmenides,活躍於公元前五世紀前半葉)有一首詩以此命名;阿波羅尼亞的戴奧真尼斯(Diogenes of Apollonia,活躍於公元前五世紀左右)也有一部著作以此命名。
③ Walter B. Veazie,I. "The word ΦΥΣΙΣ". *Archiv für Geschichte der Philosophie* 33 (1-2),1921,p. 3.
④ 據納達夫(Naddaf)的研究,伊奧尼亞哲學家乃是有意識、有計劃地圍繞 physis 立論,來根本性地瓦解宇宙生成神話的思想意義。G. Naddaf, *The Greek Concept of Nature*, New York: State University of New York Press,2005.

有借鑒,似屬同一個創世叙事傳統。比如説,二者都以"萬物未生之前"作爲叙事始點,並且都包含一段神明的繁衍和鬥爭,最終確立秩序的過程。具體來説,二者的叙事始點都定在第一位神明還没有出現之前。《埃努瑪·埃立什》前 8 行都在界定這個原初的時刻,那時天、地、田野、神明都還没有名字,原始的神明阿普蘇(地下甘水)和提亞馬特(海水)都相混在一起,還没有任何命運被確定下來,還没有任何東西擁有名字。《神譜》在序曲的末段(115 行)請求繆斯"從初(archē)講起,訴説在他們(奥林普斯衆神)之中誰先誕生",接着便介紹卡俄斯在"最初之初(prōtistos,最先的最高級)"時誕生(116 行)。從這樣一個"時間的起點"展開叙事的意義在於保證神話叙事的完整性——一切從時間軸上最早的地方開始並延續至今,便没有任何重要的,對現今世界留下深刻影響的事件是遺留在叙事之外的了。在確定叙事始點和最早的神明之後,《埃努瑪·埃立什》和《神譜》接下來介紹的事情都是古早神明的繁衍。前者第 9—12 行講述,在阿普蘇和提亞馬特混合之後,拉姆、拉哈姆、安沙爾和吉沙爾便從中生成。《神譜》從第 116—126 行介紹卡俄斯、蓋亞、塔耳塔洛斯和厄洛斯的誕生,而後厄瑞波斯和黑夜從卡俄斯中出生,黑夜又生出以太和白天,蓋亞又生下了烏拉諾斯。但是,這些最早出現的神明都不是最終的衆神之主。《埃努瑪·埃立什》中的阿普蘇被自己的曾孫埃阿所擊敗,提亞馬特和親屬帶兵欲爲阿普蘇報仇,卻都敗在埃阿的兒子馬爾杜克手下。馬爾杜克因此成爲統治者。相似地,在《神譜》中,蓋亞之子烏拉諾斯成爲第一位衆神之主,卻被自己的兒子克洛諾斯所殺,其後克洛諾斯又被自己的兒子宙斯所推翻。學者普遍認爲,宇宙生成神話中神明的鬥爭思想意義在於教育它的聽衆:宇宙的規律運作和人類社會中的習俗和道德價值都是寶貴和神聖的。它們都是經過神明的一番鬥爭才獲得的。因此,這些規律和原則都是有神聖的根源和受神所保護的,是有據可依、不可隨意篡改的。

　　在自然哲學萌芽之時,史詩依然代表傳統的、公認的智慧。最早的古希臘自然哲學家所論述的對象,不是抽象的自然法則,也不是某些自然現象的原理。他們要論述的是自然及人類世界自誕生到發展至今的全體過程。這和現代所理解的哲學理論有別,他們所要闡述的是一段真實的歷史事件的叙述(historia)。這正是爲什麽他們的"哲學"理論又叫"historia peri physeōs(關於 physis 的真實歷史)"。而他們所探討的内容,正是古老的創世史詩所記載的内容。那麽自然哲學家有什麽創見呢？雖然泰勒斯多被認爲是自然哲學家的鼻祖,但是有關他的理論的可靠記載卻少之又少。① 我們來看泰勒斯的學生阿那克西曼德及其

―――――――――

① 儘管亞里士多德認爲泰勒斯是自然哲學的開創者,但是他對泰勒斯思想的總結卻不甚詳盡,研究者多認爲亞氏的評論不足爲鑒。亞里士多德:《形而上學》A3,983b。相關討論見 G. S. Kirk, J. E. Raven, M. Schofield, *The Presocratic Philosophers*. 2nd ed. Cambridge: Cambridge University Press, 1983, pp. 89-91. 普遍可信的資料認爲泰勒斯對天體和時間比較有研究,他主要的貢獻在於深入地認識到了天體的規律運動。他以某種地平坐標系來跟踪天體的運動和測量時間,並以此來確定一年的長度和夏至、冬至的日期,還有不少古代作者認爲泰勒斯準確地預測了日食。P. Curd and D. W. Graham, "Milesian Measures: Time, Space, and Matter", *The Oxford Handbook of Presocratic Philosophy*, Oxford: Oxford University Press, 2009.

同伴阿那克西米尼的相關資料：

> 他(阿那克西曼德)說,諸存在物的本原(archē)和元素(stoicheion)是"無定(ton apeiron)",他是第一個把本原叫作這一名字的人。他說它既不是水也不是別的什麼被稱作元素的東西,而是另一種無定/無限的 physis(tina physin apeiron),從中生出了所有的天以及他們中的諸世界。(辛普利丘《物理學注》24,13)①

> 阿那克西米尼曾是阿那克西曼德的同伴,阿那克西美尼贊同後者,認爲那基礎性的 physis 是單一的和無限的,但他不像阿那克西曼德一樣說它是不確定的,他認爲它是確定的,並說它是氣。氣根據疏散和凝聚來區別開不同的屬性,當氣疏散時火就得以生成,當氣凝聚時風就得以生成,更凝聚些就是雲,再凝聚就是水,接着是土、石頭,其他的一切都從這些中生成。他認爲運動是永恒的,甚至變化也通過運動而實現。(辛普利丘《物理學注》24,26)②

我們先分析二者借鑒創世神話的方面：這兩段話的主旨是介紹天和世界誕生之前的情況,這一點和宇宙生成神話的開頭並無二致。爲了達到"physis"叙事的完整性,一切都必須從時

---

① G. S. Kirk, J. E. Raven, M. Schofield, *The Presocratic Philosophers*. 2nd ed. Cambridge: Cambridge University Press, 1983, pp. 106-109.

② G. S. Kirk, J. E. Raven, M. Schofield, *The Presocratic Philosophers*. 2nd ed. Cambridge: Cambridge University Press, 1983, pp. 144-146.

間線上最早的那一刻開始。於是，二者首要的問題是"archē（本原、最初物）"是什麼，因爲後來出現的萬事萬物都是從這個最初物的發展而來的。這也說明阿那克西曼德繼承了創世史詩對世界根本叙事的思維方式：要完整地叙述宇宙（historia），解釋現下的世界，一切都要從時間出發，一直追溯到第一個神明從原始未分的世界中分化出來的時候。

那麼，兩位自然哲學家的"physis"叙事，有甚麼創樹呢？首先，阿那克西曼德開始拋弃了用於宏大和神聖叙事的詩格，以散文的方式寫作。其二，宇宙生成神話是以神明的身份及神明之間繁衍的譜系作基本語彙的，而對於阿那克西曼德和阿那克西米尼來說，從"無限的 physis"中誕生的是具體的物質——"天以及在其之内的世界"，而不是被冠以某個名稱、具有情感和性格、主宰某些自然和人事的力量的神。其三，宇宙生成神話所編織的神明譜系是以婚媾和生育爲紐帶的譜系，而"physis"的譜系則是以具有不同特質和運動原則的物爲本位的。其四，在生殖繁育的譜系中，老一代的神明可以在與新一代神明的鬥争中戰敗、沉寂甚至消散，而在"physis"的譜系中，最初物就像一顆宇宙的種子，無論從中生發的萬物變化得如何繁複，它們都始終保留着最初物的一部分和最初物的根本原則。這也是爲什麼在"physis"叙事中，"最初物"等同於"元素"（stoicheion），而這二者都"儲存"在物之中。在這個意義上，"最初物"和"元素"包括了"最原初"、"最簡單"和"具有使萬物按照它們的内在原則和屬性相繼誕生和運動的能力"的意涵。其五，神明的意志驅使着他們的行爲,而物則以内在於它的原則和自身能動的(self-active)力量,通過它的機械的運動和變化,派生出了自然中具有種種特質和規律的萬物。這意味着自然哲學家所描述的物理世界是封閉和自足的,它不需要外在於物理世界的事物就能解釋一切現象,而神話所構建的世界觀則是雙重的,世界上發生的事情既受人的行爲而改變,也被神的意志所主宰。

由此我們可以看出"自然哲學"意在取代宇宙生成神話的意旨和方式。最初的自然哲學家沒有截取神明的某段故事或者抽取某一神明所代表的價值和原則而大做文章,他們默認了宇宙生成神話中的一種思維:涵蓋萬事萬理的宇宙根本叙事,應是一段關乎一切物的生成歷史的時間叙事。二者都以時間序列爲框架,闡述在時間上相繼出現的個體之間的關係,來將身邊的一切事物以及由它們構成的規律和原則聯繫起來,只不過神明的誕生更接近於生物的繁育,而自然哲學的模式則脱離於詩歌和神明的意志,以具有原則性和必然性的屬性變化作爲生成萬物及規律的關鍵。這一點在古希臘逐漸形成共識,奠定了自然哲學的其中一個基本範疇。我們來看悲劇作家歐里庇德斯(Euripides,公元前 480—公元前 406)和歷史學家色諾芬(Xenophon,約公元前 440—公元前 355)的兩則材料:

獻身於研究(historia)的人是幸福的。他既不誹謗也不傷害他的同胞。他們觀察不朽自然的永恒秩序,探尋它從何而來,如何至此。這樣的人決不會從事任何可恥的事。

（歐里庇得斯《殘篇 910》①）

他（蘇格拉底）没有像其他許多人一樣討論萬物的physis（peri tēs tōn pantōn physeōs）和自然哲學家所稱的自然秩序（kosmos）的形成，也没有討論天體的現象究竟依據哪些必然的律法……在這些問題上，即使是最自負的理論家們也没有共識，而是像瘋子一樣對待彼此。（色諾芬《回憶蘇格拉底》1. 1. 11-15）

二人對自然哲學家的態度截然相反，但是我們能看出，到了公元前五世紀，研究"自然哲學"的人群已經形成了一定的規模，並且頗爲聞名。在流行的認識裏，萬物的源起和構成，以及自然秩序（尤其是天體的規律運行）這兩個論題已經成爲古希臘思想界衆所周知的"自然哲學"基本論題。亞里士多德在《物理學》、《形而上學》和《論動物部分》中都對"physis"作出過清晰的界定。和色諾芬一樣，亞氏也認爲"physis"是一種物質，它的特性可以解釋自然秩序的源起和生成。亞里士多德說，"peri physeōs"研究的是"質料本原，他們試圖去認識它有什麼樣的性質，以及宇宙是如何從它生成的，是在什麼樣的運動的影響下……根據什麼樣的自然法則，物體的基質被認爲有什麼樣的生成原則（physis）——比如說火是熱的和輕的，土是冷的和重的。這就是他們解釋自然秩序世界的方式……他們也以同樣的方式

---

① H. Diels and W. Kranz, *Die Fragmente der Vorsokratiker*, 6th ed. , Berlin：Weidmann, 1951,59A30.

解釋植物和動物的生成。"①他在《形而上學》中的一段定義表明亞氏認爲 physis 是物質變化的動力來源(hē arhē tēs kinseōs)：

> physis 是指任何自然物體的所構成物或者原材料,它是相對未成形的,而且不能以自身的力量來改變自身……在首要和嚴格的意義上,physis 是在自身當中具有原動力的物體的本質(ousia)。(一個自然物的)物質之所以叫 physis 是因爲它的物質能够獲得它的 physis,而形成和成長的過程之所以被稱爲 physis,是因爲生成都是由 physis 而形成的運動和變化。在這個意義上的 physis 是自然物體運動和變化的動力來源,這種動力來源是以某種方式內在於自然物體的,或是作爲潛能,或是已經實現。(亞里士多德《形而上學》5. 1014b26–1015a19)

我們能看出,變化和運動的動力來源被當作一個重要的題目來對待。他觀察到自然物體有自主變化的能力,他把這種生長的能力理解爲內在於物體的動力來源,並認爲物質是承載這種能力的載體。亞氏對 physis 作爲動力來源的進一步定義,再次確認了僅以物質爲存在物的,封閉的物理世界觀———一切自然現象都可以由物質及其承載的原則和屬性來解釋。

以上的材料表明,自然哲學興起之後的一百年內,古希臘的

---

① 亞里士多德:《論動物部分》1. 1. 640b4–12.

哲學思想主流延續了早期自然哲學家所創立的思想語彙和範式,全面背棄了宇宙生成神話對宇宙的解讀,其基本共識是以物質爲框架來認識宇宙起源和發展的問題。這個思維範式假定宇宙在時間上有一個最早的時刻,這個時刻是以當時存在的物質(或多種物質)的屬性而得到確定的,其後宇宙中的萬事萬物都從最原初的物質變化發展而來,因此保留和最初物質直接的關係。"Physis"作爲一個哲學範式指的是關於宇宙整體的叙事(historia),因此,除了圍繞宇宙的最初物造論之外,自然哲學家通常以解釋天體的形成和規律、動植物的生成、自然現象的原理等論題爲要務,並以解釋這些現象的能力作爲自身的理論證據。

二　《老子》中的生成論

不論是以神明的叙事還是以物質及其屬性和變化爲語彙和框架,以宇宙生成的歷史叙事作爲解釋萬有的根本叙事,在距今3000—2000 年的地中海地區傳播廣泛,在多個民族的文化意識中占據了一席之地。不過,從現存的文獻來看,宇宙生成論在古中國前諸子時期的思想世界中,不是一個明顯的思維範式,也不占據主要的地位。《左傳》中"天生民而樹之君"、"天生民而立之君"①以及《詩經》中"天生烝民,有物有則"的説法,主要體現的是基本的社會政治秩序乃是一種天然的狀況,源於"天命神意",不能顛覆。這些材料不能代表宇宙創生的思維。宇宙生

①《左傳》文公十三年、襄公十四年。

成的思維範式始於諸子時代,主要見於與道家相關的文獻。①
以下,我們具體地分析《老子》中和生成範式相關的材料:

> 道生一,一生二,二生三,三生萬物。萬物負陰而抱陽,
> 沖氣以爲和。(《老子》第 42 章)
>
> 天下有始,以爲天下母。既得其母,以知其子;既知其
> 子,復守其母,没身不殆。(《老子》第 52 章)
>
> 有物混成,先天地生。寂兮寥兮,獨立不改,周行而不
> 殆,可以爲天下母。吾不知其名,字之曰道,强爲之名曰大。
> (《老子》第 25 章)

這幾則説法和古希臘自然哲學的宇宙生成思想範式有相通之
處:它們都以時間上的創生和發展的思維爲框架,闡述萬物生成
的總根源。"道生一"、"天下有始"和"有物混成,先天地生"均
以萬物未生之前的時刻作爲叙事的起點,其意義在於形成關乎
宇宙整體的叙事——涵蓋自古始至今的所有時間,即涵蓋一切

---

① 王中江的分析表明,早期道家文獻中包含了側重於闡論道是生成宇宙萬物的總根
源的文獻,也包含了側重於認爲道是萬物的總根據和總原理的文獻。按王中江的
分析,《列子·天瑞》、《淮南子·精神訓》、《淮南子·天文訓》以及郭店出土的
《太一生水》和上博簡中的《恒先》屬於第一類,它們的世界觀側重於從解釋宇宙
萬物如何産生和生成來開展,明確地展示道作爲宇宙生成序列中的第一位,通過
什麽樣的過程而生成出萬物;相比起來,《黄帝四經·道原》、《管子·心術》上下、
《莊子·大宗師》、《文子·道原》和《淮南子·原道》屬於第二類,它們側重於以道
爲萬物的根據和本質,萬物都依賴於道並通過道而獲得本性和合理性,得益於道
而存在和生存。王中江:《簡帛文明與古代思想世界》,北京:北京大學出版社,
2011 年,第 63—64 頁。

的存在物。

　　"道……生萬物"、"以爲天下母"和"可以爲天地母"説明世上的萬事萬物都從同一個總根源發展而來。這些説法直截地將"道"和"萬物"劃分爲兩種不同的存在："道"是"天下母"，"萬物"是由"道"生成的東西。按照現代西方哲學的界定，這是一個形而上學的論斷。①但這幾章的内容並不單着意於闡釋現實的結構，因爲"道"是萬物的總根源，而這個總根源生成了萬物，所以認識萬物根源的原則，就能認識周遍萬物的道理。第52章很清楚地説明了這樣的關係："既得其母，以知其子，既知其子，復守其母。""母"和"子"因爲在生成框架上是相連的，所以在原則上也是相通。第42章便以此策略來説明關乎萬物總體運動的道理："萬物負陰而抱陽，沖氣以爲和。"除了有關物的原則之外，以下數章則以生成的思維範疇來論述"不盈不勤"和"不主不恃"的價值：

　　　　道沖而用之或不盈，淵兮似萬物之宗……湛兮似或存，吾不知誰之子，象帝之先。(《老子》第4章)

　　　　谷神不死，是謂玄牝，玄牝之門，是謂天地根，綿綿若存，用之不勤。(《老子》第6章)

　　　　大道汎兮，其可左右。萬物恃之而生而不辭，功成不名有，衣養萬物而不爲主。(《老子》第34章)

———————

①"道生物"的命題包含了有關第一因、存在物的基本分類、現實的基本性質諸方面的思想，屬於經典形而上學的範疇。

故道生之，德畜之；長之、育之、亭之、毒之、養之、覆之。
生而不有，爲而不恃，長而不宰，是謂玄德。(《老子》第51章)
　　孰能有餘以奉天下，唯有道者。是以聖人爲而不恃，功
成而不處，其不欲見賢。(《老子》第77章)

　　"萬物之宗"和"天地根"是萬物生成序列的源頭，或是使萬物得
以不斷生成的動力來源。第4、第6章論述萬物的根源"不盈"
和"不勤"，意義在於揭示"長久"的方法。與這兩章鄰近的第5
章("虛而不屈，動而愈出。")、第7章("天地所以能長且久者，
以其不自生，故能長生。")也都藉以不同的意象和論證，闡述了
實現長久的具體政治綱領和手段("多言數窮，不如守中"、"聖
人後其身而身先；外其身而身存")。換言之，遵循這些方法，就
可以達到能與道比擬的作用，和道一樣長久不衰。第34、51、77
章的論述方式尤爲典型，"衣養萬物而不爲主"和"爲而不恃，長
而不宰"的政治方針之所以得到推崇，因爲這些就是道的原則
和價值。道生成了天下萬物，而社會作爲"天下"的一部分，人
作爲"萬物"的一部分，在人的社會中模仿道，以道的原則爲原
則，以道的價值爲價值，就能成就和道相通的功用。這幾章都藉
"道"作爲萬物的總根源，論證了"長久"和"玄德"的政治價值，
屬於政治哲學方面的思想。和生成思維相關的還有第14章和
第21章：

　　視之不見，名曰夷；聽之不聞，名曰希；搏之不得，名曰

微。此三者不可致詰,故混而爲一。其上不皦,其下不昧。
繩繩不可名,復歸於無物。是謂無狀之狀,無物之象,是謂
惚恍。迎之不見其首,隨之不見其後。執古之道,以御今之
有。能知古始,是謂道紀。(《老子》第 14 章)

　　孔德之容,唯道是從。道之爲物,唯恍唯惚。忽兮恍
兮,其中有象;恍兮忽兮,其中有物。窈兮冥兮,其中有精;
其精甚真,其中有信。自古及今,其名不去,以閱衆甫。吾
何以知衆甫之狀哉? 以此。(《老子》第 21 章)

"古始"和"衆甫"都意味着宇宙在時間上的起點,是萬物的生成
發展的起源。"以閱衆甫"帛書本作"以順衆仉"(甲)和"以順
衆父"(乙),河上公注第此章和第 42 章均説:"甫,始也。""父,
始也。"這句話和第 14 章的"執古之道,以御今之有"都闡述萬
物之始和萬物之理之間的密不可分的關係,和第 52 章"既得其
母,以知其子,既知其子,復守其母"的意味相似。這兩章的主
旨是描摹"道體"或者"道象"和萬物的區别。道作爲萬物的總
根源和總原則,輔助和推動着萬物的生成變化,在這個方面,道
是實存的,道的作用周邊萬物;但是道又不同於其他所有實存的
事物,它無形且無名,不可捉摸,也不可以通過辨識尋常事物的
方式而理解。① 這兩章雖然不以生成論的思維範式闡發思想,
但是"道"作爲萬物之始,和自古至今的萬物之理有着緊密的關
聯,是這兩章的一個前提。

––––––––––––

① 鄭開:《道家著作中的'視覺語詞'例釋》,《思想與文化》2016 年 01 期。

與我們在上文討論的古希臘早期自然哲學相比,《老子》中有關生成論的説法,和 physis 的範式有部分的相同之處:認識萬物的根源,是闡發宇宙萬物的理論中必要的一環。其中,前者所着重的理論範式是:認識萬物根源的原則,就能認識周遍萬物的道理;後者則旨在説明宇宙自始至今的整體叙事,宇宙最初的物質及其性質則是這個叙事的開端。在於生成論相關的思想内容方面,《老子》闡述了道物的關係和區別、萬物造化之理、政治哲學等多個方面的内容;自然哲學則注重解釋自然的秩序和具體的自然現象。這也側面反映出《老子》中的"生成論"十分不着重闡論宇宙生成的具體發展過程,其中最詳細的叙述,也不過於甚爲抽象的"道生一,一生二,二生三,三生萬物"。(第 42 章),不以解釋任何具體的自然現象爲論據。"道"作爲最高價值和最高原則的理論地位並不得益於"道論"在自然以及人事方面的解釋力,因爲"道"作爲萬物生成的總根源,是《老子》通篇既定的前提。

三　柏拉圖《法律篇》對"Physis"哲學的反思

上述的分析已經表明,在古希臘哲學之初的思想世界裏,物質的世界和神明的世界是相對的,相應地,自然哲學的語言和神話的語言是相對的。不過,一些早期的自然哲學家實際上並非如此決絶。亞里士多德記載泰勒斯相信萬物有靈(daimones)①;而

①亞里士多德:《論動物》:1.411a8.

赫拉克利特也持相同的看法①；阿那克西米尼認爲包括神在内的萬物都由氣組成，而氣是神聖的②。爲什麽他們要説物質是神聖的呢？自然哲學家之所以在機械物理的世界觀中保留"神性"，其實反映出"physis"作爲哲學範式的缺陷：僅有物質和物理的世界不能完全繼承神話和神學傳統下的倫理價值和精神——正因爲"physis"範式構建了一個不需要神明的、拒斥超越現象的存在的、封閉的世界觀，它的倫理學也喪失了超越現象世界的理論根基。

柏拉圖在其晚期著作《法律篇》中表達了這樣的擔憂。他認爲"physis"的世界觀排除了物質之外的一切存在，而這必將導致的結論就是宇宙的創生和宇宙整體（所有的現象）都是無目的、無意志的。柏拉圖借筆下"雅典人"的角色説：

（自然哲學家們）認爲，火、水、土和空氣的存在是自然和偶然性的産物，而與技藝無關。而隨後出現的物體——大地、日、月、星辰，都藉助於這些完全没有靈魂的存在物而産生。這些物質的運作均出於偶然，被它們某些固有的性質所驅使，這種固有的性質必然地取決於物質内部熱和冷、乾和濕、軟和硬以及其他對立物的偶然混合。一切天體和天體裏的每種東西都從這樣的一個過程中産生，包括一切

---

①H. Diels and W. Kranz, *Die Fragmente der Vorsokratiker*, 6th ed., Berlin: Weidmann, 1951, 22A1.

②西塞羅：《論神性》：1. 10. 26.

動物和植物以及四季。他們說，所有這些東西的出現，皆源
於這些元素，既不是理智的計劃，也不是任何神的創造，也
不是技藝的產物，而是完全出於自然和偶然性。對於他們
來說，技藝是後來出現的，是由可朽的人創造出來的可朽的
東西。技藝後來又產出各種玩物，這些玩物和真實的存在
沒有多大的關係，而和技藝一樣都是某種影像，這樣的影像
包括繪畫、音樂的作品，以及輔助這些藝術的技能。還有一
些真正有所作爲的技藝，比如醫藥、耕作和畜牧、體育鍛煉，
它們和自然有相通的作用。他們說，政治和自然有一小部
分相通的地方，但大部分是技藝所製；而所有律法的制定都
是技藝而非自然的產物，不以真實的存在作爲制定律法的
基礎。這些人認爲，神明並非自然存在，而是技藝的產物，
是邦國的法律傳統的製品。不同邦國在制定法律時依據的
共同約定有所不同，因此神明在不同地方也大相徑庭。他
們還認爲，自然美麗和崇高的事物和法律中美麗和崇高的
事物無關，而自然中根本沒有正義的標準，因此人們總是就
正義的標準爭論不休，不斷修訂着這些標準。所有的這些
修訂依據當時流行的權威而作，一切都依據技藝和法律，而
不是自然……他們認爲最高的正義就是力量。這就是年輕
人養成不敬神明思想的根源，因爲在他們的印象中，神明也
不是法律要求他們想象和相信的那樣。這樣的結果是不同
派別的興起。這些人教唆年輕人們回到一種"依據自然的
生活"，要成爲現實中所有其他人的主宰者，而不是根據法

律慣例,成爲他人的奴隸。(《法律篇》10,889b-890a)

柏拉圖這裏主要是引述了原子論派留基伯(Leucippus,約公元前500—公元前 440)和德謨克里特(Democritus,約公元前460—公元前 370)對於宇宙生成的理論。他們和早期自然哲學家一樣生活在伊奥尼亞地區,儘管他們認爲多元的世界不可能出自原初的一,而認爲宇宙的最初就是多元的,但是他們很大程度上繼承了早期自然哲學家構建的"physis"範式——宇宙由物質組成,而物質出於自然(physis)。這段話裏所説大地、日、月、星辰乃至動植物和四季出於"偶然",乃是因爲這一切都是通過物質自身的運作而産生的。柏拉圖話中的"偶然性"(tychē)一詞,在不同的語境中有"機遇"、"運氣"、"命運"等意思,它的對立面是由神或人的意志和操控而引發的結果。他更特意提點了作爲基本物質的"火、水、土和空氣"是没有靈魂(psychē)的死物(apsychos),它們没有理智,没有目的,也不需要超越的價值和根據。

在這樣的形而上學前提下,機械的"自然"被當作普通的事實來看待,而人類作爲有理智、有靈魂的動物,本質上是和大自然同質異類的生物。因此,人類活動與自然有兩類關係:其一是需要和自然存在的事實條件相配合的,其二和與自然存在的事實條件無關的。諸如醫藥、耕作、畜牧、體育等活動需要和事實情況(自然)配合,才能發揮作用;人們可以在玩樂中以"影像"的方式模仿真實的自然存在物,比如音樂和繪畫,但這些藝術作品和真實的世界並没有什麽關係。至於有關神明的知識和禮儀、城邦的法律、社會道德（美與醜、正義與否），則更多屬於後者。總而言之，自然對於人類的政治和道德價值來説，有部分需要參考和配合的事實條件，但没有任何實質的指導意義。這樣的結果是思想和道德没有統一的權威，探尋真理的基礎被移平，派别的争奪成爲常態，道德世界和自然世界完全脱軌，甚至有人歪曲"自然"，崇尚武力，以勝者爲王。

反之，柏拉圖認爲完美的神明承載的是超越的價值，神明的存在意味着普世和超越的政治和道德真理。柏拉圖對"physis"哲學提出了一個本體論的修訂：在宇宙之初，首先推動自身運動的那個東西，不是一個死物，而應被稱作"靈魂"（psychē）。這個靈魂和自然哲學家的"第一質"和"基本元素"不同，它的運動依憑的不是自身固有的性質，而是自身的"願望、反思、深謀遠慮、忠告、真假意見、喜悦、悲傷、信心、恐懼、仇恨、愛"等等。① 這樣的靈魂驅使着世上所有的運動，包括天體的規律運動。同樣有别於自然哲學家對待自然的態度，柏拉圖認爲天體的規律運動和"理智的運動、旋轉和計算相似，並且以相應的規律運作"，這代表自然必定是由靈魂所驅使的，而且是"由最好的一種靈魂照管和指導，沿着最好的路徑行進"。② 這樣的靈魂"或是像坐馬車一樣駐扎在太陽裏面，驅趕着它，或是在太陽之内或者之外使之運作，供給所有人以光明……星星和月亮、年和月、

①柏拉圖：《法律篇》10,897a。
②柏拉圖：《法律篇》10,897c。

四季,這其中有一個或多個擁有所有美德的靈魂,作爲這些現象的原因……我們認爲這些靈魂就是神明".①

　　如此,柏拉圖嚴重地批判了"physis"哲學下的形而上學:僅承認物質爲存在物的自然世界和道德世界必然導致二者的完全割裂,給社會道德和政治價值所帶來的不良影響。這實際上代表了在柏拉圖的思想中,另一種對形而上學的需要,或者説是形而上思想的源起。柏拉圖憾於現象世界的知識、習俗、倫理價值的變動不居,借"洞穴"的寓言,表達在現象世界之上,必定有一個恒定和完美的"形式世界",這是衆所周知的。而他在《法律篇》借"雅典人"所闡述的形而上學,則源於他認爲,以無意識的物質組成的現象世界,無法展示也無法承載自身作爲世界整體的目的,以及普遍的倫理價值。正是出於這樣的憂慮,才有了"雅典人"口中超越現象世界的"靈魂—神"。柏拉圖在《法律篇》中並没有清楚界定"靈魂—神"到底是一種超越的存在,還是一種具有特殊能力的物質,我們無法從這段材料中説明柏拉圖是否反對一切物質的一元論。我們能夠看出的是,無意識的物質一元論肯定是不足的。在其之上(或者之間、之外),必須加上代表目的、意識和善的另一種存在,才足以説明世界整體。鑒於自然哲學家集體的論題是"physis",那麼討論一些有別於物質的存在(位於物的世界之外),而又遍佈整個由物質組成的世界(作用在物與物之間),乃至於關乎宇宙整體的東西(似在物的世界之上),在後世被稱爲"metaphysics"("meta-"詞綴意爲

①柏拉圖,《法律篇》10,899a-b。

在其一旁、在其之後、在其之上）也不足爲奇了。

　　因此，柏拉圖在這裏所反對的並不是生成論的思維。他依據"physis"哲學所設下的理論範式，按照"宇宙的源起和構成、解釋自然（天體）現象、闡述自然秩序"這幾個環節，不無諷刺地論證了神明的存在，重申了超越的價值和原則。我們或許對柏拉圖對神明的潦草論證不以爲然，但是這部分討論所畫下的思想藍圖實際上是高瞻遠矚的論斷。柏拉圖所批判的原子論學説在希臘化時期被伊壁鳩魯學派重拾起來，他們認爲人以及人的靈魂都是由原子構成，而神明作爲另外一種原子，因爲忙於享樂，無暇顧及人類世界。所以，人的"道德"在於活得開心，開心的要領在於心境平静，滿足值得滿足的欲望，没有恐懼。在伊壁鳩魯的哲學中，物質和神性無關，道德價值也和自然無關。此外，柏拉圖筆下神明與"自然哲學"的統一，則在斯多葛學派上得到體現，他們認爲一切物質都與神交糅，"神體"在每一個細節處推動萬事萬物生成變化，也主宰着人的每一個行爲，這樣的形而上學論斷又對自由意志和道德責任造成了新的問題。總之，我們可以看出，"自然哲學"以物質爲真實存在的形而上學，其對神話傳統的取替和更張是不完整的——代表存在的物質，始終和道德精神存在着張力。

四　《老子》對生成範式的反思和"自然"

　　柏拉圖對古希臘 physis 哲學範式的批判，實際上針對的是只承認無意識的物質爲唯一存在物的形而上學。那麽這個批判就不適用於《老子》"道生物"的説法,因爲"道"不是"物"。道在冥冥中起着"生"和"衣養"萬物的作用,所以它不是腦子裏的一種想象或者一個比喻,而是確實存在的。不過,道是無形無名的存在,而物則以有形有名爲基本特徵。① 萬物的世界不能單獨於道而存在,因爲道是使萬物一直富有生機的根源;萬物的發展和現象世界裏的價值也並非毫無目的,任意搖擺,因爲道是萬物發展的總原則,也是超越的價值原則和根基。

上文的分析表明,《老子》中有數章利用生成的思維範式,即"道生物",來闡發周遍萬物的道理和價值。但在此之上,《老子》中還包含了對這種思維和闡論模式的反思,主要表現爲三種不同的思維路徑:1. 道是恍惚的,本身就不可以尋常的方式把握;2. 道本身不"爲大",不以先於萬物的身份自居;3. 道以超越的方式對世界產生作用,我們不能通過反覆變化的現象世界來直接認識道。這三種思維路徑旨在反思的生成論思維是:把握生成萬物的道,就能掌握統管萬物的原則或者價值,按此來推行管治,達到理想的政治效用。《老子》認爲這種思維方式是愚昧而且危險的。以下就這三種思維路徑作進一步分析:

1. 第 14 和 21 章告訴我們"執古之道,以御今之有"、"孔德之容,唯道是從。"顯然是在提倡在社會和政治的世界中運用道的原則。但是,這兩章卻強調道"恍惚"、"窈冥"、"不可致詰"。

---

① 鄭開:《道家形而上學研究》(修訂版),北京:中國人民大學出版社,2018 年,74 頁。

這也就是説,一切現象世界中尋常可見、能够辨析的東西,或者具體的價值和原則都不是道,因此也沒有任何明確的、具體而且普遍的政治手段或者倫理價值可以"冒充"道的作用。反而,鄰近的第15章和第20章則告訴我們,從精神境界上和"恍惚"的道相應,可以達致與道相通的作用。

> 古之善爲士者,微妙玄通,深不可識。夫唯不可識,故強爲之容……敦兮其若樸;曠兮其若谷;混兮其若濁;孰能濁以静之徐清? 孰能安以久動之徐生? (《老子》第15章)
> 沌沌兮,俗人昭昭,我獨若昏。俗人察察,我獨悶悶。澹兮其若海,飂兮若無止。(《老子》第20章)

這兩章前部分描繪和道相通的精神境界,後面則闡述其功用或者益處。首先,這兩章的對精神狀態的描述和第14、21章對道的描述一樣,都是狀態的描摹("強爲之容")而不是屬性和原理的界定,它們用詞也十分接近,第15章説:"敦兮其若樸……混兮其若濁。"第14章説:"不可致詰,故混而爲一。"第21章説:"道之爲物,唯恍唯惚。";第20章"沌沌"、"若昏"、"悶悶"都是近似的描述,而帛書本更明確地出現了"恍惚"之辭:"忽呵其若海,朢(恍)呵其若無所止。"相應地,第15、20章所描述的功用,也是和道相通的。第15章所説的"清"和"生"可以在第39章找到對應的話語:"天得一以清……萬物得一以生。"其後二句帛書本作:"濁而静之,徐清;安以動之,徐生。"更加明確了道的精神境界和道的功用之間的緊密關聯。第 20 章所説的"若海"，河上公注："如江海之流，莫知其所窮極也。"王弼注："情不可睹。"和第 4 章所説"淵兮似萬物之宗……湛兮似或存"相仿；而"若無所止"，則和第 6 章所説的"綿綿若存，用之不勤"類似。

這數章論述的是，我們不能通過認識作爲萬物之始的道來認識萬物的發展原則或者普遍價值。反而，無論是萬物的總根源還是總原則，都不可以被"明察"地分析和辨識。因此，我們應該從精神境界的方面追隨生成萬物的道，而不是道身上得出具體的原則或者價值，推行到政治和社會之中。那麽，這種闡論方式便與以上引第 34、51、77 章爲代表的闡論方式有很大的不同，甚至可以説是截然相反的。

2. 第二種反思路徑批判道的"大"，強調道的"小"，其意義在於説明道本身不推舉任何具體的價值，如果非説道提倡某些具體的價值的話，它們的重要性應當是很有限的，而不是能够周遍天下，普適萬物的。這個反思路徑和道家"自然"思想的出現有密切的關係。

道之"大"在《老子》中多章都有提及，"大道"二字連用見於第 18、34、53 章，"道大"二字見於第 25、67 章。其中，第 25 章"有物混成，先天地生……吾不知其名，字之曰道，强爲之名曰大。"以及第 34 章"大道汎兮……萬物恃之而生而不辭"將道作爲萬物的生成的根源和道的"大"聯繫在一起。除了對"大"的讚揚之外，《老子》中還包含許多對於"大"的批判性反思，這個反思路徑集中在第 24 至第 34 章。

首先,第 32 章中直接提出了道的"小":

> 道常無名,樸。雖小,天下莫能臣也。侯王若能守之,
> 萬物將自賓。天地相合,以降甘露,民莫之令而自均。始制
> 有名,名亦既有,夫亦將知止,知止所以不殆。譬道之在天
> 下,猶川谷之與江海。(《老子》第 32 章)

除了這章開頭指稱道的"小"之外,這章最後一句,郭店本作"猷
少浴之與江海",帛書乙本作"猷小浴之與江海也"(甲本前三字
闕文),北大漢簡本作"猷小谷之與江海",可以說通行本的"川"
字,是"小"字的誤寫。無論是"小谷"還是"小浴",和"江海"比
起來,肯定是小的;那麼相應地,"道"和"天下"相比,也是小的。
這應該如何理解呢?

古今不少解釋家都認爲此章開頭所說道的"小"是指道"微
妙無形"(河上公),"細無不入"(范應元),"至精無形"(張默
生)[1],或者"微眇難見"(高亨)[2]。但是,以"小"是對道爲"大"
的反思作爲切入點來嘗試解釋,興許更能契合這章的主旨。第
32 章不強調道生成或者衣養萬物的作用,卻說:"天地相合,以
降甘露,民莫之令而自均。"這是"始制有名"之前的一個時刻,
也就是這章所假設的,具有分割意義("制")的政治出現之前的
狀態。此時,這裏強調的不是道,而是"天地相合,以降甘露"。

---

①陳鼓應:《老子注釋及評介》,北京:中華書局,2009 年,第 189 頁。
②高亨:《帛書老子校注》,北京:中華書局,1996 年,第 398 頁。

"甘露"是普益地上所有生物的自然作用,其結果是民的"自均"。"自均"是什麼意思?"均"的反面是價值的區分和差別對待——當我們有了先後、高低、長短、貴賤的價值標準,就免不了爭先恐後,褒高貶低,揚長避短,貴難得之貨。但是,"均"的意義不在於認爲一切事物的價值都相等,而是在於不同的價值觀都得到同等的尊重。我們可以看出,這裏的論題是政治權力("令")對價值觀念的影響。換言之,民對價值的認識得以自然形成,不受政治的影響,這是此章所提倡的天然完善的狀態。①(第17章"功成事遂,百姓皆謂我自然",第51章"道之尊,德之貴,夫莫之命常自然"。)在這個理想的狀態中,百姓的價值原則有"自適自宜"的道理,不需要額外的法令對其進行改造,這些"自然而然"的價值和原則都在天地面前得到包容和尊重。然而,老子並不慫恿我們回到這個原始的狀態,因爲"制"是必然的。那麼理想的"制"是什麼樣的呢? 老子提出"大制無割":

> 大制無割。將欲取天下而爲之,吾見其不得已。天下神器,不可爲也,爲者敗之,執者失之。夫物或行或隨;或熱或吹;或强或剉;或培或墮。是以聖人去甚,去大,去奢。(《老子》第29章,按帛書甲、乙本及漢簡本改,並將"夫大制無割"句歸入此章。)

---

① 此處描述的不是一個無政治無政府的狀態,在"始制"之前,也有"令"的存在,只不過"令"的作用不在於"制"和"名"。

　　"制"可以代表政治的制度或者裁斷的標準,無論是哪個,"制"的意義都在於分割和區別,所區分的是價值的高低,或是重要性的大小。那麼,"大制無割"的意思就是不因區別的態度而捨棄萬物中的任何一個部分。因爲,正如上述所說,有善必有惡,有割必有捨——讓一些人走在前面,就會有另一些人走在後面;讓一些事物生熱,就會有另一些事物吹寒;讓一些事物變得強健,就會有另一些事物折傷;培養一部分事物,就是損壞另一部分事物。("夫物或行或隨;或熱或吹;或強或剉;或培或墮。")王弼注說:"大制者,以天下之心爲心,故無割也。"這也就是第49章所說的"聖人無常心,以百姓心爲心。善者,吾善之;不善者,吾亦善之;德善。信者,吾信之;不信者,吾亦信之;德信"。所說的正是對不同價值觀的尊重和接納。這章最後還提到了"去甚,去大,去奢"。這裏的"大"通行本作"泰",河上公認爲"甚,謂貪淫聲色;奢,謂服飾飲食;泰,謂宮室臺協。"不過,筆者以爲批評奢淫的解讀同樣不合乎這章的主題,"甚"和"奢"意指沒必要或者沒用的東西,那麼,第24章可以和"去甚,去大,去奢"互證:

　　企者不立;跨者不行;自見者不明;自是者不彰;自伐者無功;自矜者不長。其在道也,曰:餘食贅行。(《老子》第24章)

這章提倡捨棄"餘食贅行",是要做到"不自見"、"不自是"、"不自伐"、"不自矜"——充分承認自身認識、價值、作用和重要性的有限性，尤其是在他人（萬物）之前的有限性——也就是不"自爲大"。我們不應以任何單一的標準或原則，裁決天地萬物，因爲萬物站在自己的角度自然有自己的一些道理，而這些道理是没有辦法一語概之、一概而論的。同樣的這個道理，第 34 章給我們做了一個很全面的總結，第 67 章也表達了相似的意思。這兩章都提到了道的"小"或"細"：

> 萬物恃之而生而不辭，功成不名有。衣養萬物而不爲主，常無欲，可名於小；萬物歸焉，而不爲主，可名爲大。以其終不自爲大，故能成其大。（《老子》第 34 章）
>
> 天下皆謂我道大，似不肖。夫唯大，故似不肖。若肖久矣。其細也夫！我有三寶，持而保之。一曰慈，二曰儉，三曰不敢爲天下先。（《老子》第 67 章）

這兩章闡論的邏輯是一樣的：莫要先行地認爲道"大"，實際上道正是因爲它"小"（不自爲大），所以才"大"。第 67 章所説的"慈"是下引第 27 章所説的"無棄人"；而"儉"應該不是"節儉"的意思，而是第 24、29 章所説"去甚、去奢"的"自我約束"（《説文》：儉，約也。），也就是認識自身的局限，不做超出這個局限的、過分的事情。這兩章點明"衣養萬物而不爲主，常無欲"和"慈、儉、不敢爲天下先"，旨在説明的是反思和批判"自大"的原則：要認識到自身的"小"，必須承認他人（天下、萬物）的"大"。

萬物的標準、原則和價值觀念或許各各不同,但各自都自己的重要性,各自都有不可磨滅的價值,因此不可隨意割捨,更不可以基於自身的認識"一刀切"地裁決天地萬物。那麼,理想的統治者應該怎麼做? 第27章說:

> 是以聖人常善救人,故無棄人;常善救物,故無棄物。是謂襲明。(《老子》第27章)

這也就是《老子》認爲"天下神器,不可爲也,爲者敗之,執者失之"(第29章)的原因。因爲"爲"和"執"就意味着分判,只能成爲割裂的、部分的助長和推崇,那些沒有被重視的、被認爲沒有價值的部分,就成了"棄人"、"棄物",自然便衰敗、失落。所以,"爲"即是"敗","執"即是"失"。在這個意義上,"無爲"、"無執"、"不自爲大"、"不爲主"(第34章)和"去甚,去大,去奢"(第29章)的意思是同等的。這些原則的核心特徵是不過分誇大自身的價值和作用,不以一己的想法裁製天下,因爲只有這樣,才能無一捨棄地周全萬物。這也是第2章所說的道理:

> 天下皆知美之爲美,斯惡已。皆知善之爲善,斯不善已……是以聖人處無爲之事,行不言之教;萬物作焉而不辭,生而不有,爲而不恃,功成而弗居。夫唯弗居,是以不去。(《老子》第2章)

現在,我們再回觀第 32 章,古本所說的"譬道之在天下,猷小浴之與江海也"是不是同樣在提示我們,不能因爲道在生成的角度上生養萬物,就認爲道先於萬物、大於萬物,道的原則可以裁決萬物,而應要認識萬物自然擁有的價值和重要性,充分地承認"天下"的"大"呢? 如果是這樣的話,那麼第 25 章令讀者匪夷所思的幾句話,是否也可以認爲是提示道"不自爲大"的幾句"卮言"?

> 故道大,天大,地大,王亦大。域中有四大,而王居其一焉。人法地,地法天,天法道,道法自然。(《老子》第 25 章)

這章把道、天、地、王並舉,好似它們同樣重要,對《老子》的受衆("王")來說,衝擊力應該是很大的。因爲這樣的話有些大逆不道,帶着誇張,像在開玩笑一樣。如此説來,或許這兩句話的意義不在於清晰地界定誰大,一共有幾個大,誰法誰,而可能在説,就算我們把王當成頂天的大,和天地一樣大,和道齊名,王也不是"獨大"。沒有任何東西獨大,就是必須認識有多個"大"。結合上文,承認他人的"大",就是認識自身相對的"小"。我們都知道"道"生成萬物,衣養萬物,可以説是宇宙間最重要的存在。可是道再"大",況且以"自然"爲法,而不是"無法無天",不設約束、無限地規管萬物。這也就是説,儘管道是萬物的總根源,但對於任何統治者("王")來説,實際上並沒有一個統一、普世的總方法、總標準、總價值可以一直持之而行而不敗。按第 29

章"爲者敗之,執者失之"的説法,天下萬物不可爲、不可執、不可法。反之,君王能够做的,是"不自爲大",認識自身價值和作用的有限性,謙遜虚靈地取法於萬物,輔助萬物的自然。

3. 無論如何,我們可以嘗試將"道法自然"解讀爲是在反思"道"之外的原則。這是從字面上説,最爲明顯的解讀。那麽,既然我們上文已經分析過,道就是萬物的總原則,爲什麽還要思考所謂道之外的原則呢? 這裏,我們似乎觸碰到《老子》對超越性的其中一種認識。

在上引柏拉圖《法律篇》的形而上學思維裏,"超越"的意義在處於以物質組成的宇宙之外(或者之間、之上),説明另外一種存在,以承載一些單純以物質的語彙無法表述的東西,比如説宇宙整體的目的和善。因爲柏拉圖認爲宇宙的目的和善,就像現象世界中的物質一樣真實。換言之,若要説明宇宙整體的情況,闡論一段關乎宇宙整體的叙事(historia),那麽單單説明物質的起源,解釋天體現象和自然秩序等等是不够的,柏拉圖認爲我們需要在此之上(或者之外、之間),説明一些超越的、用"靈魂—神"的語彙才能説明的情況,也就是宇宙整體的目的、意識和善。若同樣以西方形而上學的説法來考究,《老子》中的"道"也是完全區別於現象世界裏的事物的另一種存在,道從自身上來説無形無名,在物的世界之中看不見、摸不到具體的道,而道生成、衣養萬物,作用在每一物之上,每一物之間。因此在這個方面,我們也可以説道是有關"metaphysics"的一個概念。[1]

————————

[1] 鄭開:《道家形而上學研究》(修訂版),北京:中國人民大學出版社,67—83頁。

如此説來,道是超越物的世界的,所以屬於形而上學的範疇,那麽"自然"又如何呢? 繼續上文的分析,"自然"代表萬物自主形成的原則或者價值觀,擁有不可磨滅的價值,在反思"道"或者"王"的"大",闡述"不爲大"("小")才能"成其大"這個思維路徑上起到了重要的作用。不過,這樣的説法其實並不完整。因爲按此思路來解釋"道法自然",自然好像比道還要重要。此外,有的解釋家基於"自然"本有的價值,闡發某種自然人性論,認爲只要"自然而然"就是善。這些解讀在《老子》中是没有根據的。就此,我們要解答的問題是,爲什麽説"自然"本身擁有不可磨滅的價值? "自然"所擁有的,是什麽樣的、從何而來的價值? 以下試論之。

在《老子》中,論證天下"不可爲",除了上述圍繞"大"的探討之外,還有一條反思的思維路徑,是由現象世界中原則和價值觀的反復無常而展開的:

　　　　物或損之而益,或益之而損。人之所教,我亦教之。(《老子》第42章)
　　　　禍兮福之所倚,福兮禍之所伏。孰知其極? 其無正。正復爲奇,善復爲妖。人之迷,其日固久。是以聖人方而不割,廉而不劌,直而不肆,光而不燿。(《老子》第58章)
　　　　勇於敢則殺,勇於不敢則活。此兩者,或利或害。天之所惡,孰知其故? 是以聖人猶難之。天之道,不争而善勝,不言而善應,不召而自來。(《老子》第73章)

　　夫唯無知,是以不我知。(《老子》第 70 章)

　　知不知上;不知知病。(《老子》第 71 章)

　　前三條材料説明,"損益"、"禍福"、"正奇"、"善妖"、"敢和不敢"、"死活"、"利害"的原則都是捉摸不定的,甚至在不同條件之下,是相互顛倒的。這些原則的遷移變化,對於人的認知來説,不可測度,第 58、73 章感歎,"孰知其極?"、"孰知其故?"這顯然涉及了關乎"知"的問題。第 70、71 章警戒,要清楚自己知識的邊界和極限,給自己所不知道、不能知道的事物留出餘地。這種清醒和謙虛的態度,有些似康德和近代科學哲學所説的"認識論上的謙卑"(epistemic humility)①不過,《老子》要闡發的不是一個認識論的命題,老子的目的不是給知識立法,而是論證一個政治哲學上的主張。具體來説,因爲萬事萬物的原則在很多情況下不能一概而論,所以我們也没有任何理由把持單一的法度或者準則,以割裂和差别的方式對待不同的事物。理想的統治者應該積極地取法於他人,以此來輔助萬事萬物。第 42 章説:"人之所教,我亦教之。"第 58 章:"是以聖人方而不割……光而不燿。"第 64 章進一步説:

①D. Matthews,"Epistemic Humility: A View from the Philosophy of Science", *Wisdom, Knowledge, and Management: A Critique and Analysis of Churchman's Systems Approach*, Van Gigch, John P., McIntyre-Mills, Janet J., New York: Springer,2006,p. 113. R. Langton, *Kantian Humility: Our Ignorance of Things in Themselves*, Oxford: Clarendon Press,1998.

> 爲者敗之,執者失之。是以聖人無爲故無敗;無執故無
> 失……是以聖人欲不欲,不貴難得之貨;學不學,復衆人之
> 所過,以輔萬物之自然,而不敢爲。(《老子》第 64 章)

此處所説的"欲不欲"和"學不學",不單是接納和取法於與自身
不一樣的事物,而是在對他人的原則和價值觀有充分認識之上,
形成超越於尋常價值之外的價值觀和原則。具體地説,"欲不
欲"和"學不學"所説的不僅是取法於萬物,而是要有意識地把
握大家所"不欲"、"不學"的事物,認識那些被認爲没有價值的
事物的真正價值。這提示我們,此處所説的"自然"代表一種超
越的價值。這種所謂超越的價值,在現象世界中是不存在的,無
法指稱的,但是,《老子》卻認爲它真真切切、顛撲不破。同樣表
達這種價值的超越性的還有:

> 善者,吾善之;不善者,吾亦善之;德善。信者,吾信之;
> 不信者,吾亦信之;德信。(《老子》第 49 章)
> 知者不言,言者不知。塞其兑,閉其門,挫其鋭,解其
> 分,和其光,同其塵,是謂玄同。故不可得而親,不可得而
> 疎;不可得而利,不可得而害;不可得而貴,不可得而賤。故
> 爲天下貴。(《老子》第 56 章)

第 49 章强調"德善"、"德信",以區别於尋常現象世界所認識的
"善或不善"、"信或不信"。就像柏拉圖《法律篇》所説,物質的

語彙無法指稱"靈魂—神"的價值和作用一樣,現象世界中的
"善或不善"、"信或不信"也無法認識或者指稱《老子》所説的
"德善"和"德信"。第 56 章説明,尋常的"知"是用"言"來表達
的,但懂得"玄同"的"知",是前者無法認識的另一種"知"。結
合第 49 章來説,從"言"的層面來看,"玄同"的態度甚至"不知
道"爲什麼"不善"也是"善",爲什麼"不信"也應該"信"。因爲
它們的價值是超乎尋常認識,超越於"言"的。把握超越"言"的
"玄同",便不再拘泥於尋常價值和標準所指稱的"親疏、利害、
貴賤"。它成就的價值是超越的"天下貴"。

　　因此,"自然"提示我們,從尋常認知的角度看來,萬物的價
值及其原則是多樣的、反覆無常的、不可測度的。它們不可主觀
臆斷,也不可以通過對道的分析來把握。這個方面的"自然",
提示萬事萬物自然變化,其原則原理超越於任何"名"、"言"、
"明察"的認識,我們一定要辨清"知"的邊界,爲萬物的"自然"
留出"不知"的餘地。而從尋常價值觀的角度看,通常描述價值
的語彙有"美與不美"、"善與不善"等等,通常社會文化還會告
訴我們如何獲得這些價值的原則原理。但是,這些標準和原則
是變動不居的,"自然"提示説,以無差別的態度、"玄同"的方式
對待萬物的價值觀,承認"一切價值的價值",才能形成超越的
價值觀念,才能"輔萬物之自然"。如此説來,"自然"所提示的
認識和價值,是那些尋常的價值觀所不能指稱,尋常的"知"和
"言"所無法認識,但是確切存在的原理和價值。從這個角度來
看,"自然"相對於"知"和"言"來説是超越的。我們可以由此

來考慮提出"自然"和"道"的不同的出發點：

> 吾不知其名,字之曰道,强爲之名曰大。大曰逝,逝曰遠,遠曰反。(《老子》第 25 章)
> 反者道之動。(《老子》第 40 章)

"反"不一定是具體現象中的反覆或者相反,其所提示的,是紛亂多變,難以概括的現象背後真實的統一。通過尋常的認識來看現象,天地間有多種多樣的、變動不居的價值觀和原則,或者有看似屬於"天"的,屬於"地"的,屬於"人"的,其中有一些難以理解,有些甚至不知從何而來,於是我們可以説它們是"自然"形成、"自然而然"的。但是,從"道"的角度來看,這些可道的原則、有名的價值,儘管在人的認識中變化萬千、不可捉摸,但又有哪一出、哪一節不是"道"("常道")的作用的一環? 換言之,從現象世界出發來看,天地萬物"自然如是"、"自然而然",其意義不在於論説"自然的就是善的",而在於告誡我們不要過分地化約萬物的原則,不要自大地審判萬物的價值;從(常)道的角度出發來看,道的作用周遍了古今一切,不論是我們所"知"的,所"不知"的,我們所認爲"自然"與否的,乃至於"善"、"不善"和"德善"三者,都不超過道的範圍。這也解釋了爲什麼在尋常的我們看來,道的神奇作用不可言表,惟恍惟惚。

作者簡介：阮漢樑，1991 年生於中國香港，北京大學哲學系博士研究生。主要研究方向爲道家哲學。有譯著 *The Metaphysics of Philosophical Daoism*。

以謎爲匙:四種當代西方道家
釋讀中的反諷與吊詭

易冬蘭(Dimitra Amarantidou)

內容提要 中國哲學傳統缺乏"反諷"(irony)一詞,而"吊詭"(paradox)在《莊子·齊物論》中也只出現過一次,但實際上,中國傳統思想經常通過反諷式以及吊詭的話語和思維方式得以闡釋。國外有許多學者已經間接或直接地使用和研究反諷與吊詭,並充分肯定了其在中國哲學中的價值。他們的討論主要集中於道家,以反諷或吊詭來解讀道家核心的觀念及思想。從安樂哲(Roger T. Ames)與郝大維(David L. Hall)的"導"(他們將"道"理解爲"導")以及"一多不分"的理論框架和宇宙觀,到漢斯-喬治·梅勒(Hans-Georg Moeller)與德安博(Paul J. D' Ambrosio)的"遊"或"真實假裝",又到任博克(Brook Ziporyn)的反諷與非反諷的連貫成形與何乏筆(Fabian Heubel)的"覺行吊詭"及"吊詭溝通",都從反諷與吊詭的角度提出了對道家經典文本的不同解讀模式,其中有些甚至將其視爲生活方式。這些學者就反諷與吊詭在思想體系、經典文本和關鍵術語中的哲學意義達成了共識。由此可見,反諷與吊詭在中國哲學中確實具有重要的意義。本文將集中討論上述四種當代西方道家釋讀,它們對道家思想的解讀都不僅把反諷或吊詭作爲解讀《老子》和《莊子》的關鍵,而且主要作爲一種哲學態度、思維模式及可實踐的生活方式。

一、以"導"觀"道":安樂哲與郝大維的反諷的宇宙觀

安樂哲和郝大維的作爲"導"(way-making)的"道"的概念,在《哲學的導言》中伴隨着他們對《道德經》的翻譯以及"成人"(human becoming)概念而出現。雖然在《哲學的導言》中完全找不到"反諷"與"反諷的"這些語詞,但其中所描述的過程性的世界正是通過一種過程性的(gerundive)即反諷的語言被解釋的。安、郝提出了本體論前提,即"道"與"成人"的創造性、共通性與過程性,他們通過過程性的術語("making"和"becoming")來描述的道家宇宙觀必然包含一種可被視爲反諷的、欣賞矛盾的、不可絕對確定的思維方式。

這一宇宙觀缺乏"多中求一"(one behind the many)的形而上學基礎,而只有在"一多不分"的框架下才得以被掌握。唐君毅首次提出的"一多不分"①指的是生生不息的"道"的宇宙論②。在

①參見卞俊峰:《豁然:一多不分》,杭州:浙江大學出版社,2018年。
②參見唐君毅:《中國哲學中自然宇宙觀之特質》,《中西哲學思想之比較論文集》,臺北:臺灣學生書局,1988年。

此基礎上,郝大維和安樂哲運用了"焦點和場域的語言"(the language of focus and field),這種語言"假定了一個由過程和事件的交互場域所組成的世界,其中沒有終極原理,而只有現象'場域'中的變化的'焦點'",焦點永遠不會被最終固定,並且每一個焦點"都從它們有限的視角來關注整個場域"。①

我們可以以反諷的視角進行進一步分析。首先,"易"是唯一不變的("反者道之動"②)。以《易經》爲奠基文本的中國哲學正是變化的哲學。陳來也曾指出:"按照《易經》系統的哲學,天地萬物是在時間的進程中逐漸生成的,並變易着,它可能是在從某種混沌中產生出的東西,是某種發展起來的東西,某種逐漸生成的東西,生成就是 becoming。所以不是 being 而是 becoming 才是中國哲學的基本問題意識。"③郝大維和安樂哲也提出了"相互關聯的宇宙論"(correlative cosmology):中國的世界是一個充滿變化的事件世界,而變化是事件相互作用的結果。這種宇宙論本身之所以是反諷的,是因爲他們間接地假定了另一種思維模式:首先,這種模式涉及對"本質"(essence)的理解,而具有反諷意味的是,這種本質既不是非–柏拉圖的也不是非非–柏拉圖的;其次,對亞里士多德邏輯學中最重要的矛盾律並不那麼

---

① 參見 Roger T. Ames, David L. Hall, *Focusing the Familiar: A Translation and Philosophical Interpretation of the Zhongyong*, Honolulu: University of Hawaii Press, 2001, p. 7.

②《道德經》第四十章。

③ 陳來:《中華文明的核心價值:國學流變與傳統價值觀》,北京:生活·讀書·新知三聯書店,2015 年,第 22 頁。

看重,依據這一定律,相互矛盾的命題是相互排斥的。

對於變化生成的中國哲學來說,我們可以看到一種"非宇宙論的"(acosmotic)世界觀,它缺乏一種包羅萬象的、可以作爲創造過程之解釋的 arche(ἀρχή)或者開端。因此,根據西方哲學的理解,道家的宇宙觀並不是一種宇宙觀,因爲道家哲學缺乏 kosmos(κόσμος)這一古希臘哲學提出的觀念及其意蘊,即"一種單一秩序的世界(single-ordered world)中的某種極端的起始(initial beginnings)"。①

由上述討論而來的第二個反諷的前提在於,在一個由事件而不是本質所組成的變化的現實中,事物並不是事物。"特定的'事物'其實是過程性的事件,並且,這些事物與那些爲其提供存在脈絡的其他事物内在地彼此相關",因爲"形成(formation)與作用(function)相互依賴,並且相互共同決定這些事件的特徵",所以事物拒絕在'終結'與'封閉'的字面意義上被'定義'"②,這種定義如同一個圍繞着它們的邊界,帶來所有外部的和非固有的關係。《道德經》第二十五章表明,使用有限的語言、知識和經驗來定義或使道標準化是不可能的,然而這並不意味着道是感官、經驗或知識之外的物質實體。完整性即是關聯性。

第三,道家的世界觀並不是一個世界觀。"經驗的領域總

①安樂哲、郝大維:《〈道德經〉與關聯性的宇宙論——一種詮釋性的語脈》。http://www. daoisms. org/article/sort018/info-2364_2. html(February 14, 2016)。
②安樂哲、郝大維:《〈道德經〉與關聯性的宇宙論——一種詮釋性的語脈》。http://www. daoisms. org/article/sort018/info-2364_2. html(February 14, 2016)。

是從這樣或那樣的視角被建構"①而且"並没有假定表像背後存在着某種永恒現實……變化背後的某種本質性規定"②,反而僅僅將變化的過程看作唯一的現實。在討論《道德經》篇題翻譯時,郝大維和安樂哲强調:"經過悉心考慮,我們選擇强調已促動道家宇宙論表達的人類設計、並爲其所激勵的方面。因此,我們將《道德經》翻譯爲'Making This Life Significant'。"③

在這裏,翻譯的人文主義的和實用主義的重點及其支撑的哲學框架變得顯而易見。事實上,《哲學的導言》意圖指出儒道兩家的共同承諾(shared commitments),從而與大量探索和質疑那些所謂中國古典思想的對立學派站在一起。在談論孔子所理解的"道"時,郝大維和安樂哲曾指出:"道存在於人們之中,由他們推進,並要從他們身上得到學習。個體以獨一無二的和本質上不同的方式來獲得並體現道……雖然孔子有時會從遥遠的歷史人物身上以及偉大的人類成就中來確認道,但是他也依然堅持能够在身邊發現道,在同輩之中、老師之中,甚至家庭成員之中發現道。"④

因爲認爲"《道德經》的根本目的"是"最大限度地發掘我們

----

①Roger T. Ames, David L. Hall, *Daodejing "Making This Life Significant"*: *A Philosophical Translation*, New York: Ballantine Publishing Group, 2003, p. 18.

②Roger T. Ames, David L. Hall, *Daodejing "Making This Life Significant"*: *A Philosophical Translation*, New York: Ballantine Publishing Group, 2003, p. 14.

③Roger T. Ames, David L. Hall, *Daodejing "Making This Life Significant"*: *A Philosophical Translation*, New York: Ballantine Publishing Group, 2003, p. 13.

④David L. Hall, Roger T. Ames, *Thinking Through Confucius*, Albany: State University of New York Press, 1987, p. 228.

每一個人的本質：一種獨特體驗的量子（quantum）"①，郝大維和安樂哲的翻譯似乎在模仿《道德經》文本。換句話説，他們嘗試在一個微觀的、獨特的、個人化的層面上，來做《道德經》打算做的事，並在更廣泛的層面上，思考那些決定認真對待文本的現代讀者的想法和生活方式：如果進入這一文本就是進入翻譯者經歷的特定場域，那麼郝大維和安樂哲就似乎要提供一種"自覺的、解釋性的"翻譯（而不是僅僅文字的轉變），這種富有成效的處理"允許對那些構成個人經驗領域的具體事物和事件進行充分理解"②，同時鼓勵讀者以同樣有成效的、個人的、獨特的方式（道）來進行閱讀。"道"不僅是"路"（way），也是"導"（way-making）。正如《莊子》中所説："道行之而成。"③道是我們自己可以在此時此地積極創造的東西。在轉變我們所閱讀的文本以及我們所生活的世界時，我們每個人都有潛力變得有成效和有影響。我們能夠重新創造道。

在上面所説的意義上，"道"作爲"導"是一種反諷的理解。道家思想並不催使我們去追隨唯一的、理想的、完美的道，比如去進行朝聖或返回古代原始的生活。它甚至也没有説我們應該努力去接受道並保持平静。道不是"在那裏"的一種規定性的、和諧的模式。它不在特定的某處，因而它無處不在，是在這種

①David L. Hall, Roger T. Ames, *Thinking Through Confucius*, Albany：State University of New York Press, 1987, p. 11.

②David L. Hall, Roger T. Ames, *Thinking Through Confucius*, Albany：State University of New York Press, 1987, p. 11.

③《莊子·齊物論》。

“一多二元”的區分之前的。它處在不斷的形成之中,並且更重
要的是,它處在我們自身的形成之中。顯然,“形成”(making)
與中國的作爲“情境創生”(creation in situ)的“誠”相聯系,而與
西方哲學意義上的“宇宙論式”(cosmotic)而不是“非宇宙論式”
(acosmotic)的世界觀有較大的距離。

二、任博克的“反諷的連貫成形”與“萬變牌”的比喻

在認識到安樂哲和郝大維的“焦點/場域”理論框架的洞見之
後,任博克更加具體地指出,這種分類模式不只是避開了一/多問
題,甚而還避開了進行區分的、定義性的整體/部分模式,以及將
永恒不變的本質歸給部分或本體,歸給集點或區域的那種假設。
然而,任博克同時反對郝大維和安樂哲的這一觀點,即中國傳統
思想的傾向乃是深刻而壓倒性的唯名論。[1] 任博克認爲,郝大
維和安樂哲“對中國處理相同性與相異性的方式作了徹底的唯
名論述評,相同性與相異性,以及各種組群,總是依賴於環境的,
它們不僅不是終極的本體論實體,而且不是固定的”[2],在他看

①Brook Ziporyn, *Ironies of Oneness and Difference: Coherence in Early Chinese Thought; Prolegomena to the Study of Li*, Albany: State University of New York Press, 2012, p. 56. 中譯見:[美]任博克:《一與異的反諷:早期中國思想中的“連貫成形”觀念:“理”研究之序章》,即將出版。

②Brook Ziporyn, *Ironies of Oneness and Difference: Coherence in Early Chinese Thought; Prolegomena to the Study of Li*, Albany: State University of New York Press, 2012, p. 56. 中譯見:[美]任博克:《一與異的反諷:早期中國思想中的“連貫成形”觀念;“理”研究之序章》,即將出版。

來,"中國思想家實際採取的措施既不是西方意義上的嚴格唯名論,也不是嚴格的實在論"。①

　　在談其研究的出發點時,任博克提出:"'對人類的各種假設進行質疑'是一件值得去做的事情",而"嚴肅且同情地審視那些在其他類型的假設下發展起來的不同的信念系統,它們帶有不同程度的自我反思意識,與我們已經習慣了的生活方式有着截然的不同。"②筆者認爲,在其《一與異的反諷:早期中國思想中的"連貫成形"觀念;"理"研究之序章》一書中,任博克在柏拉圖模式之外使用了"理"("連貫成形",coherence)這一概念來解釋早期中國思想。連貫成形(或者"連貫")通常被認爲是其他東西的派生物,"相同 vs 相異"標準的制約使得連貫在一起的條目成其爲自身,而不會成爲其他條目。但任博克認爲,這可能不是顯而易見的真理,或者説這是柏拉圖主義的殘跡。"同"與"異"的問題自然涉及到"一多"之辨的問題,而這兩個問題不可避免地讓我們回到"本質"問題,而"在早期的中國思想裏,我們有一個無本質的哲學世界",無論唯名論還是實在論都不爲真。根據任博克的觀點,對於"缺乏本質所導致的後果而言,並不是

①Brook Ziporyn, *Ironies of Oneness and Difference: Coherence in Early Chinese Thought; Prolegomena to the Study of Li*, Albany:State University of New York Press, 2012,p. 56. 中譯見:[美]任博克:《一與異的反諷:早期中國思想中的"連貫成形"觀念;"理"研究之序章》,即將出版。
②Brook Ziporyn, *Ironies of Oneness and Difference: Coherence in Early Chinese Thought; Prolegomena to the Study of Li*, Albany:State University of New York Press, 2012,p. 1. 中譯見:[美]任博克:《一與異的反諷:早期中國思想中的"連貫成形"觀念;"理"研究之序章》,即將出版。

説每個假定的同一性（identity）也必須被否定，而是説每一個自性在結構上都是模糊的……在中國的連貫成形學説裏，每一個自性同時也是好幾個自性。"①

任博克將"理"作爲"一把萬能鑰匙"來使用，解決中國思想中一些困難的、讓人費解的問題，但是這並不意味着"理""總是具有同一個意思"。② 事實上，任博克從經典文本出發，追蹤三種類型的連貫成形：非反諷、反諷的連貫成形，以及將反諷的連貫成形據爲己有的非反諷連貫成形。

在上述基礎上，任博克在《作爲哲學家的莊子》③一文中使用了更加擴展性的"萬變牌"比喻來指出，《莊子》呈現出了反諷的虛無模式以及反諷的連貫成形。出於對變化的看重，《莊子》並不以提供固定的價值和模式爲目的。通過介紹萬變牌的比喻來解釋莊子的人生觀和道的理想形態（這二者在内篇中得到闡釋，同時又被掩蓋），任博克嘗試以一種順勢療法的方式（homeopathicway），通過另一個吊詭來解決前一個吊詭。通過捕捉到不變的變化之吊詭，萬變牌讓人聯想到不可判定性的畫面，同

①Brook Ziporyn, *Ironies of Oneness and Difference: Coherence in Early Chinese Thought; Prolegomena to the Study of Li*, Albany: State University of New York Press, 2012, pp. 6-7. 中譯見：[美]任博克：《一與異的反諷：早期中國思想中的"連貫成形"觀念；"理"研究之序章》，即將出版。

②Brook Ziporyn, *Ironies of Oneness and Difference: Coherence in Early Chinese Thought; Prolegomena to the Study of Li*, Albany: State University of New York Press, 2012, p. 9. 中譯見：[美]任博克：《一與異的反諷：早期中國思想中的"連貫成形"觀念；"理"研究之序章》，即將出版。

③Brook Ziporyn, "Zhuangzi as Philosopher", Indianapolis, Hackett Publishing Company, 2015, http://www.hackettpublishing.com/zhuangziphil.

時也讓人聯想到靜止和永恒。它代表"道樞"、"環中"、"轂",而莊子本人則是反諷的空無的典範。《老子》第十一章將轂的意象作爲宇宙和社會結構的中心。① 由於没有固定的身份或價值,莊子可以不斷地轉换自己的身份以回應不斷變化的現實,對於這種現實,他不是與之脱離,而是完全依賴於它。聖人真正的獨立和自由,是通過對現實的完全依賴和參與以及視角的不斷轉换來實現的。②

　　如果轉變、依賴和視角是莊子理論的中心,那麼它們帶來的矛盾和吊詭就是中心的中心。吊詭可以被描述爲"兩行",如使流水静止,成爲空的轂、轉動的車輪的軸心,從一隻巨大的鳥轉向最小的魚,以及用令人厭惡的醜陋來吸引最美麗的女人。然而,根據任博克的解讀,"莊子並不宣稱他知道這一知識"。"他僅僅是斷言,從他自身當下的視角呈現出來的事物是怎樣的。至於這一視角由何處而來,以及它如何被他自己的認可所證明,則是未知的,也是不可知的。"③我們的思想和行動取决於環境,但與此同時我們也不受任何關於正確應對方式的固定觀念的支配,因爲"任何事情都將會發生",而且事實上,任何事情也正在

---

①"三十輻,共一轂,當其無,有車之用"。

②Brook Ziporyn, *Ironies of Oneness and Difference: Coherence in Early Chinese Thought; Prolegomena to the Study of Li*, Albany:State University of New York Press, 2012, p. 165. 中譯見:[美]任博克:《一與異的反諷:早期中國思想中的"連貫成形"觀念;"理"研究之序章》,即將出版。

③Brook Ziporyn, *Ironies of Oneness and Difference: Coherence in Early Chinese Thought; Prolegomena to the Study of Li*, Albany:State University of New York Press, 2012, p. 178. 中譯見:[美]任博克:《一與異的反諷:早期中國思想中的"連貫成形"觀念;"理"研究之序章》,即將出版。

發生,"我們處於何種位置"這個永恒的問題也只能用問題來回答:我們處在我們所在之處。這並不是在回避這個問題,而確實是一個吊詭的回答。對此,任博克使用了"吾喪我"①這一典型的例子:"對於自我之存在的疑問("真宰"、"怒者"等),這種兩存或兩可性,是全篇的核心議題。……此既不是 X(如,一個真正的統治者),也不是説此非 X,而僅僅止於這種不確定性,止於問題本身(將終極的自我一致性標準全部遺留到討論之外,而只留下吊詭性的內容)。這本身即是他的結論,即平衡地搖擺在是與非之間。"②

　　這裏的吊詭可以這樣重新表述:一個人被建議允許自己體驗感情,並在不抛棄自我中心的、空洞的觀點的同時採取不同的視角看問題。因而,對某一特定視角、情感或價值的暫時承諾似乎是最終效果的一部分,然而,這種暫時的處理不能被當作是一種"立"。"静止的和無關聯的中心點"是一個空洞的點,一種空洞的静止,它產生價值並通過非-引導來引導萬物:"平者,水停之盛也。其可以爲法也,内保之而外不蕩。德者,成和之修也。德不形者,物不能離也。"

---

①《莊子·齊物論》。

②Brook Ziporyn, *Ironies of Oneness and Difference: Coherence in Early Chinese Thought; Prolegomena to the Study of Li*, Albany:State University of New York Press, 2012, p. 290. 中譯見:[美]任博克:《一與異的反諷:早期中國思想中的"連貫成形"觀念;"理"研究之序章》,即將出版。

三、梅勒與德安博：“真實假裝”的藥理 作用及其作爲一種理解自己的新範式

對於任博克在《作爲哲學家的莊子》一文中使用的萬變牌比喻，漢斯－喬治·梅勒和德安博發現了其與自己解讀的相關性，進一步發展出了“真實假裝”的吊詭性概念以闡釋《莊子》哲學。保持明智和獲得成效的道家思想的核心在於一種吊詭性的真實假裝，使一個人在充滿虛僞且時而危險的社會環境中安然生活。這一思想在關於兩位“妾”的反諷故事中被提及（“逆旅有妾二人，其一人美，其一人惡”①），這個故事以這樣一個建議而結束：“行賢而去自賢之行，安往而不愛哉？”②把一個人的美內在化並不會使其真正的漂亮，反而是一種吊詭性的醜陋。

通過對真實假裝的實踐，一個人能够成功地保持“不傷”③。與任博克的萬變牌不同，梅勒和德安博將真實假裝者看作一個更具體的王牌，以這種幽默的方式强調了他們在《莊子》中認爲極其重要的無憂（lightheartedness）與嬉戲（playfulness）。對真實假裝這個概念的最恰當理解可以體現在漢語中的“遊”一字，正如《莊子》對該字的使用那樣。萬變牌對於其他牌來説不僅奇怪且特殊，而且有趣和滑稽。在生活中，萬變牌讓我們的期望發

①《莊子·山木》。
②《莊子·山木》。
③《莊子·應帝王》。

生逆轉,甚至把最嚴重的情況或問題化爲烏有。而王牌並不拯救我們,而是給予我們更多的機會去獲勝並拯救戰況:它讓遊戲免於無聊。梅勒和德安博認爲,對於理解王牌來説,幽默是決定性的,正如對於理解"真實假裝"以及《莊子》哲學來説也是一樣。同時,他們承認真實假裝"可以被更'嚴肅地'理解,就如萬變牌是一個更加'嚴肅的'王牌的變種"。① 真實假裝的更加"嚴肅的"版本可以通過萬變牌來比喻性地描述,但是梅勒和德安博也使用了更加具體的日常可見的經驗對它進行闡釋:"當觀看電影或戲劇時,我們的感情會被激發,進入一種假裝的真情實感⋯⋯這種體驗並不會繼續困擾我們,或者説,就像亞里士多德認爲的,這種體驗不是爲了使我們充滿情緒,而是爲我們提供了一種宣泄管道—— 它是一種釋放或清空情緒的形式,事實上,它净空了我們的情感容器中的殘留物。假如亞里士多德的觀點正確,那麼這個例子不僅説明了'真實假裝'是一種普遍的存在,還證明了它對保持心理健康至關重要。"②

真實假裝首先是對中國哲學之《莊子》解讀的一種回應,中國哲學在很大程度上是由本真(authenticity)和個人主義(individualism)的話語所支配的。對真實性的依賴導致將《莊子》看作對儒家思想的批判性回應。在孔子思想中,道德是要依據特定的社會角色而建構的。孔子不僅看重且認同角色,而且也主

---

① Hans-Georg Moeller, Paul J. D'Ambrosio, *Genuine Pretending: On the Philosophy of the Zhuangzi*, New York: Columbia University Press, 2017, p. 4.

② Hans-Georg Moeller, Paul J. D'Ambrosio, *Genuine Pretending: On the Philosophy of the Zhuangzi*, New York: Columbia University Press, 2017, p. 4.

張將它們看作唯一可能的人類存在的方式,甚至將它們看作一種生活着的個人,而不僅是被扮演的角色。根據這種"基於角色之真誠倫理",承擔某個角色就需要梅勒和德安博所稱的"雙層一致"(dual correspondence),這意味着不但要在外部行動上也要在内部情感上符合社會角色或社會期望。簡言之,一個人如果不想僅僅以成爲"德之賊"①而結束的話,他就不僅要以正確的方式行動,同時也要以正確的方式進行感受。孔子道德觀之核心概念以及莊子對其的批判是"正名"②以及系於其上的必然道德要求,這些要求集中於名實(names and actuality)相應或形名(forms and names)相應。

　　梅勒與德安博認爲,孔子的道德要求(承擔某個角色)或者上述討論的"雙重一致"是不可能的,而《莊子》提供的解決之道正是真實假裝,這種方式並不要求個人的思想和情感與其被期望扮演(而不是生活)的角色相符合。在《莊子》中缺乏自我或個體的實質性的概念,而根據梅勒和德安博的理解,我們或多或少是"空無的",並且因此總是能夠暫時地和不斷地被"填滿"角色而不依附於它們。真實假裝者保持着内在的空無,他能夠在角色、價值觀、判斷之間自由轉變,而不會對其中任何一個形成永久的依附。

　　由此可見,《莊子》提供了一種全新的存在模式(existential mode):一種全新的認識自我、認識他人、認識世界的方式,這種方式完全不同於真誠、個體主義、真實性、反諷和反諷的本真(i-

①《論語・陽貨》。
②《論語・子路》。

ronic authenticity)的模式。後者想要回答的問題是,一種自我矛盾、自我欺騙、多重人格的自我應如何應對社會現實。而對於梅勒和德安博來説,這一範式提供的回答及其相應的理論並不具有足夠的説服力,儘管其中每一個理論内部都有有效的方面。然而,"遊"則是描述這些局部事實、這些不同的共存範式如何圍繞着有意識的自我的方式,這些事實和範式絶不會停止其外在性和有限性。它們並不是要描述一個隱藏着的"真實的自我"。

在上述意義上,"遊"就是"遊戲"(play),這種觀點在任博克的"萬變牌"比喻中也能發現。正是在兒童的遊戲中,我們發現了對"真實假裝"的"真實"部分的最佳體現。兒童在特定遊戲中很自然地就"變成"他們的角色,但是與此同時他們也知道這些角色的暫時性,因爲每一個遊戲在某一時刻都會結束。不同於真正的職業人員(主厨、醫生或警員)有時太認真地對待自己的角色並在腦海裏時刻"充斥着"自己是誰,兒童則只有在特定情況下,在一個固定的時間内才會這樣看待自身。這樣,"真實假裝"就不僅緩和了必須體現自己角色的壓力,而且也保護自身免於傲慢、謊言與虛僞。

《齊物論》中的故事對"真實假裝"進行了闡釋:在夢中,蝴蝶"不知周也",即它對做夢者完全不了解。正是僅僅因爲蝴蝶和周公之間在認知上的完全分離,才使得蝴蝶充分享受了"逍遥遊"的體驗。做夢者僅僅扮演着他或她在夢中接受的角色——而這並沒有從本質上對他或她進行定義。其次,在這個故事中,非真實性並不是一種令人不安的身份缺失,反而是一種

快樂的、健康的狀態。"健康"或"增進健康"（wholesomeness）和
"真實假裝"的不一致在文本中被描述爲"真"，這是對哲學學派
中與之不同的"真"的回應，這裏主要是指莊子批判和嘲笑的儒
家的"真"。在這個意義上，根據梅勒和德安博的觀點，"真實假
裝"在歷史上是建立在哲學思想相競爭的背景下的。

四、何乏筆論"吊詭思想"與新主體性範式

以上討論的梅勒和德安博將"真實假裝"的吊詭視作一種生
活方式和一種治療法，但是他們在闡釋道家學説或處理社會弊病
時並沒有明確地對道家式的"吊詭思想"進行討論。於此不同，何
乏筆近期的研究特別重視吊詭的主題，承接其關於"美學修養"[①]
（aesthetic cultivation）和"氣化"[②]（energetic transformation）的研
究工作。[③] 與梅勒和德安博的解讀相一致，他並不認爲《莊子》
中有一個本質性的自我或個體的概念，但卻强調《莊子》包含
"主體性"的概念和範式。[④] 因此，他對他們的解讀有所保留，因
爲任博克的紙牌遊戲的比喻帶有無限和隨意流變的含義，且將

[①]參見何乏筆（Fabian Heubel）：《從權力技術到美學修養：關於傅柯理論發展的反思》，《哲學與文化》2010 年第 3 期，第 85—102 頁；《越界與平淡》，《中國文哲研究通訊》2010 年第 4 期，第 43—59 頁。

[②]參見何乏筆（Fabian Heubel）主編：《氣化主體與民主政治——關於"莊子"跨文化潛力的思想實驗》，《跨文化遊滑中的莊子》，臺北：臺灣大學人文社會高等研究院，東亞儒學研究中心，2017 年，第 333—383 頁。

[③]引自 2018 年 8 月 20 日北京第 24 屆世界哲學大會時與何乏筆教授的一次談話。

[④]參見何乏筆（Fabian Heubel）主編：《若莊子説法語》，臺北：臺灣大學人文社會高等研究院，東亞儒學研究中心，2017 年，第 6—8 頁。

"反諷"和"吊詭"的討論局限於認識論層面;①而梅勒與德安博也多少有點類似地把"道"想像成"一個相當荒謬的紙牌遊戲"②。

何乏筆有意識地使用來自《莊子》的"吊詭"（paradox）或"吊詭性"（the paradoxical）而非來自西方哲學翻譯的"悖論",甚至認爲古希臘的"悖論"思想應該從中國式的吊詭思想來重新解讀。此外,他吸收了批判理論語境（阿多諾、本雅明、哈貝馬斯、霍耐特）對現代性批判所理解的"吊詭",即使在這裏吊詭仍然只有消極或否定性的意義,因而被看成"病態的"（pathological）。批判理論的問題意識影響了何乏筆閱讀道家文本的方向,但同時他要藉由道家式的吊詭思想突破批判理論的局限。他提議,應當避免從"病理學"的視角看吊詭,而要使用吊詭格局（paradoxical constellations）來厘清現代政治話語的矛盾和鬥爭,並且,在個人領域中,將"覺行吊詭"看作串連"內聖"與"外王"的修養模式。③

何乏筆將吊詭思想看作解讀《莊子》和《老子》的關鍵。他的解讀並不排斥宗教性（道教）④,但是他並不認爲通過吊詭性

①何乏筆（Fabian Heubel）:《關於〈莊子〉的一場跨文化之旅:從任博克的 Wild card 出發》,《商丘師範學院學報》2018 年第 5 期,第 22 頁。

②Hans-Georg Moeller,Paul J. D'Ambrosio, *Genuine Pretending*:*On the Philosophy of the Zhuangzi*, New York:Columbia University Press, 2017,p. 2.

③楊儒賓、賴錫三、何乏筆:《"何謂遊之主體?"對話紀錄》,《中國文哲研究通訊》27 卷第 1 期,第 91—108 頁。

④在尼采對基督教的激烈批判中,他早已採取了吊詭性的視角來將"神聖的十字架"（holy cross）的象徵描述爲一種"'十字架上的上帝'的可怕吊詭",一個"難以想像的終極殘酷和上帝爲拯救人類而將自我釘在十字架上的秘密"。尼采將耶穌看作一個吊詭性的形象,其體現了任何拯救思想中所包含的吊詭性（違背常識）轉向:我們必須通過受苦來證明我們的信仰並被拯救。參見尼采《道德譜系學》。

視角閱讀《老子》就會使其變得更加易懂。不同於任博克，對於何乏筆來説，《老子》是具有“非反諷”色彩的文本（其中只有極少的反諷和幽默），然而《莊子》明顯不同，充滿反諷和幽默。但是，何乏筆似乎將反諷狹義地理解爲一種“話語的機制”（discursive regime），一種質疑、批評和反思現有規範的修辭手法。對他來説，反諷總是需要非反諷才能開始運行，反諷與非反諷之間的關係就是吊詭性的，而且並不是只有儒家思想才具有非反諷的傾向，這種傾向在道家思想中也同樣存在。

　　具體來説，何乏筆使用了吊詭的觀點來思考主體内部不同維度的吊詭共存。這一觀點有其根源，可以被看作是接續尼采對形上學式的（尤其是基督教式的）價值等級秩序的批判。在《查拉圖斯特拉如是説》那裏，尼采認爲“靈魂”是屬於“身體”的，而“精神”這個“小理性”僅是“身體”這個“大的理性”的工具和玩具。不過，這並没有導致對傳統形上學的克服，而僅僅只是導致海德格爾所批評的“顛倒的柏拉圖主義”。尼采關心的是推翻傳統的規範性秩序，但是何乏筆根據他對《莊子》的閱讀，將關注點放在吊詭格局中的轉化邏輯：“身體”與“精神”有時候平等，有時候則有等級秩序。主體自我轉化的動力來自這樣的吊詭共存。何乏筆提出一個富有挑戰性的思想實驗，同時也是生活方式的實驗：當我們暫時擱置評價以及價值（立場）的僵化秩序，會發生什麽？當我們假設不同的維度和“事物”是同等（齊物）的時候，又會發生什麽？

　　雖然何乏筆對《莊子》的“尼采式”解讀有所保留，但是他也承認,這兩位思想家之間存在許多非常值得思考的共鳴,因爲他們都嘗試"重估價值"、推翻固定和僵化的規範性秩序,顛倒"身"與"心"之間的上下關係。但尼采對吊詭思想的"體無"有限。可以説,尼采的反形上學立場似乎把身體放在首位,而《莊子》的立場則更接近於何乏筆所説的吊詭的思考。福柯晚期對尼采的改造是何乏筆理解西方"修養工夫"的重要切入點,繼福柯之後,何乏筆將西方和中國的修養論資源結合起來,對主體内部的不同維度提出了獨特理解。

　　不論是在公共還是個人領域,何乏筆討論道家思想中的"吊詭"都是都從理解形、氣與神的關係出發,並且逐漸擴充此關係的意涵。這一觀點是對楊儒賓所謂"形—氣—神=主體"構想的發展。[1] 何乏筆在這一構想的基礎上理解主體性的新範式,並將之解釋爲"新内聖"或新内修,而由此出發來思考"新外王"或新外修。根據他對新"内聖外王"的討論,主體内部的吊詭格局(形—氣—神)與現代政治三大政治話語或意識形態的吊詭格局(保守主義—社會主義—自由主義)相連結。[2] 楊儒賓和何乏筆對"神"的優越性都有所反思,然而對於何乏筆來説,"物"或"形"對於"心"或"神"的平等化並不排除任何的等級秩序,但三者的秩序不能固定,它一直在變化。三者之間不可化解,也不能超越的張力或矛盾,何乏筆稱之爲"吊詭格局"(para-

①楊儒賓:《儒門内的莊子》,臺北:聯經事業出版公司,2016年,第180頁。
②何乏筆:《曲通三統? 關於現代政治的規範性弔詭》,《文與哲》第28期,第233—268頁。

doxical constellation)。何乏筆和賴錫三嘗試進一步指出,形、氣、神是互相轉化的關係,强調三者處在平等的關係中,但同時三者的等級和規範性秩序一再産生。"存在"本身是吊詭的,但反過來説,吊詭只能在流變關係中"存在"。與楊儒賓對"形—氣—神=主體"的形而上學理解不同,何乏筆和賴錫三認爲當形而上學的價值秩序(主張"神"或"心"的優越地位)被打破的時候,三者的吊詭格局才出現。何乏筆以跨文化視角結合古今中西的資源,一方面吸收了王夫之思想對"形"和"物"的重視,另一方面遵循畢來德莊子研究對"身體"的深入思考,認爲不能預設心或理的優越性,同時包含着對牟宗三式"道德主體"的反思,藉由道家思想來批判主體結構内部的等級秩序。在《莊子》中,這種批判表現爲對"心"和精神修養的反諷態度,以及對"身體"經驗的豐富描寫。

五、對道家反諷與吊詭問題的進一步 追問與解讀儒家思想之匙

與通常的採取西方哲學假設的解釋框架或在哲學上忽視反諷和吊詭的解釋框架不同,上文中對道家思想的不同解讀不僅或隱或顯地認識到了解釋學的價值,同時也看到了在社會實踐、人際關係和日常生活中遇到反諷和悖論性問題時,反諷和吊詭具有的巨大潛力。這些通過反諷和吊詭的術語對道家思想進行的重構,是在如何理解世界和自我的方式上的一種範式轉换,並

且也可以説是一種關於新的生活哲學的具有説服力的建議。然而有趣的是（並且反諷的是），這些建議也啓發了我們以反諷和吊詭爲核心來解讀某個通常被視爲道家的哲學對手以及貫穿整個道家批判的對象的思想學派或傳統——早期儒家學説。

　　上文所論及的各種解讀雖然沒有對中國思想進行進一步的綜合性探究，但至少確認了一個基本沒有爭議的結論：以《易經》爲基礎文本的中國古典哲學傳統，是在過程和變化的概念基礎上發展的，同時也是在過程和變化概念的基礎上才能得到最好的理解。對此，安樂哲曾簡明扼要地指出：“中國對變化的重視程度就如希臘對永恒的重視程度一樣。”①在中國古典思想中，不同思想學派之間對這種共同的本體論基礎的承認，對於我們如何理解儒家和道家之間的關係具有深遠的意義，也因此對於我們如何理解孔子這一儒家傳統的奠基人物以及這一傳統自身都有重要意義。

　　安樂哲和羅思文將“道”解讀爲“導”（way-making），這種方式既是共同的又是個人化的：“道家和儒家代表了同一種‘行走’的不同方面。有時我作爲道家學者，有時我作爲儒家學者。”②然而由於道家和儒家都以變化的本體論（ontology of

①Roger T. Ames, "The Euthyphro and Metaphysical Realism as Commonsense", Lecture, Qufu Chinese Confucius Research Institute, Nishan Confucian Studies Summer Workshop, Shandong, July 3, 2017.

②Roger T. Ames, "The Euthyphro and Metaphysical Realism as Commonsense", Lecture, Qufu Chinese Confucius Research Institute, Nishan Confucian Studies Summer Workshop, Shandong, July 3, 2017.

change）爲基礎，它們也都不可避免地面臨着變化的吊詭性，都要面對統一性、相同性、差異性、關聯性和背景依賴（context-dependency）等問題。因此，儒家思想就通過提供一種每一次"都以不同方式建構的"①答案來懸置了一個永恒的問題："如之何？"。孟子的"此一時彼一時"②思想亦與之呼應：變化的環境需要與之相應的不同態度和回應。通過使儒家思想也在變化的語境中以不同的方式得到建構，安樂哲和羅思文就使其不致被視爲一種"現成的意識形態"（pocket ideology），即一種固定的、教條式的思想體系。

　　德安博也提出了相似觀點："孔子時常給出不同的答案，因爲没有方法來評估情況並確定什麼是正確的。他在語言和行動上的不斷變化也體現了這一觀點……而《老子》以'道可道，非常道，名可名，非常名'開篇，從根上來説也是同樣的原因。"③在不斷變化的世界中，孔子的反諷性表述意在指出一種在規範性和自由之間求得平衡或維持衝突的方式。換句話説，孔子的反諷是一種維持"經"（模式、規範）的穩定性和"權"（"權衡事情"）的靈活性或動態性之間的張力的表現和方式。"經"能夠通過孔子自身隱晦的回答和行爲來提供指導，而"權"則在於要將每一種情況都看成是不可重複的，把孔子的回答看成是不能

①Henvg Rosemont, Roger T. Ames, *Confucian Role Ethics*: *A Moral Vision for the* 21ˢᵗ *Century*?, Taipei: National Taiwan University Press, 2016, p. 149.

②《孟子·公孫丑下》。

③Paul J. D'Ambrosio, "Wang Bi's Commentary on the *Analects*: A Confucian-Daoist Critique of Effable Morality", *Philosophy East and West*, Vol. 69: 2, pp. 1-20.

還原爲普遍規律的。孔子試圖以反諷來預防他的教導被教條化和實體化,防止他自己的形象成爲一個不容置疑的、毫無過錯的權威。

任博克對反諷和非反諷傳統進行了區分,將《老子》和《莊子》哲學歸爲前者,而將早期儒家思想歸爲後者。不過,這兩者的關係完全不是相互排斥的,反而如小説中的人物一樣"相遇並相愛。它們遇到了各種麻煩和誤解,並試着解決這些問題",與此同時也互相吸收和互相改變。① 任博克指出,反諷和非反諷之間體現着相互作用的吊詭性,即一個由另一個産生並相互依賴,反諷是一種以語言表達吊詭的修辭話語。中國傳統其實是以"理"來看待變化和互相依賴的吊詭的,儒道兩家都深受上述吊詭思想的影響,認爲概念是在變化中的以及互相依賴的,因而兩家都蘊含着反諷和非反諷的面向。不同於任博克,本文要強調的是,儒道兩家都同時有着反諷和非反諷的向度。甚至在反諷式的言論、自我反諷的態度、所懸置的問題以及晦澀的教義等方面,和莊子相比,孔子同樣具有反諷的意藴。那麽,當面對着反諷性的孔子時,我們該如何理解對孔子的批判所做的批判呢? 當反諷遇上反諷時,會發生什麽? 如果孔子是反諷的,那麽莊子的反諷該對此作出什麽回應呢?《莊子》那裏的作爲空虛中心真人的形象是否與反諷式的儒家典範相容? 這兩種生活態度之間的妥協又是否有可能呢?

---

①Paul J. D'Ambrosio, "Wang Bi's Commentary on the *Analects*: A Confucian-Daoist Critique of Effable Morality", *Philosophy East and West*, Vol. 69: 2, p. 11.

　　梅勒和德安博拓展了任博克的萬變牌比喻，提出了"真實假裝"。然而這一解讀對儒家的角色倫理提出了完全的承諾和絕對的真實這種不可能的要求，因而它沒有徹底解決兩個問題：在《莊子》中，孔子同時被吊詭地（甚至荒謬地）描述爲是遲鈍的和明智的。我們該如何解釋這被無情諷刺和批判同時又似乎與道相一致的孔子？如果確實存在着將儒道兩家的方法相連接的思路，它又是什麼呢？梅勒和德安博的詮釋忽視了早期儒家學說的一個方面，即對吊詭性現實進行的反諷。孔子承認並思考的這種現實，不僅允許而且事實上也要求"孝"（家庭中的尊敬）中包含一點"諫"（規勸），反之亦然，如陰陽圖案中的黑色和白色部分一樣；同時也認爲在無可和無不可（對什麼可以做、什麼不可以做沒有預設）、重（嚴肅性）和毋固（靈活性）、安（平静）或不惑（無憂）和永恒的"該做什麼"之間，每一對都是在一種無法徹底解決的張力中互相依存和互相定義的。孔子的形象是一個謎，不應用道德教條的方式來解釋他的教導，而應將其看作一位反諷的模範，一位不斷變化的，可以體驗但不能複製的模範，一個有時也會説謊和假裝的人，以及對他所敬重的傳統進行完善和傳播的人、對那種他不會重複第二次而且有時甚至根本不言説的思想進行傳播的人。儘管梅勒和德安博的解讀和詮釋並沒有爲我們這樣看待孔子留下空間，但是我們依然不能否認這樣的孔子是存在的。

　　此外，梅勒和德安博運用藥學的比喻批判了對一切道德甚至道家的道德所做的精神和身體的"藥癮"。真實假裝是對要求真誠所做的批判,同時也是一種反對儒家教條和任何道德癡迷的藥,但也使我們無法去探索和揭示孔子反諷的含義和《論語》中吊詭性的變化本體論的含義,儒家思想就被剝奪了其自身的自我治療的潛力,即服用自身的藥的權利。

最後,我們要反思何乏筆的解讀。在何乏筆近年來的研究中,吊詭思想已經從一種對道家思想(和當代政治話語)進行反思的關鍵鑰匙擴大到探究海德格爾、前蘇格拉底哲學和道家經典之共鳴的跨文化研究的鑰匙。在呼應任博克的基礎上,何乏筆強調,道家文本中的吊詭不是需要被克服的障礙或需要被解決的邏輯問題(這是古希臘哲學以來思考"悖論"的認識論框架),而是有效的思想和行爲方式。何乏筆認爲芝諾悖論是認識論的遊戲,對哲學生活的意義不大。然而,我們卻不得不指出,芝諾悖論有兩個至關重要的方面是任何對吊詭的討論都無法避免的。第一,吊詭以常識爲基礎卻與常識背道而馳;第二,儘管匪夷所思,它們卻揭示了一種潛在的現實。正是可接受的前提與對它們的顛覆之間的這種張力,產生了吊詭和吊詭式闡釋中的陌生感。因此,雖然何乏筆似乎對探討古典悖論中的"吊詭"與過程哲學之間的關係並不太重視,然而更仔細研究"悖論"與"吊詭"的關係對發展吊詭思想應該是很有幫助的。

然而更重要的問題是,吊詭思想作爲一種生活方式或一種生存美學終究是否可能,是否合乎"人情"?吊詭思想總是要求穿越不同的視角和立場,但同時這種立場與立場之間的遊走也是一項極其困難的任務——有着"無感"或"無情"的危險。何乏筆不滿於任博克的萬變牌比喻以及將生活看作紙牌遊戲的觀點，因爲生命的痛苦以及規範性的需求很難被涵蓋進"遊戲"的範圍；但他所提出的思想和行爲方式的"不可能"，或許比其他方案還更加"嚴峻"。以《莊子·至樂》中莊子哀悼其妻子的故事爲例，不難想像爲什麼他的回復和説明邏輯上一致且令人信服，卻與此同時也讓人懷疑是否過於冷漠無情。何乏筆所描述的那種遊走在不同立場之間的吊詭溝通，不僅看起來像一個很遙遠的、難以落實的理想，而且這種徹底無感的冷漠狀態可能會欺騙性地導致人門以爲可以在不同的主體狀態之間遊化無礙。

此外，即使莊子有可能通過反省和自我節制（"故止也"）來體驗"吊詭中的平淡"，那麼這是任何人都可以遵循的方式嗎？"氣化主體"在什麼意義下也可能是具有規範性意義的"道德主體"？這些問題揭示了吊詭思想本身的吊詭和限度。將吊詭作爲一種應該或者可能起作用的解決之道，會將我們引向普遍性的謬誤。如果吊詭性是一種描述反諷和非-反諷之間關係的方式，那麼它就有轉向非-反諷的普遍主義的危險。要避免使其自身成爲一種普遍主義，唯一的方法似乎在於通過反諷來進行自我檢驗和顛覆。何乏筆的解讀似乎忽視了兩個方面的重要性，首先，反諷不只是吊詭現實的一個方面；其次，反諷因而是對吊詭的絕對化傾向保持健康距離的唯一法門。反諷使我們能夠不僅反思非反諷，同時也讓我們反思反諷與非反諷的關係。吊詭的現實產生了非反諷與反諷，並且也是被兩者的關係所產生，但是吊詭思想如果不進行自我否定——即否定它所産生的反諷——它就無法生存下去。

　　以上所討論的西方學者對道家思想不同的詮釋和解讀,不僅提醒我們反諷和吊詭所隱含的治療價值,也促使我們對這些解讀進行進一步思考,尤其促使我們對先秦儒家中的反諷和吊詭及其哲學潛力進行更深入的研究。梅勒和德安博在解釋他們解讀《莊子》的方法時寫道:"大多數(假設不是全部)獨立的叙事、對話和詩歌段落都是'複調'式(polyphonic)的,可以説,它們本身就適合多種的解讀,只取決於人們以其中哪一個'調'(key)來解讀。我們認爲,被廣泛承認但在哲學上往往被忽視的'詼諧調'(humoristic key)是一種十分重要的解讀方式。這種幽默的'詼諧調',由於反對被異化的教條,本身就具有解釋學上的優勢。"①遺憾的是,梅勒和德安博將這種觀點限制在了道家文本中。它是否也同樣適用於儒家文本? 安樂哲和羅思文、任博克、梅勒和德安博、何乏筆的解讀,對於當下關於質疑儒家思想和道家思想之間的嚴格界限的討論來説,或許是有意義的,同時它們也爲重新思考儒家思想這一活的、有生命力的傳統提供了條件。儒家傳統在世界範圍内的哲學討論中所處的位置越來越重要,當我們所面臨的難題不僅是儒家的復興,而是儒家成爲中國國家意識形態的一個重要方面,同時又作爲一種國際資源以及對"全球倫理"可能有重要貢獻的學説時,我們或許有必要用"反諷"這把鑰匙來重新解讀儒家思想的古典文本,特別

――――――――――

① Hans Georg Moeller, Paul J. D'Ambrosio, *Genuine Pretending : On the Phitosophy of the Zhuangzi*, New York : Columbia Univorsity Press, 2017, p. 11.

是重新解讀《論語》以及《論語》中的孔子。和其他任何傳統和思想體系一樣，儒家思想容易陷入教條化的腐蝕命運，而保持自我反諷的生機或許是捍衛孔子的典範意義及儒家傳統的最佳方式。

作者簡介：易冬蘭（Dimitra Amarantidou），1977 年生，希臘人，上海師範大學哲學系中國哲學教師，主要研究方向爲儒家哲學。

譯者簡介：孫妍豪，1991 年生，河南鄭州人，中南民族大學馬克思主義學院講師，主要研究方向爲馬克思主義哲學。

儒道會通

内聖外王的《莊》、《孟》之辨

曾春海

内容提要 孟子與莊子有共同的時代處境,皆有個人安身立命的終極抉擇及社會安治的關懷,卻有不同的哲學立基點和論述脈絡。本文以内聖外王的論述架構,區分出孟子以人倫道德世界爲取向,莊子以法天貴真的自然和諧爲取向。其相通處,孟子以道德意識營造了德化之天人合德境界;莊子則以宇宙意識,臻於至真至善的天人合一境界。

一、前言

"内聖外王"的辭源推本於《莊子·天下》,表面上資以點評儒家的旨要,實際上是折射莊子學派(莊學)理想的道術旨趣。不同的是儒家的内聖體現儒家心性之學的道德特徵,可謂"儒聖"。玄通有、無(本體與現象)的老莊道家,則體現"莫若以明"的虛靜靈敏的道心,既有"配神明,醇天地"的天地境界,亦有

"育萬物,和天下,澤及百姓"的大道通同和諧的外王理想。因此,相較於儒家,老莊的"內聖",可以"玄聖"來標示其特徵。《天下》雖非莊子所自作,猶如《孟子》一書亦未必是孟子所自作,但是該篇所揭示的"內聖外王",殊途同歸於由個人的安身立命,推擴至務天下之安治的理論模式。因此,我們以"內聖外王"這一命題來兼容並蓄儒、道,進行莊子與孟子可能的對話,當有某種深刻的哲學史意義。雖然莊子與孟子生活在同一時代,不但未相遇,也未提及對方,在哲學史文獻上的這一空白,令人遺憾之至。但是,我們就這一可共通的哲學命題,以評比方式試作莊子與孟子的對話,或可視爲兩人跨越時空藩籬的一場哲學高峰論壇。

二、莊、孟的時代困境和問題意識

春秋末期已是禮崩樂壞、周文疲弊的衰亂世,生活在前期的墨子針對周代貴族封建血緣政治,尖銳地指出其弊害爲:"王公大人骨肉之親,無故富貴。"(《墨子·尚賢下》)貪婪、腐化的貴族統治階級"虧奪民衣食之財"(《墨子·非樂上》),導致"上不厭其樂,下不堪其苦"(《墨子·七患》)的不公不義現象。他針對當時民不聊生的三患,所謂"飢者不得食,寒者不得衣,勞者不得息"(《墨子·非樂上》),提出公共政策應"興天下之利,除天下之害"(《墨子·尚同》)①。他針對以強凌弱的霸權——

---

① 這一訴求,見於墨書多處,如:《尚同中》、《非攻下》、《節葬下》、《明鬼下》、《非樂上》、《兼愛中》、《兼愛下》等篇的文本中。

“入其國家邊境。……墮其城郭，……勁殺其萬民，覆其老弱……”（《非攻下》），提倡“兼愛”、“非攻”、“尚賢”，以實現全民福祉的公義。

生活在戰國中期的孟子和莊子，政治、經濟、社會的情況更是惡化，《孟子·滕文公下》有段驚心動魄的陳述，所謂：

> 世衰道微，邪説暴行有作。臣弒其君者有之，子弒其父者有之。……聖王不作，諸侯放恣，處士橫議。……公明儀曰：“庖有肥肉，廄有肥馬，民有飢色，野有餓莩，此率獸而食人也。”

彼時，大規模的戰爭令人觸目驚心。《孟子·離婁上》描述説：“爭地以戰，殺人盈野；爭城以戰，殺人盈城。”孟子立基時代的考察，回顧歷史的聖賢典範，展望人類未來的希望，由飽滿的憂患意識，迸發出浩然正氣。他當下承擔歷史的責任，以捨我其誰的道德感，以遠承大禹、周公、孔子三聖的志業自許，私淑孔學，宏揚孔子之道以正人心，倡導王道王政以匡世濟人。他由時代的問題意識提出其人禽之辨的人性論、義利之辨的道德價值觀，和在外王經世功業上提出王霸之辨的政治學説，成爲其內聖外王的核心課題。

莊子所面對的戰國時代，統治階層貪婪偏執、虛偽詐民的惡行已使人民淪於“倒懸”之苦。《胠篋》篇揭發當時當權派所標榜勵行的禮義法度已蒙上“盜積”、“盜守”現象。《莊子·盜跖》批評當時已異化的儒者"縫衣淺帶，矯言僞行"，敗壞的風氣由上而下，使民"離實學僞"（《莊子·列禦寇》）。莊子後學在《在宥》篇指責當時統治階級所倡導的繁文縟節"攖人心"，已變質爲箝制人心的刑具，激越地指責當時的儒家"明乎禮義而陋於知人心"①。在列國間的殘酷戰爭，《則陽》篇描述爲："時相與争地而戰，伏尸數萬。"《在宥》篇謂："今世殊死者相枕也。"這些悽慘的寫照，已非莊子後學所見的一時景象。我們透過戰國前期的墨子和戰國中期的莊子、孟子的時代歷史叙述，可歸納出戰國時代的普遍困境和險難。

　　在莊子的問題意識上，基於對個體生命的人文關懷，相較於老子，他更注重養生治身的問題。因此，在人生課題上，莊子關注道與萬物間一多相攝的關係，探索人與天地萬物相往來的生命安頓問題。他覺解生命成素和結構，上溯至道氣的生命根源，建構形神論。他層層剖析造成人現實生命種種苦難的原因，透視人種種世俗性的情欲生命之作繭自縛，成心的偏執及吾喪我的解脱途徑，指出"見獨"的"靈臺"心之"莫若以明"。《莊子》書中的《知北遊》、《大宗師》、《德充符》、《逍遥遊》等篇構成了他如何論述、嚮往真人、神人、聖人的内聖典範人格。另一方面，他對衰亂世中，陷於苦難的普羅大衆命運之感同身受，與黑暗政治、社會的尖鋭批判，以及在世共處的政治運作提出了質重於量的外王經世見解。《外物》、《應帝王》等從不同側面以不同方式，做了外王經世的實然解構和理想性的建構。

———————

①此句在《莊子·田子方》中凡兩見。

三、孟子與莊子的人性論

（一）孟子人性論

人生在世，離不開自我意識，有自我探索和理解的能力。我是誰？是既予存在的"人"，那麼人之所以爲人的特質是甚麼？人性的尊嚴爲何？如何活出人的超越特質，實現人生的崇高意義和深刻價值？這是凡涉及自我之探索及存在意義之安頓的哲學家所必須面對的問題。孟子和莊子亦不例外，且視之爲人生在世的本根性問題。

讀過先秦哲學史的人都知道孟子在人性論上倡言性善論。重返《孟子》文本，在辭源上，"性善"出現的章句有兩處。其一是《滕文公》上篇載曰："孟子道性善，言必稱堯舜。"另一則是《告子》上篇公都子提出當時有三種和孟子不同之人性論，而問及"今曰'性善'，然則彼皆非歟?"由是而觀，孟子言性善之立場，出於對治彼時不同之人性論，而非基於純理論性的問題意識。就《告子》上篇孟子與告子對人性論辨之內容觀之，《告子》上篇載：

> 告子曰："生之謂性。"孟子曰："生之謂性也，猶白之謂白與?"曰："然。""白羽之白也，猶白雪之白，白雪之白，猶白玉之白歟?"曰："然。""然則犬之性猶牛之性，牛之性猶人之性歟?"

告子言"生之謂性",係以基本而寬泛的概念涵義立論,亦即以
"天生本有"來辨識天性的然和不然。孟子認爲以這一取向來
論究人之所以爲人的特質,不具嚴格意、精確性。因此,孟子認
爲告子以"生之謂性"言人的"食色性也"有其理據,但是這只有
見於人類與禽獸的共性,未究明人禽之別的深層人性。

　　孟子人性論的立基點和論述脈絡,是就人禽之別的人性尊
嚴和人之所以爲人的道德心性存有學爲其進路。《孟子·盡心
下》曰:

　　口之於味也,目之於色也,耳之於聲也,鼻之於臭也,四
肢之於安佚也,性也。有命焉,君子不謂性也。仁之於父子
也,義之於君臣也,禮之於賓主也,知之於賢者也,聖人之於
天道也,命也。有性焉,君子不謂命也。

可見孟子的人性論是立基於人禽之辨,亦即性命之共性與殊別
性來論述,他認爲就人之口、目、耳、鼻、四肢感官欲望本身之追
求而言,不具思辨力和自主性,常蔽於盲目的感官欲求而不能自
拔,稱之爲"小體之官"(《孟子·告子上》)。"小體之官"的盲
目欲求不但有待外求,可求而未必可得,非全操之在己。孟子以
界限概念的"命"來表述其屬性特徵。至於涉及人倫道德的父
子之仁、君臣之義、賓主之禮、賢者治政之智和聖人之行天道,雖
也有客觀際遇之限制,卻全操之在人自身的道德意向,縱使知其
不可成全,也能勉力盡心而爲。孟子將這種道德生命之自覺及

自主屬性特徵,不以"命"來界說,而以人之所以爲人,殊別於禽獸的種差來界說人性,亦即人之道德本性的表述。

孟子謂人在道德的本心上,有形上的同一性。他説:

> 聖人與我同類者。⋯⋯口之於味也,有同耆焉;耳之於聲也,有同聽焉;目之於色也,有同美焉。至於心,獨無所同然乎? 心之所同然者何也? 謂理也,義也。聖人先得我心之所同然耳。故理義之悦我心,猶芻豢之悦我口。《告子上》

人類在官能欲望的享受追求上雖有類同性,卻因不同政治社會的分配制度、個人資質、機遇的差異,各人只能盡人事的努力,而聽任天命安排,就其得失而言,非全可操之在己,而有力所未逮之處。這是人各異殊的"福命"、"運命"。至於仁義的道德本性,孟子從道德形上學的高度説:"君子所性,仁義禮智根於心。"(《孟子·盡心上》)仁義禮智的道德種性根植於人的道德心靈,這是"德命"。人先天的道德種性是人性的尊嚴及生命正向意義和價值所在,具有先驗的同一性。人若能自覺自主自發的操作四端之性(仁、義、禮、智),則將獲致精神性的幸福和悦樂。換言之,人不但同具先驗的道德種性,且透過心靈的感通生發而湧現"善"的意向性,及其自我實踐時的悦樂感。對孟子而言,積善累德的實踐動力,就內在於道德本心的召喚性、自覺性和愛慕傾向。成就美德應然的自我要求和實踐,與油然而生的悦樂感之間,存在着密不可分的道德因果關係。

孟子從人的生命世界中四端之心自發性的呈顯,即用顯體,且自覺性地證成四端之性,乃實存的道德形上實體。他據此而進一步指證,這是人之所以為人的本真之性。所謂:

> 今人乍見孺子將入於井,皆有怵惕惻隱之心;非所以內交於孺子之父母也,非所以要譽於鄉黨朋友也,非惡其聲而然也。由是觀之,無惻隱之心非人也,無羞惡之心非人也,無辭讓之心非人也,無是非之心非人也。(《公孫丑上》)

四端之性是四端之心作用呈顯的所以然之理據,孟子的人性論係以道德價值為關注處的價值人性論。四端之心與四端之性在生活世界中,既是實然之性亦是應然的價值之性。價值與事實及一而二、二而一的關係,我們可以說孟子的人性論是心性道德存有學的進路。

(二)莊子人性論

莊子有別於孟子心性道德存有論之進路,透視人性所以然之理,他採取氣化宇宙論的高度,從天地萬物存在的根由,由《齊物論》所云"道通為一"及《知北遊》所謂"通天下一氣耳"的渾全視角,來論述人性的成素,進而論人與天地萬物有機的相互隸屬性、轉化性、交融性。道是氣的本體,氣是道的載體,道內在於氣,條理化氣,運轉氣。氣是一切生命的有機元素,其流行轉化依從道,彰顯深不可測、妙不可言的道之形上屬性。換言之,莊子創氣化生成說,以氣自然流變的聚散活動,詮釋人與萬物的生成變化與衰老死亡。《知北遊》所謂:"人之生,氣之聚也;聚則為生,散則為死。"萬物的生發、成長、歷程性的規律,所歸趨的目的,其解說皆統攝在一總體性的概念範疇中來表述。"道"率"氣","氣"顯"道",這是道氣之間相依互動的關係。莊子原創性地提出"理"、"德"、"性"三個互聯性的概念,解釋人與萬物內在的同根性、統攝性,"德"是道與萬物縱貫橫攝的形上網絡之中介。萬物所得於道的自然本性,有分殊化的多樣性呈現。《則陽》篇謂"萬物殊理",《知北遊》以"萬物有成理"及"萬物之理"來表述。《養生主》及《天運》以"天理"來指謂"殊理","道"與"理"透過氣化流行轉變,來呈現天地間一多相攝的大美和"成理"。

《知北遊》謂:"人之生,氣之聚也;聚則為生,散則為死。"又說:"精神生於道,形本生於精,而萬物以形相生。"人生命成素的形神,就其來路對應了宇宙之道與氣。人的精神與道,具有同質的縱貫感通關係。人之形體委之於氣化流變,貫穿人由幼而長,由長而老死的歷程。生與死及一氣之聚散,形成了莊子宇宙大命限的命運觀。《知北遊》云:

> 舜曰:"吾身非吾有也,孰有之哉?"曰:"是天地之委形也;生非汝有,是天地之委和也;性命非汝有,是天地之委順也。"

當我們理解了道與氣、道與德、道與理的形上學論述後,那麼人

性與道賦予萬物分殊化的存在理據"德",又有何關係呢? 徐復
觀説:

> 若勉强説性與德的分别,則在人與物的身上内在化的
> 道,稍微靠近抽象的方面來説時,便是德;貼近具體地"形"
> 的方面來説時,便是性。①

換言之,"德"是人稟受於"道"的形上本體,就人之爲經驗世界
具體的存在而言,人抽象的精神與形質化的氣,聚結成整全的生
命時,"性"當指形神所共構的人之生命本質。《庚桑楚》説"性
者,生之質也",意指人"性"是構成人整全生命的本質,亦即形
神有機地結合的素樸全真之生命。對莊子而言,道透過"氣"爲
資具,賦予萬物多樣化的不同形體。萬物間既分享"道"的同一
性或共通性,也各自擁有與他者不可化約的殊别性、個體性。
《則陽》篇所謂"萬物殊理"、"道者爲之公"。因此,不同的萬物
間有相通同的本根性之道,也有形神結合,而各有儀則的"成
理"及其所藴涵的性命之情。

　　對莊子而言,純樸自然的天生和外鑠的人爲,是一組相對立
的概念。前者是非人爲的,亦即無爲的自然本性,後者是人爲加
工形塑而成的特質,是有爲的。《莊子·天地》對萬物藉"形"所
稟受於"道"所命賦的存在理據,亦即所謂"德"(性),文中有段
精闢的論述,所謂:

---

① 徐復觀:《中國人性論史·先秦篇》,臺北:臺灣商務印書館,1979 年,第 373 頁。

> 泰初有"無"，無有無名；一之所起，有一而未形。物得
> 以生，謂之德；未形者有分，且然無間，謂之命；留動而生物，
> 物成生理，謂之形；形體保神，各有儀則，謂之性。

"道"是統攝天地萬物所以生的根源性原理，就具體存在的個物所稟得的殊別性，亦即個體性(或個性)謂之"德"。"形體保神，各有儀則，謂之性"，涉及到形與神連結而成的性命問題，特別是人生命所表現出來的形體、容貌和精神風貌的特徵。《莊子》外篇多處言及氣化的宇宙觀，《至樂》篇說"雜乎芒芴之間，變而有氣，氣變而有形，形變而有生。"然而氣變成爲人之氣，以及與氣變成其他物類之氣有何差異和相互關係？莊子似乎基於人認識的侷限，而未細緻的強爲解說。不過，他對人精神生命的來源，卻明確地說："精神生於道。"(《知北遊》)在人的本性，亦即與道縱貫相通的性命之德性上，人殊別於其他物類的特質，在於人的精神主體性，從《養生主》所論述的形神正常關係來說，形神相親，以神導形，以形傳神，形神並茂，精神爲人的第一性，氣性爲人的第二性。相較之下，人的形體雖委之氣化之變，可是人的先驗精神主體，同通於"道"，是人之所以爲人的同一性。相較於"形"而言，"精神"享有超越性、不變性，是人的靈臺、真君、真宰或真心。莊子稱清明無俗見習染的初心爲"虛室生白"(《人間世》)的本真心，亦是無偏見偏執，無癡心妄爲的"無心"(《知北遊》)。相反閉神的心役於形氣的嗜欲，偏執妄爲，逐物不返，隨俗沉浮，稱爲"成心"(《齊物論》)、"師心"、"不肖之心"

(《人間世》)等,欲令智昏,徒生煩惱。至於孟、莊兩人人性論之
評比,將於下一子題一併論述。

四、人性的墮落,提升工夫和境界

(一)孟子大體與小體之官的人性辯解及其尊德樂道的工夫境界説

孟子雖不贊同告子以食色之性界説人性,但是未否定人具
有與其他動物同樣的食性之性。他只是以人禽之辨爲立基點,
在存有的價值層級上,指出人享有較其他動物更高層的四端之
心、四端之性。他還以具道德價值意識的大體之官來界説人性
的道德尊嚴,以區別食色之性的小體之官。"大"與"小"爲判價值
高下的價值判斷語辭。換言之,人有高尚之志於積善累德外,人
也有貪求食色之欲的俗常之心、通俗之性。因此,對孟子而言,除
了從其大體以修養成君子、大人外,社會上充斥着利欲薰心的
小人:

> 孟子曰:"從其大體爲大人,從其小體爲小人。"……耳
> 目之官不思,而蔽於物。物交物,則引之而已矣。心之官則
> 思,思則得之,不思則不得也。此天之所與我者,先立乎其
> 大者,則其小者弗能奪也。此爲大人而已矣。"(《告子上》)

食色等感性欲望有待於外物,當可欲求之外物呈現,誘惑貪婪追

逐的欲念心，人也有陷溺物欲之中而逐物不返的可能，除非道德
的精神價值能對大體之官的道德本心本性，產生崇高的吸引提
升作用。孟子對人性之墮落，除了歸咎於情欲本體的俗常心外，
更重視外在不良環境的誘惑和陷溺。他說：

> 富歲，子弟多賴；凶歲，子弟多暴。非天之降才爾殊也，
> 其所以陷溺其心者然也。今夫麰麥，播種而耰之，其地同，
> 樹之時又同，浡然而生，至於日至之時，皆熟矣。雖有不同，
> 則地有肥磽，雨露之養、人事之不齊也。（《告子上》）

"富歲"、"凶歲"指外在環境際遇，對人有感染雕塑作用。猶如
大麥的種子間有同一性，但是所種植的外在環境之不同，其生長
的品質也常隨之不同。所影響其生長品質的外在因素，諸如土
地的肥瘠，雨露的多寡，農夫耕作的勤惰，皆是後天的環境因素。
孟子以此設譬來詮釋人雖有道德的種性，但當大體之官不立，小
體之官取得主宰能量，再加上外在環境的惡化影響，內外交集，
使人逐漸疏離道德本心，導致人性之異化而陷溺其心，淪於衣冠
禽獸。他說：

> 牛山之木嘗美矣。……斧斤伐之，……人見其濯濯也，
> 以爲未嘗有材焉，此豈山之性也哉？雖存乎人者，豈無仁義
> 之心哉？其所以放其良心者，亦猶斧斤之於木也。旦旦而
> 伐之，可以爲美乎？……則其違禽獸不遠矣。……故苟得

其養,無物不長;苟失其養,無物不消。孔子曰:操則存,舍
則亡。……惟心之謂與!(《告子上》)

操存舍亡,意指道德自覺及自發性修養工夫,是行善去惡的重要
關鍵。在修養工夫上,應聚焦於大體之官與小體之官的互動關
係。因爲人是有機的整全性生命,大體之官與小體之官皆爲人
生命所涵攝。兩者皆有機的存在,在生命的意欲和活動取向上,
相依並存而有主從關係。孟子指出"先立乎其大者,則其小者
不能奪也"、"從其大體爲大人,從其小體爲小人"。根據《孟
子·公孫丑上》的《知言養氣章》,孟子謂"夫志,氣之帥也;氣,
體之充也。夫志至焉,氣次焉"、"志壹則動氣,氣壹則動志"。
孟子自稱:"我善養吾浩然之氣。"浩然之氣的存養在"配義與
道",所謂"是集義所生者,非義襲而取之也。"那麼他又如何採
取集義養氣的進路呢? 觀《孟子》書,有兩次提到"居仁由
義"①。在"志"與"氣"的關係中,孟子所尚的"志"爲"居仁由
義"的高尚志向,亦即先立其大體之官。他所說的"居仁由義",
當爲德行倫理學所說的道德主體之內在道德自覺,由內在的仁
義本心本性發動出外在的仁風義舉。他明確地肯認"由仁義
行,非行仁義"(《離婁下》)。他所說的"氣,體之充也",可能指
的是小體之官,亦即生理和心理所迸發的綜合力量。大體之官
爲主,小體之官爲從,則仁義的生命力下貫,主導小體之官的肌
理,所謂"仁義禮智根於心。其生色也睟然,見於面、盎於背。

①見《盡心上》及《離婁上》。

施於四體"(《盡心上》)。此際,道德主體內在發動的意欲力洋溢在面容,聲波及眉宇之間,有若"塞於天地間"之"至大至剛"的浩然正氣。

總而言之,孟子所言的成德工夫,是存心養氣,沛然莫之能禦的"由仁義行"工夫。其工夫總綱可謂"盡其心者,知其性也。知其性,則知天矣。存其心,養其性,所以事天也。殀壽不貳,修身以俟之,所以立命也。"(《盡心上》)

他修身以立的道德使命所臻的人生境界,就個人生命情操而言,係"居天下之廣居,立天下之正位,行天下之大道;得志與民由之,不得志,獨行其道;富貴不能淫,貧賤不能移,威武不能屈——此之謂大丈夫"(《滕文公下》)。頂天立地的大丈夫,是由終身持之有恒的道德情操和勇往直前的道德使命,才能實現的人生最高道德境界。

(二)莊子的修爲工夫及境界理想

《田子方》有言:"吾聞中國之君子,明乎禮義而陋於知人心。"相關的陳述也出現在《列禦寇》"凡人心險於山川,難於知天"。蓋《大宗師》說:"耆欲深者天機淺。"世俗之人在面對人生不同際遇的生死、存亡、窮達、榮辱、得失、成敗……,常以成心偏執於概念分化之知與喜怒哀樂的偏情之牢籠中,不由自主地陷溺在被外物所役中,苦多樂少,備受外物之忻傷。被嗜欲束縛的世人,對外物的貪欲和爭奪的智巧,常擾亂了原是平靜的心靈,蔽塞了心的虛靈明覺。《齊物論》提出了消解成心,解放被偏見和嗜欲所束縛的身心,釋放出原本精神自由的"真我",亦即

“吾”、“真君”、“真宰”，開展出“吾喪我”的境界。在天機自張的超脱物執、我執後，獨與天地精神相往來。在“與天地並生，與萬物爲一”的交融互攝中，物我兩忘，與天地萬物相融爲一有機的整全性存在。

莊子提出邁向超塵脱俗的精神性逍遥自在的工夫入路，在“心齋”與“坐忘”的蕩相遣執工夫，亦即物執、我執雙遣的去障工夫。《德充符》説：“道與之貌，天與之形，無以好惡内傷其身。”莊子主張修性返歸稟受於“道”的“德”，應當以“心齋”消解我執，以“坐忘”消解物執。消解工夫是“吾喪我”的“喪我”工夫，亦即法天貴真的返其本真的復性工夫。《秋水》云：“無以人滅天，無以故滅命，無以得殉名。謹守而勿失，是謂反其真。”意指人勿以後天人爲的方式，刻意作爲，習染物執、我執之習性，導致天然的本真之性蒙垢變質，這是《養生主》所指責的“遁天倍情”。對治人逃遁本真之性，加添流俗之性的修爲工夫之“心齋”、“坐忘”有何涵義呢？莊子分别界説爲：

　　若一志，無聽之以耳而聽之以心，無聽之以心而聽之以氣！聽止於耳，心止於符。氣也者，虚而待物者也。唯道集虚。虚者，心齋也。（《人間世》）

“心齋”是净化心靈的洗滌工夫，跳脱概念分化之知的執取，停止碎片化的現象之知的營求。“心齋”的正向工夫在修與養的歷程中，回到虚静之氣，在氣静神閒的狀態中，對道獲致整全的觀照。換言之,虛靜心是以大清明心,朗照道的無限屬性和妙不可言的生成萬物作用。此際的心境,是"吾喪我"的轉俗成真心境,執片面現象強分是非對錯、以及機巧辯詐之"機心"(《天地》),已消解轉化出清靜無爲的"無心"(《知北遊》),亦即摒除被世俗污染的俗心,提升轉化出清暢的"靈臺"(《達生》)心。轉俗成真的靈臺心,才能清澈的見"朝徹"明暢的"見獨"(《大宗師》)。

至於"坐忘",《大宗師》説:"墮肢體,黜聰明,離形去知,同於大通,此謂坐忘。""離形去知",意指解脱由感覺和概念知識切割所造成的一切差別和對立的執定。換言之,"離形去知"的"坐忘"工夫,消解了知識上的偏見及對外物好惡的偏情,徹底走出"成心"的生命束縛,獲致精神性的自由,妙契道真,心氣平靜地"乘物以遊心"(《人間世》)、"遊心於淡,合氣於漠"(《應帝王》),不但保全性命而不被俗物所傷,安其性命之情,且在"同於大通",以"道"觀物,與"道"同遊於萬物的原始風貌中,獲得與人和諧之樂以及與天和諧之樂,生命渾然沉浸在審美觀照的采真之遊中。《天道》曰:"夫明白於天地之德者,此之謂大本大宗,與天和者也;所以均調天下,與人和者也。與人和者,謂之人樂;與天和者,謂之天樂。"由自我的形神調和,進階到與人的和諧,再提升到均調天下與天和諧。自我的和諧與人和、天和,皆植根於大本大宗的"道"。

(三)對莊孟論人性、工夫及境界的評比

莊子和孟子有相同的大時代處境,且皆以關懷生命的苦難

及安頓爲焦點問題。雖然，他們的人文關懷不約而同地探討人性與人心之特質，並皆以心性爲安身立命的着眼點，卻各自提出了不同的心性觀、修心養性的工夫論和人生意義典範性的境界説。就人生終極價值的境界而言，莊子的由心和至人和，由人和至天和，及其所臻的“人樂”、“天樂”，立基於人形神的天性，歸根於萬化之源的大本大宗之“道”。《天道》曰：“知天樂者，其生也天行，其死也物化。靜而與陰同德，動而與陽同波。”“天樂”是人與天交融合一的境界。《齊物論》將這種天人合一的至境生動的描述爲“天地與我並生，而萬物與我爲一”，萬物生於天行，死於物化，天地爲道的載體，陽與陰是氣化流行的作用歷程。莊子把人的生命歸宗至源於天地且與萬化同流，同於大通（道）的天人不相勝的圓融和諧境界。

孟子就人生最高境界的形式特徵而言，有異曲同歸處。《孟子·盡心上》説：“盡其心者，知其性也；知其性，則知天矣。”彰顯出其道德形上學中的心、性、天有着天人性命縱貫的一脈相通性，與莊子的“同於大通”，在形上意境方面有可類比的同一性。《盡心上》又説：“萬物皆備於我矣，反身而誠，樂莫大焉。強恕而行，求仁莫近焉。”蓋仁義禮智四性德根於心，是人之天爵，人之良貴，與莊子安性命之情的靈臺心，皆根源於天且可同通於天，孟子認爲若人不能反身而誠，返本歸根於萬化之天，則我與人、萬物相隔離相對立，自我封閉成與萬物不能感通、不能同流共融的小我私我之生命格局。北宋程明道《識仁篇》詮釋説：“孟子言萬物皆備於我，須反身而誠，乃爲大樂。若反身未誠,則猶是二物有對,以己合彼,終未有之,又安得樂?"因此,孟子天人合一的大樂與莊子與天合的天樂有同調之處。孟子不論言內聖或外王的最高境界,皆有天人合一的特徵。就內聖之崇高品格言,《盡心下》曰:"可欲之謂善。有諸己之謂信。充實之謂美。充實而有光輝之謂大。大而化之之謂聖。聖而不可知之之謂神。"聖人的美德其作爲有若天地的運行,大自然的生成變化,令人高深莫測而謂之"神"。孟子外王之治的境界,亦表徵着天人合一的情景。《盡心上》所謂:"王者之民,……民日遷善而不知爲之者。夫君子所過者化,所存者神,上下與天地同流,豈曰小補之哉!"

不過孟子所嚮往的人生悅樂之境界,與莊子所企求的人生悅樂境界,同中仍有異。《盡心上》說:"君子有三樂,而王天下不與存焉。父母俱存,兄弟無故,一樂也。仰不愧於天,俯不怍於人,二樂也。得天下英才而教育之,三樂也。"第一樂屬骨肉親情的天倫摯愛之樂,第二樂屬積善累德、沒做愧心事的心安理得之樂,第三樂則屬儒家承傳歷史文化、人文化成天下的教化之樂。孟子的三樂,皆屬人文世界之樂。莊子的《天運》篇言天樂,是用寓言的方式,陳述黃帝在廣漠的"洞庭之野"演奏《咸池》自然之聲樂。陳鼓應將之詮釋爲大自然的三部曲樂章:

　　第一部曲是以人事爲主題,並依自然規律來演奏;第二部曲是以陰陽之和爲主題,用"日月之明"來燭照而進行演奏;第三部曲是以"無怠之聲"爲主題,用奔流不已的音調來演奏。①

莊子對天樂的描述,是借着曲調變化多端的旋律,來呈現大自然萬物"所常無窮"、"不主故常"(《天運》)的神奇動態和不可思議的變化,大自然萬物的流行變化,宛如一首變化多端、壯闊亮麗的原野交響曲,所謂:"此之謂天樂,無言而心説(悦)。"(《天運》)這是"天地有大美而不言"(《知北遊》)的天籟交響曲,美得令人嘆爲觀止。總而言之,莊子的天和天樂,是人與自然交融得像一首令人沉醉不已的天人交融曲。《漢書·禮樂志》云:"六經之道同歸,而禮樂之用爲急。"禮樂文化是周代文化的核心價值,禮樂文化的製作,旨在建構一套尊卑貴賤、秩序分明的制度性規範。孔子時禮崩樂壞,而有"人而不仁,如禮何? 人而不仁,如樂何?"(《論語·八佾》)的感嘆。老子也尖鋭地批判説:"夫禮者,忠信之薄而亂之首。"莊子將音樂由禮樂一體的封建框架中,脱胎換骨地轉化爲天籟、地籟、人籟相互聯繫爲天地之道的聲符,賦予音樂自然美學的特質,有别於孔孟仍保守地肯定禮樂的教化功能,爲德治服務。

在修養工夫方面,孟莊皆重視心爲形役、物役,而放本心、真心,因而重視養心存性的工夫。《孟子·告子上》説:"學問之道無他,求其放心而已矣。"蓋經驗層的實然之心,易受不了外在種種俗物的誘惑,逐物不返而放失了道德本心。因此,《孟子》書中描述梁惠王有好利之心,齊宣王有好色貪財之心。《滕文

---

① 見陳鼓應:《道家的人文精神》,臺北:臺灣商務印書館,2013年,第44頁。

公下》所謂"作於其心"，"害於其政"，"我亦欲正人心"。孟子不但主張"養心莫善於寡欲"（《盡心下》），且勇於"格君心之非"（《離婁上》），更提出養氣以存養推擴道德生命力的工夫論。《公孫丑上》說"我知言，我善養吾浩然之氣"。蓋"志壹則動氣，氣壹則動志也"，人的道德心志可主導血氣之勇，血氣沛然之勇可回饋道德心志的壯大，兩者相輔相成於以道義來存養推擴實踐道德的浩然之氣。《公孫丑上》續曰："其爲氣也至大至剛，以直養而無害，則塞於天地之間。其爲氣也配義與道，無是餒也。是集義所生者，非義襲而取之也。"能集道義的內在動力，才是自發自主性的"由仁義行"，才有源源不絕的道德意志力。《盡心上》謂："存其心，養其性，所以事天也。殀壽不貳，修身以俟之，所以立命也。"殀壽與否是非之在我的命運命限，存心養性，盡心盡性是操之在我的使命，孟子以善盡仁義的使命來立命安命。對孟子而言，存心養性，推擴仁心義性是操之在我的自由意志的抉擇。人若順仁心義性爲善則心安，若違逆仁心義性而爲惡則心不安。孟子將道德修養及成聖成賢的境界落實在心，且以心的義利之辨和自由抉擇，面對人的命運。《萬章上》曰："孔子進以禮，退以義，得之不得曰：'有命。'""義"是道德判斷的價值範疇，"命"是客觀際遇的事實和限制範疇。孟子反對爲求"利"而捨棄"義"，在義命合一、即命即義的浩然之氣的抉擇中，孟子提出人生道德境界之極致，在《盡心上》所言"窮則獨善其身，達則兼善天下"。

　　相較於莊子，孟子顯得有高蹈其志的道德生命力和克盡人

道責任的自我使命。莊子也肯定人的心靈自由,但是他認爲人
若自不量力地違逆大自然運行的外力,勉强自己做超出自己性
命之情所能承擔的行爲,是自討苦吃的。《莊子·山木》主張審
時任運,處於和諧狀態。在安時處順、逆來順受的知命認命從命
的生存法則下,《在宥》主張安情適性。《天道》謂"虛静恬淡寂
漠無爲者,天地之平而道德之至。"莊子將道德落實於人的性命
之情,呈現在靈臺心上。他分析人心的活動有兩面性:一方面是
負面向度的"成心"、"蓬心"、"機心"、"賊心",這是意識形態的
封閉心靈,偏執不悟的人生態度,煩惱和痛苦的根由;心的另一
面向是正面的"虛室"、"靈臺"、"靈府"、"以明"、"宇泰"狀態。
這是開放的心靈,能隨遇而安地保持"和順"、"豫悦"、"暢通"
的自由自適之心境。陳鼓應指出莊子的心學要旨是:

> 心靈的開放與審美心境的培養,需要一番"内聖"的工
> 夫——通過"聚精"、"養氣"、"凝神"、"静定",才可使心靈
> 呈現出"虛"、"通"的開豁狀態,……莊子認爲心靈通徹能
> 開顯智慧,心靈與自然共遊,才能體會天地之美,……能品
> 味至美而遊於至樂的人,被莊子稱爲"至人"。[1]

因此,對比孟子與莊子的生命修養與人生境界,他們都反求諸己
於性命之常情,落實於心。其間的不同是孟子爲心性的道德存
有論,側重道德人格的存養。莊子則法天貴真,歸真返樸於人的

---

[1]見前揭書,第226—227頁。

各種天性之原始狀態。孟子的人生修養具有强烈的道德意識和使命感,其境界爲超凡入聖的道德完人境界。莊子則以開放的心靈,以審美觀照,與"道"同遊,品賞天地萬物之至美,所成就的境界是天人合一的天地境界,轉俗成真的至樂至人境界。

五、理想的外王世界

(一)孟子王道政治理想

我們從《孟子》書中不難覺察到孟子有歷史文化的深情實感,以及其殷憂啓聖的時代憂患感和責任心。無疑,孟子的王霸之辨,對其安治天下的外王理想最具理論張力,也最能掌握其精義。《孟子》書開篇載述孟子與梁惠王義利之辨的對話,已凸顯孟子係以義利之辨爲立基點,來論述其王霸之辨的政治理想和觀念。《孟子·公孫丑上》載曰:

> 以力假仁者霸,霸必有大國;以德行仁者王,王不待大,……以力服人者,非心服也,力不贍也;以德服人者,中心悦而誠服也。

霸道是以强權壓制力逼迫他人屈服,只能收一時之效。王道是以仁義之德感化他人而獲致心悦誠服的擁戴,其融洽和諧的互動關係,較能長治久安。值得注意者,春秋五霸以"尊王攘夷"爲訴求。例如,齊桓公"摟諸侯以伐諸侯"(《孟子·告子下》),

以"五禁"來維持諸夏的人文禮教。孟子評戰國時代的列強逐霸，乃"辟草萊、任土地者"(《孟子·離婁上》)、"民之憔悴於虐政，未有甚於此時者也"(《孟子·公孫丑上》)。因此，孟子表彰古代聖王垂立的以德化民之典範，再立基於其仁心仁性的人性論，在外王理論上主張"尊王黜霸"說。

孟子評比三代政治興亡的判準說："三代之得天下也以仁，其失天下也以不仁。國之所以廢興存亡者亦然。"(《孟子·離婁上》)王道以仁民愛物爲準據，亦即爲政者應以不忍人之心，體現在不忍人之仁政上。其治民之出發點和基本態度，在於由內在之仁心仁性發出對廣大人民的人文關懷之愛上，處處以人民之安危苦樂爲懸念。《孟子·盡心上》曰："民爲貴，社稷次之，君爲輕。"理想王道政治之基調是以民爲貴的民本政治，施政重點除了仁民愛物的養民，安保人民生命財產的安全而外，基於人禽之辨，孟子更强調人倫道德的教育。他精闢地指出："善政，不如善教之得民也。善政民畏之，善教民愛之。善政得民財，善教得民心。"(《孟子·盡心上》)他還具體地提出推行教育的機制和人倫道德教育的核心德目，所謂"謹庠序之教，申之以孝悌之義。"(《孟子·梁惠王上》)周代社會結構係立基於血緣親疏遠近的宗法倫理上，家庭倫理是社會國家的大倫理，孝悌爲仁之本。這點與西方公民社會以公共領域的社會正義爲大倫理，家庭倫理劃分爲私人領域的小倫理大爲不同。親情倫理、家庭天倫之樂，歷來都是中華民族文化的傳統特色。臺灣治思想史的學者黃俊傑指出：

　　在孟子思想中，政治領域並不是一個諸般社群、團體或
階級的利益相互衝突、折衷以及妥協的場所；相反地，孟子
認爲政治領域是一個道德的社區，它的道德性質依靠人心
的價值自覺的普遍必然性來保證。①

對孟子而言，政治領域不僅是"道德的社區"，亦是人倫教育的
場域。《孟子·滕文公上》所謂："父子有親，君臣有義，夫婦
有別，長幼有序，朋友有信。"孝悌爲人倫之首務，個人在道德
上的存養擴充，可延伸到倫理化社會之推廣和普及化。《孟
子·梁惠王上》載曰："老吾老以及人之老，幼吾幼以及人之
幼，天下可運於掌。《詩》云：'刑于寡妻，至于兄弟，以御于家
邦。'言舉斯心加諸彼而已。故推恩足以保四海，不推恩無以
保妻子。"

　　王道政治不但重視人文教養，在民貴、民本的價值原則上，
還要關注妥善養民的民生經濟幸福。孟子在王道的公共政策
上，務必要求能做到"黎民不飢不寒"（《孟子·梁惠王上》）、
"養生喪死無憾"（同上）的基本德政。民生經濟的基本準則在
保障百姓"仰足以事父母，俯足以畜妻子；樂歲終身飽，凶年免
於死亡"（《孟子·梁惠王上》）。王道政治的施政程序既然是先
富後教，則在統治階層的君臣關係上，理當有所要求，爲君者應
"尊賢使能"使"天下之士皆悦而願立於其朝矣"（《孟子·公孫
丑上》）。在君道上，孟子説："故將大有爲之君，必有所不召之

①黃俊傑：《孟子思想史論》卷一，臺北：東大圖書公司，1991年。

臣,欲有謀焉則就之。其尊德樂道,不如是不足與有爲也。"
(《孟子·公孫丑下》)在臣道上,爲臣者有引君於正道的政治責
任,所謂"君子之事君也,務引其君以當道,志於仁而已"(《孟
子·告子下》)。並且應有格君心之非的諫君勇氣,孟子説:"惟
大人爲能格君心之非。君仁莫不仁,君義莫不義,君正莫不正,
一正君而國定矣。"(《孟子·離婁上》)在君臣和人民的正當關
係上,王道政治的核心價值原則在"樂民之樂者,民亦樂其樂;
憂民之憂者,民亦憂其憂。樂以天下,憂以天下"(《孟子·梁惠
王下》)。孟子不但始終堅持王道政治的理想,《盡心上》所謂:
"霸者之民,驩虞如也;王者之民,皥皥如也。……民日遷善而
不知爲之者。夫君子所過者化,所存者神,上下與天地同流。"
同時,他也是崇實務本者。例如:針對當時民生經濟的缺失,分
別從經濟制度、土地政策上,提出爲民置産,取民有制,"仁政必
自經界始"(《孟子·滕文公上》)。税制上,論述"請野九一而
助,國中什一使自賦"(同上)等具體政策建言。當然,由於歷
史的盲點,孟子的王道政治理想始終不能走出封建世襲制政
權的宿命,没走上當代民主憲政的路途。李瑞全對此有一公
允的評論,他説:

　　　從西方的經驗來看,民主的理念與實現,都是一個不斷
　　改進的歷程,没有一蹴即至的途徑。理念與實踐的互相促
　　進,才能使民主的構想完善起來。……孟子於客觀體制構
　　想處不能突破,亦顯示出民主體制之構造,必須經過實踐經

驗的步步開展,在不斷改進中方可言合理的構想。①

(二)莊子外王之治的理想

《應帝王》篇是《莊子》內篇的最後一篇,藉不同人物的爲政方式,來評比出莊子所傾向的外王之世理念。他舉例説:

> 有虞氏不及泰氏。有虞氏,其猶藏仁以要人;亦得人矣,而未始出於非人。泰氏……一以己爲馬,一以己爲牛;其知情信,其德甚真,而未始入於非人。

有虞氏崇尚儒家以仁義規範,來建立社群秩序,其"藏仁以要人",落入有所執着、懸念的地步。蓋儒家講仁心,而不自覺地侷限在自己道德意識的框架中,透過禮規、道德禮法,來分別出親疏、遠近、內外、貴賤、榮辱等種種人爲規定的差異和不同對待態度。對莊子而言,表徵隨順自然的泰氏,以萬物齊同的心態,平視自己與牛馬。這是以"道"的本體高度,來看人與非"人",而不從人禽之辨,來標舉人是獨特的一類存有者。換言之,泰氏認爲治世的最高境界在於人與天地萬物有機的結合成渾全的整體。因此,泰氏爲政的範圍,不僅止於人,而能推擴至萬有,較有虞氏只以仁義來關照人類,益顯視域廣泛周備。

"內聖外王"一詞的涵義,可溯源於《莊子·天下》篇,所謂:

---

①李瑞全:《孟子政治哲學之定位:民本與民主之論》,《鵝湖月刊》第185期,1990年1月,第16頁。

　　天下之治方術者多矣，……古之所謂道術者，果惡乎
在？曰："無乎不在。"……"聖有所生，王有所成，皆原於
一。"……古之人其備乎！……其在於《詩》、《書》、《禮》、
《樂》者，鄒、魯之士搢紳先生多能明之。……天下大亂，賢
聖不明，道德不一，天下多得一察焉以自好。……不該不
遍，一曲之士也。……是故内聖外王之道，闇而不明，鬱而
不發，天下之人各爲其所欲焉以自爲方。……後世之學者，
不幸不見天地之純，古人之大體，道術將爲天下裂。

文中所謂"道術"是"聖有所生，王有所成"之根據。彼時，"道
術"所以分裂的原因，莊子歸因於當時諸子百家各偏持己見，自
持"方術"爲己是，導致衆説紛紜，對"道術"流於片面之知，而非
整全性的光照。"内聖外王"的涵義，究竟要如何界説，綜合學
界論述，至少有三種值得注意的講法，其一，是儒家及諸子百家
共同信奉的學説架構①；其二，道術既然在"六經"中可見到，則
可視爲"儒家之道"②；其三，"介於儒家和老莊之間的"③。當前
多數學者認爲主要是針對"聖王"來論述的④。本文採程潮的基

①見吳震：《"内聖外王"的一種新詮釋——就余英時《朱熹的歷史世界》而説》，《國
　學季刊》第二期，2010 年 6 月，第 76 頁。
②如蘇軾、焦竑、吳坤等人的見解。參閱程潮：《儒家内聖外王之道通論》，長沙：湖
　南人民出版社，2005 年，第 10—13 頁。熊十力謂："以内聖外王言儒者之道。"見
　《十力語要·答牟宗三》，臺北：明文書局，1989 年，第 412 頁。
③見朱義禄：《儒家理想人格與中國文化》，上海：復旦大學出版社，2006 年，第 24 頁。
④例如：吳震認爲"内聖外王""是針對'聖有所生，王有所成'的聖王而言"。出處見
　前注。

本意義界説：“内修聖人之德，外行王者之政。”①然而，聖人之德及其王政，在學派屬性上是儒家還是道家？其判斷隨學者們對《天下》篇的理解和詮釋而有不同見解。總而言之，其基本涵義是指有聖德之君王，本着其人格修養推擴至政治領域。莊子與孟子分别以人之德行表現的内、外這套概念來表述。例如《孟子・告子下》引淳于髡之言説“有諸内必形諸外”，《告子上》載告子所説“仁内義外”。《莊子》在《德充符》謂“内保之而外不蕩”、《達生》曰“凡外重者内拙”、《知北遊》云“外不觀乎宇宙，内不知乎太初”，各有其語脈下的涵義。大致而言，莊學以“内”指人内在的性命之情、精神主體。“外”指外在生命活動、外物、宇宙等。這是以生命活動的形跡，來分别内外，與孟子有所不同。

　　我們可以説“内聖外王”之道，是儒、道兩家的人文價值理想。“内聖”着重人自覺性的身、心、靈之修養，期能轉化提升人生的精神價值，實現典範型的人格境。儒家“外王”，旨在自覺地善盡人對所聯屬的外在客觀世界之淑世責任，亦即爲和諧安樂的社群生活建功立業。莊子學派以統攝宇宙人生本原及安頓所衍生的社會、國家的學問，稱爲“道術”。“道術”是莊學内聖外王之道的根基。由“道術”所衍生的治道，當爲其外王之道。當代學者陳鼓應指出：“莊子的人文世界深具‘宇宙公民’的意識，莊子所宣導的‘齊物’思想中所藴含的開放心靈和多邊

－－－－－－－－－－

① 見程潮：《儒家内聖外王之道通論》，第 10 頁。

思考的觀點,也極富現代意義。"①《齊物論》兼陳萬物之間的殊別性與同一性,所謂:

> 故爲是舉莛與楹,厲與西施,恢詭憰怪,道通爲一。……唯達者知通爲一,爲是不用而寓諸庸。

"恢詭憰怪,道通爲一",意指衆多差異性的個體,與宇宙大化流行的大生命聲息相同,相互聯繫會貫爲一有機的圓融整體。"而寓諸庸"意指殊別性的萬物在道的涵化統整下,物物各適其適,各遂其生。如是,在道物關係中,呈現一多相攝,同中有異。換言之,天地萬物在大齊中含攝不齊的存有者,不齊中又有内具道的同一性。只有至人通達道的共性與萬物的殊別性,相攝共融爲一有機整體,才足以體悟"道通爲一"的宇宙觀。萬物間的同一性與殊別性,形成整體圓融和諧的多彩繽紛世界。《齊物論》論證出萬物"相尊"、"相蘊"的自然和諧關係。

莊子以道物的多樣多彩而和諧圓通的世界觀論外王之治,確立尊重個别差異,亦着眼於交融互攝的整體性。接受萬物自然不齊的差異性,尊重個體抒發其個體性的自由,是爲政者應有的認識和胸襟。上世紀英國大哲學家羅素(Bertrand Arthur Willian Russell, 1872－1970)在所著《中國問題》(The Problem of China)一書中,特別推崇老莊"道法自然"的自由觀,他説:

---

① 陳鼓應:《道家的人文精神》,臺北:臺灣商務印書館,2013 年,第 223—224 頁。

中國最早的聖人是老子，……他認爲每個人、每個動物，乃至世間萬物，都有其自身特定的、自然的方式方法。……莊子比他的老師更讓人感興趣，他們所提倡的哲學是自由的哲學。①

但是自由有兩種：一是充分發展個體性格、才華、情感，亦即抒發個人天性的自由；另一爲在社群生活公共領域的自由人權。顯然，莊子兩者皆重視，特別是外王之治的個體自由權，在尊重萬物天性和自由的前提下，爲政者應以虛靜的靈臺心實踐無爲之治，勿自以爲是地以個人的成見偏情，實踐强勢干預的有爲之治。《應帝王》曰：“鳥高飛以避矰弋之害，鼷鼠深穴乎神丘之下，以避熏鑿之患。”身爲萬物之靈的人更有能力適應生存環境的挑戰，而磨合到自適之適，不必由掌政權者制定外鑠性的道德禮法來束縛百姓，勉强於適他之適。明王順應自然性向的無爲之治，縱使以無爲之爲，順水推舟地使百姓各得其所，各遂其生，也不邀功自恃。《應帝王》所謂：“功蓋天下而似不自己，化貸萬物而民弗恃。”

（三）對兩人外王之治的評比

莊子和孟子根本的不同處，在於其立基點是涵蓋整全性存有的“道術”。孟子則立基於作爲道德主體性的人之道德意識，《孟子·盡心上》曰：“人之所不學而能者，其良能也。所不慮而知者，其良知也。孩提之童，無不知愛其親者，及其長也，無不知

---

①羅素著，秦悦譯：《中國問題》，學林出版社，1996 年，第 149 頁。

敬其兄也。親親,仁也。敬長,義也。無他,達之天下也。"相對
比之下,莊子從道術觀天下萬物皆有其生存的本性本能,無爲之
治,旨在尊重人民與萬物的個體性和發展其天性的生命自由權,
一切以因循自然本性爲施政前提。孟子則站在人倫世界中,確
認人爲道德的存有。他根據宗法社會所釋放的血親倫理現象,
見證了愛親之仁及敬兄長之義。他認爲若能將根於心的仁義,
從血親倫理自發性開顯的孝悌之道,予以存養推擴,則可"達之
天下"而保安世界。孟子在外王之治上,強調人君應大有爲的
五種教化,《盡心上》説:"有如時雨化之者,有成德者,有達財
者,有答問者,有私淑艾(治也)者。"強調庠序之教以培養孝悌
美德爲核心價值,他申論"居仁由義,大人之事備矣"(《盡心
上》),爲政者以尊德樂義的心態來"致敬盡禮"(同上)。孟子
頗強調崇仁用賢、禮義教化及富民裕財的有爲之治。《盡心下》
所謂:"孟子曰:'不信仁賢,則國空虛。無禮義,則上下亂。無
政事,則財用不足。'"

　　同時代的莊子顯然有與孟子不同調處。《知北遊》批評彼
時代的禮制及禮教説:"禮者,道之華而亂之首也。"蓋周代的禮
樂刑政制度和教化,係以血緣的親疏遠近關係爲紐帶,締結出封
建的宗法社會,且隨之而衍生別貴賤尊卑的世襲貴族階級制度,
社會階層間的不流動,思想的封閉性,以及政治權位和個人才學
德性不符應的不合理現象,導致春秋末期的禮崩樂壞。孟子崇
信的王道德治,把人治的典範,舜的孝行宣揚過度,過份強調私
領域的孝德絕對化,成爲外王公領域的至善準據。莊子在強烈

的質疑下,於《逍遙遊》批爲"塵垢秕糠,將猶陶鑄堯、舜者也"。孟子認爲居仁由義的推擴,可導引人由老吾老而能以及人之老,幼吾幼可以推及人之幼,對莊子而言,是以己度人,未必可產生道德因果關係的必然連結性。莊子認爲若不能尊重個別差異及個體性的殊別性向,則出於善意的推己及人,也可能產生愛之反而害之的反效果。莊書中《應帝王》表述的渾沌之死,《至樂》所解説的魯侯養鳥,《人間世》生動地描述秖馬不時;都警惕了孟子式的道德自我中心,以己度人,推己及人,反而造成他者可能承載的不自由負擔,或出乎意表的愛之傷害。《齊物論》深刻地指出"物無非彼,物無非是。自彼則不見",孟子存養推擴的外王之治,不排斥會有莊子寓言中"北海之帝"、"南海之帝"出於善意,對有個別差異的他者,推己及人地"日鑿一竅",而造成渾沌之死的可能悲劇。這是爲政者基於"成心",所可能推行大有爲之治的悲劇,但是,不可諱言者,孟子也認識到實然世界物類之不齊,在政治上,他也強調聖之時者執中權變的重要性,何況他也重視人的不忍人之心。莊子主張得其環中道樞的兩行哲學,這是兩人在理論上的可資相通處。不過重視人物殊別之個性(自性)的莊子,在任自然律則的無爲之治上,相較於孟子,既能消解束縛人自由的外在制度規約,亦即使人物有自我保存的消極自由,也有讓一切個體享有自主自發地實現自己潛在性分的自由,這是莊子較孟子重視個體自由及相互平等的人格權地位。

相較於莊子,孟子較重視道德自我之充分實現的自由。例

如《孟子·離婁下》謂:"由仁義行,非行仁義。"《滕文公下》
曰:"不得志,獨行其道。富貴不能淫,貧賤不能移,威武不能
屈——此之謂大丈夫。"兩人相通同處,皆肯定人有意志的自
由,且以實現内在於生命的天性爲貴。不過,莊子的自由在於
開放的心靈,較有全方位性,孟子則具深刻的道德感。就自由
涵蓋的範圍而言,莊子的宇宙意識較孟子爲開闊,孟子立基於
人禽之辨,較能顯出人性的道德尊嚴,性靈生命的超越價值。
就生死觀而言,莊子重視形神並茂的養生論,性命雙修,全性
保真。孟子崇尚"舍生而取義"(《告子上》)的殉道精神,這是
兩人同中之異。就養民、保民、教化人民的政治目標和責任
上,孟子提出許多民生經濟構想,莊子的大國民小政府,則較
不如孟子王道政治爲廣大人民謀福利的大作爲。《梁惠王上》
曰:"明君制民之産,必使仰足以事父母,俯足以畜妻子,樂歲
終身飽,凶年免於死亡。"《盡心上》載曰:"孟子曰:'易其田
疇,薄其税斂,民可使富也。食之以時,用之以禮,財不可勝用
也。'"孟子的王道政治的大原則,在保養人民養生送死而無
憾,其王道仁政是發自於不忍人之仁心,他在養民和教化人民
上的有所作爲,比莊子無所作爲,較能承擔政治責任和使命。
徐復觀評論説:"在先秦諸子百家的政治思想中,以孟子最注
重經濟問題,最注重經濟制度。"①這是公允之論,相較之下,莊
子在這方面顯然有所不及孟子處。

———————

① 徐復觀:《儒家政治思想與民主自由人權》,台北:學生書局,1988 年,第 129 頁。

結　論

　　孟子與莊子有共同的時代背景和問題出發點,卻有不同的哲學立場和論述脈絡。他們都着眼於人間世,不但有個人安身立命的終極價值關懷,也有濃厚的社會關懷。換言之,個人的內聖成德與外王治世的憧憬,形成了他們共同的內聖外王之哲學論述架構和課題。他們不約而同地形成了自我的存在理解,人與社群的和諧關係,人與自然的相互關係,其間的異質區別。孟子立基於道德存有論,其內聖外王成就了人間世親親、仁民而愛物的人倫道德世界。莊子立基於道與萬物關係的形上學路數,其內聖外王成就了人間世歸真返樸,在個人精神自由中品賞天地至美的美感世界。在外王之治上,則企求尊重萬物自然本性,勿以人養鳥,宜以鳥養鳥的天機自張萬物並育,不但不相害且能自適其適,活出天性的真趣世界。天人合一的和諧價值觀,是兩人殊途同歸處。其間的不同在:孟子是具有道德意識的天地境界,在莊子則是宇宙意識的天人境界,兩人的內聖外王思想雖有不同調處,但是異中有同,未必不能譜出更具張力瑰麗的哲學交響樂出來。

作者簡介:曾春海,臺灣輔仁大學哲學博士,現任中國文化大學哲學系教授。主要研究領域爲易經哲學、先秦哲學、宋明理學、魏晉玄學。

從《淮南子》的《脩務》與《主術》看黃老道家的儒道融合

陳麗桂

內容提要 司馬談説黃老道家"兼儒墨",《淮南子》集黃老道家思想大成,自述選作宗旨,要"紀綱道德,以經緯人事",《主術》、《脩務》兩篇清楚顯示了這樣的狀況。《主術》標舉治政的高境界是"太上神化"。所謂"神化",指的是一種從《老子》致虛守靜、《莊子》"用志不分,乃凝於神"的精神專致工夫中提煉出來的高層次心靈狀態,結合儒家《中庸》精一執中、真實無妄的至"誠"心靈,去輻射感召群衆,達到不治而自化的效果。這是道家的虛靜工夫加儒家的精一真誠結合而成的功效。又結合儒家的民本思想,以法令制定的根源來自民心的需求,納人君於法令的管轄之中。其次,道家主張自然無爲、反智非學,《脩務》一方面推崇道家的自然無爲,另一方面在講求外王事功的大前提下,將"無爲"解釋爲:不是無所是適,而是因須自然條件以求發展,建立事功。只有胡亂耍弄心機智巧,强矯自然的操作,才是有爲。它並定義"學習"爲依順先天資質條件去開展後天,並不違反道家自然無爲的原則,仍然是"無爲"而非"有爲"。將道家的"自然無爲"與儒家的"勤學"糅合融通,建構其黃老道家有爲式的"無爲"。

前　言

《淮南子》被公認爲漢代道家理論的總代表與集大成之作,其思想理論以《老子》、《莊子》等道家學説爲主軸,也多采各家之説,陰陽、儒、道、墨、法皆有所參采。其中陰陽家爲漢代學術的底流,名法家説則不論黃老先天的外王質性功能,還是漢代大一統帝國的需求而言,都是政治運作的核心依據。儒家學説一方面積極化道家虛靜無爲理論的現實操作,另一方面也温潤轉化法家硬苛理論的體質。這些狀況在《淮南子》中有很普遍的理論實踐。即以儒、法兩家的思想理論而言,在《主術》和《脩務》中,和道家思想有很圓滿明晰的融合,完全應合司馬談《論六家要旨》"因陰陽之大順,採儒墨之善,撮名法之要"①的提挈。兹先論儒、道融合。

一、《脩務》立"名"成"功"的"無爲"論

從篇名上看,《脩務》意即黽勉當務之事,應是積極有爲之

――――――――――

① [漢] 司馬遷撰,[南宋] 裴駰集解:《史記集解》,臺北:藝文印書館影清乾隆武英殿本,第 1349 頁。

意,但全篇卻是以"無爲"開論,大談"有爲"與"無爲"的區别,
以"無爲"和"勸學"爲論述的核心議題。全篇開宗明義便以界
定"無爲"發論,説"無爲"不是"寂然無聲,漠然不動,引之不來,
推之不往。"一動也不動,什麽事都不做。然後他大篇幅鋪叙古
聖先王神農、堯、舜、禹、湯五位聖王治天下,是如何地勞形盡慮,
辛苦勤奮,去爲民興利除害。它説"聖人之心,日夜不忘於欲利
人",没有一位聖人可以什麽事都不做。① 可見,本篇基本上是
站在外王治世的立場談論"無爲",講的是如何"無爲"以治世的
問題。因此開宗明義便直接標示,治天下是高度煩憂操累之事,
肯定要忙碌。但站在《淮南子》全書道家的基本立場來説,"無爲
而治"又是最高指導原則與終極目標。一種既須高度操累,又要
自然無爲的治法,究竟是如何的狀況?《脩務》有很明確的論述。

(一) 自然與事功並重

《脩務》説:

> 若吾所謂"無爲"者,私志不得入公道,嗜欲不得枉正
> 術,循理而舉事,因資而立功②,推自然之勢③,而曲故不得

---

① 以上詳見[漢]劉安撰,劉文典集解:《淮南鴻烈集解‧脩務》,卷十九,臺北:文史
哲出版社,1985 年,第 32—34 頁。本文此下所引《淮南子》之文,悉依《淮南鴻烈
集解》。

② 此句本作"因資而立",王念孫以爲,下脱一字,當依《文子‧自然》作"因資而立
功","功"與"事"相對爲文,今從校改。説見劉文典集解:《淮南鴻烈集解‧脩
務》,卷十九,第 36 頁所引王念孫校改。

③ 此句本作"權自然之勢",王念孫以爲,當依《文子》作"推自然之勢",字之誤也。
《主術》篇曰:"推不可爲之勢,而不循道理之數",高注:"推,行也",今本"推"作
"權",則非其旨矣。説見劉文典集解:《淮南鴻烈集解‧脩務》,卷十九,第 36 頁所引。

容者,事成而身弗伐,功立而名弗有,非謂其感而不應,攻而
不動者。若夫以火熯井,以淮灌山,此用己而背自然,故謂
之有爲。若夫水之用舟,沙之用鳩,泥之用輴,山之用蔂,夏
瀆而冬陂,因高爲田,因下爲池,此非吾所謂爲之。①

　　一方面站在黃老道家崇功尚用的立場上,開釋一般人對"無爲"
的誤解,説"無爲"不是一動也不動,有刺激,没反應。而是指做
事能依循一定的規則和道理去處理,充分忖度客觀情勢,利用可
利用的自然條件與資源去從事,以達到事半功倍的效果,不私心
自用。要成事立功,卻不矜誇名聲。換言之,"有爲"與"無爲"
的差別不在"爲"與"不爲",而在如何地"爲"? 是就事論事,依
循一定的道理跟情勢去處理事務,以達順水推舟,精簡省力,四
兩撥千斤的成效? 還是"用己而背自然",自以爲是地瞎扯蠻
幹? 前者仍是"無爲",後者才是"有爲"。這樣定義下的"無
爲",一方面因承《老子》崇尚自然,反對心機智巧的基本教義,
也清楚顯示了,其"無爲"是在外王功能下,尊重自然、依循道理
處理事物的作爲。

　　《老子》原本反對"名",説"名可名,非常名"、"美言不信,
信言不美",也不尚事功,説"爲無爲,事無事。"②《脩務》卻説,
行事以事功的建立爲基本要務,再三強調,"無爲"是要舉"事"

①劉文典:《淮南鴻烈集解・脩務》,卷十九,第 63 頁。
②以上《老子》引文分見《老子王弼注》第一章(第 1 頁),八十一章(第 108 頁),六十
　三章(第 91 頁),臺北:河洛圖書出版社,1974 年。

立"功"的。它雖然一方面説，無爲是"事成而身弗伐，功立而名
弗有"，似乎只重視"功"，而不在乎"名"；但同篇隨後卻又説
"名可務立，功可强成"，成"功"立"名"的企圖仍是相當積極而
强烈的。不論其對功名的重視程度輕重比率有多少。在現實世
界裏，"功"很難與"名"截然區分。《左傳·襄公二十四年》記
載魯叔孫豹對晉范宣子論"三不朽"，有所謂"立功、立德、立
言"，①目的都在求得一種身後永傳之名。孔子説："君子疾没世
而名不稱焉"（《論語·衞靈公》）②，對身後不朽之名的追求，是
以儒家爲代表的傳統中國士大夫超越物質，追求精神滿足的獨
特形式。它往往可以激勵個體生命，釋放出無比巨大的能量，③
這正是中國傳統士人，尤其儒家一系，一生努力奮鬥的終極目
標。它和道家且適此身，奚遑死後的人生態度，是很不相同的。
唐代大詩人李白曾説：

且樂生前一杯酒，何須身後千載名？④

這是逍遥自適的老莊道家情調；但黄老道家卻要積極經營當下
與今生，功名的建置與營造成了必然的要項。但他又憧憬、推崇

①［周］左丘明撰，［唐］孔穎達正義：《重刊宋本左傳注疏附校勘記》。臺北：藝文印
　書館影嘉慶二十年江西南昌學府開雕本，第 609 頁。
②［宋］朱熹集注：《四書集注·論語·衞靈公》，卷八，第五十一，臺北：學海出版社，
　1988 年，第 165 頁。
③參見 www.itsfun.com.tw/三不朽/wiki-2452446-612926。
④見李白《行路難》之三，劉大澄述注：《唐詩三百首》。臺北：文化圖書公司，1968
　年，第 128 頁。

道家的自然、自在而順成，不希望如儒、法兩家一般，動心忍性、劍拔弩張地經營與管理，希望能降低處理過程中的阻礙與殺傷力，減少無謂的耗損。因此以道家自然爲原則，儒、法所推崇的功名爲目標，結合儒、道等各家的思想元素，"推自然之勢"去"因資而立功"，建構出一種既自然宜適，卻又積極高效，"有爲"式"無爲"的管理方式。

（二）反智與勸學融通

然而"功名"的建置，涉及世務的管理，世務的管理卻不可能只是伊旬園裏沉穩淡定的順水推舟而已，勢必有所開展。要開展，就須有所增添、引進，《脩務》説：

> 智者之所短，不若愚者之所脩；賢者之所不足，不若衆人之有餘。①

一切自然的條件雖然各有其優勢與便利，卻亦不免各有其先天的偏限，行事如果全依這些先天自然條件去處理，不免貧乏、薄弱而粗糙，縱使有再優良的内質，一時也無法充分展現，只能各自爲政，而無法廣應大通。只有吸取他人或外在的能量與資源，去截長補短，相互融通，才能有較大的開展與超越。《脩務》説：

> 夫天之所覆，地之所載，包於六合之内，託於宇宙之間，陰陽之所生，血氣之精，含牙戴角，前爪後距，奮翼攫肆，蚑

①劉文典：《淮南鴻烈集解·脩務》，卷十九，第42頁。

行蟯動之蟲,喜而合,怒而鬭,見利而就,避害而去,其情一也。雖所好惡,其與人無以異。然其爪牙雖利,筋骨雖彊,不免制於人者,知不能相通,才力不能相一也。各有其自然之勢,無稟受於外,故力竭功沮。①

夫地勢水東流,人必事焉,然後水潦得谷行;禾稼春生,人必加功焉,故五穀得遂長。聽其自流,待其自生,則鯀、禹之功不立,而后稷之智不用。②

老莊道家"推自然"而不容"曲故"的管理模式,因此勢必有所修正與添加,《脩務》説:

夫純鈎、魚腸之始下型,擊則不能斷,刺則不能入,……明鏡之始下型,矇然未見形容。③

這好比事物先天自然的粗糙本質;

及加之以砥礪,摩其鋒鍔,則水斷龍舟,陸剸犀甲。……及其粉以玄錫,摩以白旃,鬢眉微豪,可得而察。④

這是透過學習加工後的成效。《脩務》因此説:"學亦人之砥

①劉文典:《淮南鴻烈集解·脩務》,卷十九,第42—43頁。
②劉文典:《淮南鴻烈集解·脩務》,卷十九,第35頁。
③劉文典:《淮南鴻烈集解·脩務》,卷十九,第41—42頁。
④劉文典:《淮南鴻烈集解·脩務》,卷十九,第41—42頁。

錫"。透過後天的學習，先天才質的內蘊價值可以更充分的展現與提升。人類文明的躍進，正是這樣充分利用先天的自然材質，加上後天的學習交流，群策群力，相互融通的結果。作者在呼籲"無爲"的同時，因此也大大强調"學習"的重要。《脩務》說：

　　昔者，蒼頡作書，容成造曆，胡曹爲衣，后稷耕稼，儀狄作酒，奚仲爲車，此六人者，皆有神明之道，聖智之跡，故人作一事而遺後世，非能一人而獨兼有之。各悉其知，貴其所欲達，遂爲天下備。今使六子者易事，而明弗能見者何？萬物至衆，而知不足以奄之。周室以後，無六子之賢，而皆修其業；當世之人，無一人之才，而知其六賢之道者何？教順施續而智能流通。由此觀之，學不可已，明矣。①

學習因此是必要的。

　　世俗廢衰，而非學者多。"人性各有所修短，若魚之躍，若鵲之駁，此自然者，不可損益。"吾以爲不然。夫魚者躍，鵲者駁也，猶人馬之爲人馬，筋骨形體，所受於天，不可變。以此論之，則不類矣。夫馬之爲草駒之時，跳躍揚蹄，翹尾而走，人不能制，齧咋足以噬肌碎骨，蹴蹄足以破顱陷匈；及至圉人擾之，良御教之，掩以衡扼，連以轡銜，則雖歷險超塹弗

───────────

①劉文典：《淮南鴻烈集解·脩務》，卷十九，第43—44頁。

敢辭。故其形之爲馬，馬不可化；其可駕御，教之所爲也。馬，聾蟲也，而可以通氣志，猶待教而成，又況人乎！①

人類文明開展中，許多完美優越的展現，幾乎都是先天資質加上後天學習融通，"服習積貫"的成果。總之，適切的學習教導，可以優化、提升先天的粗樸與不足，肯定文明，就不能不學習，此其一。

更何況，先天材質優越至善，不須學習就能一步到位的天縱之聖，畢竟鳳毛麟角。絕大部分人都是，有其質而未臻至善。要倚靠這些原汁原味的本質去開發生命，發揮偉大功能，傳教與學習成了必要的手段。作者在呼籲無爲的同時，因此也大大強調學習的重要。《脩務》説：

> 且夫身正性善，發憤而成仁，帽憑而爲義，性命可説，不待學問而合於道者，堯、舜、文王也；沉湎耽荒，不可教以道，不可喻以德，嚴父弗能正，賢師不能化者，丹朱、商均也。曼頰皓齒，形誇骨佳，不待脂粉芳澤而性可説者，西施、陽文也；卷膝哆嗚，籧蒢戚施，雖粉白黛黑弗能爲美者，嫫母、仳佳也。夫上不及堯、舜，下不及商均，美不及西施，惡不若嫫母，此教訓之所諭也，而芳澤之所施。②

---

① 劉文典：《淮南鴻烈集解·脩務》，卷十九，第38頁。
② 劉文典：《淮南鴻烈集解·脩務》，卷十九，第38—39頁。

在人世間,傳教與學習因此有了廣大的市場需求。

(三)循性開展與突破躍升

原本老莊道家都反智,反對學習,視智慧的開發爲天真的破產。《老子》説:"智慧出,有大僞。""爲學日益,爲道日損,損之又損,以至於無爲,無爲而無不爲。"①體道和治學,工夫是相反的,體道需要透過真樸自然的心靈直接領悟,才能澄澈靈明;透過知識的學習,只會平添許多蕪雜,永遠體悟不了道。孜孜矻矻的學習,得到的永遠是沾染了俗僞的事物價值。《莊子》尤其視知識的追求爲一輩子没完没了的苦差事,繁瑣而無效,《養生主》説:"吾生也有涯,知也無涯,以有涯逐無涯,殆已。"②《應帝王》裏殘鑿渾沌的故事,尤其是令人驚悚的警惕,智慧一開發,天真從此破產。《莊子》同時也非常强調天人之分,認爲一切後天的學習和傳教,都是對先天本性的嚴重殘害。《馬蹄》説:

> 馬,蹄可以踐霜雪,毛可以禦風寒,齕草飲水,翹足而陸。此馬之真性也。雖有義臺、路寝,無所用之。及至伯樂,曰:"我善治馬。"燒之、剔之、刻之、雒之,連之以羈馽,編之以皂棧,馬之死者十二三矣;飢之、渴之、馳之、驟之、整之、齊之,前有橛飾之患,而後有鞭筴之威,而馬之死者已過半矣。……然世且稱之曰:"伯樂善治馬。"③

①以上《老子》引文分見《老子王弼注》十八章(第23頁),四十八章(第67頁)。
②郭慶藩集釋:《莊子集釋》卷二上《養生主》第三,台北:河洛圖書出版社,1974年3月版,第115頁。
③郭慶藩集釋:《莊子集釋》,第330頁。

在伯樂絡馬首,傳教駕馭成功的那一刻,馬天生"跳躍揚蹄,翹尾而走,……齧咋足以嚼肌碎骨,蹴蹄足以破顱陷匈"①的天生真野性和能耐,從此被箝制泯絕,這明是馬的不幸與悲哀,卻成就了伯樂的頌揚。可見老莊反對學習,主要是認爲後天的學習會破壞先天的自然真性。站在道家維護自然真性的觀點,當然要加以反對。

《淮南子》的黃老觀點卻不同,它認爲,既然要求用,就必須依順先天自然的資質去學習與開展,依循先天的資質本性去開發,並不違反道家尊重自然、依循自然的原則,"學習"並不違反"無爲"的基本原則。就這樣,道家的依循自然,和儒家的勸學,在《淮南子》新的"無爲"定義下,被結合融通了起來。

和道家相反,儒家重視銖積寸累的篤實漸進工夫。孔子的"學而時習之"②,孟子的"盈科而後進"③、"動心忍性"④,荀子的"不積跬步,無以致千里;不積小流,無以成江海。"⑤《禮記·中庸》從治學的"博學、審問、慎思、明辨、篤行",到《大學》修身的格、致、誠、正、修、齊、治、平,⑥無一不是重視一步一腳印,透過廣納博採,多方吸收的步驟與工夫,儲蓄巨量的平凡,才能卓

①劉文典:《淮南鴻烈集解·脩務》,卷十九,第38頁。
②朱熹:《四書集注·論語集解·學而》,卷八,第五十一,第47頁,
③朱熹:《四書集注·孟子集注·離婁下》,卷八,第五十一,第298頁。
④朱熹:《四書集注·孟子集注·告子下》,卷八,第五十一,第348頁。
⑤[清]王先謙集解:《荀子集解》第一卷《勸學》第一,台北:藝文印書館1973,第114頁。
⑥分見朱熹:《四書集注·中庸章句》,第二十章,第31頁;《大學章句》,第一章,第3—4頁。

絕與超越。他們相信，只要放大學習心量，加深學習工夫，鐵杵自然能磨成繡花針，儒家因此重視學習和積累的工夫。這些在老莊道家看來，都是費力傷身，煩瑣而不奏功的套招，道家因此反智、非學。

　　黃老道家因爲積極用世，強調外王，故將焦點集中在自然本性後續在現實世界中的開展。因此對學習加以強調和宣揚。他們相信，後天的傳習添加，不僅不會折損殘傷先天的真性，對於先天的真性還有錦上添花的效果。再平凡的先天資質，只要透過後天長期的傳教學習，真的可以超越飛升、脫胎換骨、美不勝收。一切超凡的成就，幾乎都是透過長期的傳教學習，去達到的成果。《脩務》説：

　　　　今鼓舞者，繞身若環，曾撓摩地，扶旋猗那，動容轉曲，
　　便媚擬神。身若秋藥被風，髮若結旌，騁馳若鶩；木熙者，擧
　　梧檟，據句枉，蝯自縱，好茂葉，龍夭矯，燕枝拘，援豐條，舞
　　扶疏，龍從鳥集，搏援攫肆，蔑蒙踴躍。且夫觀者莫不爲之
　　損心酸足，彼乃始徐行微笑，被衣修擢。夫鼓舞者非柔縱，
　　而木熙者非眇勁，淹浸漸靡①使然也。

任何令人嘆爲觀止的技巧，都不會只是先天的本能，而是後天奮

---

① 此句本作"淹浸漬漸靡"，劉文典以爲，"漬"字涉注文而衍，淹浸、漸靡皆兩字連讀，不當有"漬"字。且注訓"淹"爲"久"，"浸"爲"漬"，則正文無"漬"字明矣。劉文典：《淮南鴻烈集解》，卷19，第52頁。

勉學習的積累增添。透過道家自然循性的原則,可以減少開展
過程中的折騰和損傷,透過儒家長期傳教學習的績效,自然真樸
的本能可以超越飛昇,本來不會的變會了,本來不知其能的,可
以變成令人驚豔的能,道家的因順自然和儒家的勸學因此是可
以相容,而且應該互助互通。

要之,老莊道家在乎一種最合乎本真,輕鬆自然而不勉强的
真樸本貌與生命狀態;儒家則要求一種能跨越平凡本能而有所
越昇的開展。道家重視自然,反對文明;儒家則重視人文,營造
文明。黃老道家基於外王的目的與功能,雖然也希冀一種如道
家般,多尊重,少騷擾的處理模式;但同時它也和儒家一樣,必須
經營人文,重視人文,開展人文,尤其要推廣、保證其普遍性和必
然性,因此,必須宣導傳教和學習,這是黃老融合儒、道的必然。

二、《主術》儒、道、法結合的領導統御

《淮南子》的政治理論以《主術》篇爲核心,融合儒、道、法三
家思想,架構出以道家無爲而治爲最高理想與指導原則,法家的
勢、術、法爲基本間架,儒家的民本與德、誠爲潤滑,既精簡高效,
又温潤合理,用力省而功效大,不治而自治的管理成效。在《主
術》篇中,它標出政治的三等境界,説:

　　　太上神化,其次使不得爲非,最下賞賢而罰暴。①

---

①劉文典:《淮南鴻烈集解》,卷九,第6頁。

第一層以神妙莫測的精神能量,依循一定要領去輻射感召,基本
上是道家無爲而治的模式。第二層指的是儒家的禮樂教化,第
三層則是指法家的賞罰管理,這是總綱。這一總綱簡要道出了
黃老的理想政治狀況與層次。

(一)虛靜無爲的精神感召與領導

什麼叫作"神化"?《主術》説:

> 人主之術,處無爲之事而行<u>不言</u>之教。<u>清静而不動</u>,一
> 度而<u>不搖</u>,因循而任下,責成而不勞。①
>
> 天氣爲魂,地氣爲魄,反之玄房,各處其宅,守而勿失,
> 上通太一。太一之精,<u>通于天道</u>,天道玄默,無容無則,大不
> 可極,深不可測,尚與人化,知不能得。昔者神農之治天下
> 也,神不馳於胸中,智不出於四域,懷其<u>仁誠之心</u>。……其
> 民<u>樸重端愨</u>,不紛争而財足,不勞形而功成。<u>因天地之資</u>而
> 與之和同,……故<u>其化如神</u>。②

它以老莊道家虛靜無爲爲最高指導原則,一再地宣説一種透過
領導者精神力量的輻射感召,去達到不可思議的連通效果。
《主術》作者相信,透過領導者特殊而優質的精神能量輻射,在
領導統御上可以達到高妙而不可言喻的成效,他稱這種神秘精
神力量的感召式領導,叫做"神化",標舉之爲第一等管理。

———————————

①劉文典:《淮南鴻烈集解》,卷九,第1頁。
②劉文典:《淮南鴻烈集解》,卷九,第2頁。

　　而這種清静不需語言動作的管理，基本上是仿效自天道的。天道因"玄默"而"深不可測"，政道如能仿天道之"玄默"，應該也能"大不可極，深不可測。"這叫"因天地之資"。換言之，就是依循自然之道去管理。因天道而爲政道正是黄老道家極典型的論理模式，此其一。

　　其次，上文舉神農氏爲例，來説明這種"神化"的典範模式。説虚静無爲之治雖然不馳神，不出智，卻是"懷仁誠之心"、"抱德推誠"。事省、求寡，或不言、不求、不爲是道家所推崇；儒家則重視耕耘後的收穫，重視領導者内在的道德品質與素養。這"仁誠之心"與"德、誠"並不合乎先秦道家的質樸清虚，而是儒家所提倡，由衷的真實無妄之德，雖不違背道家真樸、不爲、不作的基本教義，但在《老子》的序列中，卻是人爲的造設與界定，是"道"第二、三層次的下跌，而不是自然質樸的本"道"；但在黄老道家的君術中，它則被填充入虚静無爲的内容中。

　　道、儒兩家基本上都相信人的精神能量之無限可能；但道家講究精神品質的純度，要求原汁原味；儒家則要求淬練後的深度、厚度和穩實度。因此道家要求清静、質樸、自然地去澄澈、沉澱；儒家則勉人勤奮、用功，廣納博采地耕耘積累；道家要清澈、明爽，儒家要豐富、厚實。在形式上，道家要求一種不需動作，甚至没有動作的狀態，讓一切各循其理，安列就位，讓管理的需求釜底抽薪地消解，這種以不刻意管理，讓萬物的真性各自無礙地展現的處理方式，道家認爲，才是最精簡高妙的處理。《主術》結合兩家之説，先一再擴大宣揚這種神秘、抽象的精神感召式管

理的巨大能量;説:

> （聖人）事省而易治,求寡而易澹,不施而仁,不言而
> 信,不求而得,不爲而成。塊然保真,抱德推誠。天下從之,
> 如響之應聲,景之像形,其所修者本也。刑罰不足以移風,
> 殺戮不足以禁奸,唯神化爲貴,至精爲神。………故至精之
> 像,弗招而自來,不麾而自往,窈窈冥冥,不知爲之者誰,而
> 功自成。……以弗治治之。①

值得注意的是,這至貴的高度精神輻射、感召的"神化"之至,是
極其"窈冥"神秘的,卻可以達到"功自成"、"弗治而治之"的效
果。這令人想起《莊子》拈蟬者"用志不分,乃凝於神"的高妙技
巧,與《老子》"致虛守静",可以"觀復"的修養工夫,是一種透
過專一凝神,虛冥其心的體道工夫,讓精神心靈落盡雜質,上升
到一種品質最純粹不雜的原初狀態,自然昇華轉化爲不可思議
的能量,可以見微知冥、論近視遠。《主術》一再强調這種"至
精"的管理功效快速無比,説它:

> 若春氣之生,秋氣之殺也,雖馳傳騖置,不若此其亟。②

勸誡君人者要善用這種"至精"的功效,"慎所以感之"。如能

---

①劉文典:《淮南鴻烈集解》,卷九,第3—4頁。
②劉文典:《淮南鴻烈集解》,卷九,第5頁。

“抱質效誠”，便能“感動天地，神喻方外，令行禁止。”只要“至精行於內”，便能一切搞定。說穿了，就是一種以道家虛無清静、專心致志的守静工夫，融入儒家仁誠之德的示範教化，是不折不扣儒、道融合的産物。這樣的管理模式，就叫作“因道之術”，能把握這種原則以施治，才是最成功的統御。道家的清静慈簡與儒家風行草偃的教化，在這裏被結合了起來。這是《主術》所推崇的第一等政治，叫作“無爲之治”，叫作“得道之中”，叫作“神化”。其次才是儒家板眼不失的禮樂教化，所謂的“使不得爲非”；而法家的刑法、賞罰則是一再被貶斥，説它們是“末世之政”。以上是就理想層次來論述政治的優劣。

這樣的説法，其實早見於《管子・心術下》，《心術下》説，執政者只要“正形攝德”，便可以：

萬物畢得，翼然自來，神莫知其極，召知天下，通於四極。①

但《心術下》所説，是站在唯物的觀點，以形爲神寓、形神相依，“正形”可以擴充“德”的能量無限巨大。《主術》此處卻只強調精神能量之巨大，並不涉及形、神的相依問題。

儘管如此，實際的政治事務操作，卻並不是只有理念、理想就行，確實需要有一套較爲具體可行的運作準則與方案。一旦

---

① [日]安井衡纂詁：《管子纂詁》卷十三，第三十七，台北：河洛圖書出版社，1976年3月初版，第10頁。

涉及這些準則與具體方案,在先秦各家中,只有法家能提供,因此,仍必須回歸到法家的策略上來談。

(二)主圓臣方,處愚稱德,因循用衆

《主術》説:

> 治國……言事者必究於法,而爲行者必治于官。上操其名以責其實,臣守其業以效其功,言不得過其實,行不得逾其法。群臣輻湊,莫敢專君。事不在法律中,而可以便國佐治,必參五行之陰,考以觀其歸,並用周聽,以察其化,不偏一曲,不黨一事。是以中立而遍,運照海内,群臣公正,莫敢爲邪,百官述職,務致其公跡也。主精明於上,官勸力於下,奸邪滅跡,庶功日進。①

這些策略與内容,簡單的説,就是申、韓一系的刑名與"參伍"督核之術。法家治政,以勢、術、法爲經營要項,《主術》論政治實務的操作,也以勢、術、法爲基本要項。法家説,高效的政治要"君靜臣動"、"君逸臣勞"、"君無爲,臣有爲"。《主術》也是同樣的觀點,要求人君以至精去輻射感召群衆,但那是寬泛地指涉領導原則與風格,一旦涉及君主與百官臣僚的互動,仍必須有一定具體可落實的策略。

《主術》認爲,人君南面而立,必須如"零星之尸"、"嚴然玄默,端而受福"、"靜默不躁"、"清明不闇"、"虛心弱志"、"處愚

---

① 劉文典:《淮南鴻烈集解》,卷九,第14頁。

稱德"、"覆之以德而不行其智",正如橋植那樣,直立不動,讓臣下"俯仰取制"於己。這就是法家提煉自《老子》的那一套虛靜無爲原則所構成的君靜臣動之術,卻添入了"德"的元素。人君無論如何沉默虛靜,其自處的核心修爲,《主術》一再叮嚀,就是"德"。

"德"指什麼?《主術》没有直接正面界説。儒、道兩家哲學論述都及"德"。但道家重"道",卻不强調"德"。儒家重"德",也賦予"德"繁複的品目。《主術》的"德"應該是泛指人君領導統御必要的修爲與條件,但他又不自覺的和"仁"、"誠"相結合,説第一等"至精"的"神化"之政,是道德、仁、誠相結合。其典範聖王——神農氏"其化如神"的政風,正是"懷仁誠之心"的。顯見在人君必要的條件中,"仁"、"誠"是很核心的要項。其所謂"仁"、"誠"的内容,《主術》説:

> 古之君人者,其慘怛於民也。國有饑者,食不重味;民有寒者,而冬不被裘。歲登民豐,乃始縣鐘鼓,陳干戚,君臣上下,同心而樂之,國無哀人。①

簡單的説,就是儒家的民本、仁愛、與民同樂之政。爲什麼領導統御,"仁"、"誠"之德如此核心而重要?《主術》説:

> 凡人之性,莫貴于仁,莫急於智。仁以爲質,智以行之,

---

① 劉文典:《淮南鴻烈集解》,卷九,第27頁。

兩者爲本,而加之以勇力、辯慧、捷疾、劬録、巧敏、遲利、聰
明、審察,盡衆益也。身材未修,伎藝曲備,而無仁智以爲表
幹,而加之以衆美,則益其損。故不仁而有勇力果敢,則狂
而操利劍;不智而辯慧懷給,則棄驥而不式。雖有材能,其
施之不當,其處之不宜,適足以輔偏飾非,伎藝之衆,不如其
寡也。①

　　國之所以存者,仁義是也;人之所以生者,行善是也。
國無義,雖大必亡;人無善志,雖勇必傷。②

　　仁者,愛其類也;智者,不可惑也。仁者雖在斷割之中,
其所不忍之色可見也;智者雖煩難之事,其不暗之效可見
也。内恕反情,心之所欲,其不加諸人,由近知遠,由己知
人,此仁智之所合而行也。小有教而大有存也,小有誅而大
有寧也,唯惻隱推而行之,此智者之所獨斷也。故仁智錯,
有時合,合者爲正,錯者爲權,其義一也。③

領導統御者的道德心靈,不論仁、義或智,都是領導統御成敗或
合理與否的關鍵。只有溫潤合宜的道德心靈,領導統御起來,才
能溫潤適切而不致偏差失衡。這種道德心靈,甚至必須從基本
的人倫修養起,《主術》説,治國者要能"孝於父母,弟於兄嫂,信
於朋友",才是知本、有本。

――――――――――

① 劉文典:《淮南鴻烈集解》,卷九,第34頁。
② 劉文典:《淮南鴻烈集解》,卷九,第34頁。
③ 劉文典:《淮南鴻烈集解》,卷九,第3頁。

　　總之,只有心懷"德",治政統御才不會有後遺症。這完全是儒家倫理道德的複述與强調,顯示其對儒家道德價值的肯定與信任。此德之一義。

　　不僅在硬體政治技術的操作,與軟體人君政治心靈的修爲上要能均勻調適,和諧統一。《主術》又説:

> 凡人之論,心欲小而志欲大,智欲員而行欲方,能欲多而事欲鮮。……心小者,禁於微也;志大者,無不懷也;智員者,無不知也;行方者,有不爲也;能多者,無不治也;事鮮者,約所持也。①

此之謂"六反"。説穿了,就是还要有足够的智慧,懂得在操作執行時,既能把握重點原則,又能對大小輕重之間分寸的拿捏,準確合宜。在《主術》作者看來,這應也是君"德"的重要内容,指的是一種無所不宜的高度政治智慧。這其中主要是道家守約治廣,對立統一的智慧,也有儒家板眼不失的情操。此其"德"之第二義。

　　在强調君"德"的同時,《主術》也論述君静臣動的政治運作模式,説:

> 主道員者,運轉而無端,化育如神,虚無因循,常後而不也;臣道員者,運轉而無方,論是而處當,爲事先倡,守職分

①劉文典:《淮南鴻烈集解》,卷九,第29—30頁。

明,以立成功也。是故君臣異道則治,同道則亂。各得其
宜,處其當,則上下有以相使也。①

　　夫人主之聽治也,虛心而弱志,清明而不闇。是故群臣
輻湊並進,無愚智賢不肖,莫不盡其能者,則君得所以制臣,
臣得所以事君,治國之道明矣。……夫乘眾人之智,則無不
任也;用眾人之力,則無不勝也。……任一人之力者,則烏獲
不足恃;乘眾人之制者,則天下不足有也。②

換句話說,人君之道就是要懂得沉穩淡定,借力使力的道理,
"乘眾勢以爲車,御眾智以爲馬"、"因循而用眾",君被動,臣主
動,君逸臣勞的法家道理。他所說的"臣道方"、"守職名分"、
"輻湊並進",是申、韓一系法家提煉自《老子》虛靜無爲的靜因、
刑名督核術,也是黃老法論的核心方案。馬王堆黃老帛書、《管
子》四篇對此有大量的闡釋。分工分職、因任用眾正是法家,也
是黃老君道的核心要義。在《主術》作者看來,這應該也是君
"德"的重要內容之一。可見黃老道家的"德",指的其實是一種
兼具道家守約治廣、儒家仁、誠的心靈操守,與法家刑名統御能
耐的政治素養。

　　在上述義涵下,法家的統御三寶:勢、術、法當然都被納入其
中。這就擴大了"德"的內容,而含包了內在操守、智慧,與外在
專業技術,使內在的心靈品質與外在官僚技巧兼備合一,這就是

---

① 劉文典:《淮南鴻烈集解》,卷九,第11頁。
② 劉文典:《淮南鴻烈集解》,卷九,第10頁。

黄老道家在領導統御上所以能硬軟合度、積極有效的因由。

《主術》説"勢",基本上依循慎到,認爲君位及其附加在上面的公共資源分配權,是統治者先天上優越的領導條件,《主術》説:

> 權勢者,人主之車輿也;大臣者,人主之駟馬也。體離車輿之安,而手失駟馬之心,而能不危者,古今未有也。是故輿馬不調,王良不足以取道;君臣不和,唐、虞不能以爲治。執術而禦之,則管、晏之智盡矣;明分以示之,則庶、喬之奸止矣。①

人主手握權勢去統御,如駕馭車馬去馳騁,可以"乘衆智以爲車,御衆勢以爲馬",追遠馳速,無所不至,也無人能及。法家統御三寶中,最厲害的雖然是"術",但能執"術"、操"術"的先決條件卻是"勢"。他必須處"勢",倚"勢",有"勢",才能虚静淡定地操"術"、"明分"以查姦考核。其論"術",正是前文所説的,虚静無爲、君静臣動、君逸臣勞,以刑名分官考核的"神化"君術,上文已詳,此不贅述。

需要加以説明的是,在勢、術、法三寶中,對於"勢",《主術》只叮嚀公共資源的分配權,人君要能妥善運用而已,並没有如法家強調如何操"權"弄"法"以固"勢"。對於"術",《主術》強調的是,如何虚静、沉穩的去操作"刑名",公道管理,不似申、韓,

---

① 劉文典:《淮南鴻烈集解》,卷九,第21頁。

要知"八姦",明"五壅",無限陰鷙地去伺察姦欺。

對於"法",他更承襲《管子·法法》篇的民本法論,注入了儒家民本、反恕之道,去除商韓一系的專制與嚴苛質性。

(三)法生於衆適,合於人心

和所有法家一樣,《主術》先强調法令的重要,説:

> 法者,天下之度量,而人主之準繩也。縣法者,法不法也;設賞者,賞當賞也。法定之後,中程者賞,缺繩者誅。尊貴者不輕其罰,而卑賤者不重其刑,犯法者雖賢必誅,中度者雖不肖必無罪,是故公道通而私道塞矣所謂亡國,非無君也,無法也。變法者,非無法也,有法者而不用,與無法等。①

> 府吏守法,人君制義,法而無義,亦府吏也,不足以爲政。②

它强調了"法"在管理上的重要,"法"是全體臣民共守的行爲準則,有其堅確不移的權威性與公平性,"法"的尊嚴高於人君,其尊嚴就建立在徹底執行之上。與這同時,它又説:

> 古之置有司也,所以禁民,使不得自恣也;其立君也,所以制有司,使無專行也;法籍禮儀者,所以禁君,使無擅

①劉文典:《淮南鴻烈集解》,卷九,第19頁。
②劉文典:《淮南鴻烈集解》,卷九,第33頁。

斷也。①

　　法者，非天墮，非地生，發於人間，而反以自正。是故有
諸己不非諸人，無諸己不求諸人。所立於下者，不廢於上；
所禁於民者，不行於身。②

　　法生於義，義生於衆適，衆適合於人心，此治之要也。③

　　是故，主之立法，先自爲檢式儀表，故令行於天下。孔
子曰："其身正，不令而行；其身不正，雖令不從。"故禁勝於
身，則令行於民矣。④

這些論述顯示了幾項重大義涵：

　　1.法令的尊嚴高於人君，人君也在法令的管轄範圍之内。

　　2.法令的制定根源與依據，來自民心的需求。

　　3.人君需做法令試用推行的第一隻白老鼠，躬行奉守，試用
成功，才能普遍推行。

　　這樣的思維與理論，其實是源自於《管子・法法》。《法
法》説：

　　　　明君……置法以自治，立儀以自正也。……有道之君
　　　行法脩制，先民服也。⑤

────────

①劉文典：《淮南鴻烈集解》，卷九，第19—20頁。
②劉文典：《淮南鴻烈集解》，卷九，第20頁。
③劉文典：《淮南鴻烈集解》，卷九，第20頁。
④劉文典：《淮南鴻烈集解》，卷九，第20—21頁。
⑤安井衡：《管子纂詁》卷十三，第十六，第13頁。

明君……不爲君欲變其令，令尊於君。①

明白將人君納入法令管轄範圍之內。在申、商、韓一系法家中，人君是法令制定的最高代表。法令的制定，以尊君爲基本前提；法令的管轄，以王子爲最高邊際，説：王子犯法，與庶民同罪，從未有將人君也納入管理者。其政治管理之倫次，依序是：

（依法管理）　　（依法管理）

君————————臣————————民

君最高，民最下，"法"是援以爲治的手段與工具。然在《法法》與《主術》一系法論中，法令訂定的根源與依據，卻是"義"，是"衆適"，是"人心"之"適"，而不是君"適"。人君立法之後，還須先以身試，能行，而後能推施。這其中散發著濃厚的儒家民本與絜矩情味。

三、結論

作爲集黃老思想大成之作的《淮南子》，在《脩務》、《主術》兩篇中，儒、道兩家，乃至儒道法三家思想，有明顯而理想的結合。《脩務》站在世功開展的立場上論述"無爲"，將"無爲"界定爲依循自然條件以求發展，只要其發展是尊重客觀自然條件，便是"無爲"，而不是"有爲"。在此定義下，儒家所重視的學習被詮

---

① 安井衡：《管子纂詁》卷十三，第十六，第17頁。

釋爲因順先天自然條件以求發展,不是剛愎妄爲、師心自用,因此仍是"無爲"。儒家的勸學被納入道家"無爲"的内涵中。

《主術》以道家的虚静無爲,結合儒家的仁、誠君德,架構其以巨大精神能量輻射感召的第一等政治——神化。在專業技術的操作上,他以法家治政三寶——勢、術、法爲基本依據,然其論"勢",重在公共資源之合理運作與支配,並不如申、韓一系,强調借法、術以固"勢"。其論"術",重在如何虚静高效地運作形名,無爲以治,並不涉及任何陰驚的察姦之術。其論"法",尤其大量依循《管子・法法》的法論,援引儒家的民本與示範教化,以民心爲法令訂定的依據,納入君入法令的管轄之中,强調人君躬行奉法之必要,完全翻轉法家尊君專制的硬苛"法"質,成爲温潤合理,充滿恕道與示範精神的黄老法論。

作者簡介:陳麗桂,臺灣師範大學文學院教授,主要研究領域爲先秦哲學、兩漢學術、黄老思想、出土文獻思想。

朱得之《莊子通義》儒道思想之會通研究

蔣麗梅

　　《莊子通義》十卷於明嘉靖三十九年(1560)年終蠟祭之時付梓，是朱得之《三子通義》中印刷時間最早的一部，[①]該書曾見錄於《明史·藝文志》《傳是樓書目》《續通志》《續文獻通考》《雲自在龕隨筆》中，四庫館臣曾爲此書寫作了提要。該書是明代最早的一部系統性解莊著述，它不僅是陽明後學的重要著作，也是明代莊子學發展的代表成果。

　　朱得之，字本思，號近齋，直隸靖江(今江蘇省靖江市)人。他少負大志，後從學於陽明先生，成爲南中王門的代表人物，[②]

[①]《三子通義》中《列子通義》自序作於嘉靖四十三年(1564)，《老子通義序》作於嘉靖四十四年孟夏(1565)，但有嘉靖四十二年(1563)陳爍刻本。

[②]《明儒學案》卷二十五《南中王門學案一》曰："南中之名王氏學者，陽明在時，王心齊、黃五嶽、朱得之、戚南玄、周道通、馮江南，其著也。"(北京：中華書局，2008年，578頁)。此外根據《稽山承語》的兩條記錄"此乙酉十月，與宗範、正之、惟中閒于侍坐時者，丁亥七月追念而記之，已屬渺茫，不若當時之釋然，不見師友之形骸、堂宇之限隔也"，"嘉靖丁亥，得之將告歸，請教"，可推知朱得之最遲當於嘉靖四年(1525)十月就從學於陽明，於嘉靖六年(1527)七月歸家。

陽明曾稱其"入道最勇,可與任重道遠"。《傳習録》《明儒學案》都有關於其親炙于陽明的記載。朱得之曾彙編《稽山承語》,記述其從學陽明時所聞之陽明語録。《靖江縣誌》之《人物志·儒學》評價説"大抵得之之學,體虛静,宗自然,最得力處在立志之真。自起居食息一言一動,皆以真心檢點,其間雖幽獨,無少懈,教人亦以立志爲先"。朱得之愛好虛静、自然之學,自號"參玄子""虛生子",曾批注《老子》《莊子》《列子》,黄宗羲也曾評價他"其學頗近於老氏,蓋學焉而得其性之所近者也"。

　　隨着陽明後學研究的深入,學界除了關注朱得之所記《稽山承語》外,也開始重視他的其他著作。《莊子通義》中得之會通儒道、溝通孔老、以儒解莊的立場,正可補正《明儒學案》中朱得之"元是統成一間"的觀點,也與陽明三教看法相輔正。朱得之以陽明心學的視角疏解莊學思想,以良知説明莊子自然率直之真心,附莊於孔,使其莊注成爲明代莊學的重要代表。本文將分析朱得之如何於《莊子通義》中勘破學派偏見,在會通三教的基礎上發揚心學,成就心學視野下的新莊子之學。

一、儒道不異,南華尊孔

　　朱得之對《莊子》一書評價極高,認爲其可與《詩》《書》相媲美、與《孔》《孟》相發明,不應被摒黜於儒門之外。他非常注重對《莊》書的真實感受,以爲莊子是一位樂天憫世之人,惻怛慷慨，①因而他"特惜此老一段精神"，並引老莊列爲立命之方，用以經世致用。朱得之對《莊子》價值的肯定根源于陽明，在《宵練匣》和《稽山承語》中朱得之都記載了一段陽明先生關於三教的論述：

> 或問三教同異，陽明老師曰："道大無外，若曰各道其道，是小其道矣。心學純明之時，天下同風，各求自盡。就如此廳事，元是統成一間。其後子孫分居，便有中有傍。又傳，漸設藩籬，猶能往來相助。再久來，漸有相較相爭，甚而至於相敵。其初只是一家，去其藩籬，仍舊是一家。三教之分亦只似此。其初各以資質相近處，學成片段，再傳至四五，則失其本之同，而從之者亦各以資質之近者而往，是以遂不相通。名利所在，至於相爭相敵，亦其勢然也。故曰：'仁者見之謂之仁，知者見之謂之知'。纔有所見，便有所偏。"

這段記述也見録於《明儒學案》，他以"元是統成一間"爲喻説明三教本無分別，這與陽明回應張元沖問題時的答語（"譬之廳堂三間共爲一廳"）相呼應。②　陽明反對門户藩籬之見，他曾遍求百家、出入佛老，構建了融儒釋道於一體的心學體系，拉近了儒學與佛、道之間的距離，開啓了明代後期三教合流的風氣。後來很多陽明

---

①見《讀莊評》，朱得之也於《天運》之通義中指出"莊子挽世還淳之志不得慰，又惜古德之不作，故書此以寄無窮之心。"

②［明］王陽明：《傳習録拾遺》，《王陽明全集》卷三十二，上海：上海古籍出版社，1992 年，第 1180 頁。

後學都繼承了這一思想，以心學融攝道家、道教和佛教。作爲弟
子的朱得之也延續了陽明的思想，於《讀莊評》中指出："竊惟道在
天地間，一而已矣，初無三教之異，猶夫方言異而意不殊，鍼砭異
而還元同也。"①在《刻莊子通義引》中也提出莊子與儒學"異者
辭也，不異者道也"，②以方言做比發明陽明三間之喻，指出道家
與儒學並無本質的分別，二者在道的層面上是一致的，只是從不
同的角度用不同的語言論述道的作用。在《老子通義》中他更進
一步提出："道者無方之仁，仁者有象之道，仁而不道者有矣，未有
道而不仁者也。"③將儒家之仁視作道家之道的具體內容，並將玄
虛之道處理爲仁的形而上之表述，從而消除二者之間的衝突。④

　　爲了更好地説明莊儒之間的聯繫，朱得之辨析了《莊》書中
與儒學相抵牾的文字，他從文句、史實、例旨、詞氣、義理、聲氣、
體裁等方面判斷書中"非莊子之文"，特別是對於《莊》書中孔
老、莊孔相衝突的段落，朱得之點明其中可能存在的後世攙入附
會之處，立意要掃除莊子之跡以振其淳樸。他肯定歷史上孔老
之間的授受關係，指出孔老之間相聞甚久，其中必定有相規相正
之言，但也不乏相同相許之處，⑤由此可見"一聖之心，二聖者自

---

①朱得之：《莊子通義·讀莊評》，明嘉靖四十四年浩然齋刊本（以下徵引均以此書
　爲本，將僅列書名及篇名）。
②朱得之：《莊子通義·刻莊子通義引》。
③朱得之：《老子通義·通義凡例》，明嘉靖四十四年浩然齋刊本。
④朱得之也以佛説莊，如引《金剛經》、解脱、應生無所住心、黍米、終日背負死屍等
　加以分説，見《齊物論》《養生主》《大宗師》《在宥》《天地》篇通義。
⑤見朱得之於《莊子通義》之《天道》《天運》《達生》等篇中所指出的"孔之許老""老
　之許孔"處。

知之。"①朱得之進而指出莊子篤信儒學、尊孔之至,他於《大宗師》"坐忘"説中指出這是"莊子篤信孔顏處",《田子方》"莊子見魯哀公"一段朱得之贊同褚伯秀"尊孔子者莫若南華"的觀點,直言"此見當時信莊孔爲真儒",《寓言》莊子與惠子言孔子一段"以見其尊信孔子者"。根據他直接閲讀《莊》書的體會,莊子思想是可與孔孟相發明的,②故而在通義時他就常常使用孔孟之論來説明莊子的觀點,並常引《周易》經傳、《大學》《中庸》與莊子相詮釋,並兼及理學的代表文獻③。

《莊子通義》儒學用典舉例

《莊子》原文	《通義》用典		所在章節
道惡乎在	《論語》	惟無固必揀擇之心	《知北遊》
孰肯以物爲事	《孟子》	伊尹大小皆不動心	《逍遙遊》
天府		萬物皆備於我	《齊物論》
正處、正味、正色		乃若其情,可以爲善	《齊物論》
養生主題旨意		養性	《養生主》
命化守宗		過化存神	
安之若命 然而不中者,命也		命也,有性焉	《德充符》

---

① 《莊子通義·天運》。

② "間嘗閲之,而有覺其與孔孟相發之處"(《莊子通義·讀莊評》)。

③ 朱得之於《讀老評》中摘録儒家典籍用以與《老子》可相通,相關論述見楊雅婷《朱得之〈老子通義〉之詮釋特色》,《人文社會科學研究》,2001年3月,142—143頁。

續表

《莊子》原文	《通義》用典		所在章節
此所遊已		囂囂	《大宗師》
"是故駢於明者"一段	《孟子》	告子杞柳桮棬之喻	《駢拇》
無爲而尊者,天道也,有爲而累人者,人道也。主者,天道也,臣者,人道也。		勞心,勞力	《在宥》
禮者,世俗之所爲;真者,所以受於天也		非禮之禮	《説劍》
經式義度	《周易》經傳	百官以正,萬民以察,悲非結繩之淳龐也	《應帝王》
"天其運乎"一段		複其見天地之心	《天運》
深根寧極而待		君子思不出其位	《繕性》
然則有鬼乎		載鬼一車	《達生》
莫若以明	《大學》	明德	《齊物論》
性修反德		慎獨	《天地》
退而自責		責己而不求諸人	《則陽》
處人間世之法	《中庸》	安分	《人間世》
天人之旨		誠者天之道,思誠者人道也	《大宗師》
王德		素其位而行	《天地》
"今吾告子以人之情"一段		小人之中庸	《盜跖》
官天地,府萬物,直寓六骸,象耳目,一知之所知,而心未嘗死者	《正蒙》	由象識心 知象者心	《德充符》

續表

《莊子》原文	《通義》用典		所在章節
道與之貌，天與之形，無以好惡内傷其身	《定性書》	聖人情順萬事而無情	《德充符》
同則無好，化則無常			《大宗師》
處乎材與不材之間	《朱子語類》	工夫間斷	《山木》

二、尚無之旨，良知之學

但是與褚伯秀以儒釋莊的做法相比①，朱得之的注釋帶有強烈的心學特點。在郭象"跡"與"所以跡"觀點的基礎上，朱得之提出以"掃跡"的方法來理解莊子，認爲閲讀《莊子》不能僅僅爲其詞句所惑，還應從莊子之言中體貼其未盡之意，這種詮釋的方法使他在彌合莊子與儒學之間差别的同時，也能借用心學的理論結構和框架來重新理解《莊子》。

朱得之以"尚無"概括莊學的主旨，並以體用結構來詮釋有無的問題，用以會通陽明的本體工夫之學。在《老子通義·讀老評》中他説：

> 莊子書曰："老聃建之以常無有，主之以太一。以濡弱謙下爲表，以空虚不毀萬物爲實"。余惟無者道之體，有者

---

① 《莊子通義》中朱得之以褚伯秀《南華真經義海纂微》爲底本，該本乃朱氏好友王潼於雲南抄録，朱"刻從其情"，"俱仍其舊"（《讀莊評》），盡可能保存了褚本的原貌，並以己之"通義"附於其間。

道之用。有無皆常,則體不離用,用不離體矣。立此志以自
淑,立此學以淑人,而又主之以太一,則超乎體用之外,而不
離乎體用矣。一者常也,一而加曰太,無常可執也。濡弱謙
下之德,人所共見,人所共沾被者,故曰爲表。其心空如太
虚,而不棄萬物,不著萬物以爲實功,非善繼者不能爲此言。
陽明先生曰:本體要虚,工夫要實。意正如此。

陽明常引伊川"體用一源",朱得之也繼承了這一觀念,他
以爲"體用一元,性情不二"(《莊子通義·齊物論》),認爲道有
"有""無"兩個層面,其中"無"爲本體,而"有"爲道的具體體
現,但是體用二者不能截然分割。在這一框架下,朱得之嘗試解
決《莊子》以有言無可能導致的内在邏輯矛盾,認爲"莊子意本
尚無",①但其所著之數萬言正是通過對"有"的説明去闡明
"無"的作用,因此他將莊子之學闡述爲言其無言、知其無知、爲
其無爲的工夫之學。此外,他還從體用説切入論述陽明"本體
要虚,工夫要實"②的觀點,强調切實工夫對於闡發本體的意義,
這爲他將心學的工夫方法論接引到道家提供了路徑。他説"蓋
無者,天之體,希天者,非虚不能無,非静不能虚。故静則用功之
始,而無則本體之全。"③朱得之指出莊子之學可以透過虚静的
工夫揭示和呈顯出虚無的本體,這種工夫方法真可與實現良知

①《莊子通義·讀莊評》第三條。
②《稽山承語》第十九條。
③《稽山承語》第十九條。

本體的當下直覺的實在工夫相會通。

　　三浦秀一先生在梳理朱得之的學術興趣時曾指出他"對'自己的良知與他者教化的關聯性'此一課題特別關心",①朱得之重視"無"的本體義並進一步思考陽明"良知"說的本來所自,主張去除"習慣自便之心",從個人主體的明覺入手發明和實踐良知。在通解《德充符》篇"彼爲己,以其知得其心,以其心得其常心,物何爲最之哉"一句時,朱得之説:

　　　　"以其心得其常心"者,言其初以天德良知得見此心時,如遊子歸家,到家既久乃知是固有之業也。

　　褚伯秀在辨析此句時首先批評了郭象、成玄英等人以"以其心""以其知"爲句,致使"得其常心"無從得解,他在斷句時採用了呂惠卿《莊子義》的斷句方法,以"以其心得其常心"爲句,疏通上下文意,但可惜褚氏僅止步於此,並未就此展開論述。朱得之直接接受了褚氏的斷句方法,進一步突出"得其常心"在此句中的重要意義,他直接用"天德良知"指示《莊》書中的"常心",將照見常心的過程描述爲心靈會知良知本體的活動,這不僅使郭、成處用以表示境界的"以其心"變成了實現"得其常心"的工夫法門②,

----

①三浦秀一著,廖肇亨、石立善譯:《王門朱得之的師説理解及其〈莊子〉注》,鄭吉雄、佐藤煉太郎主編:《臺日學者論經典詮釋中的語文分析》,臺北:臺灣學生書局,2010 年,388 頁。
②成玄英注疏云"夫得心者,無思無慮,忘知忘覺,死灰槁木,泊爾無情",見郭慶藩:《莊子集釋》,北京:中華書局,2006 年,193 頁。

更重要的是,朱得之此處的注釋也從一個側面説明"心"與"常心"二者不可割裂,在"物各付物"中肯定良知在自我實現中的可能,以此重新審視陽明"良知"本義。而陽明對良知發顯過程中所强調的真誠惻怛也與莊子反復申明的自然率直相契合,朱得之將天理的自然明覺過程闡述爲主體通過覺解呈顯出心體的心靈活動,並將這一過程視作人的自然本性,無須外力或者他者的教化。

而在闡述工夫時,朱得之還借用"良知"的本體意進一步細化《莊》書中的"知"的不同層次,爲無知與有知的關係提供新的詮釋角度。他在《胠篋》篇中指出:"原夫智之所由倡,實自聖人始,而襲之者違天背道,假仁襲義以亂天下之真,故曰'絶聖棄知',然後可以反朴還淳,復於無知,而人性不鑿也。",在道家返歸素樸真淳的原則下,主張人們應摒棄聖人所提倡的道德智識而復歸到"無知"的狀態。他又進一步將"無知"説解爲"不知之知",以爲"舍知識無以作聖,恃知識所以賊聖也",揭示知識對人產生的遮蔽。在《天下》篇通解慎到"知不知,將薄知"時,朱得之指出慎到"言若求知其不知,以良知爲薄,故外來者得以蔽其明,是以欲言不言、欲行不行,於事無所任而笑人之非也",他認爲慎到以不事爲不知,忽略了良知所在,最終爲外物所蔽流於空談。

他還辨析了"良知""無知"二者的關係,《大宗師》篇孟孫才"進於知"朱得之注解云,"'知'者,良知也。'進於知',猶曰造於無知",以爲居喪之禮中包含着子女對父母的複雜情感,以血脈親情爲基礎的親孝是不學而能的人類的本性,而對孝禮的踐行不僅展現了人們對良知的覺悟,也表達出人們致良知的自然動力。但不拘於俗本身並不違背良知之學,因此無知與良知本無差異,二者都要突破知識遮蔽以反省知識的來源與本體,但良知並不否定道德之知,但無知卻以拒斥道德之學爲前提。朱得之還結合莊子"定乎内外之分",強調通過内外的區分獲得真知,他以本心爲内、以外物爲外,提出"務内而忘外"的看法,從心性之學的自思開拓出一條可與道家聖境相會通的路徑。他還堅持從良知説無知,通過良知突破知識的局限,從而將莊子智識-無知的論述詮釋爲智識—良知—無知的路徑。這種做法不僅發展了陽明"格物"之説,也爲莊學思想的内在化路徑提供儒學的理論支撐。

三、真實己見,會通互攝

朱得之從學陽明時間雖短,但其入於陽明之學卻極深。晚年朱得之發明陽明"格物"之説,訓"格"爲"通",《擬學小記·格物通解序》記載:

> 至近齋朱先生,乃始訓格爲通,而專以通物情爲指,謂"物我異形,其可以相通而無間者,情也"。蓋亦本老師後説,而文義條理加詳焉。然得其理必通其情,而通其情乃得其理。二説只一説也。但曰"正"曰"則",取裁於我,曰通,

則物各付物。取裁于我，意見易生，物各付物，天則乃見。且理若虛懸，而情爲實地，能通物情斯盡物理。而曰正曰則，曰至兼舉之矣。是雖老師未言，實老師之宗旨也。

得之反對以"正"以"則"來理解"格物"之"格"，他認爲這種對物的理解是以"我"爲主體來理解外物，容易形成偏見，他將"格物"理解爲"通物"，就是要破除物我之隙，使從而使物各付物，從實地窺見天理。顯然得之此説是對陽明後學中"玄虛而蕩"風氣的修正，也是其將本體與工夫相融貫的體現。《明儒學案》中記載：

　　其（朱得之）語尤西川云："格物之見，雖多自得，未免尚爲見聞所梏。雖脱聞見于童習，尚滯聞見于聞學之後，此篤信先師之故也。不若盡滌舊聞，空洞其中，聽其有觸而覺，如此得者尤爲真實。子夏篤信聖人，曾子反求諸己，途徑堂室，萬世昭然。"①

　　朱得之主張學問之道當脱離見聞的桎梏，反求"真實"，應該從篤信和反求諸己中以實見、實解破除空洞之學。朱得之《列子通義·自序》中也説"愚今所通之義，率所見也，非有所授也"。他於《老子通義·序》中指出"通義之作，由自然而通其心

①《與近齋先生書·八》，《擬學小記續録》卷三《質疑》上，《明儒學案》，北京：中華書局，2008年，578頁。

之所安也",正是在這種格物思想的指導下,他自然將自身所授習的心學與莊子思想相融攝,特別突出莊學中率性、自然的特點並從心學的角度加以闡發。

　　首先,朱得之以理學之"理一分殊"概括《齊物論》的根本精神,並依循心學的理路展開論證。他提出是非之論起源於心起念所造成的物我有對,一偏之見根源於有我之心導致的"私心",這些都需要通過自然之天理之觀照才能避免。因此朱得之釋"吾喪我"時直接以"我之心"釋"吾",以"吾之形"説"我",將"喪"之工夫落在人心上,他説"'以明'者,指人心虛靈知覺而言,非指天理,《大學》'明德'是也",①主張通過人心虛靈、知覺的功能覺解到人己之爲一,從而使心體虛明,不爲物彼,那麼天理自然呈顯於心的思慮活動之中。可以看出這裏朱得之延續了陽明"心即理"的説法,不再將天理看成超絶於物、獨立於心的存在,而將理作爲自心體認的目標和内容,主張通過去除人心私欲之弊而實現至善之生命境界。

　　其次,朱得之將老莊自然之學與儒家率性之説聯繫起來,使求道之途與良知之學合二爲一。《讀莊評》中朱得之説"莊子享用只是自然,其靈昭之地,真見天地之性人爲貴者",而《老子通義·序》中他又明確説"孔孟之學不外于自然也",由此他將莊子的學脈追溯至"祖巢由而宗老列,嘉堯舜,掖孔顔,悲龍逢、比干、夷齊而孩管嬰",這樣一來,莊子既是老子、列子思想發展的後續,也是堯舜孔顔之説的追隨者。朱得之由此入手闡發《莊》

————————————

①《莊子通義·齊物論》。

書中的"自然"所涵攝的儒道二家的智慧,一方面他提出"然而人亦有不異者,嬰兒之寢食,赤子之慕父母是也。人而異者,智鑿之也,習蔽之也,非其自然也。"(《老子通義·序》),這裏他接納了"自然"概念裏非人爲的含義,肯定人的自然欲望和情感内容而摒除智鑿和習蔽;另一方面他又指出"自然"並不是有心造作而成,是人不可泯滅的本性,也就是良知。而良知的發用流行就體現於人們率性而行的行爲活動之中,陽明曾説"率性是誠者事……聖人率性而行即是道",朱得之也在《老子通義》31 章注中指出"率性而行,非道乎",認爲道的獲得是反觀自照事物的自然本性,並以此成就事物自身的過程。他還將養性、存樸之説和儒家誠己之説相發明,爲"思誠"提供了集明覺與踐行的方法,他以遊子歸家作比喻,將人對天德良知的覺察與真純天機之踐履相結合,從而爲道家貴真忘知之説補益切實的工夫方法。

再次,朱得之以心學性情之論爲莊子無情説提供理論依據和實踐路徑。莊惠有情、無情之辯中莊子雖然提出有形無情的主張,强調應物而無累,卻並未給出明晰的工夫方法。朱得之認爲萬物從所始所受的角度來説是不著於情的,事物有無生化只不過是適聚適散的結果,並沒有情感的介入,他還以自然爲性,將情與性對立起來,提出"凡動情者,不論小大,皆足以亂自然之性"(《天運》),常人任質縱情從本質上就背棄了無爲的宗旨,喪失了無情之真。朱得之因此提出了"情定於理"的主張,主張以天理來規約人情,這裏的天理就是人的良知本體,也就是要使情的發用都收束於心的規定之中。

　　總之,朱得之從陽明心學的視角疏解莊學思想,附莊於孔,在突出了莊子哲學的特點外並輔之以心學的實在工夫。他對儒道會通的看法直接影響王門後學,南中王門薛甲極爲贊同其以儒說道的做法,以爲"大抵三子之學出自《易》與《中庸》……實與吾儒殊途同轍,譬之温寒黑弱之水不同,趨海則同也"。① 尤西川也曾指出"列莊通義至精矣,讀之恍然自失,不敢言學問矣。"②作爲明代最早的一部系統解莊的著述,《莊子通義》融攝儒道兩大學術傳統,逐漸成爲明代儒道會通的典範之作,並影響了後來陸西星、宣穎、林雲銘、劉鳳苞等人對莊子的注釋。

　　作者簡介:蔣麗梅,北京師範大學哲學學院、價值與文化研究中心副教授。主要研究領域爲道家哲學、魏晉玄學。

---

①薛甲:《與朱近齋書》,見《藝文類稿·卷七·書》。薛甲以爲"大抵三子之學出自易與中庸……實與吾儒殊途同轍,譬之温寒黑弱之水不同,趨海則同也"。
②《與近齋先生·二(丙寅)》,見《擬學小記》卷四《質疑》。

論蘇軾"小園觀物"的旨趣

——從《和子由記園中草木》
與程顥《秋日》詩的比較説起

李 溪

内容提要 在蘇軾一生的詩文中,詠物類占據大半,"觀物"可謂他人生中最重要的部分。本文以蘇軾從年輕時到中年黄州時期在小園中的觀物書寫爲材,嘗試論述蘇軾觀物態度的成熟過程。"觀物"在北宋理學中也是頗爲核心的部分,本文從他初爲官時所寫的《和子由記園中草木十一首》組詩同程顥《秋日》詩的比較入手,淺析蘇軾在觀物中超越美惡的道家傾向及其同理學的差別。蘇軾觀物思想真正成熟是在黄州時期,"烏臺詩案"的挫折,以及在黄州開墾東坡耕作的經驗,加上對陶淵明詩文的誦讀,令蘇軾在勞作之中,在"物"的關心中忘卻了流俗時間,領會人間的真實。在《前赤壁賦》中,他最終解悟了對物超越時間與存在的"以物觀物"的精神。從學理上看,理學家"萬物静觀皆自得"是以一個大我觀宇宙萬物,故宇宙萬物皆在四時之中;而蘇軾則是以物觀物,故其所觀所待者,乃是此時之"微物",而每一物之此在都具有全體的意義,可令其脱離其作爲部分在宇宙變化中的有限性。此一觀念的形成,來自莊子和陶淵明的沉浸,更來自蘇軾自身的小園經驗,從早年的南園到密州的園囿,再到東坡的躬耕,蘇軾在一種耕作的經驗中最終同那"與我共適"的清風明月相遇了。

一　吾歸於汝處

蘇軾和蘇轍兄弟在入仕以前,曾在東京懷遠驛旁經營了一塊他們稱爲"南園"的小園。在這裏,他們種了野菊、萱草、牽牛花等野卉,也有葡萄、石榴、蘆筍、秋瓜等菜果,還有芎藭、白芷等草藥,當然更不能缺少的是竿竿翠竹。對於蘇軾來説,這個小園對他有別樣的意趣。後來蘇軾去鳳翔爲判官,子由一人在此南園中奉養老父,他常寫詩寄給兄長。蘇軾見詩即和,便有了《和子由記園中草木十一首》。其中,第一首詩中蘇軾回憶説:

> 煌煌帝王都,赫赫走群彦。嗟汝獨何爲,閉門觀物變。微物豈足觀,汝獨觀不倦。牽牛與葵蓼,採摘入詩卷。吾聞東山傳,置酒攜燕婉。富貴未能忘,聲色聊自遣。汝今又不然,時節看瓜蔓。懷寶自足珍,藝蘭那計畹。吾歸於汝處,慎勿嗟歲晚。①

①［宋］蘇軾:《和子由記園中草木・其一》,下簡稱《南園》詩,《蘇軾詩集》,北京:中華書局,1982 年,第 202 頁。

　　這一小園並不單純是一處自養之所,而是一個在熙熙攘攘
的皇都之内閉門"觀物之變"的所在。其中的"物"在世人眼中
都是微不足道的,園主人卻觀之不倦。在蘇軾的時代,如何"觀
物"乃是士大夫中間所談論的一個命題,這後來也成了理學中
一個核心的問題。與蘇軾同時的儒學家程顥有詩:"閑來無事
不從容,睡覺東窗日已紅。萬物静觀皆自得,四時佳興與人同。
道通天地有形外,思入風雲變態中。富貴不淫貧賤樂,男兒到此
是豪雄。"①《宋元學案》中記載程顥書窗前有茂草覆砌,或有友
人見後勸他除之,曰:"不可! 欲常見造物生意。"他還曾置盆池
畜小魚數尾,時時觀之,或問其故,曰:"欲觀萬物自得意。"②蘇
軾同子由詠南園草木,也有這一功利之外的"觀物"之趣。只不
過,在觀物之時,他似乎並没有想到"道通天地"、"風雲變態",
他所喜觀的不是天地"萬物",而是"微物"。③ 他説,"微物"看
起來是"不足觀"的,自己卻怎麼"觀"都不會疲倦。這一"微
物"之觀似乎同程顥看小魚,看窗前草木並没有什麼不同,但是
當體會程顥"萬物静觀皆自得,四時佳興與人同",和蘇軾的"吾
歸於汝處,慎勿嗟歲晚"這兩句詩的差别時,便可明瞭,程顥乃

①[宋]程顥:《秋日偶成》,《二程集》第二册,北京:中華書局,1981 年,第 482 頁。
②[清]黄宗羲著,[清]全祖望補修,陳金生、梁運華點校,《宋元學案·明道學案
　下》,北京:中華書局,1986 年,第 578 頁。
③蘇軾早年在一些官方的書信中,也曾經頗爲接近理學家的態度。如《上曾丞相
　書》中他説:"凡學之難者,難於無私,無私之難者,難於通萬物之理,故不通乎萬
　物之理,雖欲無私不可得也。己好則好之,己惡則惡之,以是自信則惑也。是故幽
　居默處而觀萬物之變,盡其自然之理而斷之於中。"然而在他的詩中,則很少出現
　"萬物"的説法,他多是在一種微小的事物中體會"此物"的生意。

是以我作爲主體,而萬物對他而言是一個作爲"他者"的"全體",在此,窗前茂草,池中小魚,都是這個全體的宇宙之中的一份子,人乃萬物的靜觀者,所追尋的是萬物整體背後的永恒邏輯。同時,"萬物"是屬於作爲"時間全體"的四時,同這四時之中的全體之物一樣,人心的道德法則亦作爲一個全體而統攝着宇宙。而蘇軾所説的"微物",卻並非是這"萬物"的一部分。當心的關切在於每一個"此物"時,所"觀"者乃是生命當下的"此刻"。這便是《莊子·秋水》篇最後所説的那個"濠上觀魚"的故事的道理。當莊子説出"吾知之濠上也"的時候,魚對他而言已經不是"萬物"的一個分子,而是此時此地在此的唯一的"汝"。宇宙天地作爲那個絶對的存在,而萬物盡循守於宇宙無情無慾的的邏輯,是不可能成爲或者容納這一個眼前獨特的"汝"的。可以説,唯有面對生命中的"微物",我們才能够稱之爲"汝"。"汝"意味着同"我"之間建立的一個共同的世界,也正由於這一"汝"的顯現,莊子知道了魚的樂處,蘇軾尋到了他的"歸處"。他在"時節"中看到瓜蔓,在這極細弱身軀中體會到的是讓自我歸於"此物"之生命的"汝處"。用現代的話説,便是"我回到你那裏去"。

在"汝處",無論是眼前的瓜蔓或者自我的生命,都不是永恒的,也由於生命並非永恒,物的此在才顯得尤爲"足珍"。程顥甚至在盆池養魚時,所念想的依然是"萬物",而蘇軾卻心之所系,就在於眼前這一小小的微物,但又恐怕也只有作爲詩人的他可以"看見"這一纏繞"在時間中"的纖細瓜蔓。蘇軾又説東

晉名士謝安的隱居生活看似愜意,實際上也並没有忘記富貴,只
是以聲色生活聊以自慰。而他所選擇的是在這小園之中看瓜蔓
的生長"時節"。在他看來,正如謝安看不到那陶淵明曾看到的
東籬邊的小菊,那心懷富貴之人也看不到這緩緩生長的瓜蔓。
在觀物之中沉浸於"物"之中,才能盡忘富貴和聲色而得到在此
的安棲。

二　"年華"的克服

對此時的蘇軾而言,深入於"汝"所獲得的安頓並不能完全
解除他對生命拘縛於時俗的感慨。在《南園》詩第二首詩中,他
便以一種"常情"的視角寫物的盛衰:

> 荒園無數畝,草木動成林。春陽一以敷,妍醜各自矜。
> 蒲萄雖滿架,困倒不能任。可憐病石榴,花如破紅襟。葵花
> 雖粲粲,蒂淺不勝簪。叢蓼晚可喜,輕紅隨秋深。物生感時
> 節,此理等廢興。飄零不自由,盛亦非汝能。①

在這裏他可憐那生病的石榴花的殘破的紅瓣,他感慨葵花
雖然燦若明霞,盛開時卻花蒂較淺而不能簪於頭上,他説蓼花夜
晚盛開時輕紅雖美,但隨着秋意漸濃顏色也要深去。"物生感
時節,此理等廢興。飄零不自由,盛亦非汝能。"萬物皆難免有

_____

① [宋]蘇軾:《和子由記園中草木·其二》《蘇軾詩集》,203頁。

興廢,這是一種"常理",而在時節中對其有所感傷,也是一種"常情"。由於這一生命時間的有限和物的盛衰的必然,草木看起來便陷入了一種"不自由"之中,海德格爾筆下的"被抛"狀態,蘇軾這裏的用詞是"飄零"。

　　但從根本上,這種不自由的感受並不是由於"生命"的有限,而在於人對於物的喜惡之情。喜健全而惡殘病,喜可用而惡無用,在這種常情中的人自然感到被盛衰所束縛。於是當子由在一首詩中對蘇軾説園中雜草比種下的草木生長得還好,蘇軾和詩云:

　　　　種柏待其成,柏成人亦老。不如種叢篁,春種秋可倒。陰陽不擇物,美惡隨意造。柏生何苦艱,似亦費天巧。天工巧有幾,肯盡爲汝耗? 君看藜與藿,生意常草草。①

　　蘇軾笑談説與其種那百年的蒼柏,不如種一歲便長成的叢篁。在陰陽造物者眼中世間之物,無所謂工與巧,也没有美與惡,萬物天成,隨意而造;草木芸芸,本無所分。以此而觀之,似乎比起長時間等待其"成"的蒼勁的松柏,那不引起人功利之心的低微的藜藿卻常常"生意草草"的。在此處,蘇軾道出了他一生的一種喻示,他覺得比起那有目的的"成材",似乎做一個最平庸無用的人更能常爲自在——這也是後來他對自己由於超拔才華而人生坎坷常有的感歎。

─────────────

① [宋]蘇軾:《和子由記園中草木·其三》,《蘇軾詩集》,第203-204頁。

這個困惑可以説是對唐宋以後的士人才常有的。園圃耕作一事,常讓人想起《論語》中樊遲問稼的故事,孔子答:"吾不如老農""吾不如老圃。"樊遲因這次提問,被孔子斥爲"小人",因孔子認爲"君子勞心,小人勞力"。皇侃《論語義疏》又解釋説"君子喻於義,小人喻於利。樊遲在孔子之門,不請學仁義忠信之道,而學求利之術,故云'小人'也。"①皇侃的意思爲,耕田種菜這都是爲了從土地中獲利,君子不應該從事這種活動,而應該求取仁愛之心,聖人之道。② 因此,理學要求人降低人欲也是要求人不爲現實利害所拘縛的意思。但同理學的觀念不同,蘇軾所面向的是自身生命的處境。孔子對於樊遲的"問圃",並没有説那是"喻於利"的,只是説是"勞力"的。在孔子的時代,貴族出身的人大多是不需要"勞力"的,而到了北宋,對於無有官俸的士人,在田間種地藝圃常常是必需之事。從另一個視角看,爲官生涯中的追名逐利也便更可能被實踐。相比尚在田圃間的子由,此時的蘇軾雖然不用在田裏"勞力"了,但他顯然感受到了此種壓迫感更強的"非自由狀態",那就是在政治的生活中被權力所捆綁而不得伸展自我的處境。

這種心境很快就轉變爲對"年華"的感慨。

---

①[南朝梁]皇侃:《論語義疏》,北京:中華書局,2013 年,第 328 頁。首句乃是《論語·里仁》中的原話,而孔子在《論語·述而篇》還説過"不義而富且貴,於我如浮雲"。

②古希臘哲學家亞里士多德也曾説"牟利的生活是一種約束的生活,財富並不是我們尋求的善",但與孔子的意思一樣,亞里士多德所説的"牟利"生活並不是説自然的家庭經濟生活。[古希臘]亞里士多德:《尼各馬可倫理學》脚注部分,廖申白譯注,北京:商務印書館,2019 年,第 11 頁。

不久後,子由因種菜久旱不生,寄詩給兄長云:

久種春蔬旱不生,園中汲水亂瓶罌。菘葵經火未出土,僮僕何朝飽食羹? 強有人功趨令節,悵無甘雨困耘耕。家居閒暇厭長日,欲看年華上菜莖。①

蘇軾和云:

新春階下筍芽生,厨裏霜虀倒舊罌。時繞麥田求野薺,強爲僧舍煮山羹。園無雨潤何須歎,身與時違合退耕。欲看年華自有處,鬢間秋色兩三莖。②

蘇軾的感歎"身與時違合退耕",正是北宋士人一種普遍心境。子由此時尚且不知入仕後的争名逐利的苦楚,長居閒暇得甚至有些煩惱這種生活,他只得將心緒歸於這個小園,盼望着春蔬可以"年華上菜莖",令其快快生長。但在宦海中操勞的東坡,卻對他感到幾分羨慕,感慨在不覺中年華已在鬢間留下了兩三莖"秋色"。在一個功利的世界中,人更容易感受到人生的有限、歲月的壓迫,更容易悲慨於自己的衰老。

於是,在小園中的耕種反而是一種讓人安處的方式。於是蘇軾在爲官生活中常自己修園種花種菜。在鳳翔時他便葺

①［宋］蘇轍:《種菜》,《欒城集》,上海:上海古籍出版社,2009 年,第 25 頁。
②［宋］蘇軾:《次韻子由種菜久旱不生》,《蘇軾詩集》,第 191 頁。

修了一座小園並寫道:"三年輒去豈無鄉,種樹穿池亦漫忙。暫賞不須心汲汲,再來惟恐鬢蒼蒼。應成庾信吟枯樹,誰記山公醉夕陽。去後莫憂人翦伐,西鄰幸許庇甘棠。"①在"種樹穿池"的忙碌身影中,暫就這樣欣賞這小園美景,此刻的内心不再處於一種汲汲營營的功利之中,他仿佛又尋到了故鄉。小園對心懷的安放,同輾轉人世而老去的焦慮形成了一個對比。幾年後蘇軾在密州任上所寫的《超然臺記》中對小園的意義有了更進一步的認識:

> 凡物皆有可觀。苟有可觀,皆有可樂,非必怪奇偉麗者也。哺糟啜醨,皆可以醉;果蔬草木,皆可以飽。推此類也,吾安往而不樂?夫所爲求福而辭禍者,以福可喜而禍可悲也。人之所欲無窮,而物之可以足吾欲者有盡,美惡之辨戰乎中,而去取之擇交乎前。則可樂者常少,而可悲者常多。是謂求禍而辭福。夫求禍而辭福,豈人之情也哉?物有以蓋之矣。彼游於物之内,而不游於物之外。……

他在密州當地"治其園圃,潔其庭宇,伐安丘、高密之木",又想像自己如隱君子"擷園蔬,取池魚,釀秫酒,瀹脱粟而食之,曰:'樂哉遊乎!'"於是子由爲此臺取名爲"超然"。這篇文章有很深的莊子"齊物"的影子。人之觀物,常常足具"美惡之辨戰"、"去取之擇交",這是一種"外物"的目光,將物作爲對

---

① [宋]蘇軾:《新茸小園二首其二》,《蘇軾詩集》卷三,第122頁。

象而觀察其形與性，又根據自己對其形制的偏好和利用的需求而做出揀擇。《齊物論》說："一受其成形，不亡以待盡。與物相刃相靡，其行盡如馳而莫之能止，不亦悲乎！終身役役而不見其成功，苶然疲役而不知其所歸，可不哀邪！"又說："是非之彰也，道之所以虧也。道之所以虧，愛之所以成。果且有成與虧乎哉？果且无成與虧乎哉？"無論是形式，還是實際的功用，對物之"成"的追求便是人和物相互戕害的開始。在某種意義上，即便跳出個人好惡，以普遍的"道"去判別物，實際上並沒有跳出此一去彼取此之心。所謂"存天理，滅人欲"，而對"天理"之存豈非亦是一種人欲？在如此的觀念之中，"可樂者常少，而可悲者常多"。但是，蘇軾並不認爲完全放棄物的用處，他說人生的一醉一飽，便有可樂，這並不是爲了"天理"和放棄人欲，而是以平等之心去看待物與自我，便自然取得的"超然於物"的自由。

三、小園精神

然當人處順境之時，此一不別美惡禍福的"超然"的心境尚易道出，而處逆境困頓之時，才促使人有一種真正篤然的解悟。元豐二年的烏臺詩案，無疑是蘇軾爲官生涯中第一次重大的挫折，這之後在黃州四年的躬耕生活，讓蘇軾心底對"物"的意義有了至深的體會。後世最爲熟知的他的號"東坡"，本來只是他在黃州居所旁的一處高低不平的坡地，他剛到這裏不久便在此

拾瓦礫、種黄桑,次年又在邊上的荒地中建成了"雪堂"。① 這平
淡無奇的所在,不僅僅是他幽賞野花之處,是他"隱幾晝瞑"之
所、拄杖散策之地,也是他耘籽躬耕之圃。他在給李常的信中亦
説:"某見在東坡,作陂種稻,勞苦之中,亦自有樂事。有屋五
間,果菜十數畝,桑百餘本,身耕妻蠶,聊以卒歲也。"②他在給好
友王子安的信中寫到:"近於城中得荒地十數畝,躬耕其中,作
草屋數間,謂之東坡雪堂。種蔬接果,聊以忘老。"③從早年看到
蔬菜生長而感歎年華易老,到如今將種菜作爲一種"聊以忘老"
的方式,蘇軾在此間經歷的不僅僅是年齡的變化。海德格爾在
《存在與時間》中,認爲作爲時間中存在的向死而生者,其存在
本身並不是意在於對最終完成者的形塑,而總是存在於在對周
遭世界的操勞中,他將這種狀態稱爲"Sorge"(Care,操心,又譯
爲"煩")。時間對蘇軾而言意味着一種,當他早年在爲官生涯
時,他回憶小圃間草木生長所感受到的是對變老的憂患。但是,
當他經歷了爲官生涯最大的打擊而到了黄州,當種菜真的成爲
一種必需的自養方式時,在這種同樣可以稱之爲"操勞"的艱辛
生活中,蘇軾卻尋找到了一種同他在官場全然不同的生命經驗。
他發現,唯有在這耕作的生活中,才能忘卻往昔的憂患,化解那

---

① [宋]蘇軾《雪堂記》云:"蘇子得廢圃於東坡之脅,築而垣之,作堂焉,號其正曰'雪
堂'。堂以大雪中爲之,因繪雪於四壁之間,無容隙也。起居偃仰,環顧睥睨,無非
雪者。蘇子居之,真得其所居者也。蘇子隱几而晝瞑,栩栩然若有所適而方興
也。"(見《蘇軾文集》,第410頁)
② [宋]蘇軾:《蘇軾文集》,第1499頁。
③ [宋]蘇軾:《蘇軾文集》,第1829頁。

對生命流俗時間的流逝的焦慮,而真正無礙地體察到生命的平淡而綿長。

蘇軾的這種體會,在很大程度上緣於他在讀陶淵明的詩文時所産生的共鳴。元豐五年春,東坡旁的雪堂剛剛建好,他寫下《江城子》一詞:

> 夢中了了醉中醒。只淵明,是前生。走遍人間,依舊卻躬耕,昨夜東坡春雨足,烏鵲喜,報新晴。
> 雪堂西畔暗泉鳴。北山傾,小溪橫。南望亭丘,孤秀聳曾城。都是斜川當日境,吾老矣,寄餘齡。①

詞前有注云:"乃作斜川詩,至今使人想見其處。元豐壬戌之春,余躬耕於東坡,築雪堂居之。南挹四望亭之後丘,西控北山之微泉,慨然而歎,此亦斜川之遊也。"儘管早年就喜歡讀陶詩,但是在黃州流謫時期,他才開始體察到陶淵明的田園的切身含義。當種菜從年輕時"觀物"進入到了一種"躬耕"的經驗中,他始覺陶淵明才是他的"前生"。儘管看上去是在流放之地不得不耕耘而自養,但"走遍人間,依舊卻躬耕"這句話道出了,這是在經歷了世事的沉浮後一個自我的回歸。在如此的"躬耕"生活中,他的詩中並不見苦悶與消沉,在東坡上,他看到的是潤物的春雨和雨後初晴的烏鵲之鳴。當他回到雪堂,聆聽着西邊

---

① [宋]蘇軾著,鄒同慶、王宗堂校注:《蘇軾詞編年校注》,北京:中華書局,2016 年,第 352 頁。

隱隱地泉水聲,回首南望又看到一段青山隱於城前,這正是淵明
"悠然見南山"的詩境。在如此的風景中,他說"吾老矣,寄餘
齡","老"雖難以不讓人感慨,但在此地卻有一種可以將自己生
命餘下的時光寄託安處的平寧。在"日涉"於東坡的步履中,没
有對世界紛擾的關心,唯有與物相處的平淡與悠長,在"朝爲灌
園,夕偃蓬廬"的生涯裏,没有富貴與"帝鄉"的身影,卻處處都
是自我安棲的所在。在人生最爲失意困頓的時候,蘇軾在一種
真正的耕作中令"物"不再是一種觀念,而是他生命存有的方
式。他对物的态度不再是外在的觀照、判斷、格察,而是在勞作
之中與草木蔬果的親近,觀其生長,同其相處,品其滋味。唯有
自我在此物之中真正與物"分享"了生命的時間,我之生命才與
彼之生命真正融爲一體,同時我之時間也不再是物的準繩,於
是,物的存在才能挣脱於生命的有限而同我自共存在的此刻。
　　在耕作的安然中,他在七月寫下了聞名於世的《前赤壁
賦》,其中道出了他在黄州所體察到的曠古至言:

　　　蓋將自其變者而觀之,則天地曾不能以一瞬;自其不變
者而觀之,則物與我皆無盡也,而又何羨乎!且夫天地之
間,物各有主,苟非吾之所有,雖一毫而莫取。惟江上之清
風,與山間之明月,耳得之而爲聲,目遇之而成色,取之無
禁,用之不竭,是造物者之無盡藏也,而吾與子之所共適。

　　在這段文字中,蘇軾從忘記年華和富貴的小園歲月中來到

了大江之上，完成了他對時間和意義的超然。“自其變者而觀之”是以一種宇宙視角去觀物，那麼大至天地，小至微物，都只不過是不斷變換的時間中的一瞬；而“自其不變者而觀之”不是將物視作永恒的存在，而是取消那個以宇宙視角觀物的“我”，沒有了時間的參照，也就沒有了存在的有限。當領會了世界萬物的時間皆非我能占取，甚至連我自身生命的時間也非我能占取，也就不必因爲生命的有限生出意義的憂慮，不必去因差等利害而羨慕或煩惱，更不必如謝安因這種憂慮轉而以聲色自遣。唯有在此無邊無限的時空之内，我與“子”——這一“子”在此刻是共坐小舟的客人，在彼時亦可以是他身邊的一草一木——方可向着“江上之清風，與山間之明月”，那同樣不被限定、役使的自由世界而開敞，方可共同安棲於此無邊的聲色裏。

作者簡介：　李溪，哲學博士，現爲北京大學美學與美育研究中心研究員，北京大學建築與景觀學院副教授，主要研究領域爲文人藝術、中國美學思想。

儒道對話中的莊學窮通觀[*]

——基於《莊子》中"孔子圍於陳蔡之間"的解讀

苗 玥

内容提要 本文通過梳理《莊子》外雜篇中涉及"孔子圍於陳蔡之間"的七則材料,意在探究儒道對話中的莊學窮通觀。首先,既不同於俗常語義中界定窮通的爵禄、功名標準,也不同於孔子以仁義爲對象的窮通觀念,莊學語境中的"窮通"針對情性而言;其次,孔子不自以爲窮,而莊書卻不僅以"窮"標記陳蔡之事,更指明孔子的"窮"一方面因爲禮樂制度與時變原則相悖,另一方面更由於儒家的外王理想本身,與屬於"天"的性命之情相比,外王之道則蔽於人而不知天;再者,《莊子》文本中陳蔡之事的反復引述,其最終的意圖在於提示"性命之情"的主題。當情性之真遭受殘損甚至毁傷時,莊子學派的詰責便不再停留於制度事功等外王層面,而是直接指向儒家仁義之道的内

* 本文受北方工業大學科研啓動基金項目、北京高校中國特色社會主義理論研究協同創新中心(北京師範大學)"中華民族復興思想史研究"項目資助。

聖原則,而儒道的不同正是人、天視野的不同。

引　言

作爲思想史事件,孔子於陳、蔡之間絶糧七日的遭際成爲先秦諸子的公共話題,儒、墨、道三家或歷史地叙述此事,或以各自的視角回應並評析此事,其間,思想的交鋒和觀念的切磋是子學對話的重要素材。爲此,有關儒道及儒墨關係的廣泛討論不妨藉助各家對待此事的態度以窺見其端倪。

僅就儒道關係而言,《莊子》外雜篇關於孔子絶糧陳蔡一事的多次評述,架設起儒道間思想往來的橋樑。其中,《讓王》和《山木》第七節通過對場景、人物、事件的歷史性還原,追述七日窮困中孔門師徒的言語及形象。而《天運》、《山木》第四節、第五節、《盜跖》及《漁父》數段,則將孔子"圍於陳蔡"作爲叙事背景或史料素材,結合"再逐於魯、伐樹於宋、削迹於衛、窮於商周"等一系列事件,援引並評析儒家的歷史性境遇。顯然,涉及同一事件的上述兩類材料有必要統合成一個文本群並予以整體地分析。

此外,與學界多采《讓王》和《山木》第四節、第七節,以儒家的記述爲藍本,依據其與《論語》、《窮達以時》、《孔子家語》、《荀子》等的異同排列文本,探究它們的叙事特點的研究方法不同,①

---

① 代表性研究有陳少明:《"孔子厄於陳蔡"之後》,《中山大學學報(社會科學版)》2004 年第 6 期。邵漢明:《論〈莊子〉中的孔子》,《中國哲學史》2009 年第 4 期。王中江:《〈窮達以時〉與孔子的境遇觀和道德自主論》,《倫理學與公共事務》第四卷,2010 年,第 92—114 頁,等等。

本文的關注點在於這一文本群内部的思想關聯,具體地説,圍繞孔子絶糧陳蔡一事的上述七則材料中《莊子》説了什麼,如何説以及爲什麼説? 換言之,面對儒家的境遇與遭際,《莊子》歷史叙事的合理性並不在於是否貼合儒家的所謂史實,而是在於透過這些文本,透過其對儒家困難的記述、評論與分析,我們得以洞悉《莊子》的窮通觀。事實上,窮通的問題意識是貫穿這一文本群的主線。

縱觀上述七則材料,《莊子》外雜篇主要涉及窮通的界定和窮通的根源這兩方面内容,它們分别構成本文的第一部分和第二部分。以此爲基礎,本文的第三部分致力於剖析《莊子》的叙述意圖,亦即《莊子》爲什麼反復多次地提及"孔子圍於陳蔡之間"一事? 這是莊學窮通觀的核心所在。

一　窮通的界定

孔子於陳、蔡之間絶糧七日,諸子均以"窮"標記此事,《莊子》亦然。然而,如此標記的合理性依據在於詮釋"窮"的内涵,亦即回答什麼是"窮"的問題。《莊子》外雜篇"孔子圍於陳蔡之間"的七則材料中,有關"窮通"内涵的闡釋僅見於《讓王》第十二節。

此節中,"窮"的話題源於子路的斷言,"如此者可謂窮矣"。歷經"夫子再逐於魯,削迹於衛,伐樹於宋,窮於商周,圍於陳蔡"的一系列困境,尤其是"殺夫子者無罪,藉夫子者無禁"的現實詰難,孔門弟子不禁心生質疑,甚至有所動搖。面對子路所謂的"窮",孔子回應道,"君子通於道之謂通,窮於道之謂窮。今丘抱仁義之道以遭亂世之患,其何窮之爲! 故内省而不窮於道,臨難而不失其德,天寒既至,霜雪既降,吾是以知松柏之茂也。陳蔡之隘,於丘其幸乎!"在此,孔子不僅未以"陳蔡之隘"爲"窮",反而爲"幸"。原因在於,孔子語境中的"窮通"與子路所言内涵不同,孔子的"窮"指窮於道,"通"指通於道,窮通皆以仁義爲對象。以仁義爲對象,則窮通便同爵禄、功名等外在的評判體系無關,甚至超越於其上。相比之下,子路的窮通顯然僅涉及爵禄與功名,屬於俗常語義中的窮通,孔子的扭轉表現爲以内在的德性回應外在的名利。可以説,爵禄、功名缺失之時,正是檢驗並考量君子能否秉持仁義之際,所謂"内省而不窮於道,臨難而不失其德"。

然而,梳理至此,此節意涵的複雜性才初露端倪,"子貢曰"之後的文字是難點所在,即"古之得道者,窮亦樂,通亦樂。所樂非窮通也,道德於此,則窮通爲寒暑風雨之序矣"。之所以如此,是因爲在《莊子》的注釋傳統中,有關此句的語義歸屬已然存在分歧,林希逸《莊子鬳齋口義》將此句屬上,爲子貢所言;[①]而郭慶藩《莊子集釋》、王先謙《莊子集解》、王叔岷《莊子校詮》等均將此句屬下,爲莊子學派所言。[②] 如果從上讀,則《讓王》第

[①]〔宋〕林希逸著,周啓成校注:《莊子鬳齋口義》,北京:中華書局,1997年,第449頁。
[②]〔清〕郭慶藩撰,王孝魚點校:《莊子集釋》,北京:中華書局,1985年,第983頁。
　〔清〕王先謙:《莊子集解》,北京:中華書局,2012年,第257頁。王叔岷:《莊子校詮》,臺北:"中央研究院"歷史語言研究所,1999年,第1152頁。

十二節實爲對孔子的溢美之詞,抑或儒家的自詡之詞,不僅與
"孔子圍於陳蔡之間"的其他六則材料不相銜接,而且其嵌入
《莊子》中的意圖更難以決斷。惟其如此,亦勿怪於學界尚存
《莊子》與儒家更具思想淵源的一派觀點。① 如果從下讀,根據
上下文意,其間的"窮通"固然指爵禄、功名的有無,"道德"亦對
應於仁義,至於"古之得道者",如果確指代孔子,那麼,以上諸
範疇則全爲儒家語境,與《莊子》中的其他用例全然不符,其嵌
入的意圖同樣值得懷疑。鑒於此,有必要暫且脱離"孔子圍于
陳蔡之間"的具體情景,參照莊書中界定窮通的其他語段,以此
洞悉莊子學派的窮通内涵。

　　誠然有别於以爵禄、功名界定窮通的俗常語義,《列禦寇》
一篇歸納出"窮"的八種徵兆和"通"的三種樣態,所謂"窮有八
極,達有三必,形有六府。美髯長大壯麗勇敢,八者俱過人也,因
以是窮。緣循,偃佒,困畏不若人,三者俱通達"。"窮"源自因
貌美、有髯、體長、高大、强壯、華麗、勇猛、果敢八個方面都優越
於常人而遭受的役使;②而"通"則表現爲因循順應、隨時俯仰和
濡弱謙下三種貌似不如常人的行止。③ 事實上,"俱過人"與"不
若人"的原則共同指向《莊子》中"無用之用"的主題。在此,莊

①詳見張二平:《〈論語〉和〈莊子〉中的顏回與子貢》,《海南大學學報(人文社會科
　學版)》2009 年第 5 期。
②"窮於受役也。然天下未曾窮於所短,而恒以所長自困。"([清]郭慶藩撰,王孝魚
　點校:《莊子集釋》,北京:中華書局,1985 年,第 1059 頁)
③"緣循,杖物而行者也。偃佒,不能俯執者也。困畏,怯弱者也。此三者既不以事
　見任,乃將接佐之,故必達也。"([清]郭慶藩撰,王孝魚點校:《莊子集釋》,北京:
　中華書局,1985 年,第 1059 頁)

子學派首先是以"有用之用"和"無用之用"界定窮通的,正如
《逍遙遊》的"無所可用,安所困苦哉"。有用與無用之"用"對
應於所謂正面價值或才能,困苦與禍患正根源於此。當然,這裏
的"正面"顯然是指相對於爵祿、功名的德性原則。除此之外,
《莊子》中"無用之用"的主題更與性命之情相關,窮通的分別在
於"中道夭"與"終天年",譬如"此以其能苦其生者也,故不終其
天年而中道夭,自掊擊於世俗者也"、"故未終其天年,而中道已
夭於斧斤,此材之患也"(《人間世》)。歸根結底,有用之用所以
是"窮",在於其殘生毀性,莊子學派的窮通以性情爲對象。

　　據此,相較於爵祿、功名層面的窮通,莊子學派固然贊同孔
子關注於內在德性的仁義原則,這是儒道兩家的共通之處,也是
《讓王》第十二節的合理性所在。置於此節的語境中,儒、道兩
家的共同對話者爲俗常的價值體系。不過,這或許只是一個側
面。結合"孔子圍於陳蔡之間"的其他六則材料以及窮通的情
性原則,《莊子》文本的重要對話者多是儒家,其中,孔子的窮是
其論述的基本前提。換言之,《讓王》第十二節與其餘六則材料
之間的張力在於對話者的不同,乃至由此衍生的窮通內涵的不
同。以仁義爲對象,孔子固然不自以爲"窮",然而,當窮通的對
象轉變爲情性時,莊子學派則認爲孔子"窮"。那麼,孔子爲什
麼陷於"窮",仁義之道是其根源嗎?

二　窮通的根源

　　不論是孔子本人的追問,還是面向弟子的慰藉,抑或是援引

此事的評析，《天運》及《山木》兩篇有關"孔子圍於陳蔡之間"的四則材料不約而同地旨在分析孔子"窮"的緣由並涉及以下三個不同的層面：

（一）時變原則

《天運》第四節中，孔子西行衛國欲推行周禮，顏淵以此詢問師金，師金不以爲意並斷言"惜乎，而夫子其窮哉"。僅就字面而言，這裏的"窮"主要指孔子的學説不能行著於世，不能爲諸侯國君採納，孔子本人亦不得任用。

接下來，師金通過一系列的比喻解釋爲什麽"而夫子其窮哉"，並以芻狗、舟車、周公之服、西施等喻體比況西周的禮樂制度，所謂"古今非水陸與？周魯非舟車與？"，舟適用於水，而車適用於陸，推舟於陸意指孔子欲將彼時周國的禮樂制度推行於此時的魯國，正如《論語・爲政》所言，"殷因於夏禮，所損益，可知也；周因於殷禮，所損益，可知也；其或繼周者，雖百世可知也"，孔子雖然意識到三代禮制的損益關係，卻仍模糊三代與春秋戰國的古今差距，希冀後世能够沿襲周禮的原則，然而"觀古今之異，猶猨狙之異乎周公也"，禮樂制度不顧及時空屬性，抑或其對象性的誤用正如猨狙衣周公之服，東施模仿西施捧心而矉的不適宜和荒謬。

爲此，師金指出三皇五帝的禮義法度，其相同之處在於治世的效用，其不同之處在於各自適應於遷流變化的不同時勢，他們同於效果而並非同於形式，所謂"不矜於同而矜於治"。古今的誤置正源於孔子只關注形式的趨同，而忽視效果的適當，僅留意於先王之迹,而未留意於先王之所以迹,而迹與所以迹之間的顯著差別恰恰在於是否時宜,所謂"故禮義法度者,應時而變者也",孔子的"窮"正因其忽視時變的重要性,這是本節的核心。①

然而,由於郭象注釋芻狗之喻、舟車之喻時提及"妖"的概念,所謂"廢棄之物,於時無用,則更致他妖也"以及"時過而不棄,即爲民妖,所以興矯效之端也"。成玄英疏解時又牽涉到仁義,所謂"言夫子行仁義之道以化衛侯,未知此術行用可否邪"以及"故集聚弟子,遨遊於仁義之域,臥寢於禮信之鄉"。② 妖的負面意涵遂同仁義相聯,似乎禮義法度意在影射仁義,仁義原則的不合時宜、不知時變才是孔子"窮"的根源。如果是這樣,那麼,此節中孔子之"窮"的關鍵便不再是時變原則,而是仁義本身,"時"的要素僅爲其充分條件。

固然,作爲儒學的根本,孔子特別以仁義的德治原則作爲西周禮樂制度的内核,莊子學派亦對仁義有所貶損。但是,此節的側重始終在於外在的制度層面,始終以禮義法度作爲比喻的本體,未見朝向仁義引申的態勢,因而並不牽涉内在的原則層面。況且莊書指摘仁義的段落中,更從未涉及時變的因素。因而,孔子之"窮"並非窮於仁義,而是窮於欲求跨越時空界限地推行周禮。

此外,在凸顯時變原則之餘,《天運》一節另涉及"彼未知夫無方之傳,應物而不窮者也"這一要點。不同於林希逸所謂的

①王叔岷先生概括此章主旨爲"不執聖迹,期合時宜"(王叔岷:《莊子校詮》,台北:"中央研究院"歷史語言研究所,1999年,第528頁)。
②[清]郭慶藩撰,王孝魚點校:《莊子集釋》,北京:中華書局,1985年,第511、513頁。

"隨時不執一之道",①更超越於"物"的時變原則,"無方之傳"與"應物而不窮者"是指"道",可以説,是在變與不變之間標示出道家對於事物存在根據及其終極原則的追索,換言之,禮義法度之所以必須應時而變,正因其屬於物的層面,而未及道的領域,道與物的關係問題藴含於此。

(二)外王理想

與《天運》篇的時變原則不同,《山木》第四節將孔子的"窮"聚焦於儒家的外王理想。其中,大公任選擇以意怠之德反襯孔子之行,通過講述不死之道揭示孔子"窮"的緣由。

首先,意怠之德爲"其爲鳥也,翂翂翐翐,而似無能;引援而飛,迫脅而棲;進不敢爲前,退不敢爲後;食不敢先嘗,必取其緒",其中,似無能、進退持中、居後不争這三點是其德性的核心,也是它們免受困難的根源。與此相對,孔子則"飾知以驚愚,修身以明汙,昭昭乎如揭日月而行,故不免也",儒家以禮樂飾知,以仁義修身,致力於成就君子、賢人的内聖之德,驚愚與明汙是其内聖的初衷,而"昭昭乎如揭日月而行"則形象地概括出孔子有教無類、周遊列國的教化形式。那麽,這裏的"故不免"是否意味着孔子"窮"的根源在於闡揚仁義的内聖原則呢?

接下來,大公任援引《老子》申述道,"自伐者無功,功成者墮,名成者虧"。② 功與名的流弊向來爲《老子》所警惕,譬如

---

① [宋]林希逸著,周啓成校注:《莊子鬳齋口義》,北京:中華書局,1997年,第234頁。
② 值得注意的是,這裏第一句屬於直引,而后兩句則屬於意引。

"功成而弗居"(第二章)、"功成不名有"(第三十四章)、"功成而不處"(第七十七章)等。故而,所謂道德之意,其特質正在於"道流而不明居,得(德)行而不名處"①。"明"預示一種外在的顯露,而這種外在的顯露最終將具象爲"名"。而不顯明其居、不以功名自處的行事原則即爲不死之道,而意怠的上述德性也正是對道德之意的形象性説明。爲此,不死之道的具體内涵爲"去功名而還與衆人"、"純純常常,乃比于狂;削迹捐勢,不爲功名"。無疑,孔子的"窮"與勢迹、功名相關。

　　誠然,孔子闡揚仁義的初衷並不在於勢迹、功名,正如《論語・衛靈公》所言,"君子固窮,小人窮斯濫矣",又如《里仁》篇所言,"君子喻於義,小人喻於利"。不論爵禄、功名與否,君子對於仁義的持守始終不渝。但是,當儒家的内聖原則致力於開拓爲外王的事功時,所謂"士不可以不弘毅,任重而道遠"(《論語・泰伯》)、"人能弘道,非道弘人"(《論語・衛靈公》);當儒家致力於以仁義之道澤及天下萬民時,所謂"得志與民由之,不得志獨行其道"(《孟子・滕文公下》)、"古之人,得志,澤加於民;不得志,脩身見於世。窮則獨善其身,達則兼善天下"(《孟子・盡心上》),勢必需要藉助於勢迹、功名等外部條件以成全其外王的理想,從而,希求外王理想本身便是其"窮"的根源。換言之,孔子之"窮",窮於講學、遊説過程中的外在顯露,而這種自我彰顯又以儒家的外王理想爲歸宿,是其必要條件。所謂

①此句郭注句讀有誤,依褚伯秀之説改正,得與德通。詳見王叔岷:《莊子校詮》,臺北:"中央研究院"歷史語言研究所,1999年,第741頁。。

"至人不聞,子何喜哉",正如王叔岷先生所言,"至人不聞"正是
《逍遙遊》的"聖人無名",①至人與聖人不僅不以聲聞名望爲目
的,更不以聲聞名望爲手段,這或許才是儒道兩家各自的鋒芒
所在。

(三)天人視野

　　接續上文所述外王理想的流弊,《山木》第五節中,孔子向
子桑雽詢問歷經一系列困難之后,"親友益疏,徒友益散"的緣
故,亦即"窮"的緣故。爲此,子桑雽通過假國流亡者林回遺棄
千金之璧而背負赤子的選擇,意在強調"以利合"與"以天屬"之
間的張力。如果以俗常的利弊關係作爲權衡輕重的標準,那麼,
與千金之璧相比,赤子不僅利益少而且負累重。然而,林回之所
以選擇赤子,其原因在於"彼無故以合者,則無故以離"。所謂
"故",即指外在的條件或理由,不含任何外在條件的相合,也便
不存在任何相離的理由,其引申之意在於林回與赤子之間具有
一種原初且根本的一體性,這便是"天屬"的涵義。鑒於《老子》
中"赤子"、"嬰兒"常用以比況"道"、"德",譬如"我獨泊兮其未
兆,如嬰兒之未孩"(第二十章)、"復歸於嬰兒"(第二十八章)、
"含德之厚,比於赤子"(第五十五章)等。可以説,林回選擇赤
子便意味着保持與"道德之意"的一體性。

　　言外之意,親交、徒友師從於孔子則屬於有故以合者,必將
有故以離,而其"故"在於"利"。成玄英傾向於直接以"名利"

---

①王叔岷:《莊子校詮》,臺北:"中央研究院"歷史語言研究所,1999年,第742頁。

解釋"利"，①意思是説從游於孔子的弟子、友朋皆以爵禄和功名爲目的，當窮禍患害，僅存仁義之道，而尚無爵禄功名之時，他們自然而然地選擇疏遠和離散。换言之，孔子的親交與徒友只以仁義之道爲手段，而並未以其爲目的，"利"是他們疏散的緣故。進而，子桑雽以爲，他們重視"利"的傾向事實上根源於孔子。儘管孔子本人"罕言利與命與仁"（《論語·子罕》）並指責"放於利而行，多怨"（《論語·里仁》），但聯繫上節可知，儒家内聖的最終歸宿在於外王，"利"的廣義内涵在於有所作爲的外王理想，這也是孔子"窮"的根源。

　　不僅如此，本節的深層意涵在於通過劃清"天屬"與"人屬"之間的界限，提示出天人視野的思維模式，並以天人關係的廣闊視域分析孔子的"窮"，在天與人之間構建儒道對話的可能性，這是莊子哲學的精義所在。而這種天人的視野更集中地體現在《山木》第七節中。

　　《山木》第七節重新回到孔子與顏回的對話場景中，不過，同莊書中絶大部分的孔顏對話一樣，此處的孔子儼然也只是形象上的借用，其對話實質在於圍繞"無受天損易，無受人益難。無始而非卒也，人與天一也"闡述道家思想，與《讓王》第十二節的還原有所不同。根據文段自身的解釋關係，首先，"無受天損益"的天損指飢溺寒暑、窮桎不行；而"無受人益難"的人益指始

_____

①"孔子説先王陳迹，親于朋友，非天屬也，皆爲求名利而來，（此）則是有故而合也；見削迹伐樹而去，是則有故而離也。"（［清］郭慶藩撰，王孝魚點校：《莊子集釋》，北京：中華書局，1985年，第686頁）

用四達,爵禄並至而不窮。若以爵禄、功名界定窮通,則前者爲
"窮"而後者爲"通",這也是損、益的字面意義。然而,當損益對
應於天人時,其價值判斷則驟然轉向,天損爲通而人益爲窮,原
因在於"物之所利,乃非己也,吾命其在外者也",爵禄與功名都
是外物層面的利益,不屬於切己的性命之情。顯然,這再次驗證
了莊子學派是以性情界定窮通的。

　　其次,透過鷯鶵的比喻,"社稷存焉爾"是無受人益之所以
難的關鍵所在。① 社稷暗指儒家的外王理想,這是儒家"道之以
德,齊之以禮"(《論語·爲政》)的主體,是仁義之道的落腳處。
具體而言,"君子不爲盜,賢人不爲竊"是指儒家不以爵禄、功名
爲目的,"目之所不宜處,不給視,雖落其實,棄之而走"又喻指
其秉持着仁義的德性原則。然而,他們雖然警惕甚至畏懼爵禄、
功名,但又不得不藉助的原因在於,爵禄、功名是達至外王理想
的必要手段。鷯鶵之喻意在揭示儒家的有所爲和有所不爲。正
如《人間世》所言,"絶迹易,無行地難。爲人使易以僞,爲天使
難以僞",道家固然不贊同避世與棄世,可是卻充分地意識到有
所爲的負面性,故而闡揚無爲的深意。如果説,老莊道家的"無
爲"屬於"爲天使",那麽,儒家的"有爲"即是"爲人使",二者之
間的張力在於天人之際。

　　圍繞"天與人一也"的天人視野,自郭象以來的歷代注疏或

---

① "徒以所託在此,無異國之有社稷,人不能離爾。君子居人國,亦當知社稷存焉,盡
　心所事。至爵禄之益,我性不加,當思危邦不入,亂邦不居,而知之者鮮,故曰難。"
　([清]王先謙:《莊子集解》,北京:中華書局,2012年,第174頁)

傾向於以自然解釋"天"和"性"，或傾向於以天命釋"天"，以性分釋"性"。① 然而，這種解釋的困境在於，難以與本節的具體語境相銜接。事實上，聯繫上下文意及莊書中圍繞"人"、"天"的其他表述可知，"天也"的"天"是指"天地之行也，運物之泄也"的大化流行，天與人同處於始卒若環的大化進程中，"有人，天也；有天，亦天也"，自"天"的視野關照，則天與人爲一。相比之下，儒家之所以不能與天偕逝、晏然體逝，是因爲他們未曾於大化中安頓性命之情，所謂"人之不能有天，性也"。莊子學派向來自"天"的視野言説性命之情，譬如"聖也者，達於情而遂於命也。……此之謂天樂"（《天運》）、"生非汝有，是天地之委和也；性命非汝有，是天地之委順也"（《知北遊》）、"遁其天，離其性，滅其情，亡其神，以衆爲"（《則陽》）等等。爲此，"性也"不表判斷而表原因，是指儒家的外王理想與性命之情相疏離。所以，爲人使與爲天使之間的真僞分辨在於性命之情。歸根結底，孔子之"窮"因其不具備天的視野、漠視性命之情。

三　情性之真：《莊子》的叙述意圖

論述至此，從以情性界定窮通，到天人視野下性命之情與外王理想的分辨，本文已然前後多次地提及"情性"或"性命之情"這一關鍵範疇。事實上，情性範疇的不可逾越正説明《莊子》文本中"孔子圍於陳蔡之間"的數則材料間，雖然存在角度、層次

①崔大華：《莊子歧解》，鄭州：中州古籍出版社，1988年，第551—552頁。

的差別,但其共同指向"性命之情"的主題。可以説,這正是莊子學派關注並叙述這一思想史事件的意圖,他們圍繞儒家歷史性境遇的反復引述,最核心關切在於性命之情。事實上,以上推斷的合理性依據正清晰地表述在《盗跖》第一節與《漁父》第二節中,這也反向證明本文以文本群爲對象的方法本身具有一定的正當性。

《盗跖》第一節中,盗跖言辭激烈地反稱孔子爲"盗丘",指出孔子之盗在於"矯言僞行,以迷惑天下之主,而欲求富貴焉"。爲了論證這種判斷的合理性,盗跖選擇在分析孔門弟子及儒家所謂聖賢的種種困難中,澄清其判斷標準並進而標示儒、道兩家價值原則的差異所在。其中,堯、舜、禹、湯、文王、武王六位明主"皆以利惑其真而强反其情性",伯夷、叔齊、鮑焦、申徒狄、介子推、尾生六位賢士"皆離名輕死,不念本養壽命者也"。前者的"利"指代儒家的外王理想;後者的"名"指代儒家的内聖原則,不論是利益天下還是持守名節,儒家的内聖外王之道最終都走向性命之情的反面,殘損甚至毀傷性命之情。顯然,當以"真"定義性命之情時,與此相反的一切都歸屬於矯、僞的範疇。莊子學派對於儒家的質疑正奠基於此,所謂"子之道,狂狂汲汲,詐巧虚僞事也,非可以全真也,奚足論哉"。

此處,尤需注意的是,子路的"上無以爲身,下無以爲人"和賢士的死共同指向儒家以仁義爲核心的德性原則。賢士死於名節,即是死於仁義。子路既没有人事的功績,更無法保全性命,也正是源自其聽從仁義的勸導,正如《論語·陽貨》所載,"子路

曰：'君子尚勇乎？'子曰：'君子義以爲上。君子有勇而無義爲
亂，小人有勇而無義爲盜。'"因而，不同於此前幾則材料中，莊
子學派從禮樂制度和外王理想等人文教迹的層面對於孔子之
"窮"的分析，當性命之情遭受殘損或毀傷時，莊子學派的詰責
便不再停留於外顯的制度教迹，更延展至内蘊的德性基礎，仁義
與情性成爲衝突的雙方。事實上，這裏再次驗證了第一部分中
儒、道兩家界定窮通的不同標準，所謂"不能説其志意，養其壽
命者，皆非通道者也"，莊學語境中的"通"指保養性命之情。此
外，莊書中"性命之情"的主題更常以"身"、"德"等範疇表述，①
黄帝尚且不能保全其性命之情，何況儒家呢？可以説，"孔子圍
於陳蔡之間"一事的多次引述或許更是對於《老子》第四十四章
"名與身孰親？身與貨孰多？得與亡孰病？"的注脚，意在表徵
道家"道德之意"的心性論面向。②

　　接續"性命之情"的主題，《漁父》第二節雖然未見"情性"
或"性命之情"等概念，但卻圍繞"真"的範疇，在天真與禮俗的
張力中，重申莊子學派"情性之真"的原則。首先，鑒於人文教
迹與性命之情的内外差別，"真"之所以爲"精誠之至"，是因爲
其全然摒棄禮樂制度等外在規範，甚至根本無需向外顯現，所謂

---

①譬如"可以保身，可以全生"(《養生主》)、"夫支離其形者，猶足以養其身，終其天
　年，又況支離其德者乎"(《人間世》)、"吾所謂無情者，言人之不以好惡内傷其身，
　常因自然而不益生也"(《德充符》)、"形體保神，各有儀則，謂之性。性修反德，德
　至同於初"(《天地》)等等。可見，《莊子》文本中的"身"、"德"確多與"性命之
　情"相關聯。
②正如《天地》篇所言："執道者德全，德全者形全，形全者神全。神全者，聖人之道也。"

"功成之美,無一其迹矣"、"真悲無聲而哀,真怒未發而威,真親未笑而和"。其次,以儒家關注的人倫日用爲例,情性的至真至誠更在於其以内心的情緒、情感爲歸宿,所謂"事親則慈孝,事君則忠貞,飲酒則歡樂,處喪則悲哀"。誠然,儒家同樣在禮樂的文質關係中强調本與實的一面,注重行禮奏樂過程中情緒、情感的灌注,所謂"禮,與其奢也,寧儉;喪,與其易也,寧戚"(《論語·八佾》)、"禮云禮云,玉帛云乎哉? 樂云樂云,鐘鼓云乎哉?"(《論語·陽貨》)。然而,莊子學派認爲其仍然受制於禮俗的侷限、拘泥於人事的領域,並未賦予情性本身以正當性,所謂"事親以適,不論所以矣;飲酒以樂,不選其具矣;處喪以哀,無問其禮矣"。再次,回應《山木》第七節中的天人視野,莊子學派以情性界定窮通的最終根據在於性命之情屬於天的範疇,這也是真、俗之間的界限,所謂"真者,所以受於天也,自然不可易也。故聖人法天貴真,不拘於俗"。可以説,以"孔子圍於陳蔡之間"的思想史事件爲背景,莊學的窮通觀念中浸潤着對"天"的體認,對"情性"的關照。相比之下,儒家則不免蔽於人而不知天。

作者簡介:苗玥,1990 年生,天津人,哲學博士,現爲北方工業大學馬克思主義學院講師,研究方向爲先秦哲學。

"天"、"人"之辨[*]

——荀子與莊子的"天人觀"之比較

王玉彬

内容提要　荀子對莊子"蔽於天而不知人"的批判既呈現出了荀學的基本旨歸,也凸顯出了莊學的理論特質。面對深奧、博大之"天",荀子認爲"人"應"不求知天",不做任何宇宙論玄想,不染絲毫存有性執念,而僅從物質與自然的角度去審視之;作爲"能群"之"類存在"的"人"應全心全力地董理天地萬物、製作禮義倫制,"君子"或"聖人"即其理想人格。在與"道"的理論鏈接中,莊子之"天"具有濃郁的存在本源、價值本體之意味;在"照之於天"的存在視域中,莊子的理想人格是"自事其心"之"畸人"、"獨與天地精神往來"之"真人"。最終,莊子之"天"與"人"之間呈現出的是"不相勝"而相互通達的關係,"人"祈向着"天","天"成就着"人",此爲其終點處的"天人合

———————

* 本文爲 2020 年國家社科基金後期資助項目"《莊子·齊物論》研究"(20FZB045)的階段性成果。

一"。相較之下,荀子的"天人之分"則因無視"天"之超越之旨
而顯其"不見本源"之弊。

　　荀子爲先秦時代的綜結性大儒,其思想"以儒學爲本,博采
百家之説爲用"①,體現出鮮明的"融會貫通"氣質。因其"以儒
學爲本",荀子對諸子之學必不止於博採衆長,更内蘊着對之進
行理論批判的訴求。在荀子那裏,正所謂"君子必辯",如果不
廓清諸子那些"持之有故、言之成理"的"邪説"與"奸言",如果
不解除諸子百家對關係着天下之"是非治亂"的大道的遮蔽,士
人將不知心歸何處,民衆會無所措手足,社會也就無法在合文定
分中臻於郅治。《史記·荀子列傳》載:"荀卿嫉濁世之政,亡國
亂君相屬,不遂大道而營於巫祝,信機祥,鄙儒小拘,如莊周等又
滑稽亂俗,於是推儒、墨、道德之行事興壞,序列着數萬言而
卒。"在荀子的異端批判中,莊子更被樹立爲"鄙儒小拘"之典
型。誠然,無論在學術旨趣還是生命型態上,"獨與天地精神往
來"、"無爲有國者所羈"的莊子堪稱荀子所面對的最不可思議
的"另類",由此而言,荀子理應對莊學進行全面、深層、多維的
解剖。然而,《荀子》全書對莊子之批判有且僅有一處,那就是
《解蔽》篇所謂"莊子蔽於天而不知人……由天謂之道,則盡因
矣"。那麼,我們應當如何理解荀子的這種"戰術"安排? 通過
現代學者的研究來看,荀子在營構其思想體系的過程中汲取了

---

①廖名春:《〈荀子〉新探》,中國人民大學出版社,2014年,第224頁。

不少莊子的概念語彙、論證方法與思維方式①,對莊學的理解理應非常深入,這樣,"蔽於天而不知人"也便意味着荀子視域中莊學的根本缺陷,此語既出,無需他言。本文即欲在這種理解進路中,疏解荀子與莊子"天"、"人"概念的本質差異,並通過釋論荀子對莊子"蔽於天而不知人"的思想批判,衡定兩者之天人觀念的理論得失。

一、"不求知天"與"照之於天"

對於中國哲學中的"天"之意蘊,馮友蘭先生曾將之分疏爲五:物質之天、主宰之天、運命之天、自然之天、義理之天。② 在先秦哲學史上,"天"始終有"物質之天"、"自然之天"的基礎性意涵,主宰、運命、義理三者在不同哲人那里則各有偏重。大致而言,莊子既以"天"爲"義理"之"道",又將"天"視作"運命"之"命",這種致思進路與孔子、孟子在形式上是非常類似的,體現出中國哲學家對"天"的一般看法。荀子的天論則迥異於商周以來的哲學傳統以及春秋戰國時代的流行觀念,他主張勘破主宰之天的誕妄、走出運命之天的控馭、扭轉義理之天的倒懸,而

①關於莊子對荀子的思想影響,李德永、强中華、孫偉等先生從多種維度出發對之做出了精彩的論述(參見李德永:《道家理論思維對荀子理論體系的影響》,《道家文化研究》第1輯,上海古籍出版社,1992年;强中華:《反者道之動:荀子"化性起僞"對莊子"性"與"僞"的因革》,《中國哲學史》2009年第2期;孫偉:《虛一而静以致道——荀子與莊子認識論之比較》,《道家文化研究》第25輯,生活·讀書·新知三聯書店,2010年)。
②馮友蘭:《中國哲學史》(上),生活·讀書·新知三聯書店,2014年,第54頁。

僅從物質與自然的角度去審視"天"的内涵、界定"天"的價值，體現出了鮮明的人本色彩與客觀精神。《荀子·天論》説：

> 天行有常，不爲堯存，不爲桀亡。應之以治則吉，應之以亂則凶。
>
> 治亂，天邪？曰：日月、星辰、瑞曆，是禹、桀之所同也，禹以治，桀以亂，治亂非天也。時邪？曰：繁啓蕃長於春夏，畜積收藏於秋冬，是禹、桀之所同也，禹以治，桀以亂，治亂非時也。

在商周時代，"天"的主宰性與運命性是相輔相成的。"天"的意志體現爲左右人間權力之轉移的"命令"，比如，禹的在位被解讀爲奉天承命的結果，桀的失位則是喪失天命的必然；春秋戰國時代，儘管以孔、孟爲代表的原始儒家發展出了更爲精微的關於"天"的義理系統，但也不曾抛棄這種論點，所謂"唯天爲大，唯堯則之"（《論語·泰伯》）、"天之所廢，必若桀、紂者也"（《孟子·萬章下》），都透顯出因仍商周之舊貫的天命觀念。與孔、孟不類，荀子則欲完全摒棄這種源遠流長而又幽隱閉約的論調，認爲"天"之流行與禹、桀的政治作爲之間無任何神秘關聯；換言之，"天"不過是日月星辰的自然運行與春夏秋冬的順次流行，無關於政治的治亂與吉凶。這樣來看，"天行有常"即意味着自然之天的恒常遷變，禹、桀面對的是始卒若環、循行若一的自然天常，興亡治亂的緣由不在"天"而全在於"人"。可見，荀

子並不試圖在"天"之上增益或發展出任何道德或政治内涵,而
是力圖將傳統的種種神意、德意的内容進行徹底的損棄。荀
子説:

> 不爲而成,不求而得,夫是之謂天職。如是者,雖深,其
> 人不加慮焉;雖大,不加能焉;雖精,不加察焉。夫是之謂不
> 與天争職。(《荀子·天論》)

荀子承認天道流行的深遠、廣大與精微,卻不認爲其後有何
用心或深意。"天職"意味着鳶飛魚躍、草木蕃滋不過是天之本
職或本分,此乃天之常道、地之常數,並非天地主動謀求或有意
施爲的結果。如果説孔子"天何言哉"的感歎引生出的是對超
越之維的默會趨向,荀子"天何爲哉"、"天何求哉"的説述則否
定了"天"的超越品性與"人"的默會可能。而且,面對必然、常
然、自然的天地萬物,荀子認爲人們的智性只能描述其"所然",
卻無法對其"所以然"進行任何有效的思考,這樣,人們對天之
"所以然"的探究均屬無用之辯、不急之察,荀子由此而提出了
"唯聖人不求知天"(《荀子·天論》)的觀點。更爲重要的是,
"不求知天"不惟在理智的層面述説了人與天在"所以然"層面
的隔絶關係,也意味着人在情感或態度的"所應然"層面亦應
"不怨天"、"不呼天"。也就是説,"天"並非人們合理的理解物
件或價值源泉,對天的任何思慮與怨慕是無意義的徒勞,既不能
理解或改變天的自然性,也無助於展現人的自由性。

在荀子看來,面對深遠、廣大、精微之"天",合理的理智態度是不慮、不察,規避追本溯源,不做任何徒勞無功的宇宙論玄想;合宜的情感態度是不怨、不慕,出離悲天樂天,不染絲毫大而無當的存有性執念。在解除了天的諸種神秘與超越性質之後,一種專注於制天、使時、理物的"實用理性"便油然而生了:

> 大天而思之,孰與物畜而制之! 從天而頌之,孰與制天命而用之! 望時而待之,孰與應時而使之! 因物而多之,孰與騁能而化之! 思物而物之,孰與理物而勿失之也! 願於物之所以生,孰與有物之所以成! 故錯人而思天,則失萬物之情。(《荀子·天論》)

荀子認爲,人們對"天"的態度不應是"錯人而思天"的"回望"或"仰望",生活的所有希望都維繫於"人",以及"人"對自然現成之物的主動裁制、利用與參成上面,這才是在明乎天人之分的基礎上"知其所爲、知其所不爲"的真正"知天"。如果説"不求知天"意在爲人的理性與情感劃定界限,重在明確"天人之分";"知天"則是在"不求知天"、"明於天人之分"的基礎上,給生活與行動指出方向,最終落實爲"天生人成",這樣,"天人各自的功能和價值才頓然呈現,而天消極意義上的'生'和人積極意義上的'成'所反顯出來的正是人的尊嚴以及人在宇宙世界中的積極的地位"①。

---

① 東方朔:《合理性之尋求:荀子思想研究論集》,臺大出版中心,2011年,第117頁。

　　那麽,被荀子視爲"蔽於天而不知人"的莊子如何理解
"天"? 或者説,荀子爲什麽要以"蔽於天而不知人"概述莊子
哲學的本質? 劉笑敢先生認爲,莊子之"天"有兩個新意:"一
是指自然界,二是指自然而然的情況。"前者爲"自然",後者
爲"天然",均爲無意志、無目的的對萬物的決定性作用或曰
"必然性"①。劉先生的這種觀點主要是以"自然"及"命"解
"天",照此理解,"蔽於天而不知人"誠可謂是對莊子"心知其意
的中肯批評"②了。然而,儘管莊子之"天"不無"物質""自然"
意涵及"命運"指向,但均非其"新意"或核心意旨。在我看來,
與其説莊子之"天"以"自然"或"命"爲要旨,毋寧説在與"道"③
的理論鏈接中,"天"更多地具有了某種本源存在論或價值本體
論的意味,這才是莊子對"天"之概念做出的由"命"而"道"的
理論創造與價值轉化。在此意義上,馮友蘭先生説"荀子所言
之天,則爲自然之天,此蓋亦由於老莊之影響也"④,僅以"自然"
爲老莊之"天"之本義,亦爲不諦。

　　對於作爲"真宰"的"天道",莊子説:"若有真宰,而特不得

---

① 參見劉笑敢:《莊子哲學及其演變》(修訂版),中國人民大學出版社,2010 年,第
　　126—128 頁。
② 劉笑敢:《莊子哲學及其演變》(修訂版),中國人民大學出版社,2010 年,第 130 頁。
③ 本文關注的並非"天地"或"天命"之"天",而是"天鈞"、"天府"、"天倪"之"天"。
　　在"天鈞""天倪"的意義上,本文認同崔宜明對莊子之"天"與"道"的如下論述:
　　"莊子的道是存有論的範疇,天是價值論的範疇,而莊子的存有論和價值論既有邏
　　輯一貫性,又有深刻的矛盾。"(崔宜明:《生存與智慧──莊子哲學的現代闡釋》,
　　上海人民出版社,1996 年,第 205 頁)基於兩者之間的"邏輯一貫性",本文不擬對
　　"天"、"道"進行嚴格的理論區分。
④ 馮友蘭:《中國哲學史》(上),生活・讀書・新知三聯書店,2014 年,第 301 頁。

其眹。可行己信,而特不得其形,有情而無形。"又説:"如求得其情與不得,無益損乎其真。"(《莊子·齊物論》)世間的物化、萬化之流是"天道"的如實作用與真實體現,若反求其本源,必會不得其形、不得其情;然而,儘管不得其形、不得其情,卻不妨礙"天道"之"真"的呈現。在這里,莊子實際上是"把萬物起源問題轉換爲物的存在方式問題"①了。換言之,莊子弱化了"天道"的宇宙論色彩與主宰性特徵,而視之爲生命之本源、價值之本體,從而在存有論、本體論層面凸顯了天道的本真價值。由此可見,在反對通過理性探討"天"之宇宙論含義這一點上,莊子與荀子是相同的;至於能否將"天"視爲存有論上的至高價值,兩者的意見就相左了。荀子之所以以莊子爲"蔽於天",正是着眼於後者而言的。總之,在荀子那里,只有懸置"天",人"才能"是人;而在莊子看來,如果没有"天",人"只能"是人。

　　接下來的問題是,我們應該如何理解莊子之"天"的本源性、本真性?"道與之貌,天與之形"、"天地爲大鑪,以造化爲大冶"(《莊子·大宗師》)等説法表明,"天道"在莊子那里首先是生命的源起之處與生化之所。乍看上去,荀子的"天地者,生之本也"(《荀子·禮論》)、"天地者,生之始也"(《荀子·王制》)與之極爲類似。但細究之下,便可發現在荀子那里,作爲"生之本"、"生之始"的"天地"實際上是虚懸的,或者説是最低層次的境域,在此境域中,人與禽獸、草木、水火等存在物一樣,均屬無

---

① 崔宜明:《生存與智慧——莊子哲學的現代闡釋》,上海人民出版社,1996年,第167頁。

差别的"生"之現象。正所謂"禮義者,治之始也;君子者,禮義
之始也"(《荀子·王制》),禮義與君子才是將人從無差別的
"生"中振拔出來的終極價值。與荀子僅指向生命的初始起點
的"天"不類,作爲"根源"的"天"在莊子那里洋溢着真樸之價
值。《莊子·齊物論》云:

> 舉莛與楹,厲與西施,恢恑憰怪,道通爲一。
> 天地與我並生,而萬物與我爲一。

天道是"虛而待物"的闊大、涵容之境域,萬物均可在其中
相互通達、使其自己。因此,以此"天地精神"、"天地之正"爲鏡
鑒,就能蘊生出"並生"、"爲一"的共通感與一體觀,這種"通"、
"一"的生命意識與存有體悟正是人之本真化存在的前緣。當
莊子説"眇乎小哉,所以屬於人也;謷乎大哉,獨成其天"(《莊
子·德充符》)的時候,就已在"小大之辨"的界域中貶低"人"
而予"天"以崇高之價值了。"人"的存在必然是"有待"的,"有
待"即生命的有限性與價值的相對性,故屬人者爲"小";"天"則
以"無待"之"天理""天倪""天鈞"之型態而呈現,無限亦無對,
故可涵容並通達一切,故屬天者爲"大"。

因此,莊子反對通過"人"(包括聖人)的"有待"去建構某
種"同是"的生命原則或價值標準——"有待"與"同是"在理論
上是相互矛盾而不可相容的。這樣來看,那些被奉爲"同是"的
原則或標準,無不是通過某種強力將"有待"價值包裝爲"同是"

的結果,在實踐上必然會陷入僵化乃至流離的境地。天下之沉濁、禮樂之崩壞、道世之交喪的社會現實即已充分説明,這些有限而相對的"屬人"價值根本無涉於甚至妨害着"人"的本真存在,使生命沉淪於"終身役役而不見其成功,苶然疲役而不知所歸"(《莊子·齊物論》)的勞攘與茫然之中,經受着可悲可哀的"遁天之刑"。莊子説:"是以聖人不由,而照之於天,亦因是也。"(《莊子·齊物論》)"照之於天"即意味着將天道視域注入生命或政治之中,以化解"人"的私智與成心,並反本溯源地開啓一種遥蕩恣睢、日新日成的存在之境。可見,莊子"天"論的最大價值,即在於通過對"天"之"通"與"一"之本體價值的抉發,在映照出"人"之有待性的同時,開顯着"人"之存在的本真可能。

二、"君子"與"畸人"

"推天道以明人事"是中國哲學的基本思維方式,即便在主張"天人之分"的荀子那裏,也要首先對"天"進行分疏,才能恰切地摹寫"人"的存在情狀。對"天人之際"的探究之所以如此關鍵,是因爲無論持守關於"天"的何種看法,它都構成了與"人"相對待、對照乃至對立的獨特之維,是"人"無法視而不見、見而不思的絕對他者,由之出發,我們才能反觀人的限制性或超越性何在,才能辨識人的必然性與創造性何在。

出於對"天"的殊異理解,莊子與荀子對"人"的價值界定無

疑亦是懸若天壤的。莊子認爲，"天"對"人"而言意味着超越，
象徵着本真，指涉着必然，人對之"無能爲力"，甚至只能像荀子
批判的那樣"大天而思之"、"從天而頌之"，不斷超越人的限度
而去迎合之、因順之、歸往之，才能化小爲大、去僞存真，終而成
就爲"畸人"或"真人"的理想人格。荀子則論定，"天"並不具
備莊子所頌歎、追慕的價值涵，天人之間的關係不存在小大之
辨或真僞之別，而是並行不悖的對等境域，"天"之自然運行無
法對"人"的社會生活形成任何意義上的"解釋"，只不過是無心
無意的客觀存在，"人事"的原因只能在"人"身上尋找答案。抛
棄了"天"的束縛與壓制之後，才能真正如其所是地董理天地、
製作倫制、創造價值，最終達致"盡倫盡制"的"君子"或"聖人"
人格。

《荀子·王制》云：

水火有氣而無生，草木有生而無知，禽獸有知而無義，
人有氣、有生、有知，亦且有義，故最爲天下貴也。

作爲生命之本始的"天"只不過予人以氣、生、知而已，其具
體內涵就是荀子所謂的"好惡喜怒哀樂"之"天情"、"耳目鼻口
形"之"天官"、"心"之"天君"。然而，人之所以異於水火、草
木、禽獸的"良貴"在於"義"，"義"是屬於人的價值創造，是"人
之所以爲人"的特性，或者説，"義"的發明與創造乃是人的"職
分"。因此，荀子對"道"的定位就完全是因"人"而言的。《荀

子·儒效》云：

> 道者，非天之道，非地之道，人之所以道也，君子之所
> 道也。

"道"即"人道"。相較於"天地之道"，荀子對人道的描述
多了"所以"兩字，對君子之道的描述多了一個"所"字。如果說
"所以"意在表明"人道"是"人"之所以爲"人"的價值根基，
"所"則意味着"君子"的意向性和自覺性，也内蘊着"君子"的
能動性和創造性，這些性質在"天地"那裏顯然是闕如的。對於
"人之所以道也"與"君子之所道也"，王念孫說："人之所以道
者，道，行也，謂人之所以行也。君子之所道者，道爲人之所以
行，而人皆莫能行之，唯君子爲能行之也。二句本不同義，後人
以爲重復而删之，謬矣。"①"君子之所道"是對"人之所以道"的
深層闡釋與本質抉發，這意味着真正的或理想的"人"應該是
"君子"。荀子云：

> 故天地生君子，君子理天地。君子者，天地之參也，萬
> 物之揔也，民之父母也。無君子，則天地不理，禮義無統，上
> 無君師，下無父子、夫婦，是之謂至亂。君臣、父子、兄弟、夫
> 婦，始則終，終則始，與天地同理，與萬世同久，夫是之謂大
> 本。（《荀子·王制》）

---

① [清]王先謙：《荀子集解》，中華書局，1988 年，第 122 頁。

天地、萬物、民都是自然性的存在，君子當然也有着自然性的一面（天地生君子），但更有着價值創造的一面（君子理天地）。正是在對天地之質素的文飾之中，君子改變了“天”的静謐與不仁，而藉“禮義”將“人”挺立了出來，由此，天地不再是無意義之自然，而能在禮義之光的映照之下綻開爲燦然大觀、井然有序的生活世界，呈現出“藉言天之‘自然’而推進人之‘治道’的開展”①的理論脈絡，也就是一種作爲政治智慧與政治行動的“知天”與“天生人成”。就此而言，荀子所説的“制天命而用之”並非僅僅意味着對自然事物的制導與利用，也指涉着對生活世界之政治、人文與價值意味的開顯，此即荀子所謂“天養”與“天政”。“禮義”即爲在天然之群有的基礎上進行的德性、倫常之分疏，君師、父子、兄弟、夫婦乃是這種倫制的綱本，無此“分”則人不能“群”，不能“群”則將陷於“亂”，如此則人將不人——喪失掉了“義”的特性或本質。可見，在荀子那里，“由辨、分、義道所構成的處境、脈絡和意義世界，乃是人的概念賴於形成，或人的角色身份、人的主體性自我賴於獲得其實際内容的背景資源”②。既然“人生不能無群”，也就必然要生活在由“禮義”規定的統類與分位之内，人的價值即體現於他能否自覺地依照這些綱紀與禮法素位而在、比中而行，從而成就“君子”或“聖人”的理想人格。

　　莊子將荀子矚目的社群、倫常世界視爲“方之内”，認爲“真

---

①東方朔：《荀子〈天論〉篇新釋》，《哲學動態》，2017 年第 5 期。
②東方朔：《合理性之尋求：荀子思想研究論集》，臺大出版中心，2011 年，第 40 頁。

人”的應然存在境域應爲“方之外”。對於“方”,司馬彪釋爲
“常教”①,也即孔子所謂“從心所欲不逾矩”(《論語·爲政》)之
“矩”,“矩”即“法度之器”②。“方之内”即“矩之内”,也即仁義
道德與禮法政治的世界;與之相應,“方之外”則是追求“天”之本
真價值的境域。也就是説,“方之内”的世界不過是“人”的世界,
“方之外”的世界方爲“真人”的境域。與荀子迥異的是,莊子不以
“群”之社會、倫常、道德維度界説人的本質,他認爲,人之所以要
過群體的生活,不過是因爲有無從擺脱的形體而已——“有人之
形,故群於人”(《莊子·德充符》),人們對“群”的依賴、對“禮義”
的尊奉不過是出於“形”的無可奈何、不得已的基礎性生存需求,
不能視之爲“人之所以爲人”的本質。正所謂“哀莫大於心死”
(《莊子·田子方》),除了“形”的必然維度,生命還蘊含着“心”這
種生成真知、創發意義的獨特而自由之維。因此,理想的人應該
是“自事其心”者,是“獨與天地精神往來”者,是懸置“形-群”之
實存而專注“心—獨”之可能者。《莊子·大宗師》曰:

> 畸人者,畸於人而侔於天。故曰:天之小人,人之君子;
> 人之君子,天之小人也。

所謂“畸人”,司馬彪曰:“不耦也。不耦於人,謂闕於禮教

---

① 參見[清]郭慶藩:《莊子集釋》,中華書局,2004 年,第 268 頁。
② 參見[宋]朱熹:《四書章句集注》,中華書局,1983 年,第 54 頁。

也。”①“畸人”的成就需要一系列“日損”的工夫：由“外天下”“外物”而“外生”，由“忘仁義”“忘禮樂”而“坐忘”，由“無己”“無功”而“無名”。可見，出於生命的自由精神與超越意識，“畸人”不會將生命託付在“群”上，警惕着“群”對生命個體的壓制與湮没，而專注於對“天之獨”、“人之獨”的領會，如是，便可逐漸蜕變爲“獨成其天”的“真人”。荀子之所以説莊子“不知人”，正是着眼於“畸人”對人之“群”性的漠視。可見，荀子與莊子對“人”之界定的根本差異即在於，前者在“群”的視域之中呼唤“君子”，後者則在“獨”的體證之中頌贊“畸人”。在以“畸人”爲理想人格的莊子那裏，或者説在“天”的視域之中，鑒於荀子所謂之“君子”是由人設而外在的價值規範所框定的，“人之君子”本質上亦不過是一種“天之小人”的存在形態而已。

三、“蔽於天而不知人”辯

既然明瞭了荀子與莊子對“天”、“人”之内涵的界定，我們不妨繼續以莊子的天人關係論爲線索，對荀子所謂“莊子蔽於天而不知人”的斷語進行一些省思，同時也對荀學與莊學的長短之處進行一些説明。我們知道，荀子之所以究心於闡發合理的“人道”並主張放棄對“天道”的關切，是因爲“天道”在荀子看來是幽隱難言、虚渺無用的。然而，雖然莊子哲學的理論宗旨

---

① 參見［清］郭慶藩：《莊子集釋》，中華書局，2004年，第273頁。

是"入於寥天一",但並未因之而完全信從"天",或者全然忽略
"人"。通過《大宗師》對天人關係的表述來看,莊子並没有陷入
對"天"的偏執與固滯之中;通過《人間世》對政治、世情及人心
的洞若觀火的描繪來看,莊子也不會"把人類社會歷史實踐排
除在哲思之外"①。或許可以説,正因"知人"甚深、"知天"甚
明,莊子才創辟出了一種由"畸人"而"真人"的生活方式。

《莊子·大宗師》云:

> 知天之所爲,知人之所爲者,至矣。知天之所爲者,天
> 而生也;知人之所爲者,以其知之所知以養其知之所不知,
> 終其天年而不中道夭者,是知之盛也。雖然,有患:夫知有
> 所待而後當,其所待者特未定也。庸詎知吾所謂天之非人
> 乎? 所謂人之非天乎?

這段話有兩層意旨:其一,"至知"蘊涵着"知天"與"知人"
的雙重維度,"知天"便可合理地安頓"人",由"知人"卻無論如
何也無法上達於"天";其二,以其一貫的徹底反思性格,莊子認
爲"知"無不因"人"而生,人的感知與思維卻均因"有所待"而
呈現出"未定"之態,因此,無論"知天"還是"知人","知"實際
上並不具備絕對的真理性,其自謂之"天"、"人"亦難逃成心、私
見的遮蔽。對此,荀子實際上也是認同的,他認爲,任何情感、視

---

① 崔宜明:《生存與智慧——莊子哲學的現代闡釋》,上海人民出版社,1996 年,第
204 頁。

角、知識、價值都可構成某種"蔽"——"欲爲蔽,惡爲蔽,始爲蔽,終爲蔽,遠爲蔽,近爲蔽,博爲蔽,淺爲蔽,古爲蔽,今爲蔽"(《荀子·解蔽》),此即"心術之公患";"蔽"導致"大道"被遮掩、被隱藏,此即"道隱于小成"(《莊子·齊物論》)、"蔽於一曲而闇於大理"(《荀子·解蔽》)。可見,荀子對"心術"的天然弊端與必然缺陷亦有着清晰認知,不無繼踵莊子的味道;但與莊子迥異的是,荀子並沒有因此而"反躬自省",他只指摘出其他諸子之學之"蔽",卻没有意識到自己同樣會陷於其中而莫能自外。究竟而言,"蔽於天而不知人"的批評對莊子而言是缺乏理論效力的——"庸詎吾所謂天之非人乎? 所謂人之非天乎?""庸詎"之辭,貌似是莊子在確認與懷疑之間搖擺不定,但其本質恰是一種雙重向度的"自我解蔽",仿照荀子的表述,可謂莊子已然意識到了"天爲蔽,人爲蔽",並致力於在天與人的辯證中走出源自於"天"的同一性陷阱以及來自於"人"的成心束制。莊子的這種"自否定哲學"①能將思致引入更深進的境地而不是停留在攻乎異端的淺層,惜乎荀子"買櫝還珠",雖然承接了莊子的"批判性",卻未能領會莊子的"批判精神",因此也就無法化"批判"爲"力量",遑論對儒學進行更深邃的理論創新了。

　　既然未曾意識到"人爲蔽",荀子的"天人之分"反而顯示出了"蔽於人而不知天"的理論底色:若在"不求知天"的理路之下將"天"純知性地定義爲自然,就只能順之而提出"制天命而用之"、"人定勝天"等實用之思。《莊子·秋水》有"以人滅天"的

①鄧曉芒:《"自否定"哲學原理》,《江海學刊》,1997 年第 4 期。

説法,即極爲恰切地道出了荀學的根本弊端。"以人滅天"是單向的、直截的,不僅抹殺了此前哲人關於"天"的豐富闡發與精微推衍,也忽略了"天"作爲人之所以爲人應然具備的超越之旨。換言之,荀子爲了反對神秘性的"天"而將超越性的"天"也一並排斥,其着意强調的實用理性便使之在某種程度上"不見本源"①,從而也就喪失了哲學之高明與精微、超越與本體的核心面向,這種思想缺陷正是荀學後來流入歧途、屢遭鄙棄的根本緣由。

出於對人之有限性的認知與警惕,莊子在《齊物論》中提出了"兩行"之説,這正是"照之于天"、"莫若以明"之哲學觀照的必然結果:"是"與"非"無不相並而生,意味着現實的存在物事無不内藴着"是"、"非"的雙重性質;又鑒於絶對的超越性評判者是闕如的,因此,最好的存在方式就是"不遣是非",也即讓"是"與"非""兩行"。"真人"試圖超越"非此即彼"的二元對立的思維方式,以在"非此非彼"而又"是此是彼"的辯證之中敞開"天籟"般的思想局度:"非此非彼"意味着萬物皆有其"蔽","是此是彼"則承認萬物皆有其"明"。如果只看到"是"、"明"的一面,"明"終將退化爲黯淡之"蔽";相反,只有先對必然之"蔽"有所警醒,"明"才有避免過於光耀的可能而如其所是的呈現。

莊子還説:

---

①牟宗三:《名家與荀子》,學生書局,1994 年,第 214 頁。

故其好之也一，其弗好之也一。其一也一，其不一也一。其一與天爲徒，其不一與人爲徒。天與人不相勝也，是之謂真人。（《莊子·大宗師》）

"真人"也有好惡之情，但因其好惡是"喜怒通四時，與物有宜"的，所以他的"好"與"弗好"（惡）並非如常人那樣充斥着偏見，因此均可謂爲"一"，也即情感的天然暢發。"一"與"不一"的分別也即"與天爲徒"與"與人爲徒"的分別，"與天爲徒"意味着真人能够追從"天"的本體價值，"與人爲徒"則意味着真人無法放棄對"人"之世界的回應與因順。在上文對"天"與"人"的論述之中，我們對莊子"與天爲徒"的一面着墨甚詳，接下來我們要説明的是，莊子爲什麽會承認"與人爲徒"亦爲"也一"？

"天與人不相勝"意味着"天與人之間的理想關係，並不是彼此的克服或否定"①，"天"與"人"各有"勝場"，對人而言各有其存在之價值及必要。如果説"天"的一面意味着人的超越性祈向，"人"的一面則説明了人的存有性訴求。"天與人不相勝"實際上否定的是"天勝人"與"人勝天"這兩種偏蔽之見，在莊子看來，"若主'天勝人'，則唯是全盤否定人的有限性，將是對人之暴力摧殘；若持'人勝天'，則人唯是二維的平面生物，將是人自身之絶棄墮落"②。

---

① 楊國榮：《莊子的思想世界》，北京大學出版社，2006年，第48頁。
② 徐聖心：《位移·開眼·合一·反相——〈莊子〉論天人關係重探》，《臺大中文學報》第五十七期，2015年6月。

實際上,莊子之"與人爲徒"所欲確立的是生命必有其現實而客觀的生存空間這一必要前提。首先,"方之外"畢竟是相對於"方"而言的,没有了基礎性的"方","方之外"的説法既無可能亦無意義,"天"能且僅能向"人"敞開,没有"人"就没有"天"的存在可能與必要;其次,對"方之外"的追求是爲了將人們從沉濁的現實之中提撕出來,以追求對生命的超越性轉化,這種轉化不無"否定"現實的意味,但卻並非全然棄絶,準確的説法是,"天"是對"人"的某種"克服"而非"否定"。莊子在回應這個問題的時候,一方面會從上文所引"有人之形,故群於人"的現實角度着眼,"形"之維度直接指向"方之內","子之愛父"與"臣之事君"由之也成爲生命無所逃遁的兩個"大戒"①;另一方面,莊子則説"絶跡易,無行地難"(《莊子·人間世》),已在存在論的層面叙説現實的生存如果並非"絶跡"也即"非生存"的話,必然有其"行地"的基本情狀了。由此,"方之內"在莊子那裏便有兩種意味:其一,是需要超越的"樊籠"②;其二,是需要返歸的"天池"③。

在"樊籠"視域之中,"天"與"人"之間存在着尖鋭的對立,"人"束縛着"人",阻礙着"人"對"天"的領會;"天"否定着

---

① 《莊子·人間世》:"天下有大戒二:其一,命也;其一,義也。子之愛親,命也,不可解於心;臣之事君,義也,無適而非君也,無所逃於天地之間。是之謂大戒。"
② 《莊子·養生主》:"澤雉十步一啄,百步一飲,不蘄畜乎樊中,神雖王,不善也。"
③ 《莊子·逍遥遊》:"北冥有魚,其名爲鯤。鯤之大,不知其幾千里也。化而爲鳥,其名爲鵬。鵬之背,不知其幾千里也;怒而飛,其翼若垂天之雲。是鳥也,海運則將徙於南冥。南冥者,天池也。"

"人",拒絶着"人"對"天"的祈向。在"天池"視域之中,"天"與"人"之間則呈現出"不相勝"而相互通達的特徵,"人"祈向着"天","天"成就着"人","天爲人之所本,人爲天之所至"①。誠如葉海煙所説:"莊子以'道'的無限,對比'人'的有限,而在人的渺小中看見人的偉大,在人的卑賤里發現人的高貴,終在人的有限性之上體證出人自身的無限性。"②莊子天人之辨的真正意圖,並非消極性地以"天"遮蔽或否定"人",而是積極性地以"天"的視角回望並振拔"人"。這樣來看,荀子所謂"蔽於天而不知人"只看到了莊子哲學在起點之處的"天人之分",而没有追索到莊子哲學終點之處的"天人合一"。

莊子在《大宗師》篇所描繪的"真人",大都是在爲人處世、視聽食息、辭氣采色等各種"日常"情態中呈示其生活態度及存在境界的,也就是"方之内"的"與天爲徒"者,或者説在"現實"中自覺省思生命限度、自由體認天道境界的人。由"畸人"之稱到"真人"之號,也顯示出莊子是在對方内世界的眷念之中一步步確立自己的理論歸宿與生存理想的。當然,對於莊學自身而言,"蔽於天而不知人"也未必不是一種必要的警醒,否則,就會像我們在對《莊子》的現代理解中常會看到的那樣,容易陷入"天"的純粹之自然性與必然性之中,無法真正激發並挺立人的本真化存在與超越性訴求。這種出於對"天"之偏頗理解的對"人"的全然湮没,實際上正是莊子試圖規避的存在路向。賴錫

①張岱年:《天人五論》,中華書局,2017年,第254頁。
②葉海煙:《老莊哲學新論》,文津出版社,1997年,第102頁。

三説:"單獨的偏重於天(天勝人之自然控制),或單獨偏重於人(人勝天之控制自然),都將落入'純天'或'純人'這兩種不同類型的'同一性暴力'。只有'天人不相勝'的'非同一性思維',使得天人保持在互爲他者又絶對相需的内在詭譎情境,或許才可能持續文化自我更新的差異化活力。"①任何文化、理論或價值都有着成爲生命之蔽的可能,莊子的真實意圖,正是要在這種不可避免的遮蔽之中不斷解蔽、走向逍遥。

作者簡介:王玉彬,1983 年生,山東萊蕪人。山東大學哲學社會發展學院研究員,主要研究領域爲道家哲學、先秦哲學史,著有《莊子哲學之詮釋與重建》。

---

①賴錫三:《莊子"天人不相勝"的自然觀》,《清華學報》(第 46 卷第 3 期),2016年 9 月。

正命與復命

——再論德性倫理學上的儒道會通

鄭澤綿

内容提要 本文從德性統一性 unity of virtue(s) 的視角,探索儒家與道家倫理思想之會通。此研究進路以德性爲中心,而不以倫理規則爲中心;以德性之整全性的思想模型爲中心,而不拘泥於具體德目的比照。在《老子》中,德目之間存在着動態轉化的關係,如"慈故能勇",表示德性具有一個動態平衡的整全性架構。老子並非鄙棄儒家的道德,只是不以分析性的語言破壞這種動態的整全性、不執着於單一固化的德目。老子重視反歸德性之"全",故有"復命"之説;儒家異於道家,因爲儒家意識到:道與德在具體的情境下展開爲倫理實踐時,必有分殊的表現,而諸德目的訴求之間,亦可能存在張力甚至衝突,因而需要仁義禮智信的分立,以使人在具體處境中能立足於一德目而割捨其他的顧慮。德目之分與偏乃所以玉成其德之"全",此爲儒家"正命"與老子"復命"之異。"德"與"命"自西周以來一直是論述天人之際的重要概念,結論部分對比道家的"知命以全德"
與儒家的"據德以立命",分析兩家的同中之異。

一、導論:從德性統一性看儒道會通

在當代學界,中國哲學與德性倫理學的比較研究主要集中
在儒家,而對道家與德性倫理學的比較研究,則鮮有問津者①。
究其原因,有一深一淺:(1)其淺者認爲:道家"不尚賢",拒斥儒
家對仁義禮智的過度標榜,警惕各種德目的意識形態化對人性
的扭曲。此淺層顧慮很容易消除,因爲雖然道家不標榜仁義禮
智,至少描述了有德者的優秀品質。這些品質是可以進行德性倫
理學的分析的;換句話説,道家雖不"尚賢",但莫不"貴德"。(2)
深層的顧慮是:道家的"德"與西方所説的德性(virtue/ἀρετή)觀
念差異太大:亞里士多德以來的西方哲學所講的德性,多指那種
後天訓練成習慣的、持久穩固的優良的性格特徵。而先秦中國
的"德"是一種道德的感召力(詳見本文結論部分),並不強調其
爲後天固化的特徵。儘管存在差異,我們仍然可以將德性倫理

---

①黄勇對道家的德性倫理學的研究具有開拓性。他探討了《莊子》中的一種德性:
　對他人的生活方式的尊重。參考:Yong Huang, "Respecting Different Ways of Life:
　A Daoist Ethicsof Virtue in the Zhuangzi," *The Journal of Asian Studies*, Vol. 69, No.
　4 (November) 2010: 1049 - 1069. May Sim 概述過道家中的德性倫理學成分,參
　考:May Sim, "Confucian and Daoist Virtue Ethics," in David Carr, James Arthur,
　Kristján Kristjánsson, eds. , *Varieties of Virtue Ethics*, London: Palgrave Macmillan,
　2017: 105-121. 鄭開系統地詮釋了老子的"玄德"概念,着重將它詮釋爲一種"超
　道德論"。參考:鄭開:《玄德論——關於老子政治哲學和倫理學的解讀與闡釋》,
　《商丘師範學院學報》,2013 年 1 月第 1 期。

學作爲一個契機、一個對話者,藉此反觀雙方的思想。

　　德性的統一性的問題來自古希臘,它探討的是諸德性之間的如何統一或協調的問題。例如,一個人不可能既勇敢又愚蠢,因爲勇敢本身預設了明智的判斷,否則僅可稱爲魯莽。因此,柏拉圖和亞里士多德設想:德性之間應當是統一的。亞里士多德認爲,存在着諸多不同的德性,但是它們是緊密關聯的:一個人有一種德性必然帶有其它的德性。柏拉圖的觀點(或柏拉圖對話録中蘇格拉底的觀點)在詮釋上存在爭議:一部分學者認爲其觀點近於亞里士多德,另一部分學者則認爲柏拉圖的觀點更爲極端:只存在一種德性,所有的德性之名無非是從不同的角度描述這個同一體而已①。這不是一個可有可無的問題,它涉及西方哲學的一個根源:柏拉圖筆下的蘇格拉底的典型追問方式是"什麼是 x?"其中 x 往往是某種德性(如正義)。此追問方式決定了西方的本質主義傾向。當然,隨着本質主義的退潮,現代西方一些思想家甚至質疑:德性之間是否有這樣的統一性②。譬如,我們很容易想像一個人聰明卻不勇敢、勇敢卻不節制。然而,即使我們不採取本質主義的立場,不討論諸德性就其本質而言是一還是多、是否必須同時並存,我們至少也要追問:諸德性

---

①對於早期柏拉圖筆下的蘇格拉底的"德性統一性"觀念,對立的詮釋可參考:Terry Penner, "The Unity of Virtue," in the *Philosophical Review*, Vol. 82, No. 1 (Jan., 1973), pp. 35–68. Gregory Vlastos, "The Unity of the Virtues in the '*Protagoras*'", *The Review of Metaphysics*, Vo..25, No.3 (Mar., 1972), pp. 415–458。

②相關話題的統述可參考:黎良華:《美德的統一性:一種有限辯護》,北京:中國社會科學出版社,2018 年,第 14—16 頁。

之間的要求如何協調一致？倘若兩個德性分別要求同一個人在同一事態中做出方向相反的行動，那麼這個系統將是紊亂的。無論東西方、無論儒家道家，都必須解決如何協調德性之間的關係問題。不同的解決方式往往決定了不同的文化型態或倫理心態。本文從這一點入手，觀儒道二家的會通與分歧。

從德性統一性看儒道會通，這個進路具有如下優勢：

一方面，**德性**，而不是道德原則，成爲討論的焦點，這是因爲儒家與道家的倫理學都不是現代意義上的規則倫理學（rule ethics）。現代規則倫理學往往從最高的道德原則出發，推演出一個具體的人的行爲規範，將普遍道德原則和具體的行動規範看做一個演繹的系統（deductive system）。儒家和道家則更多地關注德性和美好人格的培養。德性的視角比規則的視角更能真切地對待儒道二家的倫理思想形態，撇開兩者在行動規則上之差異，而探討人格理想的共通點。

另一方面，德性的**統一性**，而不是某個具體的德目，成爲討論的焦點；這是因爲我們無法找到一個具體的德目作爲溝通儒道二家的倫理學的根基，道家在表面上鄙棄儒家所標榜的德目，縱使找到道家對德目的肯定之處，如《老子》第八章的"與善仁"，其中"仁"的重要性也無法與"仁"在儒家中的重要性等量齊觀。或許有人會提議：比照兩家的"德"字可以觀其會通，然而道家的"德"與儒家的"德"在表述上大異其趣，道家的"德"並不一定指德性，儒家的"德"亦有許多溢出道德領域的意涵（如宗教上與政治上的感召能力）。況且儒家對德性的闡發很

多時候不是用"德"字，而是用"仁義禮智"或"知仁勇"等德目
並稱。因此，用"德"字或者用某個單一的德目無法達成儒道二
家對德性問題的真正的溝通。另一方面，雖然單一德目上無法
達成，但是我們可以設想儒家和道家必然各自有一套關於理想
人格的融貫的觀念，因而對德性的統一性有一定的見解。如果
我們考察兩者的關於德性統一性的理論模型，而不是拘拘於具
體德目，或許能獲得更爲深刻的理解。

筆者曾在拙文《老子的"慈故能勇"與孔子的"仁者必有
勇"——德性倫理學上儒道二家的會通與差異》中分析孔子與
老子對"勇"的論述的相似性。在梳理歷代詮釋之後，筆者試圖
跳出具體德目的簡單比較，從整体的視角考察儒道會通，無意間
發現老子思想中其實亦可以抽繹出一種正面論說的德性統一性
思想，即動態回環的整全性模型。老子講諸德目之間的互動，最
典型的説法是"慈故能勇"，這與孔子的"仁者必有勇"相近，然
而，兩者在結構上存在差異：宋明以來的儒家往往以本末論的模
式來理解德性統一性，如以"仁"爲本，而義、禮、智皆從"仁"中
生發出來。老子則避免以任何特定的德目爲德性的基礎。這並
不表示老子鄙棄德目、超越倫理，我們依舊可以抽繹出一個正面
的德性統一性模型：正如"慈故能勇"，其背後的框架是："X（柔
性、消極描述的德性）故能 Y（剛性、積極描述的、世俗所肯定的
德性）"。也就是説：

老子的德性倫理學主張是：持守消極描述的柔性德性

形態（如慈、儉、愚等），注重柔性的、消極描述的德性形態向剛性的、積極描述的德性（如勇、廣、知等）形態轉化的動勢，並且在這種動勢之中保持一種"不欲盈"（第十五章）的平衡。例如持守"慈"（不忍、不爭的柔性的德性）則應機自能"勇"（果決的德性）；持守"愚"（保持純樸的心境，不爲小知所累，消極描述的德性），則能有大"知"（積極描述的德性）。唯有有"德"者能把握這個守慈、愚、雌而又能應機而勇、知、雄的動態整體。理解老子的德性論的關鍵，不是拘拘於具體的德目，而是把握這個整體①。

如果此說成立，則《老子》中的"德"與"道"具有同構性："慈故能勇"出現在《老子》第六十七章如下論述之後："天下皆謂我〔道〕大，似不肖。夫惟大，故似不肖。若肖，久矣其細也夫。"一個得道者之德可謂"大"，因爲它不能被世俗德目的概念框架所框定，因此，顯得"不肖"，譬如，一個慈者，看似過於柔弱，但這種柔弱在恰當的情景中，能表現出大勇（如慈母冒險救子的非凡勇氣）。與這種德性的動態回環的模式相似，老子這樣描述"道"："吾不知其名，字之曰道，強爲之名曰大，大曰逝，逝曰遠，遠曰反。"（第二十五章）道之"大"不能被概念式的思維方式所界定，因而"逝"（即偏離俗世概念思維的預期），但它到了一定的程度又會復歸自身，既變動不居，又"不隨其所適，其體獨立，

_____

①鄭澤綿：《老子的"慈故能勇"與孔子的"仁者必有勇"——德性倫理學上儒道二家的會通與差異》，《道家文化研究》，第31輯，2018年，第143頁。

故曰反也"①。可見老子的"道論"和"德論"是兩個相互呼應的動態回環結構,真所謂"孔德之容,惟道是從"(《老子》第二十一章)。這種德性整全性的觀念並未被莊子所繼承,而後世只知儒家的德性倫理學,更不復知《老子》中亦蘊含相應的資源。

尚待本文進一步解決的問題是:既然老子具有德性整全性的觀念,爲何道家與道家仍然在倫理學上呈現分立對待之勢?本文以"命"觀念作爲解開謎團的鑰匙,指出儒家的"正命"與道家的"復命"是理解德性整全性的兩種不同的思考方向,這導致了儒家與道家的根本差異。自西周以來,"德"與"命"一直是政治文化與宗教的核心概念。兩字皆關涉到天人授受之際。現代學者們對"命"的理解往往預設了"外在主宰的上帝崇拜——人文主義的主體性"二元對峙的框架,如果我們能跳出這種框架,而將"命"理解爲天人互動之際或者視域,將"德"理解爲一種道德與政治上的感應能力,則儒道二家對"德"的分歧問題即可迎刃而解。

二、復命:老子對德性的整全性的理解

《老子》講"德",不但講慈勇、愚知、弱強之間對立轉化而構成動態的整體性,而且講萬物的"各歸其根"、"復命"與玄德之"反"(返)。前者是橫向的——從一德目之表現過渡到另一德

①樓宇烈撰:《王弼集校釋》,北京:中華書局,1980年,第64頁。

目之表現；後者是縱向的——從德目的具體表現的狀態，返歸到無具體表現的"玄"、"根"、"樸"。其經典表述可分爲兩種：

首先，"鎮之"、"守之"以樸。萬物皆得一（道）以生，然而一旦成了散殊之物，便有肯定自身的存在的傾向或欲望，此肯定的欲望如果不能加以限制和安定，則可能傾向於虧奪他物之生；因而在萬物自化之後，還要以"無名之樸"與"静"來安定萬物。《老子》第三十七章："<u>道常無爲而無不爲，侯王若能守之，萬物將自化。化而欲作，吾將鎮之以無名之樸，無名之樸，夫亦將無欲。不欲以静，天下將自正。</u>"可見，從萬物的"自化"到"自正"，還隱微地增加了一層規範性的意味①。而天下萬物之所以能"自正"，正是因爲他們能在其散殊的物層面復歸其所由生的"道"之"樸"與"静"。從政治哲學上看，這種"返"意味着"有名"的、分割的制度必須歸順或服從"無名"之樸的大根本。《老子》第三十二章："<u>道常無名，樸。雖小，天下莫能臣。侯王若能守之，萬物將自賓。……始制有名，名亦既有，夫亦將知止，知止可以不殆。</u>"第二十八章："<u>樸散則爲器，聖人用之，則爲官長，故大制不割。</u>""大制不割"的意思是説，任何制度的分割，如君臣

---

① 此處應當適當地區分出"道"的層面的使物"自化"和"玄德"層面的使物"自正"，兩者分屬於"道生之"和"德畜之"兩個層次。關於"道生之"與"德畜之"，曹峰指出："過去學界過分注重發生順序的排列，注重本源的追索。但通過第五十一章我們得知，老子生成論其實有兩個面向、兩個序列，一個是'道生之'，一個是'德畜之'。也就是説，老子的生成論不僅僅關注出生（道生之），關注萬物通過誰成爲萬物；同時還有另外一個重頭，那就是成長（德畜之），關注萬物在出生之後，如何繼續成長和生存。"參考：曹峰：《〈老子〉的幸福觀與"玄德"思想之間的關係》，《中原文化研究》，2014 年第 4 期。

之名,都是不得已而爲之。君主如果執著於有"名"之"有",只
肯定自身的地位,滿足一己之私而虧奪臣民之生,就會使制度的
整體分裂。如果要保全制度,則君主應當反思"無名"之"樸",
認識到"有名"只是散殊而暫時的,只爲保全此"樸"而設。從這
個角度上看,"返"是從散殊之分向整全之一的回歸。

其次,"玄德"之"反(返)"。《老子》第六十五章提出治國兩
大主張:"愚民"(使民心純樸)和"不以智治國",皆與上文所説的
"樸"與"靜"相通。六十五章接着説:"知此兩者亦稽式。常知稽
式,是謂玄德。玄德深矣,遠矣,與物反矣。然後乃至大順。"可
見,玄德正因其"反",而保全了萬物與萬民的"自正"與"大
順"。這種"反",王弼注解爲返樸歸真的"返":"反其真也。"①

第三,"歸根"、"復命"。《老子》第十六章曰:"致虛極,守
靜篤。萬物並作,吾以觀復。夫物芸芸,各復歸其根。歸根曰
靜,靜曰復命。復命曰常,知常曰明。不知常,妄作,凶。"此處
關鍵是"復命"之"命"字。陳鼓應先生將"復命"解釋爲"復歸
本原"。歷來諸家的解釋有分歧:蘇轍注:"命者,性之妙也。"此
説受到範應元的批評:"讀老氏此經,惟言心,未嘗言性,而子由
注此經,屢言性,何也?"②其實範應元的質疑有一定的道理。老
子並没有"一個事物一出生便被某種固定的本質或傾向所規

①《老子解》則曰:"吾之所貴者德也,物之所貴者智也。德與智固相反,然智之所順
者小,而德之所順者大也。"這個解釋異於王弼注。義理上可以並存,然而就文本
依據而言,似乎王弼釋爲"返"更確切,因爲老子的"反"字多具"返"義,又有"歸
根"、"復命"和"復歸於無物"之類的表述。
②參考:陳鼓應編:《老子今注今譯》,北京:商務印書館,2006 年,第 137 頁。

定"的見解。因此，"復命"恐怕不是恢復本性的意思。將"命"與"性"直接貫通起來，這開始於《中庸》的"天命之謂性"和《性自命出》等儒家文獻和道家的"性命之情"的用語。孟子將"仁義禮智"看作"根於心"的、"天之所與我者"，開創了以爲"性"中固有某種道德傾向的思想史先河。但是在《中庸》和孟子之前並沒有"性"、"命"等同的説法。"性"和"命"在更早期的文獻中皆與"生"字緊密相關。《左傳》成公十三年劉康公曰："民受天地之中以生，所謂命也。是以爲動作禮義威儀之則，以定命也。"若按照性之古義是"生"的説法，則此處性、命確實相連。但是更穩妥的説法應當是：此處"命"只是從"生"的源頭講起的"生"之根柢，因劉康公還説"動作禮義威儀之則"是用來"定命"（使生之根柢歸於安定）的。可見，"命"並沒有與生俱來的本性的意思。與此相應，《老子》的"復命"應當也只是通過致虛守靜的功夫回歸到生之根柢，返歸那種最柔弱而有生命力的、超越一切現成事物的規定的本原。

郭店楚簡中"致虛極，守靜篤"中的"靜"字作"中"①，簡本此章殘缺，僅存字句如下："至虛，恒也；守中，篤也。萬物旁作，居以須復也。天道員員，各復其堇（根）"②。設想：如果接下來的"歸根曰靜，靜曰復命【又作"是謂復命"】"一句"靜"字也換成"中"字，則"復命"所"復"的或許正是《左傳》劉康公的"民受

---

①"守中"亦見於《老子》第五章"多言數窮，不如守中"。
②劉笑敢：《老子古今：五種對勘與析評引論》上册，北京：中國社會科學出版社，2006年，第198頁。

天地之中以生,所謂命也"的"中"了。《中庸》亦有"中也者,天下之大本也"的表述,或許歸根復命正是返歸"中"之根本,若如此,則三處文本合而觀之,若合符節。惜乎簡本殘缺,無從確證。至於接下來的"復命曰常",則可與《老子》第二十八章相聯繫:"常德不離,復歸於嬰兒。……常德不忒,復歸於無極。……常德乃足,復歸於樸。"更佐證了"復命"與復歸本性的觀念無關。

　　這裏之所以嚴格區分了(1)"命"作爲萬物的最初的、與生俱來的規定性,與(2)"命"作爲有生之初的所以生的根柢,是因爲如果按照(1),則"復命"正如《莊子》的外雜篇中所説的"安其性命之情",但是這種倫理主張背後隱藏着另一個可能不爲人所普遍接受的預設:物的性命是各異的而且是天生注定的(莊子後學與郭象的觀點)。如果按照(2),則"復命"只取古義,即返樸歸真、返回最原初而柔弱的生命力之根柢,而不預設多餘的前提。綜合《老子》文本來看,則第(2)種較有説服力。

　　如果我們把老子的"復命"和"玄德"之"返"從存在論和政治哲學的領域活用到德性倫理學的領域,則老子之所以不榜舉"仁義禮智",乃是因爲任何德目之"名"的標舉都可能障蔽人們對德性之動態整全性的認知。老子之所以"不尚賢",是因爲尚賢則民衆"好名"(按照釋德清的解釋),爲符合各種德目之"名"而爭奪、撕裂,並且也鄙棄不肖之人或物。老子之所以强調"返"與"復",是爲了避免對諸德目的概念化、定勢的理解。一旦人們將德目理解爲優良的習慣所得的性格定勢,我們就只能如同古希臘哲學家一樣考慮這些定勢如何邏輯地達成一致的統一性了,但這種直線的概念化的思維模式完全不能用來理解老子的"反"、"復"的動態整體模式。

三、正命:儒家分立德目的必要性、以及儒道之差異

上文説明道家也有一套德性的整全性的看法。此整全性以及德目之間對立轉化的變動不居,亦當爲儒家所接受。下文當問:爲何孔子和儒家必須在道與德之外正面地標舉仁義禮智信?爲何對動態整體的"德"中所蘊含的德性的進行分列的正面展示? 這種展示是否和道家的根本精神相悖,抑或另有可通之處?

在此我們可以區分道的層次和物的層次。"道"的層次惟恍惟惚,不能以對象化的思維和技術性的手法去把捉。而老子之"德"亦是"孔德之容,惟道之從",就其整體性而言,"德"屬於"道"的層次,也不能用分析和對象化的思維去把捉。但是與"德"相應的實踐卻是與"物"打交道的。任何實踐都是與具體的事物相交涉的人的活動,而人又是身處於特定歷史和社會背景之中的具體的人。因而"德"在實踐上的表現不得不"分殊"。固然我們可以贊同老子的觀點,説"德"的動態整全性不容許片面的對象化的把捉,然而作爲"德"的表現的道德行爲又必須和具體的"物"的層面打交道,因此特殊性和個體性不可回避。在特殊情境下,"德"必定展示爲某些可尋索之"跡"。問題是此"跡"在儒家看來並非相對於"心"而言可有可無(如莊子所言)。其中亦有應機的智慧,有具體而普遍的意義。

　　在具體情境下，整全的"德"難免表現出分裂相乃至衝突相，而呈現出衆德目，如仁義禮智信或智仁勇等等，人在取捨之際所做出的抉擇往往必須決然堅守某一德目，而暫時不顧其他德目的要求。如《孟子·離婁上》中向溺水的嫂子伸出援手的例子表現了禮與義在具體要求上的衝突，並且以"義"破"禮"；《萬章上》中，舜寬恕他的弟弟象試圖加害自己的陰謀，甚至"象憂亦憂，象喜亦喜"，在象面前假裝不知道象有害己之心，可見"仁"掩蓋了"智"與"信"。儒家文獻中此類衝突甚多，如舜不告而娶、武王不葬而興師。或許有人會反駁説：儒家的"仁"爲最高的德目，不可能與其它德目衝突。其實不然，按照朱子的説法，孔孟的"仁"有時指的是全德，有時指的是與義、禮、智並列的德目。若是後者，則仁與義之間也存在張力：仁是一片慈柔不忍之生意，而義則有斬截割裂之相。如不得已而以刑罰輔德政，即是以義斷仁，再如仁人志士慷慨就義而不以妻兒爲念，此舉固可稱爲大"仁"，但畢竟也對一家或一身之"仁"有所割捨。在具體情境之下持守某一種德目，雖然有所割捨而顯得片面，却是"道"從普遍性向具體事物落實時的必然之勢。

　　這種從"天"與"道"的普遍性向"人"與"物"的特殊性的過渡，在先秦哲學中是以"命"來描述的。如《易傳》"乾道變化，各正性命"。就其古義而言，"命"來自"令"，命令的接受者感受到的是一種非如此行動不可的制約，命令就這樣實然地、定然地落在其人自身的特殊性上，而不再降落在他人身上。譬如，"天"之"命"降在受命的文王身上："天"是均衡普遍的，而"天命"才

解釋了"爲什麼是權力在我或我的政治家族?""天命"奠定了此
特殊的"人"而非他人成爲"王"的政權合理性敘事,這説明了
"命"具有特殊性和個體化的意味。同樣地,《莊子·大宗師》篇
末,子桑臨終前感慨自己貧窮的境況時説:"天無私覆,地無私
載,天地豈私貧我哉? 求其爲之者而不得也,然而至此極者,命
也夫。"也就是説,"天"是普遍的,人要向普遍的"天"那裏尋求
導致某個特殊的境況的原因,是無法求得的。這種從普遍到具
體的事物的過渡,或者説,天與人的交際處,只能暫且以"命"來
命名。

不僅在"物"中有"命",而且在道德行爲或"事"之中,亦有
特殊境況下的"命"。儒家最能真切體會此義而揭示其莊嚴的
意義。孔子言"知命",孟子言"立命"與"正命"。這種"命"雖
然表現出"散殊"相,但卻是"道"與"德"的具體化,這種具體化
不但沒有削弱它的"道"與"德"的普遍意義,反倒使後者在富有
張力的情境中表現得更加鮮活而具有典範性。"命"並不純然
意謂在道德主體自身控制之外的偶然的遭遇,按照唐君毅的詮
釋,這種貌似純屬外在的"命"對於人也有相應的道德的意義。
他從《孟子》中得到了靈感,以解釋孔子的"知命":

> 彌子謂子路曰:"孔子主我,衛卿可得也。"子路以告,
> 孔子曰:"有命。"孔子進以禮,退以義,得之不得曰有命。
> 而主癰疽與侍人瘠環,是無義無命也。(《萬章上》)

在"無義無命"的並舉中,"命"顯然帶有道德規範的意味。唐君
毅解釋説:"孟子釋之曰,無義無命。此即言<u>義之所在,即命之
所在也</u>。……即自孔子之思想言,人之義固在行道。然當無義
以行道時,則承此道之廢,而知之畏之,仍是義也。"①"命"雖然
從表面上看只是外在的特殊情境的限制,與人的道德之"義"相
分立(如張岱年、勞思光皆以"客觀限制"解釋先秦儒家的
"命"②);但是實質上,在任何情境中,都有相應的"義"去承擔
此"命"的遭逢。命(時運的遭逢)在是,則義亦在是;義之所在,
亦可謂命(道德之"命令")之所在。因此亦可言"義命合一"。
唐君毅的詮釋有利於我們理解孟子所説的"莫非命也,順受其
正。是故知命者,不立乎巖牆之下。盡其道而死者,正命也。桎
梏死者,非正命也。"(《盡心上》)人無時無刻不生活在充滿偶然
性的具體情境之中,無論窮通,都求盡其道以正命,如"孔子進
以禮,退以義",每一情境之下皆立足於一德目,而有所取捨。
對此德目的堅守不移極爲重要:假如孔子"退以義"之時,仍然
心存妄想:如果枉道事人,萬一衛卿可得,仁政得施呢? 則是不
能以"義"斷它念,無法割捨則無法保全自己的"德"與"正命"。
可見,在具體的"命"之情境中,由道德的抉擇而形成的割捨與
堅守,即所謂"義無反顧",必然顯現出德目之間的對比相、分裂
相和衝突相。此時堅守一德目,看似"偏",其實正爲保持"德"

---

①唐君毅:《中國哲學原論》(導論篇),臺北:學生書局,1986年,第536頁。
②張岱年:《中國哲學大綱》,北京:中國社會科學出版社,1982年,第399—400頁。
　勞思光:《新編中國哲學史》卷一,桂林:廣西師範大學出版社,2005年,第101—
　102頁。

之全。

行文至此,可見儒家的"正命"與道家的"復命"形成了對比。這種對比不是觀點的直接矛盾,而是兩種的觀照德性的視角。儒家重視在"乾道變化"中,人應當順受散殊的情境之"命",而"各正性命",於此散殊之"命"、變動之時中貞定其仁義禮智之性,因而《中庸》講"君子之中庸也,君子而時中",孟子說孔子"可以速而速,可以久而久,可以處而處,可以仕而仕",是"聖之時者"(《萬章下》)。道家則重視由此物之散殊性而反溯,返歸於道與德之玄、大與樸,以返歸其初受命而生之根柢,因而有"復命"之說。

四、結論:道家之知命以全德,與儒家之據德以立命

本文提出從德性的統一性的視角來探索儒家與道家的倫理思想之會通。此進路以德性爲中心,而不以倫理規則爲中心;以道德整全性的思想模型比較爲中心,而不拘泥於具體德目之間的比照。本文首先指出,在《老子》思想中,諸德目之間存在着動態轉化的關係,如慈故能勇,愚而能明等,可知《老子》蘊含着一種可正面表述的德性統一性的觀念,只不過這種動態的整全性不能以分析性語言去展示。其次,老子側重反歸德性之"全",而有"復命"之說;儒家之所以異於道家,在於儒家意識到:道與德在具體的情境下展開爲倫理實踐時,必然需要一個分殊的、具體的表現,而諸德目的諸求之間,亦可能存在張力甚至

衝突,因而需要"仁義禮智信"等的分立的表達,以使人在任何具體的處境之下,都能立足於一德目而割捨其他的顧慮,乃所以成全道德主體自身之德以"正命"。因而,儒家於存在論上講"乾道變化,各正性命",倫理學上亦求於散殊的具體情境中貞定其仁義禮智之性。與此思想相反,老子的"復命"和"玄德"之"返",無論在存在論、政治哲學還是道德哲學的領域,都告誡散殊之物("萬物"、"百姓"、"民"和制度分割所形成的君民等)不可片面執着於自身的欲求以致虧奪他物,必須自覺地返歸到道與德的整全性,亦即"復命"。這種思想模型,儘管不與儒家矛盾,卻必定不求正面地分立仁義禮智,以免滋生人們對於道與德的片面的理解。因此,道德的統一性,或動態整全性,是儒道二家之所以能會通的基礎;而"正命"與"復命"之異,是儒道二家的思想方向之所以產生差異(而非矛盾)的關鍵。

既然針對德目之分立是否必要的問題,老子之"復命"與儒家的"正命"恰好相反。那麼,接下來應該澄清的是"德"與"命"的關係。此處的關鍵是轉變我們通常對"命"的理解。

在商與西周初期,"命"或"天命"是指帝令,即上天賦予現世的帝王的最高政治權力。西周初年的統治者爲了説明他們推翻殷商統治的合理性,指出文王因此"德"而使"天命"從殷商轉移到周王室。因此,"德"與"命"是中國思想史中論述天人授受之際的兩個最早也最根本的概念。從西周末年到春秋時期,時局板蕩,《詩經》中出現感慨時命的詩作,"命"可指外在的遭遇或限制。到了《論語》,"命"時而帶有道德內涵(如"知天命"、

"畏天命"),時而僅僅指外在時運(如"死生有命,富貴在天")。
對此,徐復觀認爲《論語》中如果出現單個"命"字,則指時運之
命;而"天命"則是固定的特殊語匯,指道德的終極根源①。勞思
光着重詮釋的孟子"義命分立",其基本精神與徐復觀相近。唯
獨唐君毅認爲:"義命"不應該是静態的二分對峙,"義命分立"
之上,還應當講"義命合一",而此説是本文論儒家"正命"的
基礎。

　　事實上,"義命分立"的詮釋雖有一定的文本依據,但它受
到西方文藝復興以來的俗世化的人文主義影響,它預設了一
個框架:要麼人在神的主宰意志之下没有自由,一切都是命;
要麼人是宰制外界的主體,充分支配自身的生活,而人力之外
的一切都只是偶然的遭逢,没有道德意義。然而,恐怕中世紀
基督教形態的外在主宰,與文藝復興以來的自然主義的人文
主義只是兩個極端。在兩個極端之間,應當容許一段很長的
光譜:在這段光譜之中,自我與外在世界的關係可以有很多
"居間"的處理方案。譬如中國倫理學常講的"感應"、中國詩
歌精神中的"興",都更强調自我與外在世界的緊密聯繫和相
互作用,而不强調主體客體、主動被動之分。我們不應該在
"中世紀——自然主義的人文主義"的兩極分化之局面中選邊
站,而應該把儒家、道家對"命"與"德"的理解,視爲一種"居

---

①徐復觀:《有關中國思想史中一個基題的考察——釋〈論語〉"五十而知天命"》,見
　徐復觀:《中國思想史論集續編》,上海:上海書店出版社,2004 年,第 248—
　259 頁。

間"的思想型態。

　　正因如此,我更支持唐君毅"義命合一"的詮釋,因爲先秦的"命"是天與人的交際處,它不是静態而固定的能力界限。人們每時每刻的活動都在與世界互動,而這種互動的交際處即是"命"。甚至孟子説:"莫非命也,順受其正。是故知命者,不立乎巖牆之下。"(《孟子·盡心上》)也就是説,"命"不是那種只要大限未至就永遠與我無關的"限制",而是自我與世界相互動、相感應的交際處,我們時時刻刻都應當知道"有命"、以一種正面迎接"命"的態度去端正地生活("正命"、"俟命",如《孟子·盡心下》:"君子行法,以俟命而已矣。")。

　　《莊子》中一個游泳高手在瀑布湍流之間蹈水自如的故事恰好説明:"命"不是那個尚未到來的"大限",相反,"命"之於人,就如同水之於魚一樣,是永遠"貼身"相伴的。游泳的人既可以把它看成限制,也可以把它看成貼身夥伴。所以蹈水者説:"吾生於陵而安於陵,故也;長於水而安於水,性也;不知吾所以然而然,命也。"這裏的"性"不是一成不變的,而是不斷生長的生命狀態,而"命"則是與"性"相對,但又相互成就的外在限制。正如魚之生性在水波的限制(命)中不斷生長,而不知其所以然;同樣的道理,蹈水者意識到"命"這種貼身的限制,但是安於它,與之相協調、相感應,而不求客觀地表象水流的規律,故"不知吾所以然而然",彷彿只是在順命安命,就已經練就了高超的水性。

　　"命"作爲自我與世界的交涉處,它如同視域(horizon)一

樣,是始終波動、從未定型也無法被對象化地認知的①。所以莊
子只說"安之若命"(如《莊子·人間世》:"知其不可奈何而安
之若命,德之至也。爲人臣子者,固有所不得已。行事之情而忘
其身,何暇至於悦生而惡死! 夫子其行可矣。"),"若"字表明:
莊子既不能够也不願意預知未來,這種態度也不是命定論。
《莊子·大宗師》一方面說人要"知天之所爲"、"知人之所爲",
也就是要明確人的有限性;但另一方面,又曰:"庸詎知吾所謂
天之非人乎? 所謂人之非天乎?"可見這個有限性邊界從來没
有固定,也無從預知。《莊子·德充符》曰:"知不可奈何,而安
之若命,唯有德者能之。遊於羿之彀中。中央者,中地也;然而
不中者,命也。"時命突如其來,不可預知。如果一心求前知,將
會給心靈帶來惶惑。不如安之若有命焉,以成全内心之"德",
這裏的所謂"德",是指一種寧静和諧的内在狀態,如《德充符》:
"德者,成和之修也。""遊心乎德之和。"若結合《老子》的"守
中"、郭店楚簡本的"守中篤也"、"歸根"之説,可知道家也有類
似《中庸》的"中—和"、"大本—達道"的觀念結構。

　　如果説命是天人感應的交際處,那麼"德"就是得道之人的
一種理想的感召力,而不是西方"德性"概念所指的習慣的性格
定向。孔子講"德"的感應能力如"草上之風,必偃"(《論語·

_____

①以筆者有限的閱讀所知,至今尚無論文或著作系統地把"命"詮釋爲天人之際或
　者人與世界的交際處或視域(horizon)。張祥龍對中國天道的非現成性的理解最
　接近這一點。例如他説:"'天命靡常'的大形勢使得體制化永遠不可能壟斷人生
　局面,因而總有生存本身的境域所在。"參考:張祥龍:《海德格爾思想與中國天
　道》,北京:生活·讀書·新知三聯書店,1996年,第305頁。這一句頗具洞見。

顏淵》）、"速於置郵而傳命"（《孟子·公孫丑上》）。老子描述
大國吸引小國歸附,如同海納百川,這與孟子所描述的仁君行仁
政能令他國人民歸附的情形何其相似! 這種有"德"者與外物
的互動模式不是一種主客相分的主體性模式,而是一種感應模
式。它不強調事由己出,而強調無爲而轉化並且吸納外在的力
量,這或許與周初統治者的懷柔政策有關。從德命關係的歷史
淵源上看,倪德衛(David S. Nivison)曾謂早期中國的"德"是道
德的力量或個人魅力(charisma):有德者自我克制、不訴諸武力
或暴力,因而令人感恩而歸附。倪德衛還留意到出土西周青銅
鐘銘中"上帝降懿德"的説法①。鄭開系統梳理了德與天命的關
係,也注意到:商周時期的"降德"的説法(如周初彝器《史牆盤》
銘:"上帝降我懿德")表明"德"源於"天命",故西周有"秉德"
之説;況且,關於"受命"之説:"楊樹達、王力均指出過,古語中
'授'、'受'兩個方面往往不分彼此。"②如果進一步窮究的話,
"德者得也"的傳統定義便暗示了"德"並不具備主動有爲的特
徵。有德者通過克己或虛己的方式達到與他人、外物乃至上帝
的感應。這種德命、授受不分的觀念非常挑戰我們現代人所習
慣的"道德主體"和"行動者"的觀念和思維模式。這種德命感
應模式在儒家、道家都有遺留的痕跡。兩者的差異則在各自專

①〔美〕倪德衛著,〔美〕萬百安編,周熾成譯:《儒家之道:中國哲學之探討》,第29—
　30、34 頁。相關銘文參考:陝西周原考古隊:《陝西扶風莊白一號西周青銅器窖藏
　發掘簡報》,《文物》,1978 年 03 期。
②鄭開:《德禮之間:前諸子時期的思想史》北京:生活·讀書·新知三聯書店,2009
　年,第 256—257、267 頁。

注的方向上,道家的"安命以全德",與儒家的"據德以立命",思考方向恰好相對而互補。

作者簡介:鄭澤綿,香港中文大學哲學博士,曾任德國柏林自由大學哲學系與 Dahlem Humanities Center 博士後、加州大學伯克利分校訪問學者、武漢大學哲學學院副教授,自 2019 年 8 月起任香港中文大學哲學系助理教授。

先秦儒家對老子學的吸收與轉化 *
——以子夏、曾子爲例

陳成吒

内容提要 春秋晚期,儒道原本交融。孔子弟子也是老子的再傳弟子,他們對老學思想皆有研習與發展。子夏之學駁雜,受業於孔子的同時,也高尊老子,並用獨特的思想體系融通了儒道:以易理爲依據接受和轉化老子道論,以詩教爲途徑,形成由禮樂而詩,由詩而明志見心,進而知德悟道的道德歸返體系,最終以此爲核心踐行禮樂修身治國論。曾子也吸收了老學的"天道"觀,繼承了其"修齊治平"的修德架構,且尤重視吸收其喪禮思想,將之作爲自己思想的基石。他們對老學的研習也直接影響了此後儒道兩家老學的發展。

春秋晚期,儒道原處於交融狀態,没有分裂,更無對抗。老子

---

* 國家社科基金項目"先秦老學史"(項目編號:18FZW062)、上海財經大學中央高校基本科研業務費項目階段性研究成果。

傳道於孔子，①孔子傳道其弟子。某種意義上，孔子弟子也是老子再傳弟子，有的曾隨孔子親見老子，有的耳聞老子事跡與思想。雖然對老子思想的理解因人而異——甚至可以説老子有老子之學，孔子學之，已自成系統，孔子弟子等只是學孔子老學，又自成系統，相關老學思想與老子本人之學相距甚遠，但他們在精神最深處往往儒道融通。本文以子夏、曾子爲例，論其對老學的研習轉化。

一、子夏以"易"理爲核心的儒道融通

　　子夏曾明確告知魯哀公"仲尼學乎老聃"，並指孔子、老子等爲聖人，"（但若）未遭此師，則功業不能著乎天下，名號不能傳乎後世"（《韓詩外傳》卷五）。② 他對老子如此尊崇，是其師言傳身教的結果。他曾問"易"生萬物之道，孔子告之"吾昔聞諸老聃亦如汝之言"（《孔子家語·執轡》）。③ 問喪禮之事，孔子答"吾聞諸老聃"云云（《禮記·曾子問》）。④ 可知老子傳易學、禮樂於孔子，孔子傳子夏。此後，子夏則以易理爲依據接受

①關於孔子師從老子且對老學有所研習轉化一事，雖也有部分學者認爲這是莊子之徒虚構的寓言，但實際上包括儒家在内，先秦各家文獻對此傳載甚詳，此事難以否定。具體辨析請參見拙文，陳成吒：《儒道融通視角下的孔子思想——以孔子對老子思想的吸收轉化爲中心》，《太原師範學院學報（社會科學版）》2018年第3期。

②許維遹：《韓詩外傳集釋》，北京：中華書局，1980年，第195—196頁。

③陳士珂：《孔子家語疏證》（據商務印書館1940版影印），上海：上海書店，1987年，第167—168頁。

④[清]孫希旦：《禮記集解》，沈嘯寰、王星賢點校，北京：中華書局，1989年，第549頁。

和轉化老子道論,並以此爲核心踐行禮樂修身治國論。相關內容直接體現在《執轡》及其所傳的《易傳》中。

(一)易理下的道論。在老子處,本名爲大的混沌即太一,亦即太易,其成熟後爲道,道生一,一生二,二生三,三生萬物。子夏則以易統和相關思想,指其爲宇宙之根,依次演化太極、兩儀、四象、八卦而生有萬物。

子夏對於易能生萬物的原因並無追問,但詳論了一能生多的機理及其具體過程。在老子處,大道無親,無私而至公。道內有陰陽,萬物負陰抱陽,沖氣以爲和,天地即由上下相交而成。孔子曾告子夏三無私之理,指出"天無私覆,地無私載,日月無私照"(《禮記·孔子閒居》)。① 子夏易道對此有所轉化,強調易無私愛,均施萬物。《象傳》注泰卦即指卦象內陽外陰,寓意天地交,上下合,萬物通。② 同時,也解釋了易無私生物而各不同的原因:易是混沌完全者,萬物只是取其部分而已,所得陰陽二氣的比例不同,所成有異。與二氣孕化相配合的還有天地人三才的交通及其生養作用。"天一,地二,人三,三三如九,九九八十一",三才交互的進一步分化,形成了更多品類。且同類也會因滋養不同而產生一定差異,人類在大地上就因山川各異、水土不同、飲食不類,產生了迥異的秉性,其他事物概莫能外(參見《執轡》)。③

雖然萬物品性不同,但在生成後的世界中皆遵從易理。相

---

① [清]孫希旦:《禮記集解》,沈嘯寰、王星賢點校,北京:中華書局,1989年,第1277頁。

② [清]李道平:《周易集解纂疏》,北京:中華書局,1994年,第163—164頁。

③ 陳士珂:《孔子家語疏證》(據商務印書館1940版影印),上海:上海書店,1987年,第167—168頁。

關思想也往往體現出對老學的創造性轉化以及儒道融通。如老子從易理中轉出,認爲天道均平、重歸返,益之而損,損之而益,故天命自損——損有餘而補不足。孔子曾讀《易》,至於《損》《益》,喟然而歎,告子夏損益之道,"天道成而必變,凡持滿而能久者,未嘗有也","日中則昃,月盈則食,天地盈虛,與時消息","夫自損者必有益之,自益者必有決之"。子夏聞而知之,並終身誦之(《孔子家語·六本》)。①

又如老子由天道盈虛推演出處下、守弱之理,孔子歸爲謙道,曾告子夏損益之道後,又直接言及謙道(《説苑·敬慎》)。②子夏也深習之,如《象傳》注謙卦即曰"謙,亨,天道下濟而光明,地道卑而上行。天道虧盈而益謙,地道變盈而流謙,鬼神害盈而福謙,人道惡盈而好謙",③也是以易通道,強調其必然性。

在明確道生萬物,萬物各不同的情況下,老子稱王(至德人君)爲與道、天、地並尊的域中四大之一,此後其弟子孔子、文子皆確立了人爲貴理念。子夏亦然,指"倮蟲三百有六十,而人爲之長",且人中尊者"唯達道德者"——聖王、聖人,他們知易道原本,也能自覺地"動必以道,静必順理,以奉天地之性,而不害其所主"(《執轡》)。④

---

① 陳士珂:《孔子家語疏證》(據商務印書館 1940 版影印),上海:上海書店,1987 年,第 99 頁。
② 向宗魯:《説苑校證》,北京:中華書局,1987 年,第 242 頁。
③ [清]李道平:《周易集解纂疏》,北京:中華書局,1994 年,第 194—195 頁。
④ 陳士珂:《孔子家語疏證》(據商務印書館 1940 版影印),上海:上海書店,1987 年,第 167—168 頁。

（二）易理下的修德踐行體系。在現有的文獻中，未見子夏
對修德體系有過直接而系統的論述，但從其易理出發，對散落於
各處的文辭進行鉤沉，可梳理出基本的樣貌。簡而言之，即交通
儒道，認爲大道至公，天地日月無私覆、私載、私照，人能法之，則
衷心至誠，達到"無聲之樂，無體之禮，無服之喪"——即使無絲
竹之聲，人人群樂；無手足之事，人人合禮；無喪服之具，人人哀
慟。上下皆如此，則將實現真正由道德而來的禮樂要義以及無
爲而治的理想。

1. 修道始於修心，進而修身。自孔子脫離老子的混一身觀
後，儒家弟子皆以心内身外爲基本理念，子夏亦如是，故其修道
的第一位是修心。這在《易傳》中獲得了諸多反映。《繫辭下》
指易爲乾坤，簡知易行，是"能説諸心，能研諸侯之慮，定天下之
吉凶，成天下之娓娓"的存在。[1] 此處便以能説諸心爲第一起
點。又《彖傳》注復卦曰"復亨。……復其見天地之心乎"，[2]注
咸卦曰"咸，感也。……聖人感人心而天下和平"。[3] 此外，《象
傳》注重心更是常見，如注謙卦曰"鳴謙貞吉，中心得也"，[4]注中
孚卦曰"其子和之，中心願也"。[5] 相類看法，俯仰可見。

至於修心的基本要求，老子認爲人應"絕聖棄智"、"絕學無
憂"，顏回的心齋、坐忘與此暗合。但子夏的修心有其特點，他

[1]［清］李道平：《周易集解纂疏》，北京：中華書局，1994年，第679—680頁。
[2]［清］李道平：《周易集解纂疏》，北京：中華書局，1994年，第260—262頁。
[3]［清］李道平：《周易集解纂疏》，北京：中華書局，1994年，第313—314頁。
[4]［清］李道平：《周易集解纂疏》，北京：中華書局，1994年，第193—196頁。
[5]［清］李道平：《周易集解纂疏》，北京：中華書局，1994年，第515—518頁。

認爲人貴在有心智,不能"刳心去智"(《列子·黄帝》),①故與顏回廢心不同,强調心不可虚無,當有依託。也因此更加注重"先王之義"以及博學近思的作用。如其每言《詩》《書》之中有聖人之道,知之可以發明本心、自我教化,並對老學"爲學日益,爲道日損"有了進一步認知。他在學習損益之道時針對自損而益、自益而損之理,問"學者不可以益乎",孔子答"非道益之謂也,道彌益而身彌損。夫學者損其自多,以虚受人,故能成其滿博也"(《孔子家語·六本》)。②子夏也是由此領悟爲學損益之道,堅守以虚受教,才能多識多方,日益精進。

實踐方面,便是以仁愛充心,明心定氣以充身,轉化了老子"自勝之謂强"理念。他曾有"先王之義"與"富貴之樂"交戰於心,因未知勝負而臞,後仁義勝而肥。韓非子並以老子"自勝"之理贊之(《韓非子·喻老》)。③在强調自勝之下,自然更重視内求,故也繼承了老子的自虚、好静、守弱處下、勇於不敢等修身理念。子夏曾獨處,離群索居多年,某種角度而言也是對此的踐行。同時也曾在衛靈公前與勇士孫悁論勇,以三勇卻後者之凌,指真正的勇者不敢傲乎匹夫而能上攝萬乘,不敢專横而能内禁殘害,不敢自矜功伐而能卻敵於無形,總是有所爲,有所不爲(《韓詩外傳》卷六)。④

---

① 楊伯峻:《列子集釋》,北京:中華書局,2012 年,第 65—66 頁。
② 陳士珂:《孔子家語疏證》(據商務印書館 1940 版影印),上海:上海書店,1987 年,第 99 頁。
③ [清]王先慎:《韓非子集解》,鍾哲點校,北京:中華書局,1998 年,第 170 頁。
④ 許維遹:《韓詩外傳集釋》,北京:中華書局,1980 年,第 224 頁。

2. 入仕與治國理念。從子夏的修身原則看，他强調他者不知則樂於獨處，故不强求任仕。子夏曾貧瘠乃至衣若縣鶉，人問爲何不仕，答曰"諸侯之驕我者，吾不爲臣；大夫之驕我者，吾不復見"（《荀子·大略》）。① 也正因此，其一生雖見重於魏文侯，但主要還是居西河之地傳易理、詩教、禮樂。但從其理想觀念來看，修身有成之時應兼濟天下，即所謂"學而優則仕"（《論語·子張》）。②

在治國理念方面，《易》大有卦强調衆陽當尊六五之陰，不可離之，若逞强爲之，大災將至。老子從該易理中發展出"魚不可脱於淵"之理，指君王爲魚，百姓爲水，並傳之孔子。孔子問子夏"汝知君之爲君乎？"答曰："魚失水則死，水失魚猶爲水也。"（《尸子》）③體現了他對相關民本主張的繼承。

在治國的過程中，子夏强調君王遵從自損之道，不與民争利。如《彖傳》注益卦曰："益，損上益下，民説無疆，自上下下，其道大光。"④同時，繼承了老學的善善之道與病病之法，强調以小爲大，以少成多，"柳下惠與後門者同衣而不見疑，非一日之聞也"（《荀子·大略》）⑤，"《春秋》之記臣殺君、子殺父者，以十數矣。皆非一日之積也，有漸而以至矣"（《韓非子·外儲説右上》）⑥。

①［清］王先謙：《荀子集解》，沈嘯寰、王星賢點校，北京：中華書局，1988 年，第 513 頁。
②［清］劉寶楠：《論語正義》，高流水點校，北京：中華書局，1990 年，第 744 頁。
③［戰國］尸佼：《尸子》，黄曙輝點校，上海：華東師範大學出版社，2009 年，第 60 頁。
④［清］李道平：《周易集解纂疏》，北京：中華書局，1994 年，第 382 頁。
⑤［清］王先謙：《荀子集解》，沈嘯寰、王星賢點校，北京：中華書局，1988 年，第 513 頁。
⑥［清］王先慎：《韓非子集解》，鍾哲點校，北京：中華書局，1998 年，第 314 頁。

聖人君子總是積善成德,亡國毀家者皆積惡成怨主,故不可不知小大多少、善始善成之理。

二、曾子儒道融通下的天道觀及其修齊治平論

曾子遺作衆多,除從《禮記》抽出的《大學》之外,内容較全面的有《曾子》一書。《漢書·藝文志》載"《曾子》,十八篇"。唐宋以後則皆爲"十篇"本,如唐樊宗師本《曾子》(即南宋晁公武所見"紹述本")便爲十篇。且該本與《大戴禮記》所存《曾子》十篇相較,只是題名稍異。應該説《曾子》原十八篇,《大戴禮記》原來收録之,此後殘損爲十篇。後因《曾子》不受重視,其他單行本多亡佚。唐宋以來的《曾子》十篇,則是時人又取《大戴禮記》中的十篇與其他殘存和軼文校訂而成。

也有人懷疑《曾子》是後人僞作。朱熹《書劉子澄所編〈曾子〉後》曰"其言語氣象,視《論》《孟》《檀弓》等篇所載相去遠甚"。① 黄震《黄氏日抄·曾子》亦指其爲後人仿作,内容雜衍,有不少"世俗委曲之語",且"'良賈深藏如虚',又近於老子之學,殊不類曾宏毅氣象","特以天圓地方之説爲非"。② 明代方孝孺《讀曾子》也以"其説間有不純",推論"意者出於門人弟子所傳聞而成於漢儒之手者也"。③

---

① [宋]朱熹:《晦庵集》,見《四庫全書》本八十一卷第 45 頁。
② [宋]黄震:《黄氏日抄》,見《四庫全書》本五十五卷第 12 頁。
③ [明]方孝孺:《遜志齋集》,見《四庫全書》本卷四第 27 頁。

　　但他們所謂的"不純"、不類曾子語等，都是出於所謂"純儒"陳見而對曾子思想進行人爲割裂後所形成的誤判。先秦時代本無所謂"純儒"，"純儒"是後人在司馬談權且分類基礎上所作的細化，乃至異化後的違背歷史真實的簡單臆想。且曾子與老子之間的聯繫是固然的，有"近於老子之學"的地方，不足爲怪。這些正是曾子思想深受老學影響的表現。

　　（一）熟知老子其人及其思想。在傳世文獻中，記載曾子與老子本人存在直接聯繫的文字有數例。其中，《莊子》佚文曰："老子見孔子從弟子五人，問曰：'前爲誰？'對曰：'子路勇且多力。其次子貢爲智，曾子爲孝，顔回爲仁，子張爲武。'老子歎曰：'吾聞南方有鳥，名爲鳳，所居積石千里，河水出下。鳳鳥居止，天爲生食。其樹名瓊，枝高百仞，以璆琳琅玕爲實。天又爲生離珠，一人三頭，遞起以飼琅玕。鳳鳥之文，戴聖嬰仁，右智左賢。'"（《太平御覽》卷九一五引）①相關内容的可靠性值得推敲。在其他典籍中，皆稱孔子隨從弟子四人，此處指五人，且唯曾參稱"曾子"，其他弟子皆稱字。"曾子"稱謂獨别，且不合古禮，可見有關他的内容是後人妄加。雖然此處所記不能全然採信，但孔子晚年曾多次見老子，曾子在當時也已二十左右，不能完全排除他曾跟隨孔子一起入沛而親見老子的可能。

　　除此之外，《禮記·曾子問》載孔子常向曾子傳授老子禮儀之説：1. 曾子問"古者師行，必以遷廟主行乎"，孔子回答了相關

―――――――――

① ［宋］李昉等編：《太平御覽》（據宋刻本影印），北京：中華書局，1960 年，第 4056—4057 頁。

禮樂,最後以"老聃云"結束,表明相關知識來自老子的傳授;①
2. 曾子問"葬引至於堩,日有食之,則有變乎,且不乎",孔子答
曰"昔者吾從老聃助葬於巷黨,及堩,日有食之",並詳述了當時
老子的應變及其對相關禮儀的解釋;②3. 曾子問"下殤土周葬
於園,遂輿機而往,塗邇故也。今墓遠,則其葬也如之何",孔子
再次以"吾聞諸老聃曰"的形式加以回答。③《曾子問》三載孔
子傳曾子以老子喪禮之學,相關記載皆確實無誤,直接體現出了
曾子對孔子老學的研習。

　　同時,黄震指《大戴禮記·曾子天圓》中的天圓地方之説爲
僞,但這是不清楚老子思想及其與孔子之間的關係而做出的誤
判。老子本爲周朝史官,天文曆法知識是其必備的知識。他也
正是從原始的蓋天説曆法知識中,發展了太一、道的理念。老子
將蓋天説宇宙觀和陰陽理論傳於孔子,孔子傳曾子。曾子對相
關學説有所發展。

　　在《曾子天圓》中,曾子是經單居離詢問而對天圓地方進行
闡述。他指出單居離對相關學説的理解是較日常,且粗淺的,
"如誠天圓而地方,則是四角之不揜也"——如果只是簡單的天
圓地方,那麼天的圓就無法完全覆蓋地方的四角,也就存在天外
之地了。繼而他對相關學説進行了自己的解讀,指天圓地方的
真正内涵是道的幽明施化:道有天道、地道。天道爲陽,爲圓、爲

---

① [清]孫希旦:《禮記集解》,沈嘯寰、王星賢點校,北京:中華書局,1989年,第524頁。
② [清]孫希旦:《禮記集解》,沈嘯寰、王星賢點校,北京:中華書局,1989年,第
　　545—546頁。
③ [清]孫希旦:《禮記集解》,沈嘯寰、王星賢點校,北京:中華書局,1989年,第547頁。

明、爲神、爲火日，其氣在吐施。地道爲陰，爲方、爲幽、爲靈、爲金水，其氣在含化。陽陰二氣，施化而生萬物。曾子與子夏一樣，也認爲陰陽之氣所受分數不同，於是萬物有别。在天，則有風、雷、電、霧、雨、露、霜雪、雹、霰。在物，則有毛蟲、羽蟲、介蟲、鱗蟲、裸蟲。其中裸蟲——人，爲陰陽之精，故爲貴。尤其是人中拔萃的聖人更是"爲天地主，爲山川主，爲鬼神主，爲宗廟主"，以此生養、役使生靈。①

在天道與人道的聯繫以及人道建構方面，曾子也從老子處吸收了諸多營養。老子提出道、天、地、王四大理念，其弟子孔子、文子等發展爲道、天、地、人四大，指在天地之間、萬物之中，人爲貴。使得在最本原的道之下，存在了天道、地道、人道。曾子對此加以繼承，認爲人道就是道、天、地及其相關規律之下人的自然本性和社會性本質，也是人對這些特質的認知能力與踐行能力，以及依從相關規律與自身特點所建立的客觀自然法則與社會法則。最終遵從這些，使道的次序在人間呈現。

在相關方面，曾子首先繼承老學所强調的道在於生育，並以此推論人也是如此。人之本在於生養之道，於是以孝爲根本，因此傳有《孝經》。在此基礎上，曾子遵從老子道有規律性的觀念，指日月有數、星辰有行、四時有序，不可變革。反映在人世，就産生曆法。同時，萬物有節，管有十二節，因此物有八音之律，這些表明禮樂自在。於是人順之而設五禮，以此成禮樂社會秩

① [清]王聘珍：《大戴禮記解詁》，王文錦點校，北京：中華書局，1983年，第98—99頁。

序(見《曾子天圓》)。① 所謂人道的行德,就是自覺、協和該秩
序。具體而言是以此修身齊家治國平天下。

　(二)對老學修齊治平道德體系的繼承與發展。老子以人
能知道、用道,形成了其思想體系的落腳點——德。德是落實到
人身上知道、用道的自覺之行,是認知,又是踐行,是即認知即踐
行。老子曰:"善建者不拔,善保者不脱,子孫以祭祀不輟。修
之身,其德乃真。修之家,其德有餘。修之鄉,其德乃長。修之
邦,其德乃豐。修之天下,其德乃博。以身觀身,以家觀家,以鄉
觀鄉,以邦觀邦,以天下觀天下。"明確概述以自虚、無名、處下、
守辱的原則,以負陰抱陽,陰極則陽之、陽極則陰之的陰陽沖和
之法,修德於身、家、鄉、邦、天下的修齊治平體系。且希望以此
使百姓、公侯、君王,各自保全其身家,實現全面的上下交合,天
下平和。老子的修齊治平修德體系傳其弟子——孔子、關尹子、
文子等。其中,孔子一脈經過曾子、子思的再發展後,成爲顯學,
以致後人認爲該體系始出於孔子,乃儒家的創造。實則本是老
子的發明。

　從傳世文獻來看,曾子是目前所知最早明確全面系統化地
繼承修齊治平體系的孔子弟子,並對其做了進一步發展,《大
學》即云:"(明明德者)物格而後知至,知至而後意誠,意誠而後
心正,心正而後身修,身修而後家齊,家齊而後國治,國治而後天
下平。"②

---

①[清]王聘珍:《大戴禮記解詁》,王文錦點校,北京:中華書局,1983 年,第 98—99 頁。
②[宋]朱熹:《大學章句集注》,北京:中華書局,1983 年,第 4 頁。

1. 天知與修心。曾子繼承老學的人爲貴思想，認爲人之所以爲貴，是因其爲道所生，且是陰陽之精，是陰陽的完全結合體，不偏不倚，於是能對道進行完全的體認。相對於孔子其他弟子而言，他在心形分離的道路走得更明確，更具標誌性。如果説顔回在心形分離之下，以心爲主導，但所作的卻是要廢心從而黜形，曾子所要做的就是用心而御形。

《大學》開篇即論明德。明德即陽德，是對外認知的能力。即所謂人本有天心，"心之靈莫不有知"。① 既然人的心靈本自知，就要發揮它。"明明德"就是要發揮本心，發揮知，具體做法在於格物。關於格物，後世解讀衆多，但其義本直白，即格除物蔽，亦即"知止而後有定"的知止——知曉停止物欲妄念。人本有天知，只是被外物情欲妄念所蔽而不致知。故其又直言心有所忿懥、恐懼、好樂，皆不得其正，"心不在焉，視而不見，聽而不聞，食而不知其味"。② 物格而知、知而意誠、意誠而心正、心正而身修等即指物蔽革除後，天知自醒。如此則可知物事本末終始，"知所先後，則近道矣"。③ 道無私，至誠。人因此用意至誠，其心自公，於是七竅不見邪物，四肢端正，實現身正。

2. 戰戰兢兢以修身。老子曰"上士聞道，勤能行之"，强調踐行。且他從《書》《詩》的教義中轉出了諸多修身理念。如强調聖人"欲不欲"，無私利。且道、名具有辨證關係，在實踐中爲

①［宋］朱熹：《大學章句集注》，北京：中華書局，1983 年，第 7 頁。
②［宋］朱熹：《大學章句集注》，北京：中華書局，1983 年，第 8 頁。
③［宋］朱熹：《大學章句集注》，北京：中華書局，1983 年，第 3 頁。

道,不求名,但爲道後,名自來。老子本人主張即使爲道有名,也要加以自損,以無名爲歸。在日常生活中要以患辱爲寶,如冬日涉川,戰戰兢兢,總是愼言愼行。此後各家老學對此皆有吸收轉化。

孔子一派也是如此,曾子也强調知而必行,君子恥於博學而無行。具體所爲則繼承了老學的一些基本主張,但也有調和。如他指出修心之道從無欲開始,因此修身踐行也始於無欲,不爲利益所動(《大戴禮記·曾子疾病》)。① 且君子不爲"好名而無體"之行。對於聲名,强調名實相符即可。"行無求數有名"(《大戴禮記·曾子立事》),②所行或善或惡,後人知之,善名、惡名後人自有評說,不作强求。身名如聲響形影,"君子功先成而名隨之"(《說苑·雜言》引)。③

無欲妄利虛名,便可以守住柔弱,去除剛强,君子不爲"誇而無恥,强而無憚,好勇而忍人"之事。繼而以患辱爲寶,戰戰兢兢,"君子見利思辱,見惡思詬,嗜欲思恥,忿怒思患,君子終身守此戰戰也",有道的天子、諸侯、大夫士、庶人皆"臨事而栗",日旦思其行,不敢失德,也因此能始終合道(《大戴禮記·曾子立事》)。④

3. 任仕之道與明王論。曾子也從孔子處繼承了老子進退以道的任仕思想。"天下有道,則君子欣然以交同;天下無道,

---

① [清]王聘珍:《大戴禮記解詁》,王文錦點校,北京:中華書局,1983 年,第 97 頁。
② [清]王聘珍:《大戴禮記解詁》,王文錦點校,北京:中華書局,1983 年,第 70 頁。
③ 向宗魯:《說苑校證》,北京:中華書局,1987 年,第 424 頁。
④ [清]王聘珍:《大戴禮記解詁》,王文錦點校,北京:中華書局,1983 年,第 70—71 頁。

則衡言不革；諸侯不聽，則不干其土；聽而不賢，則不踐其朝"
(《大戴禮記·曾子制言》)，①君子總是以道爲準繩，以道交君，
如人知之，則進能達，增益上之譽，損下之憂。如君王不聽，無人
知我，則退而能靜，不眷戀權勢名利，亦不自怨自艾。

在治國方面，也繼承了老學明王論。孔子告知曾子曰：
"參！女以明主爲勞乎？昔者舜左禹而右皋陶，不下席而天下
治。"(《孔子家語·王言解》)②曾子基本上繼承此説，其云"良
賈深藏若虛，君子有盛教如無"(《大戴禮記·曾子制言》)、③
"君子所貴乎道者三：動容貌，斯遠暴慢矣；正顔色，斯近信矣；
出辭氣，斯遠鄙倍矣。籩豆之事，則有司存"(《論語·泰
伯》)，④强調君王治國貴天道，内修明德，盛教無爲，令有司各司
其職，垂拱而治。

結　語

子夏師從孔子，同時高尊老子，雖因其學駁雜而常被後世視
作"不純"，乃至儒家異端，但在春秋晚期原不成問題。子夏之
學影響甚大，弟子衆多，後人稱爲西河學派。其構成複雜，有公
羊高、穀梁赤等經傳派，也有李克、吳起等刑名法家派。同時，段

①[清]王聘珍：《大戴禮記解詁》，王文錦點校，北京：中華書局，1983年，第95頁。
②陳士珂：《孔子家語疏證》(據商務印書館1940版影印)，上海：上海書店，1987年，
　第11頁。
③[清]王聘珍：《大戴禮記解詁》，王文錦點校，北京：中華書局，1983年，第91頁。
④[清]劉寶楠：《論語正義》，高流水點校，北京：中華書局，1990年，第292頁。

干木、田子方等也與之存在緊密關聯。實際上，吳起、段干木、田子方等亦儒道兼備（詳情參見拙文①），這些皆與子夏思想體系的影響相關。而曾子也正是由於他熟知老子其人及其思想，形成了獨特的天道觀，並系統轉化了修齊治平體系。相關思想則直接影響了子思學派對老學的接受與發展，子思以及郭店楚墓主人的相關老學研習便是典型案例（詳情參見拙文②、③、④、⑤）。總之，春秋晚期，儒道原本交融，不可不知。

作者簡介：陳成吒，1986 年生，浙江龍港人，文學博士。現爲上海財經大學人文學院講師、碩士生導師。主要研究方向：道家哲學、先秦諸子。

---

①陳成吒：《魏文侯庭下道學研究》，《青海師範大學學報（哲學社會科學版）》2018
　年第 2 期。
②玄華（陳成吒）：《論郭店竹簡〈老子〉性質》，《江淮論壇》2011 年第 1 期，第 66—
　71 頁。
③玄華：《從"太上"等章的差異論郭店竹簡〈老子〉性質》，見方勇主編《諸子學刊》
　（第六輯），上海：上海古籍出版社，2012 年，第 68—78 頁。
④玄華：《從"章節異同"看郭店楚簡〈老子〉性質》，《江淮論壇》2012 年第 6 期，第
　91—96、126 頁。
⑤陳成吒：《郭店楚墓主及其儒家化老子學》，《江淮論壇》2017 年第 2 期，第 134—
　138 頁。

"直"與"自然"

——從王弼《論語釋疑》看儒道會通

張永路

内容提要　魏晉時期,玄學思潮的興起推動了儒道思想之間的會通。這種會通很多時候是以經學注解的方式呈現的,在這一時期的經學注解中,便有很多透徹着玄學的理論,其中重要代表就是王弼的《論語釋疑》。在注解中,王弼試圖以"自然"解"情"釋"孝",這種解釋並非無中生有,而是與孔子思想有切實相通處。在孔子思想體系中,具有與"自然"相似表述意義的概念是"直"。孔子非常重視"直",並以其作爲"仁"的重要内涵。由此,"直"與"自然"的相通就成爲王弼在《論語釋疑》中會通儒道思想的詮釋節點。這種詮釋力圖尋找出儒道兩家思想相通處,從孔子思想的基點對接道家思想,因此可以説王弼的注解仍然是處於詮釋的限度中。這無疑就是魏晉時期經學詮釋的新發展,也是正始時代儒道會通的新表徵。

　　漢魏之際是古代學術思想史上的又一大變革期。在經歷了漫長的兩漢經學繁盛階段後,漢魏之際開始醞釀起新的思想變革,這從東漢末期就已經逐漸顯露出端緒。正如湯用彤先生所說:"漢魏之際,中華學術大變。然經術之變爲玄談,非若風雨之驟至,乃漸靡使之然。"①時代思潮由經學變爲玄學,絕非一時之力,而是根源於漢末整個社會對經學弊病的認識,繼而試圖從道家思想中尋求革新的思想資源,從而引發學術思想史的一大變革。這其中並非簡單的以道代儒,從整個思想史發展角度來看,先秦諸子思想在周秦之際經歷了一番融匯發展,而在兩漢趨於經學一尊之後,思想史又在魏晉時期進入了一個融通期,其前期即是以儒道會通爲主。儒道會通的呈現方式之一就是注解經典,這也使得魏晉時期在經學史上占據了重要的地位。即使持學派偏見的皮錫瑞稱魏晉經學乃"經學中衰時代",也不得不承認魏晉時期經學注解的繁盛。② 在這些經學注解中,便有很多透徹着玄學的理論,其中重要代表就是王弼的《論語釋疑》,由此其書也成爲衆多經學史著作中魏晉經學玄學化的代表。③ 在注解中,王弼試圖以道家思想來詮釋《論語》。當然,這種詮釋絕非生搬硬套、削足適履,而是力圖尋找出儒道兩家思想相通

---

① 湯用彤:《魏晉玄學論稿》,上海:上海古籍出版社,2001 年,第 76 頁。
② [清] 皮錫瑞:《經學歷史》,北京:中華書局,2011 年,第 112 頁。
③ 何晏之《論語集解》與王弼之《論語釋疑》在以玄解經方面存在着程度上的差異,依喬秀岩的研究,"(《集解》)未必以玄學爲宗旨,故王弼説(《集解》不引王弼,今見黃侃《義疏》引)往往出《集解》之外",此説可供參考。見喬秀岩:《論鄭何注論語異趣》,載喬秀岩、葉純芳:《學術史讀書記》,北京:生活·讀書·新知三聯書店,2019 年,第99 頁。

處,從孔子思想的基點對接道家思想。因此,可以説王弼的注解仍然是處於詮釋的限度中,這或許也可爲經學詮釋提供一個有趣的案例。

一、正始時代的儒道關係及王弼的回應

作爲開啓正始之音的玄學先行者,王弼幼時便已經對老子思想有深研,史載"弼幼而察慧,年十餘,好《老氏》,通辯能言","弼好論儒道,辭才逸辯,注《易》及《老子》"。① 其時,玄談之風興起,《老子》已成爲當時士人清談的重要思想資源。不過,在兩漢數百年的經學熏習下,孔子的聖人地位早已成爲社會共識,儒學也早已成爲當時士人階層的普遍知識構成。因此,在玄風盛起之初,孔子與老子的關係就成爲當時士人關注的重要問題。

何劭《王弼傳》就記載了王弼幼時的一段故事:

時裴徽爲吏部郎,弼未弱冠,往造焉。徽一見而異之,問弼曰:"夫無者誠萬物之所資也,然聖人莫肯致言,而老子申之無已者何?"弼曰:"聖人體無,無又不可以訓,故不説也。老子是有者也,故恒言無所不足。"②

這段故事也載於《世説新語》,只是文字稍有不同,並且在老子

① [晉]陳壽撰,[宋]裴松之注:《三國志》,北京:中華書局,1959年,第795頁。
② [晉]陳壽撰,[宋]裴松之注:《三國志》,北京:中華書局,1959年,第795頁。

之後加了莊子。① 對於魏晉玄學來説,《老子》、《莊子》是玄學
的核心文本,是建構玄學理論體系的主要思想資源。但是,從這
則故事可以看出,老子、莊子的地位並没有超越孔子,而孔子仍
然牢牢地占據着聖人的名號。而且,在魏晉士人眼中,孔子的思
想深度也超過老、莊。即使到了東晉時期,這一高下定位也無不
同,孔子作爲聖人仍然高於老、莊。② 當然,從王弼對答中可看
出,孔子雖高於老子,但是孔子思想也被賦予了新的内涵,被納
入了道家有無之論的論域中。於是,孔老或儒道便以這種獨特
的方式走到了一起。

　　其實,從東漢開始,肇始於西漢時期的經學範式就逐漸受到
有識學者的質疑。班固在《漢書·藝文志》中就對繁瑣的章句
之學提出批評,指出:"後世經傳既已乖離,博學者又不思多聞
闕疑之義,而務碎義逃難,便辭巧説,破壞形體;説五字之文,至
於二三萬言。"③東漢後期,這一現象有增無減。因此,通儒之學
逐漸興起,成爲東漢經學新的研究範式。所謂通儒之學的特徵
就是"不守章句"、"通大義",如史載桓譚"博學多通,徧習《五
經》,皆訓詁大義,不爲章句"④(《後漢書·桓譚傳》),班固"所
學無常師,不爲章句,舉大義而已"⑤(《後漢書·班固傳》),王

---

①余嘉錫撰:《世説新語箋疏》,北京:中華書局,1983 年,第 199 頁。
②余嘉錫撰:《世説新語箋疏》,北京:中華書局,1983 年,第 109 頁。
③[漢]班固撰,[唐]顔師古注:《漢書》,北京:中華書局,1962 年,第 1723 頁。
④[宋]范曄撰,[唐]李賢等注:《後漢書》,北京:中華書局,1965 年,第 955 頁。
⑤[宋]范曄撰,[唐]李賢等注:《後漢書》,北京:中華書局,1965 年,第 1330 頁。

充"好博覽而不守章句"①(《後漢書·王充傳》)。這些通儒、通人的出現極大革新了東漢的經學之風,而這一革新路徑的發展將最終導向魏晉經學的新範式。②

　　在正始時代的前夜,新的學術思潮正在醞釀之中,對義理的追求變得越來越迫切。漢魏之際的徐幹曾指出:"凡學者,大義爲先,物名爲後,大義舉而物名從之。"③(《中論·治學》)作爲建安七子之一,徐幹正處於漢魏學風變革的節點。他的重"大義"而輕"物名"無疑處於東漢以來對繁瑣解經模式的厭棄和對通儒之學的追求的邏輯發展延長線上。稍後於徐幹的荀粲成長於曹魏時期,其觀點較之徐幹也更進一步。何劭《荀粲傳》載:"粲諸兄並以儒術論議,而粲獨好言道,常以爲子貢稱夫子之言性與天道,不可得聞,然則六籍雖存,固聖人之糠秕。"④由此看出,兩漢經學的研究範式與研究目標已不再是荀粲關注對象,他要追尋的是孔子之性與天道。這反映出正始時代士人一方面繼續維護孔子的地位,承認儒家思想的價值,另一方面不滿足於兩漢經學的研究範式,試圖尋找其他的思想資源,對孔子思想進行重新解讀和詮釋,而《老子》就成爲了這樣的思想資源。漢魏之際注《老》者衆多,有虞翻、董遇、張揖、張嗣、蜀才、鍾會等,可見

---

① [宋]范曄撰,[唐]李賢等注:《後漢書》,北京:中華書局,1965年,第1629頁。
② [日]加賀榮治著,童嶺譯:《魏晉經書解釋所顯示之方向》,載童嶺編:《秦漢魏晉南北朝經籍考》,上海:中西書局,2017年,第174—192頁。
③ [魏]徐幹撰,孫啓治解詁:《中論解詁》,北京:中華書局,2014年,第14頁。
④ [晉]陳壽撰,[宋]裴松之注:《三國志》,北京:中華書局,1959年,第319頁。

《老子》在正始前就已經漸成顯學。① 從這個角度來看,儒道會通不僅是道家思想的新闡發,更是經學詮釋的新發展。

我們再回到裴徽與王弼的問答。裴徽問王弼:"夫無者誠萬物之所資也,然聖人莫肯致言,而老子申之無已者何?"由此可知,裴徽承認了"無"的重要性,這說明他已接受老子思想的影響。但是,既然"無"如此重要,那爲何孔子不言呢? 這是否影響孔子的聖人地位,或者換個角度看,以當時社會普遍認知情況,"無"如果僅僅是老子的觀點,那麼其影響力就存在着限度,而一旦獲得聖人光環的加持,"無"就可以獲得更有力的權威支持。想來這個問題一直困擾着裴徽,所以裴徽見王弼"而異之",便將這一問題拋給他,試圖解答自己的疑慮。王弼的回答精準地把握住了"無"的特性,認爲"無"不可言説,而孔子正因爲體悟到了這一點,所以"莫肯致言"。這一回答完美解答了裴徽的疑問,既申明了"無"的重要性,又肯定了孔子的聖人地位。這一回答也契合了正始時代的思想背景,既闡發了玄理,又維護了主流意識形態。②

歷史總是驚人的相似,一段與裴王問答模式類似的對話再次發生於百年之後。東晉時,年幼的孫放見庾亮,孫放字齊莊,庾亮問其爲何欲齊莊周而不慕仲尼,孫放回答聖人生而知之,故難企慕。庾亮大奇,稱讚他:"王輔嗣弗過也。"③想必幼年孫放

①賀昌群:《魏晉清談思想初論》,北京:商務印書館,2011 年,第 19 頁。
②葛兆光:《中國思想史》第一卷,上海:復旦大學出版社,2004 年,第 324 頁。
③[唐]房玄齡等撰:《晉書》,北京:中華書局,1974 年,第 2149 頁。同一事件亦載於《世説新語》,此版本中孫放稱仲尼爲聖人。見余嘉錫撰:《世説新語箋疏》,北京:中華書局,1983 年,第 109 頁。

的回答讓庾亮想起了王弼與裴徽的問答。相距近百年的兩個問答，爲我們清晰呈現出魏晉時期的孔老或儒道關係。正如清代學者陳澧所説："輔嗣談老、莊，而以聖人加於老、莊之上。然其所言'聖人體無'，則仍是老莊之學也。"①這恐怕就是魏晉玄學的一種呈現形式，也是魏晉經學詮釋的新特徵。

王弼即是以這種詮釋模式注解《論語》，以道家思想詮釋孔子言論。如王弼在注解"子曰：'志於道'"時説：

> 道者，無之稱也，無不通也，無不由也。況之曰道，寂然無體，不可爲象。是道不可體，故但志慕而已。②（《論語釋疑·述而》）

孔子並未言"道"之性狀，而王弼在此以"無"釋"道"，正如王弼所言"聖人體無"，即是王弼在孔子未言處以道家之"無"加諸其上，以此實現儒道思想的會通。

當然，王弼也在試圖尋找出儒道會通的另一種途徑，即以孔子原有思想來接續道家思想。如王弼在注解"有子曰：'其爲人也孝悌，而好犯上者鮮矣。不好犯上，而好作亂者，未之有也！君子務本，本立而道生。孝悌也者，其爲仁之本與！'"時説：

---

① [清]陳澧著：《東塾讀書記》，上海：上海古籍出版社，2012年，第280頁。
② [魏]王弼著，樓宇烈校釋：《王弼集校釋》，北京：中華書局，1980年，第624頁。

　　自然親愛爲孝,推愛及物爲仁也。① (《論語釋疑·學
而》)

在注解"子曰:'興於詩,立於禮,成於樂。'"時説:

　　夫喜、懼、哀、樂,民之自然,應感而動,則發乎聲歌。②
(《論語釋疑·泰伯》)

在注解"子曰:'其言之不怍,則其爲之難。'"時説:

　　情動於中而外形於言,情正實,而後言之不怍。③ (《論
語釋疑·泰伯》)

在以上三處注解中,"情"是其中的主題詞,無論是"親愛",還是
"喜懼哀樂",都是"動之於中"的"情",而王弼認爲此"情"的特
徵就是"自然"。"自然"無疑是道家思想的重要概念,以"自
然"解"情"釋"孝",即是典型的儒道會通。但是,這種解釋並非
無中生有,而是與孔子思想有切實相通處。當然孔子不曾用
"自然"二字,在孔子思想體系中,具有相似表述意義的概念是
"直"。孔子非常重視"直",並以其作爲"仁"的重要内涵。由

①[魏]王弼著,樓宇烈校釋:《王弼集校釋》,北京:中華書局,1980 年,第 621 頁。
②[魏]王弼著,樓宇烈校釋:《王弼集校釋》,北京:中華書局,1980 年,第 625 頁。
③[魏]王弼著,樓宇烈校釋:《王弼集校釋》,北京:中華書局,1980 年,第 631 頁。

此,"直"與"自然"的相通就成爲王弼在《論語釋疑》中會通儒道思想的詮釋節點。

二、"直"與"仁":孔子對"直"的新解

一字之始,必然在造字之初有其初義。然後,隨着時代發展,社會思想逐漸繁複,有了新的表意需求,再由此字承載新義,而新義即是在初義基礎上的引申。於是,一字之義項逐漸增多,至一定程度後便會穩定下來。漢字的演化,大致如此,"直"也無例外。

"直"字的起源非常早,甲骨文中就已經出現。其寫作"𡨄"(合二二〇五〇)①,字形"從目上一豎,會以目視懸(懸,懸錘),測得直立之意"。② 也有將目上之豎"丨"釋爲標桿,甲骨字形即是"用目正對標桿以測端直之意"。③ "懸錘"或"標桿"更多是釋字者的個人想象,並不影響"直"字的整體意義表達。構件"丨"無論是何種用具,其功能都是用來測對象物曲直與否。因此,據字形可以大致判斷"直"在造字之初即是表意"不彎曲"。

從"直"字在早期文獻中的使用來看,其文本語境中的用意基本上符合"不曲"這一初義。如《詩經》:

①郭沫若主編:《甲骨文合集》,北京:中華書局,1982 年,第 2824 頁。
②徐中舒主編:《甲骨文字典》,成都:四川辭書出版社,1989 年,第 1385 頁。
③谷衍奎編:《漢字源流字典》,北京:華夏出版社,2003 年,第 329 頁。

　　羔裘如濡,洵直且侯。(《鄭風·羔裘》)

　　河水清且直猗。(《魏風·伐檀》)

　　其繩乃直,縮版以載。(《大雅·緜》)①

　　上述三則引例都是在描述羔裘、河水、繩墨等具體事物不彎曲的形態,這是"直"初義的直接應用。古人造字時,大多以具體實在物作爲觀察對象,漢字中大量象形字的存在就是最直接的證據。之後,字的指稱範圍會逐漸擴大,從具體實在物到抽象虛擬物。如"水"之初形象流水,屬於象形字,而"金木水火土"五行之"水"所指稱抽象物則是後起義。"直"的指稱範圍也有這種發展趨勢。

　　在記載春秋時期歷史的文獻中,"直"的指稱範圍較之《詩經》明顯擴大,指稱具體事物的用法不再出現,取而代之的是描述抽象事物的義項逐漸增多。如《左傳·昭公二十七年》載:"郤宛直而和,國人說之。"②此處"直"便是描述郤宛品行正直,毫無私念。正如《韓詩外傳》所説:"正直者順道而行,順理而言,公平無私,不爲安肆志,不爲危敭行。"③一人言行順道義而不邪曲,不爲自己内心私念所干擾,不爲外界環境安危所改變,這就可稱爲"直"。這種"直"即是以道義等外在規範爲準繩,絲毫不偏離。

---

① [清]阮元校刻:《十三經注疏》,北京:中華書局,1980年,第340、359、510頁。

② [清]阮元校刻:《十三經注疏》,北京:中華書局,1980年,第2116頁。

③ [漢]韓嬰撰,許維遹校釋:《韓詩外傳校釋》,北京:中華書局,1980年,第264頁。

　　另一方面,"直"也不僅僅由外在道義決定,同時也取決於人自身。《左傳·哀公十六年》載:"勝自厲劍,子期之子平見之,曰:'王孫何自厲也?'曰:'勝以直聞,不告女,庸爲直乎? 將以殺爾父。'"①此處"直"顯然不含"正直"義的褒獎讚賞,更多的是"爽直"的個性。王孫勝即使面對將殺之人的兒子,也要告知欲殺其父的真實想法,絲毫不隱瞞,這是順己而行。如果説道義是己之外,那麼這一事例所反映出的則是己之内。因此,從《左傳》的相關用例中可看出,"直"的指稱範圍可分爲内外兩部分。於外而言,順道義而行即是"直";於内而言,順己而行也是"直"。二者之中,"直"的基本意義没有變,都是指直而不曲,但是所依據的準繩卻不同,這其間就存在着某種張力。

　　"直"在春秋時期形成的意義分際延續到了《論語》中。作"正直"解的"直"依然是孔子推重的品行。如:

　　　樊遲問仁。子曰:"愛人。"問知。子曰:"知人。"樊遲未達。子曰:"舉直錯諸枉,能使枉者直。"樊遲退,見子夏曰:"鄉也吾見於夫子而問知,子曰:'舉直錯諸枉,能使枉者直',何謂也?"子夏曰:"富哉言乎! 舜有天下,選於衆,舉皋陶,不仁者遠矣。湯有天下,選於衆,舉伊尹,不仁者遠矣。"(《論語·顏淵》)②

---

①[清]阮元校刻:《十三經注疏》,北京:中華書局,1980年,第2178頁。
②[清]阮元校刻:《十三經注疏》,北京:中華書局,1980年,第2504頁。

"直"即是正直之人,如皋陶、伊尹等賢人。包咸注:"舉正直之
人用之,廢置邪枉之人,則皆化爲直。"在另一則記載中,"哀公
問曰:'何爲則民服?'孔子對曰:'舉直錯諸枉,則民服;舉枉錯
諸直,則民不服。'"(《論語·爲政》)①此處"直"仍然是正直之
人。從其用例可看出,作"正直"解的"直"在孔子政治思想中有
着重要作用,是爲政治國的道德品質。另外如"直哉史魚! 邦
有道,如矢;邦無道,如矢"(《論語·衛靈公》),"友直,友諒,友
多聞"(《論語·季氏》),"直道而事人"(《論語·微子》)等,都
因言行符合道義而被賦予"正直"義。②

但是,不可否認的是,作爲外在規範的道義並不完全與個人
相符合,甚至有時與個人情感相違背。當背離發生時,依道義還
是依己情的選擇困境就被切實地反映在了"直"的意義張力上。
一直到孔子時代,這種張力依然存在。那麼,面對兩種存在張力
的義項,何種行爲才能被稱爲"直"? 孔子在"父子相隱"問題中
爲我們提供了答案。《論語·子路》載:

　　葉公語孔子曰:"吾黨有直躬者,其父攘羊,而子證
之。"孔子曰:"吾黨之直者異於是:父爲子隱,子爲父隱。
直在其中矣。"③

①[清]阮元校刻:《十三經注疏》,北京:中華書局,1980 年,第 2462 頁。
②[清]阮元校刻:《十三經注疏》,北京:中華書局,1980 年,第 2517、2521、2528 頁。
③[清]阮元校刻:《十三經注疏》,北京:中華書局,1980 年,第 2507 頁。

這一事例在學界中曾引起大規模争論，衆多學者都就此發文發聲，討論其中的情法問題。① 本文無意在此做學術史綜述，僅依據本文語境中的問題進行討論。

在這一則事例中，葉公與孔子就何爲“直”的問題分别進行了闡述。葉公稱“其父攘羊，而子證之”的行爲即是“直”，父親盜羊，兒子依照律法證其父之罪，其間不含任何個人私情，也就是韓非子所説：“所謂直者，義必公正，心不偏黨也。”（《韓非子·解老》）②葉公認爲如此公正無私、秉公依法即是“直”。而孔子並不認同其行爲，指出另一種“直”的存在，即父子相隱。其實質是父子之情，特別是子對父親的孝親之愛，不忍其被抓受罰，所以隱匿此事，這種情感是最真摯無邪曲的，如錢穆先生所説：“如我中心之情而出之，即直也。”③葉公與孔子所言兩種“直”，無疑就是前面分析的“直”的兩種意義分際。其中，葉公所説之“直”是以外在規範爲準則的“直”，即順道義而行，而孔子所言之“直”則是以内在情感爲準則的“直”，即順己情而行。在二者相衝突時，孔子明確選擇了後者。

其實，春秋時期，以外在道義規範爲準則的“直”在社會思想中更占主流。甚至連孔子都曾説過：“叔向，古之遺直也。治國制刑，不隱於親。三數叔魚之惡，不爲末减。曰義也夫，可謂

---

① 郭齊勇主編：《儒家倫理争鳴集——以“親親互隱”爲中心》，武漢：湖北教育出版社，2004 年。
② ［清］王先慎撰：《韓非子集解》，北京：中華書局，1998 年，第 137 頁。
③ 錢穆：《四書釋義（新校本）》，北京：九州出版社，2010 年，第 64 頁。

直矣!"(《左傳·昭公十四年》)①叔向直陳其弟叔魚貪腐之罪,
"治國制刑,不隱於親",孔子認爲這是順義而行,可以稱爲
"直"。② 不過,這種"直"是舊義,也就是孔子之前流行的意義,
所以孔子稱其爲"古之遺直"。與此義相比,孔子更推重順己情
而行的"直",而這一意義很大可能是由孔子闡發的。從對"直"
在早期文獻中的使用統計看,《左傳》、《國語》中並無順己情而
行之"直"的用例。孔子的這種新闡釋與其對情感的本真性高
度重視有關,而這正是孔子對春秋早期思想的新發展。

　　從《論語》記載看,孔子極度厭惡虛僞,他説:

　　　"巧言令色,鮮矣仁。"(《論語·學而》)
　　　"鄉原,德之賊也。"(《論語·陽貨》)

與此兩章相似者,還有:

　　　巧言、令色、足恭,左丘明恥之,丘亦恥之。(《論語·
公冶長》)
　　　子貢問曰:"鄉人皆好之,何如?"子曰:"未可也。""鄉
人皆惡之,何如?"子曰:"未可也。不如鄉人之善者好之,
其不善者惡之。"(《論語·子路》)

---

① [清] 阮元校刻:《十三經注疏》,北京:中華書局,1980 年,第 2076 頁。
② 王引之認爲:"'曰'當爲'由',字之脱誤也。'由義',行義也。"見 [清] 王引之撰:
　《經義述聞》,北京:中華書局,2016 年,第 1119 頁。

虚情假意討好他人,這都絕非仁之表現,而是對仁德的最大戕害。因此,孔子對種種的虚僞行徑極度厭惡,並極其推重本真之物。如孔子認爲:

剛毅木訥,近仁。(《論語·子路》)

又説:

唯仁者,能好人,能惡人。(《論語·里仁》)

仁者之好惡必本於真情,所以稱其能好人、能惡人,錢穆先生教人特重此"能"字,自是知曉孔子之意。① 因此,在《論語·顏淵》篇中,孔子道出了仁的本質:

樊遲問仁。子曰:"愛人。"(《論語·顏淵》)

有子又説:

孝弟也者,其爲仁之本與!(《論語·學而》)②

①錢穆:《四書釋義(新校本)》,北京:九州出版社,2010年,第56頁。
②[清]阮元校刻:《十三經注疏》,北京:中華書局,1980年,第2457、2525、2475、2508、2508、2471、2504、2457頁。

何爲仁？如果説"愛人"的範圍有些大，那麼"孝弟"就將範圍縮小到至親之愛，這種至親之愛的情感是最本真的、最原初的，因此而被稱爲"仁之本"。在這個意義上，王弼注此曰："自然親愛爲孝。"反觀"父子相隱"問題，當作爲外在規範的道義禮法與作爲"仁之本"的至親之愛相衝突時，孔子選擇後者便是當然之舉。所謂"直在其中"，正是因爲這是"自然親愛"。

三、"自然"與"情"：王弼對"情"的"自然"解讀

"自然"是道家的重要概念，近年來受到學界越來越多的關注和討論。很多學者都對"自然"概念進行了分析，試圖理清其多層内涵。① 從先秦老子、莊子發源，經過秦漢道家的發展，到魏晉玄學時期，"自然"概念不斷進行意義充實。在王弼哲學中，"自然"已經成爲其論説的重要概念。錢穆先生曾言："王弼注《老子》，乃始承續《淮南》、《論衡》，而暢發自然義。後世遂謂莊老盛言自然，實由王弼之故也。"②此説雖有過譽之嫌，但王弼確實多用"自然"一詞，注《老》、《易》時用之，甚至注解《論

①劉笑敢：《〈老子〉自然觀念的三種含義》，《哲學動態》1995 年第 6 期；鄭開：《道家形而上學研究》，北京：宗教文化出版社，2003 年，第 196 頁；王慶節：《老子的自然觀念：自我的自己而然與他者的自己而然》，《求是學刊》2004 年第 6 期；葉樹勛：《早期道家"自然"觀念的兩種形態》，《哲學研究》2017 年第 8 期；王中江：《中國"自然"概念的源流和特性考論》，《學術月刊》2018 年第 9 期；王博：《"然"與"自然"：道家"自然"觀念的再研究》，《哲學研究》2018 年第 10 期；孟慶楠：《王弼政治哲學中的"自然"觀念淺議》，《中國哲學史》2018 年第 4 期。李巍：《控制問題與道家思想——"自然"三義及演變》，《人文雜志》2019 年第 8 期。
②錢穆：《莊老通辨》，北京：生活·讀書·新知三聯書店，2002 年，第 363 頁。

語》時也使用,由此這一概念成爲其會通儒道的意義樞紐。

目前輯佚所得《論語釋疑》的各條注解中,“自然”共三見,與本文相關者有兩條,如下:

“孝悌也者,其爲仁之本與!”下注:

> 自然親愛爲孝,推愛及物爲仁也。① (《論語釋疑·學而》)

“興於詩,立於禮,成於樂。”下注:

> 夫喜、懼、哀、樂,民之自然,應感而動,則發乎聲歌。② (《論語釋疑·泰伯》)

以上兩則注文中,無論是“親愛”,還是“喜懼哀樂”,都是人的情感表現。而“自然”則不見於《論語》,常爲《老子》習用。在此,王弼將諸種情感與“自然”連用,並非簡單的以道釋儒,而是準確把握了孔子對人之情感的理解,並以道家“自然”概念作注解,從而實現儒道會通。

王弼將“孝”解爲親愛之情,而“自然”則起修飾作用③,指

---

① [魏]王弼著,樓宇烈校釋:《王弼集校釋》,北京:中華書局,1980 年,第 621 頁。
② [魏]王弼著,樓宇烈校釋:《王弼集校釋》,北京:中華書局,1980 年,第 625 頁。
③ 陳鼓應先生指出:“‘自然’一詞,並不是名詞,而是狀詞。也就是说,‘自然’並不是指具體存在的東西,而是形容‘自己如此’的一種狀態。”見陳鼓應注譯:《老子今注今譯(參照簡帛本最新修訂版)》,北京:商務印書館,2003 年,第 49 頁。

此親愛之情是自然而發的,並非由其他原因而起。王弼的這一解釋或許有其歷史背景。兩漢時期,孝不再只是單純的子對父之情,而是演化成一種社會文化。兩漢極爲推崇"孝",皇帝謚號皆加"孝",並以"孝"作爲選拔官員的重要標準。這種孝文化帶來了種種弊端,產生了許多虚偽的假孝子。王弼在此將"孝"解爲"自然親愛",或許正是針對這種社會弊病而發。在其看來,"孝"的本質是一種親愛之情,並非源於外界重孝的社會輿論壓力,也非源於個人謀取聲譽和官位的私心,而是源於父子之間天生的親暱感,是自然生發的、天然具足的一種情感。不僅僅是"親愛"之情,人之喜、懼、哀、樂等諸種情感都是天然具足的,並隨外界變化自然生發的,也就是"民之自然,應感而動"。

王弼在此所用"自然"義是與其整體思想相契合的。在王弼思想中,"自然"是承襲自老子,並與秦漢道家思想的發展相連貫的。"自然"在《老子》中共五見,陳鼓應先生認爲都是指"一種不加强制力量而順任自然的狀態"①。詳而言之,在《老子》中,"自然"主要指萬物或百姓"自己如此"的存在狀態,而這建立在道或君主無爲的基礎之上。② 也就是說,"自然"在《老子》中是一種不受外部力量干擾的自己如此的狀態,這種狀態强調的是不受外力影響。從這個角度看,也可以稱其爲"自然"

---

① 陳鼓應注譯:《老子今注今譯(參照簡帛本最新修訂版)》,北京:商務印書館,2003年,第49頁。
② 王博:《老子自然觀念的初步研究》,《中國哲學史》1995 年第 3—4 期合刊。

的消極性意義。① 不過,隨著"自然"概念適用範圍的擴大,其義項也得到了擴展。《老子》中的"自然"大多指百姓或萬物"自然而然",而當"自然"指涉對象變爲個人時,其義項也就會隨之發生變化。除了外部力量的干涉,個人的行爲還會受到智識或私慾的干擾,因此其若要實現"自然"就不能只是排除外界影響,還要做到"不造作"、"除智故",做到"無意識的自然"。如果説前一種"自然"是強調不受外在因素影響,那麼後一種"自然"則是強調不受内在因素影響。② 其實,通行本《老子》中對這種内在因素是保持警惕的,《十九章》的經典叙述即是如此,"絶聖棄智,民利百倍;絶仁棄義,民復孝慈;絶巧棄利,盜賊無有。此三者,以爲文不足,故令有所屬,見素抱樸,少私寡慾"。③ 除此之外,還有"嬰兒"、"赤子"等稱謂,都表明《老子》在盡量排除内在因素的干擾,只是尚未將此與"自然"聯繫在一起,不過其實質已是"自然人性"了。④

反觀王弼之"自然",在其《老子注》中,他已經將《老子》中百姓或萬物之"自然"更多轉爲聖人或道之"自然"。如注"道法自然"云:"道不違自然,乃得其性。"⑤注"是以聖人去甚,去奢,去泰"云:"聖人達自然之至,暢萬物之情,故因而不爲,順而不

---

① 王慶節:《老子的自然觀念:自我的自己而然與他者的自己而然》,《求是學刊》2004 年第 6 期。
② 關於"自然"的兩種區分,見葉樹勛:《早期道家"自然"觀念的兩種形態》,《哲學研究》,2017 年第 8 期。
③ [魏]王弼著,樓宇烈校釋:《王弼集校釋》,北京:中華書局,1980 年,第 45 頁。
④ 鄭開:《莊子哲學講記》,南寧:廣西人民出版社,2016 年,第 183 頁。
⑤ [魏]王弼著,樓宇烈校釋:《王弼集校釋》,北京:中華書局,1980 年,第 65 頁。

施”，而萬物則是“以自然爲性”。① 道或聖人的“自然”是任物自然，不去干涉萬物或百姓自己如此的存在狀態，而萬物或百姓的“自然”則是保持自己如此的存在狀態不被干擾。同時，王弼也開始强調不受内在因素影響的“自然”。如注“復歸於嬰兒”云：“嬰兒不用智，而合自然之智。”②注“非以明民，將以愚之”云：“愚，謂無知守真，順自然也。”③所謂“嬰兒”、“愚”都是指主體個人不造作，摒除智識、私慾等内在因素的影響，恢復嬰兒純真的狀態，應感而動，率真而行。依此來看，王弼在《論語釋疑》中以“自然”解“情”也屬於這種模式。

其實，早在西漢初年，以“自然”解“情”就已經出現。《淮南子·齊俗訓》載有一段與王弼“夫喜、懼、哀、樂，民之自然”極爲相似的論述：

> 且喜怒哀樂，有感而自然者也。故哭之發於口，涕之出於目，此皆憤於中而形於外者也。譬若水之下流，烟之上尋也，夫有孰推之者！故强哭者雖病不哀，强親者雖笑不和。情發於中而聲應於外。④

---

① ［魏］王弼著，樓宇烈校釋：《王弼集校釋》，北京：中華書局，1980 年，第 77 頁。
② ［魏］王弼著，樓宇烈校釋：《王弼集校釋》，北京：中華書局，1980 年，第 74 頁。
③ ［魏］王弼著，樓宇烈校釋：《王弼集校釋》，北京：中華書局，1980 年，第 168 頁。
④ 劉文典撰：《淮南鴻烈集解》，北京：中華書局，1989 年，第 354 頁。葉樹勛在一文中引用此段並做了詳細分析，且與《莊子·漁父》中一段相似文字做了對比分析，指出《淮南子》之“自然”即是《莊子》之“真”。見葉樹勛：《道家“自然”觀念的演變——從老子的“非他然”到王充的“無意志”》，《南開學報（哲學社會科學版）》2017 年第 3 期。

喜怒哀樂諸情都是有感而動,由"中"發出而顯形於外,這一過程是自己如此而無外力施加,猶如水向下流,烟向上飄,並沒有外在推動者的存在。不過,"强哭"或"强親"的行爲説明除了外在推動者,主體自身也存在着影響情感流露的因素,如個人求名、求利的私念使其蓄意假哭或諂媚假笑,而這無疑屬於主體内在因素影響。因此,"自然"在指稱喜怒哀樂諸情時,即是指情感的抒發没有外在因素影響,更没有内在因素影響,僅是情感無意識、無造作的隨感而發。

王弼在《論語釋疑》中的注解,諸如"自然親愛爲孝"、"夫喜、懼、哀、樂,民之自然,應感而動"等,大概都承繼了《淮南子》的觀點。其中"自然"即是指情感不受智識、私慾干擾的本然狀態,實質上是一種應感而發的自動反應。這種"應感而動"一旦摻雜慾望或名利就不再是"自然","望譽冀利以勤其行,名彌美而誠愈外,利彌重而心愈競。父子兄弟,懷情失直,孝不任誠,慈不任實,蓋顯名行之所招也"。① 名利之心越重,原本真摯純粹的孝慈之情就會沾染名利而失真。王弼又在《周易注》中説道:"静專動直,不失大和,豈非正性命之情者邪?"②"動直"即是指情應感而動時無智識、無造作、無私慾,摒除内在因素干擾,即情感之抒發直而不曲,暢快淋漓,這種狀態也就是王弼所説之"自然"。而這種"動直"也正是《論語》將父子之情稱爲"直"的原因。③

①［魏］王弼著,樓宇烈校釋:《王弼集校釋》,北京:中華書局,1980年,第199頁。
②［魏］王弼著,樓宇烈校釋:《王弼集校釋》,北京:中華書局,1980年,第213頁。
③當然,王弼仍然會面對情的正邪善惡問題,畢竟這是先秦以來性論都將面對的問題。在注解"子曰:'其言之不怍,則其爲之難。'"時,王弼説:"情動於(轉下頁)

四、結語

在《論語》中，孔子極其推重情感的本真性，其以"直"來指稱這種本真性。相比於"直"的早期用法，孔子這種對"直"的情感化解讀可以算是一種革新，也由此導致了與持傳統觀點的葉公就"父子相隱"問題發生爭論。不過，這種新闡發也使"仁"有了更堅實的情感基礎。當然，"直"依然有其問題，孔子就說："直而無禮則絞。"（《論語·泰伯》）①因此，"直"還需要禮來規範，正如馮友蘭先生指出的："言直則注重個人性情之自由，言禮則注重社會規範對於個人之制裁。前者爲孔子之新意，後者乃古代之成規。"②同樣，王弼所說之"情"也存在着自身的問題，如性情之關係？情之正邪？這些問題還需另文討論，在此不再贅述。不過，拋下這些問題暫不表，"直"與"自然"的關係大致已梳理清楚。

從情感的本真性角度看，《論語》之"直"與王弼之"自然"是有相通處的。特別是在"父子相隱"問題中，孔子所言之"直"就是指子對父之孝、父對子之慈，這種親情最本真、最純粹，依王

（接上頁）中而外形於言，情正實，而後言之不作。"（《論語釋疑·泰伯》）其中，"情正實"就意味着有不正實的情況存在。王弼在注"性相近也，習相遠也"時，更是直接說出："不性其情，焉能久行其正，此是情之正也。若心好流蕩失真，此是情之邪也。"（《論語釋疑·陽貨》）"性其情"即是王弼解決情邪情惡的答案。

①［清］阮元校刻：《十三經注疏》，北京：中華書局，1980 年，第 2486 頁。
②馮友蘭：《中國哲學史》（上册），上海：華東師範大學出版社，2000 年，第 59 頁。

弼之言即是"自然親愛"、"民之自然,應感而動"。遺憾的是,王弼的注文大部已散佚,再無法觀其更詳細表述。不過,稍後的皇侃在《論語義疏》中還有關於"父子相隱"章的一段論述,他指出:"父子天性,率由自然至情,宜應相隱,若隱惜則自不爲非,故云直在其中矣。若不知相隱,則人倫之義盡矣。"①由此可見,王弼以"自然"注解"孝"及"喜怒哀樂"等情,已被後世南朝學者用於闡發"父子相隱"章之"直"。之所以有此承傳,正説明王弼對孔子思想的精準把握,並以此作爲連接點,將道家思想與孔子思想銜接起來。這無疑就是魏晉時期經學詮釋的新發展,也是正始時代儒道會通的新表徵。

作者簡介:張永路,1982 年生,河北衡水人。中國人民大學哲學博士,現任天津社會科學院哲學研究所副研究員。主要研究領域爲先秦哲學。

---

① [梁] 皇侃撰:《論語義疏》,北京:中華書局,2013 年,第 338 頁。

詮釋與重建：郭象《莊子注》中的黃老意涵[*]

陳之斌

内容提要　郭象《莊子注》所呈現出來的思想面向跟學術旨趣與漢初以來的黃老學有着驚人的相似性。《莊子注》中有大量的黃老學因素，很多論述幾乎就是黃老學的翻版，其内聖外王之道、無爲而治的政治理念及性分論中，均隱含着鮮明的黃老學内涵。由此可推斷，郭象很有可能借黃老學對莊子進行了重新詮釋，並把莊子和黃老學派都推向了一個新的高度。以往的研究把儒道會通和自然與名教之辨視爲郭象思想的核心議題，並不能概括郭象思想的實質。引入黃老學的視域之後，可幫我們重新思考郭象思想的特質以及魏晉玄學的主題。

　　郭象《莊子注》所呈現出來的思想面向跟學術旨趣與漢初

＊本文爲國家“十三五”規劃文化重大工程《中華續道藏》（批准號：中央統戰部“統辦函”［2018］576號）的專項研究成果。

以來的黃老學①有着驚人的相似性，而且《莊子注》中有大量的黃老學因素，很多論述幾乎就是黃老學的翻版，讓人不得不懷疑，郭象是否借黃老學對莊子進行了全面重構？近年來，隨着黃老學研究的興起，玄學與黃老學之間的關係也逐漸引起學者的重視，爲魏晉玄學的研究注入了新的活力。事實上，已有學者注意到了郭象與黃老學之間的關係，如王曉毅認爲魏晉玄學的基本特徵就是黃老與老莊的融合，"'黃老'與老莊哲學的融合，引發了玄學思想革命。這是魏晉時期最重要的學術突變"。②"郭象的學術貢獻，是沿着玄學融合黃老'因循'與老莊'自然'的學術思想繼續發展，在通過建構新的聖人論，將'無爲'與'有爲'再次融爲一體。"③黃老道家的一個顯着特點就是，以老莊道家爲主，兼採儒、墨、名、法等諸家理論而成。與其説是融合黃老與老莊，不如説是借助黃老來詮釋老莊。一方面，《莊子》中本身就存在黃老學的成分，外雜篇中的《天地》、《天道》、《天運》、《在宥》、《刻意》、《繕性》、《天下》等諸篇屬於黃老派的作品；④

---

① 由於黃老學涉及範圍極廣，思想上又呈現出兼綜雜糅之特點，歷來没有一個嚴格的定義。本文也是在此一般意義上來進行探討的。此外，有關郭象《莊子注》中哪些是《莊子》本身就有的黃老思想，哪些又是郭象詮釋莊子所用的黃老，由於《莊子》成書的複雜性及文獻的不充分性，歷來爭論不斷，還没有形成一致的觀點，本書暫不做討論。至少從學術傾向來講，莊子跟黃老學還是有着鮮明的區別。
② 王曉毅：《郭象評傳》，南京：南京大學出版社，2006年，第164頁。
③ 王曉毅：《郭象評傳》，南京：南京大學出版社，2006年，第174頁。
④ 劉笑敢：《莊子哲學及其演變》，北京：中國社會科學出版社，1988年，第299頁。需要指出的是，《莊子》中的這些篇章内容與黃老略有相通，因爲《莊子》是經過漢代學者的整理之後才形成的。已有論者指出，在秦代以前，黃老與老莊並未發生明顯的聯繫。而且，莊子對以刑名法術著稱的黃老學派極其厭惡，詳見王葆玹：《黃老與老莊》，北京：中國人民大學出版社，2012年，第12—15頁。

另一方面,黃老學曾在漢初一度流行,且對後世的魏晉玄學產生
了直接的影響,不可能不對郭象產生一定的影響。因而,我們完
全有理由推斷,郭象很有可能借助黃老學來詮釋莊子,把偏向於
心靈自由與精神超越之"個體化"的莊學,詮釋爲以社會政治秩
序爲旨趣的"内聖外王"之道。這一重建的結果,不但完全轉換
了莊子的致思路徑,還把黃老學推進到一個新的高度。換言之,
莊子和黃老學,經由郭象,都得到了全新的發展。沿着此一思考
路徑,筆者詳細考察了《莊子注》中的内聖外王之道、無爲而治
的政治理念以及性分論,並同黃老學的相關理論作對比,發現其
中確實暗藏着鮮明的黃老學思想。以下將從這三個方面詳細展
開,以就教於方家。

一、内聖外王與帝道

郭象思想的根本旨趣在於社會政治秩序的反省與重建,他
在《莊子序》中把《莊子》一書的主旨定位爲:"通天地之統,序萬
物之性,達死生之變,而明内聖外王之道。"衆所周知,"内聖外
王"出自《莊子·天下》篇,是表述"天地之純、古人之大體"的
"道術"的主要特徵,與一偏一曲之"方術"相對。就莊子來講,
他對世俗意義上的政治持一種批判甚至懷疑的態度,可以説是
重内聖而輕外王。顯然,用"内聖外王之道"來概括莊子思想的
主旨,出於郭象自己的考慮,而非莊子本意。郭象在談到惠施思
想時,更是明確地指出:"吾意亦謂無經國體致,真所謂無用之

談也。"(《天下》注)他認爲學術的意義就在於"經國體致",即應該以國家治理爲主,否則就是無用之談了。

與莊子的無君論相比,郭象所主張的"内聖外王之道",必須要靠君王才能實現,因而他特別強調君王對於重建社會政治秩序的重要性。"千人聚,不以一人爲主,不亂則散。故多賢不可以多君,無賢不可以無君,此天人之道,必至之宜。"(《人間世》注)所謂的無爲而治,其實質也還是離不開君王的存在,所以郭象講:"天下若無明王,則莫能自得。令之自得,實明王之功也。"(《應帝王》注)郭象致力於社會政治秩序的重建,因而仁、義、禮、知,乃至理、法、刑、賞罰、德等一切有利於秩序的方式方法都是他所憑借的對象,郭象也充分肯定了它們的存在價值及其作用。而這些恰恰是莊子所極力反對的。

> 刑者,治之體,非我爲。禮者,世之所以自行耳,非我制。知者,時之動,非我唱。德者,自彼所循,非我作。(《大宗師》注)
>
> 法者,妙事之跡也,安可以跡粗而不陳妙事哉!(《在宥》注)
>
> 夫賞罰者,聖王之所以當功過,非以著勸畏也。(《在宥》注)
>
> 仁者,兼愛之名耳;無愛,故無所稱仁。(《天道》注)

與通常意義上的仁、禮、德、法、刑等不同,郭象認爲這些價

値觀念和社會規範的實行都不是强制和教化的結果,而是個體
"性分"的自然流露,因爲所有的這一切都已經内化於"性分-自
然"的理論結構之中了。

以上是就"外王"的一面來講。當然,外王的核心還是無爲
而治,因爲在郭象的思想體系中,百姓都是"自爲"的人,君王與
仁義禮法等具體的治理方式,只是其外王的進一步落實。從
"内聖"的角度來看,郭象的聖人之德也呈現出非常鮮明的特
點。郭象認爲,要真正地把無爲政治的現實可能性發揮出來,統
治者或者説是聖王,就必須以"無心"的方式去對待萬事萬物,
並且貫通廟堂與山林、方外與方内。莊子强調内外之分,並指出
"外内不相及"(《大宗師》)。所謂方内指世俗的、受禮法束縛
的世界;方外則指超脱禮教、法度之外的世界。郭象爲了貫通内
聖與外王、無爲與有爲,就必須處理好内與外的關係。在郭象看
來,莊子所講的"神人"、"至人"等超現實的人和現實中的"聖
人"、"明王"等没有任何區别,"神人即聖人也。聖言其外,神言
其内"(《外物》注)。並把莊子的方内與方外轉換成"神"與
"聖"的區别,因而方外與方内也就變成内在之德性與外在之事
功,這樣郭象就把廟堂與山林、方外與方内打通。聖人之所以能
够做到"雖在廟堂之上,然其心無異於山林之間",關鍵之處就
在於"無心"。正是通過"無心",彼我、是非、内外、善惡、無爲與
有爲、心與物等一切對待和差别才得以溝通,外在的行爲與内在
的精神境界也才得以貫通。在郭象的思想體系中,"内聖"與
"外王"可以説是一體兩面,相互貫通的。"内聖外王之道"既是

一種心性修養論,又是一種社會政治理論;即是一種內在的精神向度,又是一種外在的實踐方式,其實質內容都可以歸結爲"無爲"。可以説,兩者相互涵攝,互爲表裏。

如果我們把郭象的"内聖外王之道"跟黃老學做一個對比,會發現兩者是何等的相似!事實上,"内聖外王"這一理念的提出,本身就與黃老學有很大的關係,甚至有學者就指出,《天下》篇所提出的"内聖外王"就是出自黃老學派。① 衆所周知,黃老學是漢初的顯學,司馬談《論六家要旨》中所論述的道家,實際就是黃老道家,而非先秦時期的老莊道家。黃老道家的一個重要特點,就是以老莊道家爲基礎,兼採儒、墨、名、法等各家之長而成,所謂"因陰陽之大順,採儒墨之善,撮名法之要,與時遷移,應物變化,立俗施事,無所不宜,指約而易操,事少而功多"(《論六家要指》)。可以説,一切對政治秩序有利的,都是黃老派所憑借的對象。黃老學主要包括兩個方面,治國與治身,具體而言,"治國根於治身,身治則國治,而治身之本則在於治神。"②在不同的黃老學著作中,其側重點也有所不同。又叫主術與心術。主術,乃一種統治術,《漢書·藝文志》稱之爲"君人南面之術";心術,則是一種内在的精神狀態。《論六家要指》也是從這兩個方面展開的,主術的特徵是無爲與因循,心術則以形神關係爲主。而且,主術與心術,兩者相互交涉,相互作用,不可分割。

---

① 梁濤:《〈莊子·天下〉篇"内聖外王"本意發微》,《哲學研究》,2013 年第 12 期;李飛:《再論〈莊子·天下〉的學術立場》,《甘肅社會科學》,2014 年第 5 期。
② 鄧聯合:《〈淮南子〉對莊子"逍遥游"思想的改鑄》,《人文雜誌》,2010 年第 1 期。

　　已有學者指出，自戰國中期以來，黄老道家以老莊道家爲基礎，在傳統的王道與霸道兩種政治模式之外提出了一種新的政治模式——帝道，以此來抗衡以德禮體系爲代表的儒家政治傳統。"黄帝"的出現與流行，正體現了戰國中期道家學派因應時代要求，致力於政治思想和治理模式的推陳出新。具體而言，就是黄帝形象所代表、黄帝話語所藴含的、以道法爲主要特徵的政治哲學，在《莊子》、《管子》、《吕氏春秋》、《淮南子》等文獻中都有所體現。① 郭象雖然没有明確談起"帝道"，但是在個别地方也有所涉及，如"夫與内冥者，游於外也。獨能游外以冥内，任萬物之自然，使天性各足而帝王道成，斯内畸於人而不侔於天也"（《大宗師》注），"夫無心而任乎自化者，應爲帝王也"（《應帝王》注）。

　　事實上，從理論形態和思想核心來講，黄老學在根本上是一種政治哲學，其理論旨趣也可以用"内聖外王"來概括。或者説，"内聖外王之道"内在於黄老學之中，其理論結構由"主術"與"心術"兩方面構成。② 成書於漢代的《淮南子》較爲集中地體現了黄老學的"内聖外王"之道。③《淮南子》講：

①鄭開：《黄老的帝道：王霸之外的新思維》，《道家文化研究》，2016 年第 30 輯。相關研究文獻還有，葉樹勳：《"帝道"理念的興起及其思想特徵》，《中國哲學史》，2017 年第 1 期；曹勝高：《帝道的學理建構與學説形成》，《哲學動態》，2015 年第 9 期。有關黄老學的文獻和學派，請參考鄭開：《道家政治哲學發微》，北京：北京大學出版社，2019 年。

②鄭開：《試論黄老政治哲學的"内聖外王之道"》，《湖南大學學報》（社科版），2019 年第 2 期。

③馮達文：《〈淮南子〉：道家士的"内聖外王"》，《道家文化研究》（第三十輯），北京：中華書局，2016 年。

人主之術,處無爲之事,而行不言之教。清静而不動,一度而不摇,因循而任下,責成而不勞。是故心知規而師傅諭導,口能言而行人稱辭,足能行而相者先導,耳能聽而執正進諫。是故慮無失策,謀無過事,言爲文章,行爲儀表於天下。進退應時,動静循理,不爲醜美好憎,不爲賞罰喜怒,名各自名,類各自類,事猶自然,莫出於己。(《淮南子·主術訓》)

《淮南子》也承認,處於社會中的臣民皆有符合其自身的職分,正所謂"名各自名,類各自類",君王只要"因循而任下",國家就能得到治理。更有甚者,他還把仁義與法度納入國家治理方式之中,只不過必須要以仁義爲本,法度爲輔,才不會本末倒置。這都是黃老學派的典型特徵。

鑒於兩者思想之間的親緣性,我們有理由推測,郭象正是用黃老學的"帝道"重新詮釋了莊子思想,把偏向於心靈自由與精神超越之"個體化"的莊學改造成爲以社會政治秩序爲旨趣的"内聖外王"之道。郭象的"内聖外王"之道,不僅包含了"游外以冥内,無心以順有"的内在精神性特徵,同時也融涉了仁義禮知、刑名法術等外在的秩序性話語。有學者指出,郭象建立的"新莊學",實際是以《莊子》中的黃老思想爲主幹的。① 事實上,在秦以前,黃老學跟《莊子》還未發生明顯的聯繫,後世所見的《莊子》乃是經過劉向和郭象等人的編排而成,因而《莊子》中

① 梁濤:《郭象玄學化的"内聖外王"觀》,《中國哲學史》,2015 年第 2 期。

的黄老學思想很有可能是後世篡入的。即使從思想傾向上來講，莊子跟黄老學也是非常的不同，莊子對以"刑名法術"爲主的黄老學派有嚴厲的批判態度。一方面，《莊子》中的黄老學理論還比較抽象，在制度建設和秩序重建方面還不太完備，没有把仁義禮法等秩序性話語考慮進去，如把"恬淡虛無、寂寞無爲"（《天道》）看作帝王天子之德，而缺少具體的可操作性；另一方面，《莊子》中還保留了大量對儒家政治理念的反思和批判，而後世的黄老學則從正名的角度積極加以建構。不過，至少該論者也承認，郭象的"内聖外王之道"確實受到了黄老學的影響。

二、無爲與因循

如果説郭象的"内聖外王之道"在形式上跟黄老學的"内聖外王"有類似之處，那麼，其無爲而治的政治思想則包含了更多且更加鮮明的黄老學因素。或者説，其實質内容就是黄老學。郭象繼承了老莊道家無爲而治的思想傳統，但他對無爲的理解，與老莊道家還是有很大的不同。在老莊思想體系中，無爲是用來描述聖人之治的；而在郭象的思想中，只要萬事萬物都做自己該做的事情，就是無爲。"夫無爲也，則群才萬品各任其事，而自當其責矣。"（《天道》注）這樣的論述在《莊子注》中隨處可見。需要注意的是，郭象對"無爲"做了創造性的詮釋，他把"無爲"的主語從聖人擴展到萬民乃至萬事萬物。這一理解，無疑擴展了"無爲"的内涵，使得萬民及萬事萬物皆具備了無爲的潛質。因而，所謂的聖王之治，只不過是任萬物之自爲而已。在這樣一種詮釋框架下，傳統的黄老學君臣異道理論也呈現出新的面向。君臣異道是黄老學對老莊無爲思想的進一步深化，具體則指君無爲而臣有爲。

　　黄老學意義上的無爲而治，是指君虚心弱志以無爲居之，而臣守職分明以有爲應之，講求君臣異道。郭象從性分自然的角度出發，把萬物之有爲理解成自爲。如此，由於萬物之自爲不是出於人爲强制或干涉的結果，因而可以視之爲一種無爲。通過對無爲的創造性詮釋，郭象就把傳統的黄老學意義上的君無爲而臣有爲轉變爲君臣上下皆無爲。實際上，這一詮釋還是没有超出黄老學君無爲而臣有爲的理論範式，因爲具體的政治實踐還是靠在下之臣來完成的。此外，儘管郭象認爲君臣皆無爲，但他還是嚴守君逸臣勞之分，在某種程度上也是對君臣異道的肯定。"君位無爲而委百官，百官有所司而君不與爲。二者俱不爲而自得，則君道逸，臣道勞，勞逸之際，不可同日而論之也。"（《在宥》注）

　　郭象對無爲的改造，顯然是借鑒了黄老學的"因循"理論。已有論者指出："郭象深化了黄老'因循'思想學説與老莊人性'自然'理論的結合。……將黄老積極入世的'因循'哲學逐步滲入到老莊個性自由的'自然'理念中，以此調和道家自然無爲與儒家綱常禮教之間的矛盾。"①把黄老學的"因循"與老莊的"自然"結合起來，王弼已開其端倪，如王弼注《老子》第29章：

①王曉毅：《郭象評傳》，南京：南京大學出版社，2006年，第161—164頁。

"萬物以自然爲性,故可因而不可爲也,可通而不可執也。……聖人達自然之性,暢萬物之情,故因而不爲,順而不施。"①郭象在《莊子注》中也大量使用了"因循"理論,這樣的例子也隨處可見:

> 因其性而任之則治,反其性而凌之則亂。夫民物之所以卑而賤者,不能因任故也。是以任賤者貴,因卑者尊,此必然之符也。(《在宥》注)
> 因天下之自爲,故馳萬物而無窮也。(《應帝王》注)
> 任其自爲而已。唯因任也。觀其形容,象其物宜,與天地不異。(《知北游》注)

從上述引文可以看出,"因"常常與"性"、"自爲"聯繫起來。這意味着,"因"就是因順人之性,因順人之自爲。在郭象思想中,"性"、"自爲"可看作是"自然"的一種表現形式。郭象將社會政治秩序建立在人性分—自然之上,其意識中的善政,就是順應和遵循人之性分或人之自爲的統治。事實上,"自爲"也是黄老學的一個顯著特點,如慎到講:"人莫不自爲也,化而使之爲我,則莫可得而用。"(《慎子·内篇》)《尹文子》也説:"田子曰:人皆自爲,而不能爲人。故君人者之使人,使其自爲用,而不使爲我用。"(《尹文子·聖人》)《黄帝四經》也有類似的説法,"不受禄者,天子弗臣也;禄薄者,弗與犯難。故以人之自

---

① 王弼:《老子道德經注校釋》,樓宇烈校釋,北京:中華書局,2009年,第76頁。

爲"(《黄帝四經·稱》)。除了"因"之外,郭象也經常用"任"來表述。

　　"因循"是黄老學的一個非常顯著的特質,也是黄老學政治實踐開展的具體途徑。從廣義的角度來講,"因"可以理解爲"遵循萬物的本性和性情";社會政治領域中的"因"是用來説明統治者如何適應人自利和自爲的"人情",具有依照、憑借和遵循的意思,也可以理解爲順應。① 黄老學有普遍"貴因"的傳統,《慎子》《管子》《文子》《吕氏春秋》《淮南子》等黄老學著作中有大量的相關論述:

　　　　是故,有道之君,其處也,若無知。其應物也,若偶之。靜因之道也。……無爲之道,因也;因也者,無益無損也。以其形,因爲之名,此因之術也。……因也者,捨己而以物爲法者也。……故道貴因,因者,因其能者,言所用也(《管子·心術上》)

　　　　天道因則大,化則細。因也者,因人之情也。人莫不自爲也,化而使之爲我,則莫可得而用矣。……故用人之自爲,不用人之爲我,則莫不可得而用矣。此之謂因。《慎子·因循》

　　　　因者,君術也;爲者,臣道也。(《吕氏春秋·任數》)

―――――――――

① 王中江:《黄老學的法哲學原理、公共性和法律共同體理想――爲什麽是"道"和"法"的統治》,載《簡帛文明與古代思想世界》,北京:北京大學出版社,2011 年,第 427—470 頁。

> 所謂無爲者,不先物爲也;所謂無不爲者,因物之所爲。
> 所謂無治者,不易自然也;所謂無不治者,因物之相然也。
> (《淮南子·原道訓》)

《管子》中對"因"的論述可以説是黃老學文獻中最詳盡的,並把"因"與"無爲之道"聯繫起來。其他文獻則是對"因"的具體運用。所謂的"因"就是不把自己的意志强加到他人之上,也不去減損或增加他人的性情,而是完全效法萬物自身。"因"的對象主要是人之能與人之情,君王統治的根本就在於掌握"因"的法則,去順應百姓之能與百姓之情。

黃老學的這種"因循"論表現在歷史觀上,就是與時俱進、因時而變。郭象並没有採取老莊道家歷史退化論的觀點,而是吸收了黃老道家積極進取的觀念,提出"應時而變"的思想,扭轉了西晉玄學虛無主義的傾向。

> 夫先王典禮,所以適時用也。時過而不棄,即爲民妖。……時移世異,禮亦宜變。故因物而無所系焉,斯不勞而有功也。夫禮義者,當其時而用之,則西施也;時過而不棄,則醜人也。(《天運》注)

莊子在政治上始終持一種懷疑且遠離的態度。時移世異、應時而變的觀點,顯然來自於黃老學派。郭象借助黃老學,把《莊子》塑造成爲積極入世的經典,建立了肯定進步與變化的歷史觀,爲其現實的國家治理尋找理論依據。

　　由以上分析可以看出,郭象顯然借用了黃老學的"貴因"思想,對莊子的無爲而治進行了創造性詮釋。無爲而治的根本在於任萬物之自爲,也就是因順萬物之本然的情狀。郭象又稱之爲性分、自然、自生、獨化。因而,無爲而治就轉變爲臣民之自治。正是在此意義上,郭象認爲,君臣上下乃至天下萬事萬物,皆出於無爲。

三、性分與形名

　　無論是"内聖外王之道"的實現,還是無爲而治的展開,都要靠"性分"才能完成。然而,"性分"的内涵卻極爲複雜,也是郭象思想中引起誤解和質疑最多的概念。[①]　一般來講,"性分"乃一事物之爲一事物的根本規定性,它確定了該事物與他者之間的邊界,是郭象用來表述不同物種間的種屬差異性和個體之間差異性的哲學範疇。具體而言,可從兩個方面展開:一是從積極正面的角度加以肯定,認爲萬事萬物都具有天生的根本規定性,所謂"物各有性,性各有極"(《逍遥游》注),只要充分發揮,就可以把此種潛在的規定性實現出來,郭象常常用"得性"、"適性","足性"、"安其天性"、"盡分"來表示;一是從消極的角度加以限定,強調萬事萬物都具有自身的邊界,任何行動都不得逾

―――――――――――

[①]王中江:《郭象哲學的一些困難及其解體――從"性分論"和"惑者説"來看》,載《道家學説的觀念史研究》,北京:中華書局,2015 年,第 375—403 頁。

越此邊界,所謂"天性所受,各有本分,不可逃,亦不可加"(《養生主》注),"止於所受之分"(《達生》注),與此相關的表述有"當分"、"守分"、"知分"、"止其分"、"居其分內"、"游於分內"、"不役思於分外"等。需要特別指出的是,"性分"有內外之別。郭象所講的"性分",皆就內而言。

> 夫六合之外,謂萬物性分之表耳。夫物之性表,雖有理存焉,而非性分之內,則未嘗以感聖人也,故聖人未嘗論之。(《齊物論》注)
>
> 所不知者,皆性分之外也。故止於所知之內而至也。(《齊物論》注)
>
> 夫寄當於萬物,則無事而自成;以一身制天下,則功莫就而任不勝也。全其性分之內而已。各正性命之分也。不爲其所不能。禽獸猶各有以自存,故帝王任之而不爲,則自成也。(《應帝王》注)

由於郭象否定了造物主的存在,主張"物各自造",萬事萬物都是"自生"、"獨化"而成,這意味着萬事萬物在其產生的那一刻,其自身的規定性就已經被確定好了。因而對於"性分"之外的一切,我們是不知道的。正是在此意義上,郭象强調"性分"的永恆不變性,萬事萬物都不能"中易其性"。這是就"性分"之外而言的。但是,就"性分"之內而言,郭象認爲是可以發生改變的。有些特質潛在於"性分"之中,只要通過後天的學習與積習之功,就可以充分的展現出來。所以郭象有時候也會說:"天下之物,未必皆自成也。自然之理,亦有須治鍛而爲器者耳。"(《大宗師》注)"言物雖有性,亦須數習而後能耳。"(《達生》注)因而,"人性有變,古今不同"(《天運》注)的觀點,很有可能是就"性分"之内而言的。有論者以此爲由批評郭象,認爲"性分"的永恒不變性與積習以成之間存在衝突和矛盾,實質上是忽視了"性分"有内外之别。

關於"性分"的内涵,除了自生獨化、自然而然的先天本性之外,郭象還認爲仁、義、禮、智等後天的社會屬性也内在於人性之中。君王的無爲而治,由此就變成臣民的自治,因爲一切的社會規範與秩序安排,都已經通過"性分"而内化於人性。所以,郭象在注解《應帝王》"夫聖人之治,治外乎"一句時說"全其性分之内而已",意味着聖人之治的出發點和歸宿都在於盡力保全和充分實現臣民的性分。筆者之前已撰文指出,郭象的"性分"論受黄老學"名分"思想影響。郭象通過黄老學的"名分"概念,把秩序的概念引入莊子思想,意味着把外在的、由等級名分所規定的社會秩序内化於人性之中。由此一來,郭象把人類先天的自然本性跟後天的社會屬性結合在一起,把名教與自然的内涵都内化於"性"之中,擴展了先天自然本性之内涵。① 在此,筆者嘗試從"形名"的角度進一步探討"性分"與黄老學之間的

---

① 陳之斌:《性分與名分——論郭象"性分論"中的黄老學意涵》,《中國哲學史》,2019 年第 6 期。"名分"本身是一個非常具有黄老學意涵的概念,後來才逐漸演變成儒家思想的一部分,詳見李巍:《春秋大義與黄老思潮:"〈春秋〉以道名分"説探析》,《社會科學戰線》,2019 年第 4 期。

關係。實際上,在黃老學的思想脈絡中,"名分"是"形名"在社會政治領域的一種表現形式。

形名,又叫刑名,起源於先秦時期的黃老道家,與治道和倫常相關,在早期中國政治倫理秩序的建構中發揮了極其重要的作用。到漢魏之際,名家思想興盛,形名學又通過人物品評得到了進一步的發展。湯用彤先生指出,成熟於曹魏時期的人才學理論專著《人物志》,對漢魏之際學術思想的轉變起了承上啓下的作用。《人物志》的核心理論就是形名學,檢形定名、名實相符。後經過王弼,形名學遂成爲魏晉玄學的首要方法。① 郭象也繼承了這一方法,稱之爲"辨名析理",即通過分析事物的"名"來確定該事物的"實",由此達致名副其實。已有論者指出,郭象創造性地運用形名學理論建立了他的理論體系,並貫穿於其本體論、認識論及政治學説等思想體系的各個層面。②

《人物志》所講的檢形定名、名實相符,並由此知人善任、量才授官,實際就是規定了人所處的"名分"。這與法家所强調的"循名責實"有異曲同工之妙。事實上,名法二家均講循名責實。湯用彤先生指出:"則名分尊卑擇人任官,在儒家爲教化,而在法家則爲主術。……故不但儒名二家相通,而其實則常實爲法術之運用也。又考課之法原載儒書,然其意固在綜核名實,則又法家之言。"③可見,在法家看來,由"名分"所規定的身份地

①湯用彤:《魏晉玄學論稿》(增訂版),上海:上海人民出版社,2016年,第3—38頁。
②王曉毅:《郭象評傳》,南京:南京大學出版社,2006年,第231—234頁。
③湯用彤:《魏晉玄學論稿》(增訂版),上海:上海人民出版社,2016年,第14頁。

位、社會職責實際就是一種主術(統治術);而儒家所講的因才授任,實質上就是法家"綜核名實"的另一種表現形式。通過明確的社會分工和嚴格的等級制度使臣民各司其職、各守其位,以此建立有序的政治局面,恰恰是《管子》、《韓非子》、《尹文子》等所代表的法家和黄老學派關注的焦點:

> 聖人之治也,静身以待之,物至而名自治之。正名自治之,奇身名廢。名正法備,則聖人無事。(《管子·白心》)
>
> 有言者自爲名,有事者自爲形,形名參同,君乃無事焉,歸之其情。(《韓非子·主道》)
>
> 名者,名形者也;形者,應名者也。然形非正名也,名非正形也,則形之與名,居然别矣! 不可相亂,亦不可相無。無名,故大道無稱;有名,故名以正形。今萬物具存,不以名正之,則亂;萬名具列,不以形應之,則乖。故形名者,不可不正也。(《尹文子·大道上》)

《管子》所講的"名"不僅僅是事物的名稱,更是事物得以有序運行的保障。《韓非子》中的"形名"則呈現出更加工具化的傾向,而且具有法律意義上的規範性和約束力,成爲君主統治和管理臣下的重要手段。《尹文子》的情況則較爲複雜,該書以道家爲宗,兼取名、法、儒、道(黄老)諸家,從更加廣泛的視域論述了"形名"在社會政治倫理秩序中的重要性。除了具象的形名之外,尹文子還把仁義禮智、名法刑賞等抽象性的話語劃歸爲"形名”之下,極大地擴展了形名的範圍。①

《黄帝四經》進一步深化了黄老學的“形名論”。

> 　　見知之道,唯虚無有。虚無有,秋毫成之,必有形名。
> 形名立,則黑白之分巳。故執道者之關於天下也、無執也、
> 無處也、無爲也、無私也。是故天下有事,無不自爲形名聲
> 號矣。形名巳立,聲號巳建,則無所逃跡匿正矣。(《黄帝
> 四經·道法》)
> 　　故執道者之關於天下也,必審觀事之所始起,審其形
> 名。形名巳定,逆順有立,死生有分,存亡興壞有處。然後
> 參之於天地之恒道,乃定禍福死生存亡興壞之所在。是故
> 萬舉不失理,論天下而無遺策。(《黄帝四經·論約》)

《黄帝四經》認爲,天下萬事萬物都會以“形名”的形式表現出
來。形名還與“恒常”、“恒事”、“恒位”、“恒度”等聯繫起來,説
明已具備規範、標準方面的意涵。《黄帝四經》的一個重要貢獻
就是,它把道家的“道”跟法家的“法”結合起來,因而作爲自然
法的“道”就可以落實到可操作的“實在法”的實際規範之上。
而黄老學之所以堅持形名相符、“審核形名”、就是要強調“法律
規範的運用要與實際情形相一致,具體説就是實施的獎賞和懲
罰要符合實際的情形。黄老學派注重‘形名’的‘參驗’和‘驗

---

① 詳情請參考曹峰:《〈尹文子〉所見“名”思想研究》,《中國古代“名”的政治思想研
　究》,上海:上海古籍出版社,2017 年,第 200—221 頁。

證',就是要求通過審核和反復查驗事實與法律標準是否符合。如果沒有客觀性的'名',就無法用來衡量實際上的'形'。"①在某種程度上,"名"甚至與"法"一樣成爲君主考慮的首要目標,並且是政治上最高的、最根本的原則。已有論者指出,"名"在《黃帝四經》中與"道"、"法"一並形成道——名——法的三元結構,是"法"具體展開和踐行的媒介和重要過度階段。②

在郭象的思想體系中,君王的無爲而治是通過臣下的自爲來完成的,而臣下的自爲又出自其自身的"性分"。可見,"性分"已經具備了規範、法律方面的内涵。以上論述也可以看出,"性分"在郭象思想中的地位,如同"形名"在黃老學中一樣,是社會政治秩序賴以建立和實行的基礎。兩者的區別在於,"形名"是從外在的角度規定了人在社會中的身份、職責,而"性分"則把此種規定性内化於萬事萬物之中。在黃老學那裏,統治者和管理者還要從事"循名責實"、綜核名實的"正名"工作,"欲知得失,請必審名察形"(《黃帝四經·名刑》)。但是,在郭象的思想體系中,由於萬事萬物都是自身獨化,在其出身之時就已經規定了所在的分位,因而不需要統治者再去從事"正名"的工作。只要做到"無心以順有",因任萬物之自爲,天下就可以達到大治。"性分"中所具有的"形名"學的内涵,就成爲君王無爲而治

---

① 王中江:《黃老學的法哲學原理、公共性和法律共同體理想——爲什麽是"道"和"法"的統治》,載《簡帛文明與古代思想世界》,北京:北京大學出版社,2011 年,第 462—463 頁。
② 詳情請參考曹峰:《〈黃帝四經〉所見"名"思想之研究》,《中國古代"名"的政治思想研究》,上海:上海古籍出版社,2017 年,第 152—178 頁。

的前提。

結　語

　　綜上分析，郭象的《莊子注》中確實存在着鮮明的黄老學思想，正如王曉毅先生所言，"在郭象哲學中，黄老的政治功利主義與老莊的自由主義有機地融爲一體：一方面，聖王'因循'社會形勢，可積極從事政治活動，但必須體現臣民的意志，以臣民實現自然本性爲終極目的；另一方面，臣民的自然本性已經與社會等級名分嫁接，變成了符合社會規範的'性分'，因而臣民將自動限制個人自由與政治自治的範圍，其共同意志必定是維護社會秩序。"①郭象以"性分—自然"爲基礎，致力於仁義禮知與刑法賞罰的相互交涉與融合，以此來推動社會秩序的重建，體現了黄老道家以道家哲學爲理論基礎兼容諸子百家的思想傾向。可以説，黄老政治哲學的新思維激發和推動了"性分—自然"的深刻蜕變和創造性轉化。郭象不再像竹林玄學時期的嵇康那樣決絕地反對仁義禮法，而是看到了仁、義、禮、法、刑等對社會政治秩序的正面建構作用。他把仁、義、禮、知、法、刑、賞罰等納入"性分—自然"之中，從而形成某種新的理論結構，使得其政治哲學的思想空間更爲廣闊、更爲複雜。

　　有論者指出，郭象以儒家的立場改變了莊子的原意。"他引進的儒家立場，是儒家關懷人世，肯定人世，立足人間世思考

---

①王曉毅：《郭象評傳》，南京：南京大學出版社，2006年，第313頁。

問題的立場,而他站在這樣的立場上考慮的,卻是如何爲儒家的人間世諸原則奠定一個形而上學的本體論基礎。"①"關懷人世、肯定人世、立足人間"不一定就是儒家的立場,儘管郭象也非常重視名教。事實上,這些領域也是黃老學的關注的重點所在,因爲黃老學在根本上就是一種社會政治理論。與其說郭象以儒家的立場改變了莊子的致思路徑,不如說郭象通過黃老思想對莊子進行了全面的重構。郭象思想,不是儒道的調和,而是道家思想的新發展。正是在此意義上,以郭象爲代表的魏晉玄學被稱之爲"新道家"。

如果這一論斷成立的話,將爲我們理解魏晉玄學的主題以及儒道關係提供一個新的視角。以往的研究把自然與名教之辨視爲魏晉玄學的中心議題,這意味着自然與名教,或者說儒家與道家還是兩個外在的不同學派之間的關係,其間的衝突和矛盾是必然存在的。如果我們從黃老學的視域來思考的話,自然與名教之辯便不再是外在的、兩個不同學派之間的關係,而變成了黃老學内部兩種價值觀念之間的關係。因爲黃老學的一個重要特徵就是以老莊道家爲基礎,兼採儒墨名法等諸家之長。進一步講,郭象把仁義禮智、賞罰刑法等各家各派所倡導的價值理念之根基去掉,重置在"性分—自然"這一新的根基之上。由此一來,仁義禮智、賞罰刑法等價值理念就不再像其在原有學派中一樣是一種根本性的價值,而是轉變成一種工具性的存在,在郭象

①陳静:《性分:符合名教的自然——論郭象對〈莊子〉的誤讀》,載《經典與解釋》(第 2 輯),劉小楓、陳少明主編,上海:上海三聯書店,2003 年。

的思想體系中發揮新的功用。正是在此基礎上,郭象不僅爲社會政治倫理秩序的重建找到了一個可靠的根基,還爲個體的安身立命及精神超越找到了一個安頓之處。

作者簡介:陳之斌,1982年生,哲學博士,湖南大學岳麓書院副教授,主要研究方向爲道家哲學,魏晉玄學。

章太炎關於莊子之四種定位及其思想意蘊*

李智福

內容提要 如章太炎在其《莊子解故·序》中所言:"命世哲人,莫若莊氏。"於古今中西一切哲人中,他最服膺莊子,在其筆下,莊子至少有四種不同形象得以呈現,這是一個復調的莊子。在戰國亂世中,莊子不隱不仕,是抱關擊柝之處士;就其思想特質來說,莊子內證佛果卻不入涅槃,是白衣示相之菩薩;就莊子師承來說,莊子遠逃孔子,師承顏子,是孔顏一脈之儒者;就其哲學之含攝性和周延性來說,莊子是古今中西第一之哲人。章太炎這些關於莊子之定位既有傳統學術儒釋道三教的際會離合,也有直面當下"人間世"而以東方古典哲學對近代西學進行回應的學術襟抱。章太炎對莊子的不同定位蘊含着深刻的思想意蘊,這裏既包含着他對莊子之了解同情與思想默會,也包含着

---

* 本文爲國家社科基金後期資助項目"章太炎莊學思想研究(19FZXB065)"階段性成果。

他通過詮釋莊子來回應時代難題的苦心孤詣。

引　論

　　如果在古代思想家中找一位對章太炎（1869—1936）影響最大之哲人，那一定是莊子，他在《菿漢微言》中列出一連串"終身以爲師資"之古代思想家，莊子位列第一；①同樣，如果在莊子學史上找一位對莊子品題最高之學者，那一定是章太炎，他提出"命世哲人，莫若莊氏"②之振爍古今之語，在他所知之一切古今中西哲人中將莊子許爲第一，章太炎立説向來言不虛發，原來有自，其如此推重莊子，自有其道理。事實上，無論是學術研究、情感投入還是思想服膺，章太炎一生都對莊子施以最大之精力、投以最密之情感、致以最大之思力，可謂是千載之下，知音斯遇。在章太炎筆下，隨着其哲學思考之變遷和思想境域之變化，莊子也呈現出不同的形象面貌，這些不同之莊子形象背後實則是他對莊子思想不同側面之接受和詮釋，也關涉著他本人思想最幾微之處。

一　抱關救世之處士

（一）面對戰國"世道交喪"之世

　　章太炎所處晚清民國之時代，時人以"三千年未有之大變

①章太炎撰，虞云國校點：《菿漢三言》，上海：上海書店出版社，2011年，第49頁。
②章太炎：《章太炎全集·莊子解故》，上海：上海人民出版社，2014年，第149頁。

局"稱之。對於章太炎來説,"遭世衰微,不忘經國,尋求政術"①,其學術和思想始終與時代之憂患相激蕩,他絶非清儒那樣的學隱之士。正是帶着這種經國救世、賑民水火的學術襟抱來諦視傳統,他發現中國晚周諸子無非都是救世者。但莊子是比較特殊之一位,他見識之高,憂思之深,用心之苦,遠非其他諸子可比。《齊物論釋序》②以近乎光影蒙太奇之叙事筆法描繪出一幅戰國衰世鏡像,這是一個讓人看不到任何希望的时代。

　　《齊物論釋序》以"昔者蒼姬訖録,世道交喪"起筆,"蒼姬訖録"用趙岐《孟子題辭》之語:"孟子亦自知遭蒼姬之訖録。"此指晚周戰國末世。"世道交喪"用《莊子·繕性》"世與道交相喪也",章太炎用此語表達莊子所處之戰國世道之黑暗與澆漓。具體説來,那個時代,"奸雄結軌於千里,烝民塗炭於九隅",諸侯征伐之鐵蹄踏過,民人死傷無數。在這個亂世繪中,學者如飛鳥投林,各尋諸侯,齊國稷下就有不治而議論之三千先生,其中固然有不少吃飯秀才如淳於髡者,但亦不乏和莊子一樣以救世爲襟抱的哲人比如孟子(章太炎認爲孟子也是稷下先生),但莊子已經對政治或仁義徹底絶望。包括孟子在内的哲人無非都幻想以"聖知"去説服諸侯,然則在莊子看來,"聖知"本身何嘗又不是禍呢? 因此莊子從來就没想過要去稷下議論,仁政、兼愛、偃兵這些説教在莊子看來根本没用。因此,莊子既不是孟子一樣之義仕派,也不是張儀、蘇秦那樣之禄仕派,因爲他深知"南

①章太炎撰,虞云國校點:《菿漢三言》,上海:上海書店出版社,2011年,第71頁。
②章太炎:《章太炎全集·齊物論釋定本》,上海:上海人民出版社,2014年,第3頁。

面不可止盜"。在那個"盜亦有道"之時代,禄仕派固然是大盜之幫凶,而義仕派也不過是給大盜增加一些騙取民心之籌碼,因此他卻聘楚相,笑傲王侯。既然不能仕,那麼能不能隱呢? 莊子也不會隱,"高尚其事,不事王侯"固然可以潔身自好,但無奈莊子還有一腔救世之熱腸。清人説莊子"雖知無用而未能忘情,到底熱腸掛住"①,可謂入木三分地描摹莊子在亂世之下的複雜心境。救世之熱腸使得他不能作與鳥獸同群之隱者(《論語·微子》),既不能仕,又不能隱,莊子究竟該何去何從?

(二)抱關作漆園吏:仕隱之間的思想史事件

《齊物論釋序》指出:"隱居不可以利物,故托抱關之賤。"此處"抱關"當取孟子所言"抱關擊柝"之意。司馬遷稱"周嘗爲蒙漆園吏"只是一般性敘事描寫,今人崔大華考證漆園吏相當於漆園嗇夫。章太炎則認爲莊子任漆園吏不僅僅是一種職業行爲,更是一種思想行爲,他以這種方式一方面與"不治而議論"的稷下先生們劃清界限;一方面與"傳食於諸侯"的孟子派劃清界限。莊子甘願"抱關擊柝"本身就是對稷下學派、孟子學派甚至是禄仕派的一種無聲的否定。同時,作爲一介守園微吏而不是泉林隱者,莊子正可以借機觀察君子小人、人情世相,以及這個世道是何其無奈。

既然莊子不作稷下先生,也不談仁義道德;不做隱士,也不出任卿相,那麼他憑什麼救世? 他憑什麼本事能抗浮雲之情? 莊子的救世之術一破一立主要有二。其一,從否定之維上講他

---

①謝祥皓等:《莊子序跋評論輯要》,武漢:湖北教育出版社,2001年,第337頁。

是對儒墨文明甚至一切文明進行顛覆,這種顛覆不是道德虛無主義,而是對仁義道德進行反思並警惕,這種否定性的反思和警惕與孔墨正面性的立説施教一樣重要。其二,從肯定之維上講是讓每個個體進行自我心靈之救贖,"體非形器,故自在而無對;理絶名言,故平等而咸適"①,没有一個抽象之天下,只有一個個血肉飽滿之生命體,當一切皆無可奈何之時,畢竟還有心可以自我把控。儒墨的仁義與兼愛都要靠格君心來實現,但格君心的承諾向來都不會兑現,而且往往還會變本加厲地走向"仁義"或"兼愛"之反面。因此,莊子將民人的自我賑救最終訴諸於心靈的自取、無待、自在、咸適。也就是説,擺脱現實的苦難終究要靠每個個體心之轉化、純化、浄化、辨證,心終是救贖之源。當然,心亦是萬惡之源,"苟人各有心,拂其條教,雖踐屍喋血,猶曰秉之天討也"②,人類之一切禍患,莫不歸本於私心,正是私心作祟,再文以條教,縱然是踐屍喋血,猶以天討爲號,殺人有理,師出有名,此正天下禍亂之所由生也。這樣,"《齊物》本以觀察名相,會之一心"③,莊學救世之法不過是心法以及心所有法,這也是他最終以法相解莊的原因。

(三)古今兩個"人吃人"世道之視域融合

　　章太炎之所以將莊子描摹爲抱關救世之諸子,應該説這正是以自己當下世道和處境與莊子所在世道與處境之一次視域融

①章太炎:《章太炎全集·齊物論釋》,上海:上海人民出版社,2014年,第3頁。
②章太炎:《章太炎全集·齊物論釋定本》,上海:上海人民出版社,2014年,第73頁。
③章太炎:《章太炎全集·齊物論釋》,上海:上海人民出版社,2014年,第3頁。

合。《齊物論釋序》中云："作論者其有憂患乎？遠睹萬世之後，
必有人與人相食者，而今適其會也。"①這裏聯合引用《易傳》
"作論者其有憂患乎"與《莊子·庚桑楚》"千世之後，其必有人
與人相食者也"兩句名言，並鄭重地指出"而今適其會也"。可
見，章太炎是將十九世紀中後期以至於二十世紀初期之"人與
人相食之世"投注到莊子所處之戰國時代。當時黑格爾主義、
斯賓塞主義、蒲魯東主義等盛行一時，這些宣揚種族優劣、優勝
劣汰、滅國有理之公理、進化、唯物等理論恰恰爲"人吃人"提供
"合法性"和"合理性"之根據，而莊子所推崇的"文野異尚"和
所否定的"文明滅國"正可以對這些理論進行釜底抽薪式的
批判。

　　可見，章太炎以救世定義莊子哲學，乃有其苦心孤詣之所
在。如前文所言，他之所以最終將莊子哲學定義爲心學，乃是因
爲：要破除踐屍喋血之人類罪惡，就要做足"吾喪我"之工夫，不
要以己奪人，將文明與野蠻平等視之；要在無常之苦難中自我賑
濟，也要做足"吾喪我"之工夫，即在遭逢際遇中實現自主，不要
受外在生死得失所左右。總之，章太炎筆下之莊子首先是一位
位卑而志卓之戰國諸子，他托抱關之賤充滿象徵意義，是一種思
想史事件。② 同時，晚近亂世與戰國亂世是章太炎與莊子共同
的生存體驗，故他在《莊子》中發現救世之學，並非偶然。

二　白衣示相之菩薩

一般而言,小乘佛教證羅漢果,只求自證正覺而成佛;大乘佛教則求自悟而悟他,普度有情。故大乘佛教重修菩薩行,以菩提智上求無上正覺,以大悲大願下化苦厄衆生。"蘇報案"後,章太炎在獄中三年精研佛學,對佛學極度服膺,一見如故,"私謂釋迦玄言,出過晚周諸子不可計數"①。當他帶着飽讀佛書的目光再次審視中國古典哲學之時,他發現中國古人中有很多菩薩,指出:"文、孔、老、莊,是爲域中四聖,冥會華梵,皆大乘菩薩也。"②這四位菩薩中他最推許莊子,因爲,文王、老子、孔子雖然也是大乘菩薩,但他們言辭隱約,只是略見端緒,可以通過他們之言説而推知一些佛法,但畢竟没有明言佛法,其所造之地也不究竟,只有莊子能在理論上明"性""相"之原委,在造境上能兼"空""有"之兩域,③故莊子與佛最近,莊學是東土四聖之学中的最上乘法。

(一) 莊學在理論上與佛法高度契合

菩薩即菩提薩埵之簡稱,菩提即覺悟之智慧,薩埵即有情衆生。章太炎將莊子視爲菩薩,首先在於他認定《齊物》大旨多契佛經,莊學與佛學不僅義理相合,甚至一些名相也可以一一相印

---

①章太炎撰,虞云國點校:《菿漢三言》,上海:上海書店出版社,2011年,第71頁。
②章太炎撰,虞云國點校:《菿漢三言》,上海:上海書店出版社,2011年,第38頁。
③章太炎撰,虞云國點校:《菿漢三言》,上海:上海書店出版社,2011年,第38頁

證。《菿漢微言》回憶他在日本以佛解莊時之情景云："端居深
觀,而釋《齊物》,乃與《瑜伽》《華嚴》相會,所謂摩尼現光,隨見
異色,因陀帝網,攝入無礙,獨有莊生明之,而今始探其妙,千載
之秘,睹於一曙。"①此處以"摩尼現光,隨見異色,因陀帝網,攝
入無礙"來比喻佛學與莊學共臻之玄遠難遮之境,摩尼即摩尼
寶珠,爲釋迦所有,能依衆人所願而呈現異色,隱喻佛性之莊嚴;
因陀帝網,佛經記載以忉利天王的宮殿裏,有珠寶結網,重重無
盡,隱喻佛法之廣大;而對於此等造境獨有莊生能明之。職是之
故,《齊物論釋序》論莊佛二者之相通性云:"一致百慮,則胡越
同情;得意忘言,則符契自合。"②意識到莊與佛這種内在相通性
是章太炎以佛解莊之最根本原因。

　　《齊物論釋》以佛解莊,一方面是義理之會通,比如他以"體
非形器,故自在而無對"解"逍遥",以"理絶名言,故平等而咸
適"解"齊物"等等;另一方面是名相之格義,他認爲《齊物論》一
些名相之本意可以與佛經相關名相之本意——直接相格義。比
如他訓臺爲持,梵文意爲阿陀那,靈臺即爲阿陀那識,意爲任持
根覺,即對八識之總體持執;訓府爲藏,梵文爲阿羅耶,靈府即爲
藏識(阿羅耶識),能含藏種子;其將"以其心得其常心"之常心
解釋爲庵摩羅識,庵摩羅識爲清净識、無垢識、真如識,是對阿賴
耶識之識,以佛解莊能"使莊生五千言字字可解"③。

────────────

①章太炎撰,虞云國點校:《菿漢三言》,上海:上海書店出版社,2011 年,第 71 頁。
②章太炎:《章太炎全集·齊物論釋》,上海:上海人民出版社,2014 年,第 2 頁。
③章太炎撰,虞云國校點:《菿漢三言》,上海:上海書店出版社,2011 年,第 112 頁。

（二）莊學具有普度有情、抱悲救難之閎願

莊子雖然了悟佛法，但不是自證獨覺之阿羅漢，而具有自悟悟他、抱悲救世之菩薩精神。這裏首先需要指出，章太炎雖然認爲"世親、慈氏之書理極不可更改"①，但也逐漸意識到"純佛法不足以應世"②，佛學詳於"内聖"，是出世間法，其對世間並没有很好地觀照，即"外王"不足。唯莊學可兼世間出世二法，《齊物論》能周盡"内聖外王"之道，是"内外之鴻寶"③。正是意識到此，章太炎指出："上悟唯識，廣利有情，域中故籍，莫善於《齊物論》。"④作爲"廣利有情"之大乘菩薩，章太炎筆下之莊子究竟如何救世，兹僅舉一例："原夫《齊物》之用，將以内存寂照，外利有情，世情不齊，文野異尚，亦各安其貫例，無所慕往，饗海鳥以大牢，樂斥鷃以鐘鼓，適令顛連取斃，斯亦衆情之所恒知。然志存兼並者，外辭鼉食之名，而方寄言高義，若云使彼野人，獲與文化，斯則文野不齊之見，爲桀跖之嚆矢明矣。"⑤莊學"内存寂照，外利有情"，其利有情的方式即是對差異的尊重，對弱勢群體、少數群體甚至是"野蠻民族"要等而視之，這就是所謂"齊物者，一往平等之談也"，也就是以"世情不齊，文野異尚"作爲處理民族、文明關係的最高原則。他徵引《莊子·至樂》篇"魯侯養鳥"的典故，養鳥就應該放之山林江湖，若供養於廟壇，就會適得其

---

①章太炎撰，虞云國校點：《菿漢三言》，上海：上海書店出版社，2011年，第192頁。
②章太炎：《章太炎全集·章太炎演講集》，上海：上海人民出版社，2014年，第159頁。
③章太炎撰，虞云國校點：《菿漢三言》，上海：上海書店出版社，2011年，第27頁。
④章太炎：《章太炎全集·齊物論釋定本》，上海：上海人民出版社，2014年，第98頁。
⑤章太炎：《章太炎全集·齊物論釋定本》，上海：上海人民出版社，2014年，第118頁。

反。若以本則寓言言之，宗、膾、胥敖雖處於蒙昧狀態，但舜看來，即使如此，也不應該以文明、開化、仁義等高義去征伐他們。一些國家以"使彼野人獲與文化"爲名，蠶食弱國，不僅得兼並之實，且得高義之名，一方面，使得一切侵略、屠殺、劫掠皆名正言順，另一方面，在事實上卻是大道凌遲，正義闕如。章太炎指出："下觀晚世，如應斯言，使夫饕餮得以逞志者，非智尚文野之辨，孰爲之哉。"①這大概即在影射社會達爾主義和黑格爾主義的理論，他們看來文明民族高於野蠻民族，爲使彼野人獲與文化，文明之國有理由去征服野蠻之邦，征服者因此而師出有名。

總之，章太炎強調莊子具有救世精神，這是他將莊子定位爲大乘菩薩之最關鍵因素之一，莊子不僅能悟唯識之"真"，更能以這種"真"來應世救世，利益衆生。就中國傳統來説，救世之菩薩甚至比證佛果之佛更具親和力和現實性，這就不難理解《齊物論釋序》爲何突出救世這一主題作爲莊學之使命。

（三）莊子以一闡提證法身

據筆者考察，《齊物論釋》多次強調莊學不是出世之學，②如其云："'菩薩一闡提，知一切法，本來涅槃，畢竟不入。'此蓋莊生所詣之地。"③章太炎認爲，《德充符》篇所言"以其知得其心，以其心得其常心""彼且擇日而登假"等語都是莊子自證佛果而

①章太炎：《章太炎全集·齊物論釋定本》，上海：上海人民出版社，2014年，第118頁。
②《齊物論釋定本》多次強調，與佛學相比，莊子不求涅槃，莊學不是寂滅之學。類似陳述參見章太炎：《章太炎全集·齊物論釋定本》，上海：上海人民出版社，2014年，第99、124、125、140、142頁。
③章太炎：《章太炎全集·齊物論釋定本》，上海：上海人民出版社，2014年，第140頁。

不離世間之證明,其解釋云:

> (莊子)不見生死者,雖復出入生死,而親證其本不生。《起信論》説初發心者,尚云"離於妄見,不住生死"。"攝化衆生,不住涅槃",轉至無盡。《大乘入楞伽經》指目菩薩一闡提云:"諸菩薩以本願方便,願一切衆生,悉入涅槃。若一衆生未涅槃者,我終不入。此亦住一闡提趣,此是無涅槃種性相。"①

這段文字是章太炎用《莊子》與相關佛經互相格義、互相詮釋而證明莊子以一闡提而證法身,其有究竟覺而無涅槃事,其達無生滅之佛境而示有生滅之色身,其上已親證佛果而下則住一闡提。大乘菩薩本不僅僅要有"離於妄見,不住生死"之自證,更要有"攝化衆生,不住涅槃"之弘悲大願,這實則就是自悟而悟他之大乘襟抱,"大乘菩薩以悲憫衆生之故,雖三惡道亦見身而説法"②。菩薩自悟而悟他之方式就是隨處普現色身、示一切世間最高大身、以一闡提而現色身等等,比如觀世音菩薩就有三十三應化之身,莊子也是爲普渡世間衆生而現色身之一闡提。

章太炎根據《大毗婆沙論》所言,聖人和異生終究還有世間煩惱故還有夢,只有成佛才能斷盡顛倒習氣,而無有夢。③ 與孔

---

①章太炎:《章太炎全集·齊物論釋定本》,上海:上海人民出版社,2014年,第140頁。
②章太炎撰,虞云國校點:《菿漢三言》,上海:上海書店出版社,2011年,第37頁。
③章太炎:《章太炎全集齊·物論釋定本》,上海:上海人民出版社,2014年,第138頁。

子夢爲周公一樣,莊生夢爲蝴蝶,可知其未證佛果,莊子與大乘菩薩一樣,尚有覺悟衆生之煩惱,雖有菩提智而不能成佛。章太炎指出:"尋莊生多説輪回之義,此章本以夢爲同喻,非正説夢。"①"莊周夢蝶"並非就夢説夢,而是以夢隱喻輪回。如果説"莊周夢蝶"在隱喻輪回,那麽輪回中周與蝴蝶卻各有"適志"之樂。莊生有菩提智而不住涅槃,馳騖生死,何以故?"大士説法,唯在應機"②,莊子盛言輪回是爲衆生遣憂解難而應機説法,其云:"佛法以輪回爲煩惱,莊生乃以輪回遣憂。"③何謂以輪回遣憂?衆生無不活在當下之中,與抽象而玄虛的彼岸世界相比,也許此岸、此生、當下更具體從而更有現實意義。現實中,人人都面臨死亡之困頓,跳出輪回涅槃寂静固然好,但卻不現實,倒不如告訴世人生死不過是輪回,輪回中無論成爲何物都有其快樂,萬化無極,樂不勝計,④此即所謂"以輪回遣憂"。不過莊子已經超越輪回,故其本人不必以輪回遣憂,但作爲大乘菩薩,他不得不立足衆生而方便施設,章太炎指出:"(莊子)特別志願本在内聖外王,哀生民之無拯,念刑政之苛殘,必令世無工宰,見無文野,人各自主之謂王,智無留礙然後聖,自非順時利見,示現白衣,何能果此願哉。苟專以滅度衆生爲念,而忘中塗恫怨之情,何翅河清之難俟,陵谷變遷之不可豫期,雖抱大悲,猶未適於民

①章太炎:《章太炎全集·齊物論釋定本》,上海:上海人民出版社,2014年,第138頁。
②章太炎撰,虞云國校點:《菿漢三言》,上海:上海書店出版社,2011年,第27頁。
③章太炎:《章太炎全集·齊物論釋定本》,上海:上海人民出版社,2014年,第139頁。
④章太炎:《章太炎全集·齊物論釋定本》,上海:上海人民出版社,2014年,第143頁。

意。夫齊物者以百姓心爲心，故究極在此，而樂行在彼。"①這是整部《齊物論釋》極重要之文字。無論是無常的生死還是被人掌控的生死都意味着我們在生死面前是無可奈何的。釋迦牟尼佛希望世人超越輪迴，寂静涅槃。但莊子看來，佛法專以滅度衆生爲念，不考慮具體而現實的苦難而希望人人成佛，就如黄河變清、高陵爲谷一樣遥遥不可企及。正是意識到此，莊子才以百姓心爲心，以莊周夢蝶而示現白衣，開示衆生以輪迴爲樂，毋以死亡爲苦。章太炎指出，自己早年曾苛責莊子沉溺輪迴而不求正覺，爲其所短，現在看來，不求涅槃不僅不是莊子之短，恰恰乃是莊子之長，畢竟，隨順生死比寂静涅槃更容易被世俗衆人所接受。由於東土與梵土文化傳統和人生態度不同，所以莊子與釋迦各下的藥方亦自有别，中國人安於此世優渥的生活，不企慕彼岸的解脱，而印度則多災多難，因此轉求彼岸的超度。在優渥中生活的中國人唯懼速死，所以莊子以"萬化無極，樂不勝計"開示衆生，將衆生從生死之患中拯救出來。職是之故，莊子不僅是"應真上士"，更是"地上菩薩"和"大悲闡提"。

三　傳顔氏儒之儒者

(一)莊子儒門説:從否定到肯定

章太炎對儒家之態度，辛亥以前基本是批評和引抑，比如

①章太炎:《章太炎全集·齊物論釋定本》，上海:上海人民出版社，2014年，第142—143頁。

1890 年初版的《訄書初定本》雖反對日人所言將孔子視爲支那之禍本,但也認爲孔子在國史上的地位"聞望之過情",並没有那麼神聖高大,僅僅是劉歆那樣的"良史"。同時,孔學作爲干禄之學和專制之術也被他多次批判。辛亥之後,特别是章太炎因詈駡袁世凱而被幽禁北京錢糧胡同期間(1914—1916),他重估儒家經典,開始給予儒學很高之評騭,認爲宋人所言"半部《論語》治天下"並非唐大之言。1915 年出版之《檢論》已經將孔子視爲中夏之創業垂統之聖人。相應地,章太炎對思想史上之莊子出於儒門説先是持"消極評論"(楊海文)之立場,對韓愈、蘇軾、章學誠等"莊子出於儒門"説持否定態度,認爲僅憑《田子方》篇就認定莊子出於子夏是"唐人率爾之辭,未嘗訂實"①。辛亥之前,章太炎深嗜莊佛,對儒家聖人多有不滿,自然也不贊成學術史所推重的莊子儒門説。

不過,如他所自況"始則轉俗成真,終則回真向俗"②,章太炎在辛亥以後慢慢成爲莊子出於儒門説的肯定者。據楊海文教授考證,1922 年年 4—6 月間,章太炎在上海講學時才第一次承認莊子出於儒門,不過不是出於子夏之儒而是出於顔氏之儒。③章太炎根據《韓非子·顯學》篇認定孔子之後當有顔氏之儒,但孟荀顯然不是顔氏之儒的傳承者。也許並非偶然的是,《莊子》中恰恰有很多孔顔之對話,莊子對孔子有褒有貶,而對顔子只褒

①章太炎:《章太炎全集·章太炎文録初編》,上海:上人民出版社,2014 年,第 371 頁。
②章太炎撰,虞云國校點:《菿漢三言》,上海:上海書店出版社,2011 年,第 72 頁。
③章太炎撰,曹聚仁整理:《國學概論》,北京:中華書局,2009 年,第 35 頁。

不貶,這是呵佛罵祖而不罵本師,畢竟那個時代假孔子太多,只有罵倒假孔子才能讓真孔子現身,這一正一反正可證莊子當是顏回之後學。細讀相關文獻,章太炎實則給出一個晚周諸子傳承的暗線:老子—孔子—顏子—莊子;以學派論之則是:道家—儒家—儒家—道家。

(二)佛學觀照下的"老—孔—顏—莊"新道統

孔承老學,即所謂孔子曾問禮老子事,不見春秋末期經典,而秦漢間及漢初典籍如《禮記》《呂覽》《説苑》《淮南子》《史記》等都有其説,但其可靠性一直存疑,也不被以儒家爲主導的思想史所重視。故這裏需要追問,章太炎反對莊子出於子夏説,卻重拾舊案並擬定這個"老子—孔子—顏子—莊子"之"新道統"的背後思想史線索究竟是什麽? 事實上,章太炎對這條晚周思想史暗線極爲重視,除前文所引外,其至少還有四次提到這條老—孔—顏—莊相傳授之暗線(《菿漢微言》2 次,《菿漢昌言》1 次,《檢論》1 次)。

關於孔子向老子問禮事,《禮記·曾子問》涉及一條具體之儀文節奏,與老學全無關係;《史記·孔子世家》和《史記·老子列傳》則記載老子向孔子傳授道家相關之內容,章太炎認爲老孔授受所依據的文獻主要是《史記》。仔細勘對《孔子世家》所引老子授孔子"爲人臣者毋以有己,爲人子者毋以有己"和《老子列傳》所引老子授孔子"去子之驕氣與多欲,態色與淫志,是皆無益於子之身"兩則文獻,結合《老子》"吾所以有大患者,爲吾有身,及吾無身,吾有何患"(《老子·十三章》),可將老子向孔子授學之内容概括爲"無我"二字,事實上,在章太炎看來,孔子所謂"絶四"可會歸於"無我",此正來源於老子。孔子再將老子的"無我"轉授顔回,此謂"克己";顔回之學再傳莊子就是"心齋",此即所謂"老以詔孔,其所就爲無我;孔以詔顔,其所就爲克己"①。"無我"正是"忠恕之道"的核心。這樣,孔子的"忠恕之道"就來源於老子,然後孔子再輾轉傳授給莊子,是以《菿漢微言》有"盡忠恕者,是惟莊生能之"②與《檢論·訂孔》有"體忠恕者,獨有莊周《齊物》之篇"③等語,不過,老孔相傳之忠恕絶非後世思孟學派之忠恕。章太炎看來,儒家"推己及人"不究竟,因爲以"有己"爲前提,難免會强人合己,苟爲其難;而老莊之學以"無己"爲前提,莊子之"從容無爲而萬物炊累"才是真正的忠恕之道,這種"忠恕"可稱之爲"無己之忠恕"④。

不難發現,這種"無己"實則與佛學相"相空"之思想大有因緣,這裏終究没有抹去其根深蒂固的佛學思想。事實上,章太炎認定莊子出於顔回之儒的奥秘也在這裏。"絶四之説,人我、法我俱盡。'如有所立卓爾,雖欲從之,末由也已'者,亦除法我執矣。此等自得之語,孔、顔之後,無第三人能道。"⑤"子思、孟子

①章太炎撰,虞云國校點:《菿漢三言》,上海:上海書店出版社,2011年,第37頁。
②章太炎撰,虞云國點校:《菿漢三言》,上海:上海書店出版社,2011年,第32頁;又見《在四川演説之五——説忠恕之道》(一九一七年十月至一九一八年十月),章太炎:《章太炎全集演講集》上册,上海:上海人民出版社,2015年,第262頁。
③章太炎:《章太炎全集·檢論》,上海:上海人民出版社,2014年,第434頁。
④李智福:《齊物與忠恕:章太炎以莊证孔思想發微》,《齊魯學刊》2019年第1期。(人大書報復印資料《中國哲學》2019年第8期全文轉載。)
⑤章太炎:《章太炎全集演講集》下册,上海:上海人民出版社,2014年,第981頁。

既入天趣,若不轉身,必不能到孔、顏之地,惟莊子爲得顏子之意耳。"①這兩則文獻中,文獻 1 認爲孔子之"絕四"即人我、法我之兼空,孔顏之後無人能有此等見識。換言之,他認爲孔顏與莊子的最高修持造境皆達佛乘;文獻 2 則認爲思孟雖已達天乘,但還没入佛乘,即思孟尚不明孔顏"無己""屢空"之佛旨,如此説來顏莊要比思孟更近孔子。《論語》中孔子以"克己復禮"傳授顏子,這是《莊子》書中坐忘、喪我、心齋之淵源,如此就能看出一條隱而不彰的聖人傳授線索。《菿漢昌言·經言一》認爲《人間世》篇和《大宗師》篇關於孔子與顏回之寓言可以證明"莊生傳顏氏之儒,述其進學次第"②,佛學之"人我與法我同盡"、孔子之"克己複禮,天下歸仁"、莊子之"同於大通"等三句話構成一組可以一一互相印證之思想體系。如果將思想之橫向相似性訴諸一條線性的傳授關係,並佐以相關文獻,老—孔—顏—莊就形成一個授受不爽之師承譜系。當然,章太炎對老—孔—顏—莊等傳授關係之證成背後是佛學思想。辛亥前後,章太炎先後經曆"以佛證莊"再到"以莊證孔"的思想轉換,從"以佛證莊"到"以莊證孔"不是後者將前者之揚棄,而是形成一個蟬聯攝納的思想過程。他"以莊證孔"是以佛學化的莊子來解釋孔子,此時之孔子既有莊學色彩,又有佛學色彩,老—孔—顏—莊相傳授之"無我"類似於禪宗之傳授心法,③以無我爲心印,老、孔、顏、莊

①章太炎:《章太炎全集演講集》下册,上海:上海人民出版社,2014 年,第 982 頁。
②章太炎撰,虞云國校點:《菿漢三言》,上海:上海書店出版社,2011 年,第 82 頁。
③章太炎:《章太炎全集演講集》下册,上海:上海人民出版社,2014 年,第 1005 頁。

授受不爽。

(三)以存在論含攝價值論:由仁義行而非行仁義

　　爲證成佛莊孔顏之内在相通性,章太炎不僅從孔顏這種"克己"之工夫論着手,並給予一種存在論之解釋,這表現在他對《論語》"屢空"之解釋:"顏回坐忘,所至卓絶。……微細我見煩惱雖任運生而能屢空者,三地位也。由是言之,顏淵始證初地者,後證三地。"①"屢空"見《論語·先進》"回也其庶乎!屢空",這本是經驗意義上"簞瓢屢空"之"空"。章太炎則將這個"空"解釋爲佛學之"空",《齊物論釋》稱之爲"顏回屢空而寂照"②。不過,"屢空"云者,意味着有時還"不空",所以顏回雖證三地,但尚未證四地,即没到究竟覺地。章太炎筆下之莊子是一位大乘菩薩,而作爲莊子之祖師之顏回自然也是一位菩薩。不過,顏回這位菩薩是"空"與"有"之融合體,其在佛學之"空"中攝入儒學之"仁義",其解釋顏回之"坐忘"云:"蓋非與仁冥,不能忘仁;非與禮冥,不能忘禮。所見一毫不盡,不能坐忘。忘有次第,故曰屢空。……由仁義行,非行仁義,斯時違與不違皆不可説。"③這是佛、孔、顏、莊、孟之内在會通。章太通過對"心齋"與"坐忘"之重新解釋,在存在論上攝入佛學之"空",在價值論上攝入孔子之"仁""禮",二者綰結點是莊子之"忘",以佛學之"空"解釋孔顏之"屢空",以莊學之"忘"開出"與仁冥""與禮

───────────

①章太炎撰,虞云國校點:《菿漢三言》,上海:上海書店出版社,2011年,第39頁。
②章太炎:《章太炎全集·齊物論釋定本》,上海:上海人民出版社,2014年,第138頁。
③章太炎撰,虞云國校點:《菿漢三言》,上海:上海書店出版社,2011年,第82頁。

冥"之"真仁"與"真禮",並最終以孟子之"由仁義行,非行仁
義"作爲佛、孔、莊、顏之共同會歸。在章太炎看來這才是莊學
的真精神,至此,莊子已經向儒學徹底地回歸,不過這也是以莊
佛改造後的儒學。這應該是其思想成熟後之"圓善",他最後以
孟子之"由仁義行而非行仁義"這種"無漏善"縮結莊佛,可不可
以說與後來的牟宗三經過康德而發皇的孟子"自由無限心"是
殊途同歸呢? 事實上,章太炎曾以"人各自主之謂王,智無留礙
然後聖"來重新解釋莊學的"内聖外王",此中"智無留礙""人
各自主"與康德所言"自由意志"是不是有内在的相通性呢?①

　　如前文所引他自況其學爲"始則轉俗成真,終則回真向
俗",這一方面固然是他治學階段性的心路曆程,也是其日益圓
融的治學造境,是其思想之"圓教"。所謂教分三教而道無二
道,章太炎之學在俗—真—俗之回還攝納中最終走向儒、釋、道
之三教合一。具體來說,他將佛、老、孔、顏、莊、孟融貫爲一體,
得出"由仁義行,非行仁義"之結論,崇尚自在的佛、老、莊與崇
尚仁義的孔、顏、孟在這裏圓融無礙,這是他持"莊子出於顏回
之儒"的意義所在。

四　命世第一之哲人

　　《莊子解故·序》云:"若夫九流繁會,各於其黨,命世哲人,

---

①可參考張春香:《章太炎倫理思想研究》,武漢大學博士學位論文,2005年。

莫若莊氏,消摇任萬物之各適,齊物得彼是之環樞。"①經過多年
之佛學熏染,當他再次與諸生細繹《莊子》時,所獲儼然與當年
單純從訓詁之角度著《膏蘭室劄記·莊子劄記》(二十五歲時完
成)時大爲不同。這篇"序"中,作者明言"命世哲人,莫若莊
氏",莊子被提高到無以復加之高度,不僅孔、墨、陸、王不能與
之相頡頏,其所謂"命世""莫若"云云,似在暗指佛學以及西學
亦在其下。莊學之核心是"消摇任萬物之各適,齊物得彼是之
環樞",可見章太炎在撰寫這部以訓詁名世之著作時,心境已然
不在語言文字之學,而是馳騖於對莊生玄言哲理之追尋,此書爲
日後對莊子之哲學研究伏下玄機。作爲一位飽讀古今、學貫中
印並已廣泛涉獵歐洲哲學經典之思想巨擘,他提出"命世哲人,
莫若莊氏"想必並非信口開河之唐大之言,其之所以如此給莊
子定位必有其獨特之眼光和格外之關懷。

(一)莊子超越佛學與儒學而爲"内聖"與"外王"兩全之道

在因"蘇報案"繫獄三年期間,章太炎飽讀佛經,乃悟大乘
義法。② 此時他對佛學極爲服膺,"此一術也,以分析名相始,以
排遣名相終,從入之途,與平生樸學相似,易於契機,解此以還,
乃達大乘深趣。私謂釋迦玄言,出過晚周諸子不可計數"③。章
太炎之學本以樸學爲根柢,樸學與近代之科學方法類似,而重視
名相分析的唯識學在他看來也是科學。故章太炎將所有溢美之

---

①章太炎:《章太炎全集·莊子解故》,上海:上海人民出版社,2014年,第149頁。
②姚奠中等:《章太炎學術年譜》,太原:山西古籍出版社,1996年,第84頁。
③章太炎撰,虞云國校點:《菿漢三言》,上海:上海書店出版社,2011年,第71頁。

詞給予佛學特別是法相唯識學，但隨着他對時局之關注和重讀莊學，他對佛學之弱點與缺點也漸有清醒地認識，"若專用佛法去應世務，規劃總有不周。若借用無政府黨的話，理論既是偏於唯物，方法實在没有完成。唯有把佛與老、莊和合，這才是'善權大士'救時應務的第一良法。"①佛學之不足在於没有給出具體的世間法，不能應用於政治社會，而莊子有深刻的入世情結並有對世道的直接觀照，正可以補足佛學之不足。佛學所有者，莊學有之；佛學所無者，莊學亦有之，此莊高於佛者。關於莊子比孔子要高者在於孔子之學多經驗之談，如其云："仲尼之功，賢於堯舜，其玄遠終不敢望老莊矣。"②且傳統儒學有很濃的"干禄"意味，這種功利色彩使得儒學之純粹性大打折扣，而莊學則將這種世俗功利主義冷汰至盡。關於莊子比老子要高者在於，老學没有滌蕩乾凈權術，爲後世陰謀法，③《齊物論釋》也有對老子"宰世"之批評。

　　特别是，章太炎辨證分析佛與老孔各自之優缺點並最終認爲莊學可以兩全中印，是佛孔老之"合題"，在《菿漢微言》中，章太炎意識到印度佛學務於出世，對世間觀照不够，詳於内聖而拙於外王；孔老之學以經國治民、利用厚生爲直接目的，詳於外王而拙於内聖。只有莊子才既詳内聖又詳外王，因此得出"《齊物論》者，内外之鴻寶也"④之結論。在中國傳統學術中，"内聖外

①章太炎：《章太炎全集演講集》上册，上海：上海人民出版社，2015年，第159頁。
②章太炎撰，虞云國校點：《菿漢三言》，上海：上海書店出版社，2011年，第71頁。
③章太炎：《章太炎全集·訄書初刻本》，上海：上海人民出版社，2014年，第8頁。
④章太炎撰，虞云國校點：《菿漢三言》，上海：上海書店出版社，2011年，第27頁。

王"是最高之學術造境,章太炎將之許以莊子,並給出相當信服之理由。

(二) 莊學能含攝唯識學、西方哲學等認識論並含攝自然科學

章太炎建議將哲學翻譯爲見學,①他認爲哲學本質上應該是認識論。章太炎將莊學視爲最高之哲學,正是意識到莊學認識論是當時最高之認識論,能含攝理論性極强的唯識學、以認識論爲基礎的西方哲學甚至自然科學。

其一,關於莊學可以含攝唯識學。章太炎認爲净土宗、密宗等派近於祈禱,猥自卑屈,禪宗則末流沿襲,徒事機鋒,是一種玄幻迷信,只有法相宗有精深的理論論證,近乎科學。他指出:"漢學考證,則科學之先驅,科學,又法相之先驅也。"②近代學術漸趨實事求是之途,因此,他以法相學解莊,實則含有將莊學變成科學來觀照世間的學術抱負。當然,若莊學沒有與唯識學之內在相通性,這種努力將是空中樓閣。所幸的是,莊學正是"上悟唯識""多契佛經"之學。他在《菿漢微言》中稱莊子:"至若莊生,則曲明性相之故,馳騁空有之域,委悉詳盡,無乎隱爾。"③這是以法相學爲參照對莊子哲學之評騭,在哲學之意義上意識到莊子比文王、孔子、老子爲高。

其二,關於莊學可以含攝西方哲學。侯外廬《中國近代啓蒙思想史》特别注意到章太炎治學注重中西之間的互相發明,

---

① 章太炎:《國故論衡》,上海:上海古籍出版社,2003 年,第 124 頁。
② 章太炎撰,虞云國校點:《菿漢三言》,上海:上海書店出版社,2011 年,第 192 頁。
③ 章太炎撰,虞云國校點:《菿漢三言》,上海:上海書店出版社,2011 年,第 38 頁。

他在章太炎論著中勾録出一個長長的從古希臘到近代西方哲學家名單。① 章太炎真正接觸西學是在他"蘇報案"出獄、東走日本之後。其在《菿漢微言》中回憶他在日本讀書情況時云："既出獄,東走日本,盡瘁光復之業。鞅掌餘閑,旁覽彼土所譯希臘、德意志哲人書。"②由於兼有西學、佛學之背景,章太炎《齊物論釋》就不僅僅是莊佛格義,而是中西印之間的會通。不過章太炎之目的並非是要會通中西印,而恰恰是要揭示西學之不足,以爲他所鍾愛的佛學和莊學張本。在《齊物論釋》中,他認爲西學多是"不了義",雖論證縝密但都不究竟;而莊學和佛學都是"了義",前者僅僅爲知識學術之"增上緣"。此僅舉兩例。章太炎在解"莊周夢蝶"時指出:"康德謂以有覺時故知夢妄,此非了義之言。"③康德之説建立在時序分處之時空感覺之上,而不悟時空感覺本身亦不可靠。又比如章太炎認爲莊子深知涅槃而不入涅槃,這就是"無生滅"與"有生滅"之兩行,他以黑格爾哲學比之,認爲"海羯爾有無成之説,執箸空言,不可附和莊氏"④,黑格爾認爲存在的本質是永恒的自我否定,故存在本身也意味着虚無("無成"),這種觀點猶是未了義,莊子乃是統合"成"與"無成"的"兩行"之道名,是爲了義。整部《齊物論釋》都是這樣,通過西學之不了義反襯莊學之了義,使得莊學不僅超越本土之老、孔,超越印度之佛陀,還超越西方哲學。

①侯外廬:《中國近代啓蒙思想史》,北京:人民出版社,1993,第215頁。
②章太炎撰,虞云國校點:《菿漢三言》,上海:上海書店出版社,2011年,第71頁。
③章太炎:《章太炎全集·齊物論釋定本》,上海:上海人民出版社,2014年,第137頁。
④章太炎:《章太炎全集·齊物論釋定本》,上海:上海人民出版社,2014年,第99頁。

　　其三,章太炎認爲莊學可以含攝自然科學,可以用近代自然科學來證明。比如以物理學知識解釋"天地與我並生":"今因問彼,即我形内爲複有水火金鐵不? 若云無者,我身則無;若云有者,此非與天地並起邪?"①這是以人與天地萬物的物質統一性上論證"天地與我並生"。同時,引入《寓言》篇"萬物皆種也,以不同形相禪"之説,認爲這個種即指分子、微分子、原子、細胞等物理學概念;其論證黄金顔色與黄金物質相分離時(相當於"白馬非馬"),引入光照原理;其解《齊物論》寓言"罔兩問影"引入光的傳播原理,罔兩待影,影待物和光,光之傳播靠遊氣,而遊氣傳播靠的是伊能爾,伊能爾究竟是什麽,無從知曉,緣緣相推,未有了境,"罔兩問影"實則是在隱喻佛教的緣起性空之説。章太炎將自然科學、莊學、佛學熔鑄於一爐,能經得起自然科學檢驗的哲學當然是非常周延的哲學。

(三)莊學平等之眼光與包容之精神具有囊括諸家諸派之方法論意義

　　章太炎推重莊學並認爲莊學造境最高之原因之一是意識到莊學極具平等之眼光和包容之精神。因爲莊學"吾喪我"在某種意義上是對主體性(人)和實體性(存在)之消解,既消解主體的主體性,又顛覆實體的存在性,不立一我之量(王夫之),以空而攝納萬境。如果將這種存在論落實爲一種方法論,如此,古今中西各家各派學説都可以在莊學的"齊物"和"天倪"中受到平等地審視和如其所是的還原,章太炎看來這種兼容並蓄、平等觀

———————————
①章太炎:《章太炎全集·齊物論釋定本》,上海:上海人民出版社,2014年,第107頁。

照的精神在認識論上具有終極意義。

他在《菿漢微言》中指出："頃來重繹莊書，眇覽《齊物》，芒刃不頓，而節族有間。凡古近政俗之消息，社會都野之情狀，華梵聖哲之義諦，東西學人之所説，……余則操齊物以解紛，明天倪以爲量，割制大理，莫不孫順。"①這段文字以"操齊物以解紛，明天倪以爲量"爲核心。章太炎將莊子之"齊物"與"天倪"作爲評騭古今中西學術之最後原則，大凡古近政俗之消息、社會都野之情狀、華梵聖哲之義諦、東西學人之所説都在"齊物"與"天倪"的觀照下不將不迎，排闥而來。章太炎將莊子許爲第一哲人，這也是很重要的原因。

（四）莊學對個體之關注並以此爲基礎企慕平等自由具終極意義

章太炎曾指出："大概世間法中，不過平等二字。莊子就唤作'齊物'。並不是説人類平等、衆生平等，要把善惡是非的見解一齊打破，才是平等。"②這是説，一切哲學的終極訴求都是人類的平等與自由問題，莊子哲學正是以此問題爲問題意識。不僅如此，莊子還最徹底地解決此問題。換言之，莊子不僅思考人類的終極問題，而且徹底地解決此問題。章太炎云：

莊子的根本主張，就是"自由"、"平等"，自由平等的願

①章太炎撰，虞云國校點：《菿漢三言》，上海：上海書店出版社，2011年，第72頁。
②章太炎：《論佛法與宗教、哲學以及現實之關係》，《中國哲學》1981年第6輯，第308頁。

望,是人類所共同的,無論哪一種宗教,也都標出這四個字。
自由平等見於佛經;"自由",在佛經稱爲"自在"。莊子發
明自由平等之義,在《逍遥遊》《齊物論》二篇;"逍遥遊"者
自由也,"齊物論"者平等也。但莊子的自由平等,和近人
所稱的,又有些不同。近人所謂"自由",是在人和人底當
中發生的,我不應侵犯人底自由,人亦不應侵犯我底自由。
《逍遥遊》所謂"自由",是歸根結底到"無待"兩字。……
近人所謂"平等",是指人和人的平等,那人和禽獸草木之
間,還是不平等的。佛法所謂平等,已把人和禽獸平等。莊
子卻更進一步,與物都平等了。①

此段文獻可見,正是在問題意識和對問題的解答方面,章太炎將
莊子許爲古今第一哲人。如前文所言,章太炎在《莊子解故序》
中提出莊學的核心思想是:"消摇任萬物之各適,齊物得彼是之
環樞。"這應該是最高的政治哲學原則,故説"經國莫如《齊物
論》"②。何以這麽説?《齊物論釋》指出:"有君爲不得已,故其
極於無王,有聖或以利盜,故廓然未嘗立聖。"③莊子不是無政府
主義者,而是承認政府存在之必要性的同時最大程度上消解政
府之權利。對"王"或"聖"之消解使得莊子哲學的立足點始終
是對生命個體性的關注,故他强調齊物者以百姓心爲心。不僅

①章太炎撰,曹聚仁整理:《國學概論》,北京:中華書局,2009年,第37—38頁。
②章太炎:《國故論衡》,上海:上海古籍出版社,2003年,第102頁。
③章太炎:《章太炎全集·齊物論釋定本》,上海:上海人民出版社,2014年,第76頁。

如此,莊子還黜"公理"之權威而尚"齊物"之平等,①從而開顯出一個豐富多樣的意義世界,他尊重個性、不排異己,以平等之眼光諦視世界存在,個體爲真,團體爲幻,他希望以個體性和多樣性等"殊相"爲基礎而建構"一往平等"之世界,"道若無歧,宇宙至今如搏炭,大地至今如熟乳"②,道通過差異性和多樣性來湧現自身,差別性與多樣性之並存是最原初的世界存在圖景,故也應該是最理想的世界存在圖景,此即所謂齊物。

結束語

本文相對全面地檢討了章太炎筆下之四種莊子定位,並通過考察這種定位來揭示背後所蘊藏的哲學意蘊。不難發現,章太炎每次給莊子定位都非泛泛而談,而是有其真誠而深刻的哲學信念在支撐着這種莊子定位。大體説來,在章太炎筆下,"抱關救世之諸子""示現白衣之菩薩""傳顔氏儒之儒者""命世第一之哲人"等四種角色一起構成莊子之思想世界。可以看出,這個莊子不是一個抽象的、單面的、無生命力的、灰色的故紙堆中的莊子,而是一個複調而多面的、生動而具體的,有生命力而精神飽滿的莊子。章太炎以其起死回生之思力和筆力還原了一個元氣淋漓、性情畢現的莊子,讓兩千多年前的莊子來觀照和賑救一百年前那個"人吃人"的時代。如今兩哲俱逝而人間猶在,

①章太炎:《章太炎全集·章太炎文録初編》,上海:上海人民出版社,2014年,第475頁。
②章太炎:《國故論衡》,上海:上海古籍出版社,2003年,第116頁。

章太炎之筆鋒與莊子之才思互相激蕩而形成的那個逡巡婉轉的思想世界,依舊在招呼着我們和我們的時代,截斷衆流,返本開新,信乎古今之一揆,人我之同此乎!

　　作者簡介:李智福,1982 年生,河北井陘人,哲學博士。現爲西北政法大學哲學與社會發展學院副教授。主要研究方向爲中國古典哲學、經典詮釋學。

簡帛研究

初讀清華簡《心是謂中》[*]

沈建華

　　《清華大學藏戰國竹簡（捌）·心是謂中》收録七支簡，簡長約四十五釐米，第一、六簡下部略殘，内容完整，簡無篇題，無序號，簡序根據文意並結合簡背划痕以及痕跡排列，篇題取自簡文。

　　這是一篇屬於早期儒家倫理心性學説的短文，雖然簡短，但内涵很豐富，分三個層次揭示了"心"、"體"、"天"的關係，而這三個概念在先秦思想中是相當重要的。第一部分，簡文首言："心，中。處身之中，以君之。"强調"心"主宰"四相"（眼耳口肢）和"百體"，比喻君與臣的關係，强調心"毋有所至"，以抵制外物對目、耳、口、肢體的誘惑。第二部分，講心與天的關係，指出内在心智的作用，强調知性，强調知長與知短，它們關係到"爲"的成與否。雖然天命在上，但人慮也是重要的。第三部分接着講"身命"與"天命"兩者的關係，依然强調心的能動作用。

＊本文爲清華大學出土文獻研究與保護中心"古文字與中華文明傳承發展工程"協同攻關平臺項目的研究成果。

　　將《心是謂中》内容與《孟子》和《荀子》章句比較,多有相近之處,雖然在形式上與《孟子》《荀子》文本有所不同,但對主要思想如盡心、知性、知天、存心、養性、修身等,均有不同程度的呼應,反映了戰國時期孟子、荀子學説對楚國貴族的影響。簡文通過對心的認知,延伸到對於人的行爲的理性化的探討。這是一篇體現戰國時期勵志思想的作品。

一、心與體

　　春秋戰國之際禮樂崩潰,君臣之道缺失,嚴重影響社會穩定。君臣關係中,忠信是衡量人之道德的最高標準,尤爲儒家重視。郭店楚簡《忠信之道》言:"至忠如土,至信如時。"孔子曰:"言忠信,行篤敬,雖蠻貊之邦,行矣。"(《論語·衛靈公》)忠君,被視爲儒家政治秩序中的重要組成部分。正如陳來先生指出:"把忠和敬作爲事君的德行。臣應當以忠和敬爲德,君應當以修德和鞏固宗族爲要。敬是敬其職守,敬其業,敬其責。忠是爲國、保國。"①

　　因此君要善待臣子,臣子要敬重君王。古人向來將心與五官四肢比作君臣融合一體的關係。主張心處於身之中,爲君,目、耳、口、肢四者爲輔。簡文曰:

---

① 陳來:《古代思想文化的世界》第九章"德行",北京:生活·讀書·新知三聯書店,2009年,第343頁。

　　心,中。處身之中以君之,目、耳、口、纏(肢)①四者爲相,心是胃(謂)中。

心,《荀子·解蔽》:"心者,形之君也,而神明之主也。"這與《孟子》的君臣觀相近。《孟子·離婁下》:"孟子告齊宣王曰:'君之視臣如手足,則臣視君如腹心;君之視臣如犬馬,則臣視君如國人;君之視臣如土芥,則臣視君如寇讎。'"孟子繼承孔子主張,"君使臣以禮,臣事君以忠",他贊揚西周文、武時代的君臣關係:"武王不泄邇,不忘遠。"(《孟子·離婁下》)。

　　然而,心有美惡、輕重的變態,這就需要養心、正名。心的不正,決定四相狀態,心的活動合於正道,九竅就能按常規工作。②正如《禮記·大學》所言:"欲修其身者,先正其心,欲正其心者,先誠其意","心不在焉,視而不見,聽而不聞,食而不知其味"。簡文曰:

　　心欲見之,目古(故)見(視)之;心欲聒(聞)之,耳古(故)聖(聽)之;心欲道之,口古(故)言之;心欲用之,纏(肢)古(故)與之。心、情毋又(有)所至,百體四叟(相)莫

---

①纏,疑讀肢,從糸,啻聲。《説文》:"啻,之也。從辵,啻聲。"啻,爲端母錫部字,讀作肢。肢章母支部字,支,錫爲陰入對轉;端母爲舌音,章母爲齒音。纏,指人體四肢,故此"四者"指目、耳、口、四肢。
②《管子·心術上》:"心處其道,九竅循理。嗜慾充益,目不見色,耳不聞聲。故曰上離其道,下失其事。"

不嚣泆(沃)①爲君者亓(其)監於此,以君民人▇

簡文之所以强調心居身之中,具有主導性,陳來先生認爲:"心是一切意志自主的根源,在荀子的思想體系之中,在人向聖人的發展過程中,心的作用遠大於性。"②心,是五官的"天君",荀子曰:"耳、目、鼻、口、形,能各有接而不相能也:夫是之謂天官。心居中,虛以治五官:夫是之謂天君。"(《荀子·天論》)心與情的養持程度不能達至,那麽身體和四相没有不迷失的。古時,心與口、耳、目等,常被思想家們討論,引申爲一類議題。如《孟子·告子上》:"口之於味也,有同耆焉;耳之於聲也,有同聽焉;目之於色也,有同美焉。至於心,獨無所同然乎? 言人之心性皆同也。心之所同然者何也? 謂理也,義也。聖人先得我心之所同然耳。故理、義之悦我心,猶芻豢之悦我口。"再如《禮記·樂記》曰:"奸聲亂色,不留聰明;淫樂慝禮,不接心術;惰慢邪辟之氣,不設於身體。使耳、目、鼻、口、心知、百體,皆由順正,以行其義。"

　　思想家們講心與五官四肢,其實是要講君與臣。君首先要正達,然後臣子才能順正。心要養,而君臣關係,需要禮,需要名。春秋時期,"正名分"是政治上的重要訴求。孔子最先提出

━━━━━━━━━━

① 此"嚣泆"二字,從馬字省從田,爲奔逸之逸字。泆,疑沃字繁體,讀作湛(沈),根據文意疑指"放縱沈淪",見黄德寬:《釋新出戰國楚簡中的"湛"字》,《中山大學學報》2018 年第 1 期。

② 陳來:《〈孔子·孟子·荀子〉先秦儒學講稿》第六章"心君論",北京:生活·讀書·新知三聯書店,2017 年,第 244 頁。

正名的主張,《論語·子路》:"名不正,則言不順;言不順,則事不成;事不成,則禮樂不興;禮樂不興,則刑罰不中;刑罰不中,則民無所錯手足。"《釋名·釋言》:"名,明也。名實使事分明也。"《管子·九守》:"修名而督實,按實而定名,名實相生,反相爲情。名實當則治,不當則亂。"孔子以爲,要治國,先正名,做到言順社會才有秩序。《荀子·正名》雖然與孔子有所不同,但最終還是要明確等級制度,"上以明貴賤,下以別同異。"

"君使臣以禮",這個"禮"是春秋社會規範和政治秩序。《國語·魯國下》記載叔孫穆子訪晉國,爲符合使臣身份三不拜,三拜禮樂的故事,叔孫穆子稱"諏、謀、度、詢,必咨於周"。謂大禮"重之以六德,敢不重拜?"來答謝主人,展示了那個時代諸君與使節之間外交禮儀風範,所具有的優雅情操。

在這個秩序中,同時可由"軌"、"物"來體現臣的地位和身份。《左傳·隱公五年》記魯大夫勸阻隱公説:"君,將納民於軌物者也,故講事以度軌量謂之'軌',取材以章物采謂之'物',不軌不物,謂之亂政。"西周的册命典禮、君王賞賜器物,無不表現諸侯大臣的等級和地位。君主的責任以"物"來制定,以"軌"來分辨個人身份和地位,天下秩序也因此穩定有序。雖然"物"會産生誘惑,導致人性變得貪婪,良知喪失。而貪婪的産生,又是心沒有守正所致,正如簡文所言:"死生在天,其亦失在心。"强調"心"要爲"身"的主導,此乃簡文中的一項核心思想。

人既對物質有追求,又要克制自己的慾望,此二者,荀子並不以爲對立無解，關鍵是度，認爲“制禮義以分之，以養人之欲”。《荀子·禮論》主張：“人生而有欲，欲而不得，則不能無求，求而無度量分界，則不能不爭，爭則亂，亂則窮。先王惡其亂也，故制禮義以分之，以養人之欲，給人之求；使欲必不窮乎物，物必不屈於欲，兩者相持而長，是禮之所起也。”物與欲，需要由禮來節制。而孟子強調了養心的重要性，以心制欲，便不失底線，所謂“養心莫善於寡欲。其爲人也寡欲，雖有不存焉者，寡矣。”（《孟子·盡心下》）在這個問題上，簡文與孟子思想有所呼應。

二、心與天兩事焉

人要有所作爲，但如果不知事有竟終，不就是等於有謀而無略、有事而無效嗎？謀，必須知進退尺度、事之短長。簡文曰：

> 人之又（有）爲，而不智（知）其埣（卒），不唯愳（謀）而不尼（度）唐（乎）？女（如）愳（謀）而不尼（度），則亡（無）以智（知）峝▀（端·短）長▀。

簡文的“知短長”，涉及一個先秦重要的思想命題，可聯繫到荀子的“心知道”的觀念，它是心論的一部分。荀子曰：“故心不可以不知道。心不知道，則不可道而可非道。”（《荀子·解蔽》）“道”是“短長”的載體，心要“知”其“短長”。簡文強調人必須通過心的努力，規劃自己的目標，才能改變命運，也就是求。孟子曰：“求則得之，捨則失之；是求有益於得也，求在我者也。求之有道，得之有命，是求無益於得也，求在外者也。”（《孟子·盡心上》）如果説一個人的“盡心”追求理想，是由内而發外，由己而及物。孟子説“求之有道，得之有命”，尋求，需要一定的方法。簡文的“如謀而不度，無以知短長。”在某種程度上與孟子的觀念有異曲同工的效果。

　　與心相對應，明君做事也要有“度”，《孟子·梁惠王上》曰：“權，然後知輕重；度，然後知長短。物皆然，心爲甚。王請度之！”在春秋時期君主勸戒使臣時，“度”與“謀”又被謂爲六種美德之一，含有咨詢、謀略、策劃意思。《國語·魯語下》：“咨事爲謀，咨義爲度。”韋昭注：“咨禮義爲度。”《左傳·襄公四年》：“咨禮爲度，咨事爲諏，咨難爲謀。”

　　度，是衡量人的基本德行和治理國家的一個標準，《左傳·襄公三十一年》：“甚德而度，德不失民，度不失事，民親而事有序。其天所啓也。”“度”的要旨是讓人靜心思考，如《莊子·達生》曰“齊（齋）以静心”，鄭玄注《中庸》云：“慎其家居之所爲。”能够獲得成功，是需要靜心獨處，慎重思考遠慮，謹慎不苟，三思而後行，對自我行爲約束，才能達到洞察事物。這就是《孟子·告子上》所言：“心之官則思，思則得之，不思則不得也。”可見“度”是儒家與道家向來强調養性修身的標準，只有“寧静致遠”才能真正達到孔子説：“居之無倦，行之以忠。”（《論語·顔淵》）這個“忠”字除了對君主的忠心之外，還蕴藏了人的誠實守信,敬業奉獻品格,無論何時不懈怠,盡自己綿薄之力,以忠誠的態度對待周圍事物。正如上博簡《成之聞之》篇所言:"敬慎以守之,其所在者入矣"、"言慎求之於己,而可以至順天常矣。……故君子慎六位,以祀天常"。

然而,有的時候,謀略不足而事成,簡文認爲這是幸運,幸運,乃是天意。心謀與天意,是兩回事。簡文曰:"妄作衡觸,而有成功,名之曰幸。幸,天智(知),事桊(卒),心。必心與天兩事焉。"這裏出現了天的概念,天爲外在運勢,心未必及。但心不是完全被動,這就是下文要討論的天命與身命。

三、天命與身命

古人有天命觀,源於意識到在人類社會之外,存在一種無法抗拒的自然力量。孟子解釋:"莫之爲而爲者,天也;莫之致而至者,命也。"(《孟子·萬章上》)對於一個人來說,"天命"是指其命運以及生、老、病、死,都由天注定,是冥冥之中無法抗拒的一種力量。古人認爲人生下來,有生命,也有天命。簡文將生命稱爲身命,曰:"人又(有)天命,其亦又(有)身命,心畢(厥)爲死,心畢(厥)爲生。"心,對於命來說,既有好的影響,也有壞的影響,既可以令其死,也可以令其生。

身命,指身體生命和本性,以心爲主導,具有人的意志主觀能動性,與神秘的"天命"相對。《尚書·盤庚中》:"恐人倚乃身,迁乃心。予迓續乃命於天。"孟子主張:"盡其心者,知其性也,知其性,則知天矣。存其心,養其性,所以事天也。"(《孟子·盡心上》)盡其心,是指竭盡努力,就能認識自己本性,達到人原有的善心,那便是知"天"。這是孟子學説核心之一。孟子所謂的"盡心",源自《管子·心術上》。① 他認爲無論自然鳥類都不要被代替,盡可能發揮自身的力量和本能。

到了春秋時代,士大夫貴族逐漸開始對祭天有了理性的認識和轉變,與其在形式上尋求神靈保佑,不如在精神上祈求自身内心修養,尤其值得我們關注的是簡文作者最後那段發自内心的忠告勸戒:

> 君公、侯王、庶人、坪(平)民,亓(其)母(毋)蜀(獨)忻(祈)保豖(家)昃(没)身於畏(鬼)與天,亓(其)亦忻(祈)者(諸)[心]【六】與身。

陳來先生指出:"就中國的春秋時代而言。'神靈信仰'的没落和'實踐理性的成長,才更準確地揭示了它的發展線索。"② 從西周"命於天"神的傳統信仰到"祈諸心和身"的觀念轉化,無疑是春秋時代貴族文化意識形態一個思想變革。正如劉子寬指出的:"在天人關係上,孟子一改傳統文化中'人'對於'天'的被動地位,强調'人'可以發揮自身之主觀能動性,從而'知天'、

---

① 《管子·心術上》曰:"毋代馬走,使盡其力;毋代鳥飛,使弊其羽翼;毋先物動,以觀其則。動則失位,静乃自得。"
② 陳來:《古代思想文化的世界》引言,北京:生活·讀書·新知三聯書店,2009年,第15頁。

'事天',將人的地位轉爲主動。這種强調人之主觀能動性的'天人關係'理論在後期荀子的發展下進一步形成了'制天命而用之'的理論。"①而這種理念的轉變,對諸子以及後世文化觀念產生深刻的影響,它的價值是不可估量的。

四、結語

這篇《心是謂中》的撰寫與流傳背景,是紛亂的戰國社會中,在原有宗法政治秩序解體之情勢下,人們產生的憂患意識和對人性的關注。簡文使我們窺見了戰國時期儒家思想中的變化與理智。在思想界,基於政治理想,人們著書立説,聚徒講學,成爲當時社會風尚。清華簡《心是謂中》可能是講學中的一個範本,故被士人視爲教科書誦讀珍藏。從簡文内容來看,主要體現了《孟子》《荀子》的思想,從中也可以看到儒家文化已深入人心。體、心、天這三大概念的運用,體現出思想的哲理高度。而《心是謂中》在楚國貴族中的流傳,則反映出經典文化的傳播與需求性。不難看出,戰國貴族文化中,對於德的重視,注重自身品格,已成爲衡量君臣政治的標準。

作者簡介:沈建華,清華大學出土文獻研究與保護中心副研究員,曾任香港中文大學中國文化研究所副研究員。與饒宗頤

①劉子寬:《孟子對儒家天命觀的發展及意義概論》,《決策與信息旬刊》2015 年第7 期。

合作編著《甲骨文通檢》(5 冊),與曹錦炎合作編著《新編甲骨文字形總表》、《甲骨文校釋總集》(20 卷),出版《初學集:沈建華甲骨學論文選》等。

從清華戰國竹簡《心是謂中》
看戰國黃老思潮關聯性

陳鼓應

引　言

　　就我本人學思歷程而言,青年時期受疑古派影響和西式教育薰陶,加之白色恐怖的時代陰影,因而醞釀些許反傳統心態。之後我轉入研讀尼采,由反叛西方傳統過重的神學色彩,進入存在主義,再而步入老莊的世界。這激發我開始重思中國哲學的創始者,尋求“古史辨”反叛傳統之外的思考方式。近年來,我着力探究中華文明延續性特徵與孔老會通的議題。同時,上世紀七十年代以來,大量出土文獻爲我們提供了重新探索古代文明的新材料,啓發學界反思疑古思潮,走出疑古時代①。一面是省思固有傳統,一面是尋求中國哲學之源,加之時代感、生命感之交融,形成了我學術歷程的主要動因。

<hr>

①李學勤:《走出疑古時代》,載於《中國文化》第 7 期,1992 年,第 1—7 頁。

　　2018 年 11 月,在清華大學出土文獻研究與保護中心十周年紀念研討會上,我有幸初步研讀《清華大學藏戰國竹簡(捌)》①這一輯中《心是謂中》這篇文獻,並作出簡短發言。之後,我感到在眾多出土文獻中,《心是謂中》具有特殊的重要性,一些問題頗值得深入。它與戰國中後期"大一統"形成的時代思潮——黃老思潮——密切相關。具體而言,兩者關係的重要線索,一是皆由"心術"引向"主術",二是在"心"、"中"、"命"等命題上,二者的可參照性。

一、黃老思潮主旨與《心是謂中》的核心議題

　　《心是謂中》整理者沈建華女士認爲這篇竹簡有三個重要的議題——"身心—君臣"比喻、心與天的關係和心智的作用、身命與天命的關係②,我將在此基礎上展開五方面論述:

　　1. 有關道家黃老學派的簡介;

　　2."身心"以"君臣"爲譬喻;

　　3.《心是謂中》將"心"與"中"相關聯,体現了道家和黃老思想中"心"和"中"的關聯性;

　　4.《心是謂中》釋文的"重智"説;

　　5.《心是謂中》的"身命"與"天命"及其所体現出的儒道思

①李學勤主編、清華大學出土文獻研究與保護中心編:《清華大學藏戰國竹簡(捌)》,上海:中西書局,2018 年。
②沈建華:《初讀清華簡〈心是謂中〉》,載《出土文獻》(十三輯),2018 年,第 136—141 頁。

想會通。

　　讓我們先簡要回顧道家黃老學派之主旨。《史記》記載,稷下學宮鼎盛時期,稷下先生七十六人,學士千百人之多:

> 宣王喜文學遊説之士,自如鄒衍、淳于髡、田駢、接予、慎到、環淵之徒七十六人,皆賜列第,爲上大夫,不治而議論。是以齊稷下學士復盛,且數百千人。(《史記·田敬仲完世家》)

司馬談《論六家要指》概述了黃老思想的主要主張:

> 道家使人精神專一,動合無形,贍足萬物。其爲術也,因陰陽之大順,采儒墨之善,撮名法之要,與時遷移,應物變化,立俗施事,無所不宜,指約而易操,事少而功多。……道家無爲,又曰無不爲,其實易行,其辭難知。其術以虛無爲本,以因循爲用。無成勢,無常形,故能究萬物之情。不爲物先,不爲物後,故能爲萬物主。有法無法,因時爲業;有度無度,因物與合。故曰"聖人不朽,時變是守。虛者道之常也,因者君之綱"也。群臣並至,使各自明也。……凡人所生者神也,所托者,形也。神大用則竭,形大勢則散,形神離則死。……神者,生之本也;形者,生之具也。不定其神[形],而曰"我有以治天下",何由哉?

同時,當代學人蒙文通先生在《古學甄微》中認爲:

> 百家盛於戰國,但後來卻是黃老獨盛,壓倒百家。①
> 北方(齊)的道家,可能很早已產生。只是著書是後來的事。《莊子》書中的南郭子綦,可能是北方最早的道家。②

黃老思潮的主要特點:一、由"心術"引論"主術",將"心——形(身)"關係與"君——臣"關係類比,心、形,或君、臣二者有不同職分;二、戰國中後期,百官共治之態勢,黃老提出君臣分工治國原則,將老子"無爲而無不爲"轉化爲"君上無爲而臣下有爲"③。同時,戰國中後期,"心"的議題由隱含性走向顯明性,"心"在《論語》6見,《老子》10見,《孟子》120見,《莊子》187見,這是戰國中後期思潮的一條重要線索。黃老興盛和"心"的議題凸顯,是《心是謂中》及與之最緊密關聯的齊文化中黃老學著作——《管子》四篇(《內業》《心術上》《心術下》《白心》)的思想背景。

二、身心以君臣爲譬喻

首先,《心是謂中》的第一段以"身心"譬喻君臣關係,這與

---

① 蒙文通:《古學甄微·略論黃老學》,成都:巴蜀書社,1987年,第267頁。
② 蒙文通:《古學甄微·略論黃老學》,成都:巴蜀書社,1987年,第284頁。
③ 陳鼓應:《管子四篇詮釋——稷下道家代表作解析》,北京:商務印書館,2006年,第133頁。

《管子·心術上》第一章中的内容相吻合,這在先秦諸子文獻中是罕有的。《心是謂中》第一段説:

> 心,中,凥(處)身之中以君之,目、耳、口、纏(肢)四者爲叟(相),心是胃(謂)中。……心,情毋有所至,百體四相,莫不嗒湊①。爲君者其監於此,以君民人。

《管子·心術上》第一章則言:

> 心之在體,君之位也;九竅之有職,官之分也。……毋代馬走,使盡其力;毋代鳥飛,使弊其羽翼。

在具體指涉感官内容時,二者有所不同:《心是謂中》所舉的是耳、目、口和四肢,《管子》則統稱爲"九竅"。二者都是由心術引論"主術",心象徵君,耳目等感官象徵臣,前者統帥後者,象徵着君臣分職。

三、"心"、"中"兩概念連成一命題

《心是謂中》説心處於人體之中樞、核心,又將"心"、"中",兩個概念連成一個語句或命題,這種現象也多次見於《管子》四

---

① "嗒湊",整理者解釋爲沉淪之義,參見李學勤主編、清華大學出土文獻研究與保護中心編:《清華大學藏戰國竹簡(捌)》,上海:中西書局,2018年,第149頁。

篇,在《管子》四篇的論述中,"中"則更偏重於心的内在性和修養上的以静治心,不爲外物擾亂之義:

> (1)治心在於中,治言出於口,治事加於人,然則天下治矣。(《内業・六》)
>
> (2)我心治,官乃治。我心安,官乃安。治之者心也,安之者心也;心以藏心,心之中又有心焉。(《内業・九》)
>
> (3)形不正,德不來;中不静,心不治。正形攝德,天仁地義,則淫然而自至。神明之極,照乎知萬物,中守不忒。不以物亂官,不以官亂心,是謂中得。(《内業・七》)
>
> (4)正心在中,萬物得度。(《内業・八》)
>
> (5)心全於中,形全於外,……謂之聖人。(《内業・十》)

内在的心治理得當,那麽正確的言語、政令則從口而出,進而引導正確的行爲加諸他人,天下得到治理。(君主)自身内心有序、安定合宜,那麽身體其他感官自然安寧,心是身體安定的核心,甚至在心之中還隱藏着一個更根本的心。自身端正,才能培養德;内在寧静,才能調治心。端正己身則能收攝(保養)德性;效法天仁地義,則精氣會綿綿不絶地來到。心的神妙功用在於使人昭明而察知萬物,内心持守虚静。感官不被外物擾亂,心不被感官擾亂,這樣就是内心悟道了。内在使心端正,就能爲萬物劃定法度。聖人是内心、外形皆能保全之人。

"中"是先秦思想史重要概念,儒、道論"中"互有異同。《論語·堯曰》"允執其中"指的是誠摯地持守公正的中道;《老子》第五章"多言數窮,不如守中",中則指向内心,"守中"就是持守内在修養,要盡量減少繁蕪的言語,來修養内心。《莊子》繼承之,並更深刻地將"中"與心性論相聯,舉數例析之:

    (1)乘物以遊心,託不得已以養中。(《人間世》)
    (2)中心物愷(和樂),兼愛無私。(《天道》)
    (3)備物以將(養)形,藏不虞(慮)以生心,敬中以達彼。(《庚桑楚》)

《人間世》"養中"即保養心性;《天道》篇則説保持内心和樂以達兼愛天下萬物無私的境界。《庚桑楚》説,内心具備萬物(的道理、規則),來保養自己的形體;退藏於不思慮之地,使心保持鮮活;内在敬慎,外在通達①。可以説,就"心"與"中"合起來作爲一個命題,指示人内在心智、修養的角度而言,《心是謂中》與《莊子》、《管子》的心性論一脈,更爲接近。

四、《心是謂中》的重智修養與黄老的重智説

《心是謂中》與黄老共通的主張還在於"重智"説。《心是謂中》言:

---

① 參見[清]王先謙:《莊子集解》,北京:中華書局,1987年,第201頁。

人之又(有)爲,而不智(知)亓(其)卒(卒),不唯愄(謀)而不尼(度)虖(乎)? 女(如)愄(謀)而不尼(度),則亡(無)以智(知)崇▄長▄(短長,短長)弗智(知),忘(妄)复(作)臭(衡)①觸,而又(有)成攻(功),名之曰幸。

人不僅要主動有爲,還需要在有爲的積極態度之上,去通盤了解事物的"竟終",要對眼前的事情具備謀略,對長遠之事還要有先機規劃("度"),否則無法知曉短期和長期事態,如果妄然而動,放縱自任,即使能成功,也是僥倖得之。這是《心是謂中》前文所點出的心對其他官能統帥作用的延伸,亦即,心最核心的作用就是"謀""度",而使人不妄爲、不放縱,保證行動成效。這與《管子》四篇所代表的黄老學"重智"説也有相契合之處:

(1)意以先言,言然後形,形然後思,思然後知。(《心術下·六》)

(2)氣道乃生,生乃思,思乃知,知乃止矣。(《内業·五》)

(3)一物能化謂之神,一事能變謂之智。(《内業·六》)

(4)思之思之,又重思之,……思索生知。(《内業·十三》)

①"臭(衡)",整理者解釋爲"放縱自任"。參見李學勤主編、清華大學出土文獻研究與保護中心編:《清華大學藏戰國竹簡(捌)》,上海:中西書局,2018年,第151頁。

心的意念是言語的先導，言語需要外在傳達，傳達後形成思考，思考就産生智慧。《内業》是從氣本源來談論心智思慮的，心乃從氣而生，而産生了思考、思慮的功能，進而能不斷窮盡對事物的了解。《内業》還極爲重視心的思索、智識作用，持續不斷地深入思索，才能够産生智慧。因而其特重心的專一之功，專一於事物的轉化，就是心的神妙作用；專一於事物的改變，這就是智慧。《心術上》也説“潔其宫，開其門”①，潔净自己的心舍，敞開心門與外物交接。還有提倡君子要“恬愉無爲，去知與故”，保持心境的恬淡、愉悦，洗滌心靈的成見和過度憂慮；達到“其處也，若無知；其應物也，若偶之”(《心術上》)，獨處時猶如淳樸無知，應對事物猶如與物偶遇而無刻意造作，怡然輕盈。

總體而言，《心是謂中》從做事成效的角度點名心的認知、權衡、度量作用的重要性；《管子》四篇則從心與言行的關係、心知的氣化之源、心知(智)産生的過程等角度來論述之，二者同重智，但論證各有特色。

五、《心是謂中》的“命”論及儒、道會通之引申

《心是謂中》最後一段主要探討命與非命、祭祀和鬼神的議題，説道：

---

①《心術上》主張的“開其門”與《老子》五十二章“閉其門”不同，是一種對老子思想的轉化。

斷命才（在）天，虫（痼）疾才（在）畏（鬼），取命才（在）
人█（人。人）又（有）天命，亓（其）亦又（有）身命。心臤
（厭）爲死，心臤（厭）爲生。死生才（在）天，亓（其）亦遬
（失）才（在）心。

君公、侯王、庶人、坪（平）民，亓（其）母（毋）蜀（獨）忻
（祈）保豪（家），叟（没）身於畏（鬼）與天，亓（其）亦忻
（祈）者（諸）□與身。

人的命運是由天、鬼神（鬼神作祟導致疾病）及自身力量綜合決
定的①。"天命"和"身命"的二分是很值得注意的，天可以理解
爲人力所不及的領域，廣義上來説"鬼神"也屬於"天"的範疇。
而關於鬼神，《內業》開篇便提到：

凡物之精，此則爲生。下生五穀，上爲列星。流於天地
之間，謂之鬼神。藏於胸中，謂之聖人。

這是用氣化流行的宇宙論解釋"鬼神"的來源。萬物本質皆爲

---

①張岱年《中國哲學史大綱·命與非命》説："孔子所謂命，是何意謂？大致説來，可
以説命乃指人力所无可奈何者，我們作一件事，這件事情之成功或失敗，即此事的
最后結果如何，並非作此事之個人之力量所能決定，但也不是以外任何個人或任
何其它一件事情所能決定，而乃是環境之一切因素之積聚的總和力量所使
然。……這個最后的決定者，无以名之，名之曰命。……命在消極方面，可以説是
自然對於人爲的限制。……但命還有積極的方面，即一事的成功也是命。即命可
以作爲一種鼓勵。總而言之，可以説命是環境對於人爲的裁斷。"北京：中國社會
科學出版社，1994年，第399—400頁。

氣,但氣的不同形態就表現爲事物不同形式、狀態:在上爲運轉排列之星辰,在地为五穀等作物。精純的氣派生爲人的生命;聖人就是能把精氣含藏在心中之人;而當氣流行在天地之間,就是"鬼神"。先秦古籍中,"鬼神"的意涵,一謂陰陽變化,二指天地精神、自然界的神妙作用。《易傳・系辭傳》提到"精氣爲物,遊魂爲變,是故知鬼神之情狀"。我認爲,《心是謂中》的"鬼神"觀明顯源於《内業》的"鬼神"説。

《心是謂中》作出"身命"與"天命"之分,是之前很少見到的提法,拓展了對戰國時期"命論"的認識。"身命"的概念,可以理解爲一種對每個個人、個體作爲命運主體的强調①。心作爲身體、生命的一部分,會生也會死,亦即心的功能不一定總是保持着②。當心的功能隱没、喪失、無法發揮時,人的命運就不能依靠自己的力量主宰,而完全被天所把控着。而當心的功用彰明、顯發,天命就會迷失、被遮蓋,人便能夠依憑自己的力量創造命運軌跡。

這是在天人彼此交勝的視域下,談人之命運主動有爲的可能性,這種有爲乃是基於心的功用。也正因此,《心是謂中》勸誡人們不要沉淪於祭天與鬼神之中,而要祈求自己的身和心。

---

① "身"字,《説文解字》説:"身,躬也。象人之形。"也就是指人的軀幹。
② 《孟子》和《莊子》也注意到人心這種變幻無常、不穩定的一面。如《孟子・公孫丑上》説:"梏之反覆,則其夜氣不足以存;夜氣不足以存,則其違禽獸不遠矣。……故苟得其養,無物不長;苟失其養,無物不消。孔子曰:'操則存,舍則亡;出入無時,莫知其鄉。'惟心之謂與?"《莊子・齊物論》:"其寐也魂交,其覺也形開,與接爲構,日以心鬬。縵者,窖者,密者。小恐惴惴,大恐縵縵。"

且提出不論出身貴賤,王侯或平民,都不能沉溺於鬼神和宿命論,而要依靠自身的力量,散發着"身命"平等的思想光彩。

在此,我還想由這種"命"論引申到"命"所體現的儒道思想會通①。以下是《論語》、《老子》、《莊子》論"命"章節舉隅:

《論語》

(1)孔子曰:"君子有三畏:畏天命,畏大人,畏聖人之言。"(《季氏》)

(2)子曰:"吾十有五而志於學,三十而立,四十而不惑,五十而知天命,六十而耳順,七十而從心所欲,不逾矩。"(《爲政》)

(3)哀公問:"弟子孰爲好學?"孔子對曰:"有顏回者好學,不遷怒,不貳過。不幸短命死矣!今也則亡,未聞好學者也。"(《雍也》)

(4)伯牛有疾,子問之,自牖執其手,曰:"亡之,命矣夫!斯人也而有斯疾也!斯人也而有斯疾也!"(《雍也》)

(5)子罕言利,與命,與仁。(《子罕》)

(6)子夏曰:"商聞之矣:死生有命,富貴在天。"(《顏淵》)

(7)子曰:"道之將行也與? 命也。道之將廢也與? 命

---

① 張岱年《中國哲學史大綱·命與非命》說:"道家講命,比儒家更甚。儒家雖講命,而仍不廢人事,實以盡人事爲基本;道家則不談人事,專言天命。道家所謂命,也是人力所不能及,人力所不可奈何的意思。"北京:中國社會科學出版社,1994 年,第401 頁。

也。公伯寮其如命何！"(《憲問》)

(8)不知命，無以爲君子也。(《堯曰》)

《老子》：

致虛極，守靜篤。萬物並作，吾以觀復。夫物芸芸，各復歸其根。歸根曰靜，是謂復命。復命曰常，知常曰明。不知常，妄作凶。(第十六章)

《莊子》：

(1)仲尼曰："天下有大戒二：其一，命也；其一，義也。子之愛親，命也，不可解於心；臣之事君，義也，無適而非君也，無所逃於天地之間。是之謂大戒。是以夫事其親者，不擇地而安之，孝之至也；夫事其君者，不擇事而安之，忠之盛也；自事其心者，哀樂不易施乎前，知其不可奈何而安之若命，德之至也。(《人間世》)

(2)受命於地，唯松柏獨也在，冬夏青青；受命於天，唯舜獨也正，幸能正生，以正眾生。(《德充符》)

(3)知不可奈何而安之若命，惟有德者能之。遊於羿之彀中，中央者，中地也，然而不中者，命也。(《德充符》)

(4)死生，命也，其有夜旦之常，天也。人之有所不得與，皆物之情也。(《大宗師》)

(5)吾思夫使我至此極者而弗得也。父母豈欲吾貧哉？天無私覆，地無私載，天地豈私貧我哉？求其爲之者而

不得也。然而至此極者,命也夫!(《大宗師》)

《老子》談命,有本性意味,其"復命"說是指萬物歸復到道所賦予萬物的本性。而《論語》、《莊子》内七篇談命,都有濃厚的限制或是消極意味。如《論語》中,孔子比較注重人的切實生活和人倫關係中的德性、爲政能力之培育,比較罕少專門探討宇宙天道本源及人之極限的"天命"。但隨着其年歲閱歷增益,他對天命有了一番自身的了悟,如説君子的基本素養就是要敬畏天命,及敬畏天賦予人的使命及限制;他在面對顏回、伯牛兩位愛徒英年早逝時,悲戚痛心地惋惜天命不予其時。另一方面,他也有一種天縱英才的自信,面對困厄時,這種自信給了他從容不迫的泰然。到了《莊子》,則主要凸顯出"命"對人限制的一面:萬物之命運都由天所授予,而人最大的命就是親子之情,它與生俱來,無所逃遁,這是人之爲人的本質,卻也是最大的束縛邊界。在這種根本限制中,人往往處於極度無奈、悲涼、空虛、無所把控的境地,最終又要使自心接受,安然處之。

《心是謂中》的"天命"與"身命",在天人二分的基礎上,更注重人自身力量對命運的積極影響,有儒道會通的思想傾向,這種思想傾向與《管子》四篇最爲切近:

人能正静者,筋肕而骨强。能戴大圓者體乎大方,鏡大清者視乎大明。正静不失,日新其德,昭知天下,通於四極。(《心術下·五》)

這是説，人能心正意静，則筋骨柔韌强健，便能頂天立地，覽月視日。心正意静而無過失，不斷完善其德，能洞察天下，乃至整個宇宙。① 這凸顯了心經過正、静修養由内向外焕發出的剛健有爲、鮮活通達、洞明世事的人格魅力和主體能動性，與《心是謂中》對人心、"身命"作用的肯定，是一致的。

結語、《心是謂中》與其時代思潮氣質

以上我們分析了《心是謂中》與黄老思潮尤其是《管子》四篇在思想傾向上的契合，及其儒道會通的傾向。同時，我也注意到，《心是謂中》短小精悍，並没有提及"道""氣"這些對於黄老而言根源性的概念②——道氣無形，但有序地成就萬物、塑造人和人心，如《内業》説：

> 不見其形，不聞其聲，而序其成，謂之道。(《内業·三》)

> 凡道，必周必密，必寬必舒，必堅必固。……全心在中，……知於形容，見於膚色，善氣迎人，親於弟兄。……心氣之形，明於日月，察於父母。(《内業·十二》)

①陳鼓應:《管子四篇詮釋——稷下道家代表作解析》，北京:商務印書館，2006 年，第 179—180 頁。
②或也不能排除闕文的原因。

道必然是周密、寬舒、堅固的。完善的心存於胸中是無法遮蓋的,必然表現在容貌膚色上。脈氣暢美,與人交接便如兄弟親切。心氣表現乎外,如日月昭明,好像父母對於子女般了然。當道落實到人間和具體的個體,道的精藴,便全要心去體悟、涵養、了解。老、莊都比較强調心知的認識、思慮功能的局限性,黃老則由正面肯定之。但黃老也並不是特重狹隘的"知",而是要德、知並進,不僅要思索、思慮,還要静敬、正定,並且是通過禮樂教化來落實這種修養:"節樂莫若禮,守禮莫若敬,守敬莫若静。内静外敬,能反其性,性將大定。"(《内業》)詩可以節制憤怒,樂可以去除煩擾,禮可以調節喜樂,行爲謹敬可以持守禮儀,内心静定可使行爲端正,則復歸平正本性。這與《心是謂中》更重心的認知、揆度,來保證積極有爲的合宜性,也稍有不同。

作者簡介:陳鼓應,1935 年生,福建長汀人。北京大學哲學系道家研究中心主任,臺灣大學榮休教授。主要研究方向爲道家哲學。

清華簡《心是謂中》"心君"章
與戰國黄老思想

内容提要　清華簡第八輯中的《心是謂中》一文被學者認爲是儒家文獻,究其所依據,簡文所論述的"心君"和"心中"等概念非儒家獨有,乃是戰國諸子所討論的公共資源,故學派歸屬仍可進一步討論。在論及心與四相、百體,天與心等關係時,簡文提出了"心静"、"因"和"無爲"等思想,這些觀念與《管子》四篇中的《内業》、《心術》以及《老子》第十六章内容關係十分密切,思想内涵也極爲相似。總體來看,《心是謂中》並非如整理者所言爲儒家相關文獻,而是屬於戰國道家,尤其是齊地黄老道家思想相關之文獻。這對推進戰國黄老思想研究以及戰國諸子之間關係討論具有重要意義。

　　清華大學藏戰國楚簡第八輯中有《心是謂中》一文,其文雖簡,而内涵頗豐,故爲學者所關注,整理者沈建華先生有《初讀清華簡〈心是謂中〉》一文,同時陳偉先生和賈連翔先生分別對簡文第一部分"心君"章和"身命"相關問題有所討論。① 之後曹峰教授《清華簡〈心是謂中〉的心論與命論》一文認爲《心是謂中》包含"心論"和"命論"兩大主題,對之後的《荀子》和戰國時期的法家和黃老思想都有影響。② 陳民鎮先生《清華簡〈心是謂中〉首章心論的内涵與性質》一文從"心"的角度對《心是謂中》和孟荀以及郭店簡《五行》做了比較研究,③開拓了研究視域。以上文章對《心是謂中》一文做了很好的注解,對簡文性質加以判斷等,給予後學很大的啓發。筆者不才,亦有一些想法與學者討論,供方家指正批評。

一、《心是謂中》"心君"章内容疏解

整理者將該文分爲三部分,第一部分從"心,中"一直到"爲君者亓(其)監於此,以君民人",此部分内容強調"心"主宰"四相"和"百體",比喻君臣關係等。第二部分是從"人之有爲"到"心焉爲之",講"心與天的關係,指出内在心智的作用,強調知

---

①沈建華:《初讀清華簡〈心是謂中〉》和賈連翔:《〈心是謂中〉的"身命"及相關問題研究》,見紀念清華簡入藏暨清華大學出土文獻研究與保護中心成立十周年國際學術研討會《會議論文集》(以下簡稱《論文集》)。《〈心是謂中〉"心君"章初步研讀》(陳文)爲該會議之發言,見簡帛網 http://www. bsm. org. cn/show_article. php? id=3251,2018 年 12 月 9 日。

②曹峰:《清華簡〈心是謂中〉的心論與命論》,載《中國哲學史》2019 年第 3 期。

③陳民鎮:《清華簡〈心是謂中〉首章心論的内涵與性質》,載《中國哲學史》2019 年第 3 期。

性,强調知長與知短。雖然天命在上,但人慮也很重要"。第三部分從"斷命在天"到最後"其亦祈諸[心]與身",接着講"身命"與"天命"的關係,依然强調心的能動作用。① 這樣的劃分是合理的,但對於三部分内容之間的關係,整理者並没有給出更多的解釋。筆者認爲三者基本上是總分的關係,第一部分是總述,開篇即點明"心,中"的論點,之後逐步展開解釋,而第二部分和第三部分可視爲第一部分"心,中"的進一步發揮,即"心"之作用的體現,包括"心"與"天"、"身命"(心)與"天命"之關係等。而本文主要以《心是謂中》第一部分内容,即"心君"章②展開討論。

　　首先來看"心君"章内容釋文:

　　　　心,中。處身之中以君之,目、耳、口、縺(肢)四者爲叜(相),心是胃(謂)中。心所爲娩(美)亞(惡),退(復)何若倞(諒);心所出少(小)大,因名若蟲(響)。心欲見之,目古(故)見(視)之;心欲龡(聞)之,耳古(故)聖(聽)之;心欲道之,口古(故)言之;心欲用之,縺(肢)古(故)與之。心情,毋又(有)所至,百體四叜(相)莫不醻凌,爲君者亓(其)監於此,以君民人=。③

　　　　───────────

　　① 沈建華:《初讀清華簡〈心是謂中〉》,《論文集》,第294頁。
　　② 陳偉先生稱之爲"心君"章。見《〈心是謂中〉"心君"章初步研讀》。
　　③ 筆者根據整理者釋文和句讀,有所修改,見李學勤主編:《清華大學藏戰國竹簡(捌)》,上海:中西書局,2018年,第149頁。

對該部分内容之篇章結構進行梳理,以便於我們理解該段文字。此段内容是總述全篇,是全文之提綱,而其内容也可以按照"總分總"的結構加以分析。其中"心,中"句不僅是全篇之總論,也是該章之總論。其後則是對"心"何以謂之"中"的解釋,即首先説明心爲君,而目、耳、口、肢爲四相;其次,進一步説明,四相如影一般回應、遵循心;再次進一步解釋四相如何如影一般回應"心",即"心"之所欲,"四相"必從之。最後從現實政治角度進行總結和昇華,這和全文最後一段内容談及君公、侯王等相似,是理論與現實之結合。理清該章内容的層次關係,再來對其中有歧義的字句進行分析,其困難也就迎刃而解了。可見,本文十分注重書寫形式,不僅講究對仗,而且多處押韻,如相、倞、響押韻,這對我們理解該文有不少幫助。

通過學者解讀,本章内容最不易理解有二:其一,"復何若倞"、"因名若響"兩句;其二,"心静"一詞。對此,試做分析如下:

首先,"復何若倞""因名若響"。整理者認爲:"復,又也。若,以也。倞,讀爲'諒',謂誠信。……蟲讀爲'響'。"①整理者在"復何若倞"後以問號斷,顯然是把"復何"作疑問詞理解,這與後文"因名"不能相對,是有待商榷的。陳偉先生指出"倞"當讀作"景(影)",與整理者讀作"響"的"蟲"相應,並引《淮南子·主術訓》的例證:"天下從之,如響之應聲,景之像形。"②陳

①李學勤主編:《清華大學藏戰國竹簡(捌)》,第150頁。
②陳偉:《〈心是謂中〉"心君"章初步研讀》,見簡帛網。

偉先生的這個觀點是正確的,《管子·心術》亦言:"其應物也若偶之,言時適也,若影之象形,響之應聲也,故物至則應。"正可與此相應。"復"即是"應",皆回應、應答之義,如《史記·司馬相如傳》:"是以王辭而不復,何爲無用應哉!""復"與"應"相對,司馬貞《索隱》引郭璞注曰:"復,答也。"①即是此例。陳民鎮先生亦認同此説,他認爲"復"當指回復,"若"指好像,他將其翻譯爲"心對美惡的判斷,反應如影子一樣迅捷;心命名事物,也如迴響一樣即時"。② 但如果這樣理解是否正確呢?

根據簡文内容來看,恐怕並非如此。筆者認爲這句話是對上一句"心君"和"四相"之間關係的進一步説明,即耳、目、口、肢等如何作爲心之"相",所以"影""響"的主語是耳、目、口、肢等"四相",而不是心。其理解之關鍵在於"復""何""因""名"四個字,試分析之。首先,復:回復。何:問辭也。③《廣雅·釋詁二》:"何,問也。"《文選·宋玉〈高唐賦〉》"何節奄忽"李善

①[漢]司馬遷:《史記》,北京:中華書局,1982年,第3015—3016頁。

②陳民鎮:《清華簡(捌)讀劄》,清華出土文獻研究與保護中心網站,http://www.ctwx. tsinghua. edu. cn/publish/cetrp/6831/2018/20181117172306966584873/201811171723 06966584873_. html. 2018年12月9日。之後其觀點有所修改,"心所產生的有關美惡、大小的判斷,百體四相皆即時回應"。見《清華簡〈心是謂中〉首章心論的内涵與性質》,《中國哲學史》2019年第3期。

③陳民鎮先生認爲:"何"可訓"問",《廣雅·釋詁二》:"何,問也。"賈誼《過秦論》"陳利兵而誰何",《史記》集解引如淳語:"何,猶問也。"《漢書·衛綰傳》"不執何縮",顏師古注:"何,即問也。"何"亦可讀作"訶(呵)",指責問,如《韓非子·内儲説下》:"王出而訶之曰:'誰溺於是?'"總之,"復何"指答覆君主之問。見簡帛網。陳民鎮先生在簡帛網上的意見與之前不同,其亦認可"復"與"因"的主語爲"四相",而不是"心"。

注："何，問辭也。"①另外，《老子》"相去若阿"，阿與呵同，即是
呵斥、辭令。所以簡文意指心之發問辭，而四相回復之。其次，
因：因循，順應。名：號令。《國語・周語下》："言以信名。"韋昭
注："名，號令也。"②或通"命"，命令。俞樾《群經平議・周書》：
"朕則名汝。"俞樾按："名，猶命也。"③《尚書・吕刑》："乃名三
后。"《墨子・尚賢中》："乃名三后。"孫詒讓《墨子閒詁》："名，
命通。畢云：孔書名作命。"④《左傳・桓公二年》："君之名子
也。"洪亮吉《春秋左傳詁》："按：《史記》'名'作'命'，名與命古
字通。"⑤《廣雅・釋詁三》："命，名也。"王念孫《疏證》："名，
命古同聲同義。"⑥《周易・系辭上》："是其受命也如響。"語義
與此相似。所以此處是心之命令、號令，而四相因順之。整句
話可翻譯爲：心作出好的或者不好的事情，四相回復心之辭令
如影一般；心作出小的大的事情，四相因循心之命令如聲響
一般。

　　其次，關於"心静"。整理者認爲"情"字如字讀，訓爲"人之
欲"，⑦但如此，這句則頗爲難讀，且"情"與"心"是什麼關係也
很難辨析。賈連翔先生"心"和"情"之間不當斷，六字連讀，認

---

①蕭統輯、李善注：《文選》（宋尤袤刻本），北京：國家圖書館出版社，2017年，第112頁。
②徐元誥：《國語集解》，北京：中華書局，2002年，第109頁。
③［清］俞樾：《群經平議》，見《春在堂全書》，南京：鳳凰出版社，2010年，第119頁。
④［清］孫詒讓：《墨子閒詁》，北京：中華書局，2001年，第62頁。
⑤［清］洪亮吉：《春秋左傳詁》，北京：中華書局，1987年，第213頁。
⑥［清］王念孫：《廣雅疏證》，上海：上海古籍出版社，2017年，第543頁。
⑦李學勤主編：《清華大學藏戰國竹簡》（捌），第150頁。

爲“心情”即感情。① 陳偉先生也贊成連讀，但他認爲“情”應讀
爲“静”，即“心静無有所至，與上文列舉心的各種欲望對應，是
指心静無欲的情形”，而他認爲“百體、四相莫不”之後的兩個難
字，也應從這個角度考察。② 陳民鎮先生認爲，“情”當讀作
“静”，“心静”後斷。該句説的是心止息之後的狀態，如此才能
理解“毋有所至”，正與上句心對各器官的控制相對。主語仍是
“心”，而與“情”無關。清華簡《管仲》云“心不静則手躁”，又云
“心無圖則目耳豫”，“心無圖”即此“心静”“毋有所至”。③ 此説
可從。“情”與“静”二者皆是因“青”得聲，而且二者詞義可相
通，如：《廣雅·釋詁》：“情，静也。”王念孫《疏證》：“情者，《白
虎通義》云：‘情者，陰之化也。情者，静也。’‘静’與‘情’古同
聲而通用。”④且典籍中二者通假的例子並不少見。如《大戴禮
記》：“飾貌者不情。”王引之《經義述聞·大戴禮下》按：“情、静
古字通。”其在《經義述聞·禮記中》言：“《大戴·文王官人
篇》：飾貌者不情。《逸周書·官人篇》情作静。《逸周書》：情忠
而寬。《大戴禮》情作静。”⑤可見在古代情和静可以互通。

　　綜上，試翻譯“心君”章，即：心就是中。心居於身體之中並
身體各器官之主宰，目、耳、口、肢等四者爲心之輔助，心（因此）

---

①賈連翔：《〈心是謂中〉的“身命”及相關問題研究》，《論文集》，第 153 頁。
②陳偉：《〈心是謂中〉“心君”章初步研讀》，見簡帛網。
③陳民鎮：《清華簡〈心是謂中〉首章心論的內涵與性質》，《中國哲學史》2019 年第
　3 期。
④［清］王念孫：《廣雅疏證》，第 660 頁。
⑤［清］王引之：《經義述聞》，上海：上海古籍出版社，2017 年，第 741，892 頁。

是中。心作出好的或者不好的事情,四相回復心之辭令如影一般;心作出小的大的事情,四相因順心之命令如聲響一般。心想要看見,目就去看;心想要聽到,耳就去聽;心想要説出,口就去言;心想要發用,肢體就去舉起。心静,没有所動,則百體四相没有不暫時停息的。擔任君主的人借鑑"心"之功用,用來統治人民。

二、《心是謂中》是否爲儒家相關文獻?

沈建華先生認爲《心是謂中》内容與《孟子》和《荀子》多有相近之處,她指出:"雖然在形式上與《孟子》《荀子》文本有所不同,但對主要思想如盡心、知性、知天、存心、養性、修身等,均有不同程度的呼應,反映了戰國時期孟子、荀子學説對楚國貴族的影響。"①陳民鎮先生從"心"的角度對《心是謂中》和孟荀以及郭店簡《五行》做了比較研究,認爲其"總體而言更接近儒家的旨趣"。② 誠然,如《孟子·離婁下》:"君之視臣如手足,則臣視君如腹心;君之視臣如犬馬,則臣視君如國人;君之視臣如土芥,則臣視君如寇讎。"③而《荀子·天論》言:"心居中虚,以治五官,夫是之謂天君。"《解蔽》更是直言:"心者,形之君也,而神明

---

① 沈建華:《初讀清華簡〈心是謂中〉》,《論文集》,第 294 頁。
② 陳民鎮:《清華簡〈心是謂中〉首章心論的内涵與性質》,《中國哲學史》2019 年第 3 期。
③〔南宋〕朱熹:《四書章句集注》,北京:中華書局,2012 年,第 295 頁。

之主也。""心不使焉,則白黑在前而目不見,雷鼓在側而耳不
聞。"①可以説與此篇"心君"章内容相似度很高,那麽是否就可
以由此斷定其與儒家相關,甚至是與荀子相關之作品呢? 筆者
認爲此尚有待商榷之處。

首先,簡文提到的是君民關係,並非君臣關係,所以《孟子》
的内容與此文並不一致,總體來説,《孟子》此處强調的是君臣
之間相互的、甚至是一定程度上對等的關係,而簡文則是强調
"心"主宰的作用,是偏指一方的,所以二者重心並不相同。

其次,"心爲君"的觀點並非儒家所獨有,而是戰國中後期
及之後諸子百家的公共知識,如《管子·心術上》:"心之在體,
君之位也。"②《素問·靈蘭秘典論》:"心者,君主之官也,神明
出焉。"③《晏子春秋·内篇》:"寡人之有五子,猶心之有四支,
心有四支故心得佚焉。今寡人有五子,故寡人得佚焉,豈不可
哉? 晏子對曰:'嬰聞之與君言異,若乃心之有四支,而心得佚
焉,可得令四支無心十有八日,不亦久乎? 公於是罷畋而
歸。'"④此處雖未明言"心爲君",但是景公和晏子都認可用
"心"和"四肢"的關係來比喻"君"和"臣",那麽顯然是"心爲
君"之義了。再者,郭店簡《五行》中亦有相近文字:"耳、目、鼻、

①[清]王先謙:《荀子集解》,北京:中華書局,1988 年,第 309 頁,397 頁,387 頁。
②[清]黎翔鳳:《管子校注》,北京:中華書局,2004 年,第 759 頁。
③見張雲昌、孟蓬生等譯:《白話黄帝内經》,石家莊:河北人民出版社,1995 年,第
　47 頁。
④吳則虞編著,吳受琚、俞震校補:《晏子春秋集釋》,北京:國家圖書館出版社,2011
　年,第 66 頁。

口、足,心之所役也。心曰唯,莫敢不唯;心曰諾,莫敢不諾;心曰進,莫敢不進;心曰退,莫敢不退;心曰深,莫敢不深;心曰淺,莫敢不淺。"①無不體現"心"居中爲君的特點。

需要注意的是《尸子·貴言》有一段與之亦十分相似,"目之所美,心以爲不義,弗敢視也;口之所甘,心以爲不義,弗敢食也;耳之所樂,心以爲不義,弗敢聽也;身之所安,心以爲不義,弗敢服也。然則令於天下而行禁焉,而止者心也,故曰:'心者,身之君也。'天子以天下受令於心,心不當則天下禍;諸侯以國受令於心,心不當則國亡;匹夫以身受令於心,心不當則身爲戮矣。"②《尸子》這段内容與簡文"心君"章極爲相似,也提出"心"是身之君,且清楚地説明,"心"對目、口、耳、身的主宰性,同時也突出了"心"在政治中具有"止"的作用。《尸子》一般被認爲是雜家或者法家作品,顯然與儒家不同,故而劉向在《荀子叙録》中言:"(尸子)非先王之法,不循孔氏之術。"③

再有,漢董仲舒《春秋繁露·爲人者天》:"君者,民之心也;民者,君之體也。心之所好,體必安之;君之所好,民必從之。"④《漢書·武帝紀》:"蓋君者,心也,民猶支體,支體傷則心憯怛。"⑤《春秋繁露》和《漢書》皆將君民之關係比喻成"心"與"四肢"的關係,但其更强調要重視"四肢"對"心"的影響,這與强調

①荊門市博物館:《郭店楚墓竹簡》,北京:中華書局,1998年,第151頁。
②李守奎、李軼:《尸子》,哈爾濱:黑龍江人民出版社,2003年,第11頁。
③見[清]王先謙:《荀子集解》,第558—559頁。
④[清]蘇輿:《春秋繁露義證》,北京:中華書局,2015年,第312頁。
⑤[東漢]班固:《漢書》,北京:中華書局,1962年,第174頁。

"四肢"對"心"之服從的主題稍有不同。

　　總之,雖然《心是謂中》談到了"心""天""命"等概念,但是與"盡心""知性""養性""修身"等還有較大的距離。且"心爲君"的思想應該是戰國諸子及之後人們所共有的思想資源,並不是儒家所獨有,因此僅憑藉"心爲君"説來判定其儒家屬性,恐尚不能使人信服。

三、《心是謂中》的黄老道家思想因素

　　上文已言,據整理者認爲《心是謂中》乃是儒家相關文獻,並不足以使人信服。整體來看,該文應該是與道家相關的文獻,尤其與以《管子·心術》①和《内業》等爲代表的齊地黄老道家學派之文獻有所關聯②。除文本相似之外,其理由有四,其一,"因循"思想;其二,否定"有爲",肯定"無爲"思想;其三,"虚静無爲"思想;其四,現實政治之關照。具體論證如下:

　　從文本來看,主要集中在"心"與"中"、"四相"之關係的論述上,這一點上文已談及《尸子》與《心是謂中》的相似性,兹不贅述。除此之外,《管子·内業》亦有相似論述,如"治心在於

---

①《管子·心術》分爲上、下兩篇,此處爲行文方便,合言《心術》,如無特殊注明,則皆指《心術上》和《心術下》。

②學者認爲《管子》四篇,即《白心》、《内業》、《心術上》和《心術下》屬於稷下學宫黄老道家的思想,如蒙文通先生《略論黄老學》一文指出:"我們説這幾篇(《管子》四篇)是黄老派的學説就可以了。"(見蒙文通:《先秦諸子與理學》,桂林:廣西師範大學出版社,2006年,第214頁。)另外,陳鼓應先生亦將其作爲稷下道家代表作品。(見陳鼓應:《管子四篇詮釋》,北京:商務印書館,2006年。)

中"，"中不静，心不治"，"定心在中"和"全心在中"。① 在心與其他器官之關係來看，上文已言，《管子》也認爲"心爲君"，其他器官爲"官"，"心之在體，君之位也。九竅之有職，官之分也。""心"對其他器官具有主宰性，即所謂"我心治，官乃治。我心安，官乃安。治之者心也，安之者心也"（《内業》）。但《管子》相關思想卻比《心是謂中》更加豐富，其也關注到了其他器官對心之影響，即："淫聲諂耳，淫觀諂目，耳目之所好諂心，心之所好傷民，民傷而身不危者，未之嘗聞也。"（《五輔》）因此，《内業》篇特別强調要"不以物亂官，不以官亂心"，如此才能够"耳目不淫，心無他圖。正心在中，萬物得度"。另外，《内業》明確將耳、目與四肢並舉，"定心在中，耳目聰明，四枝堅固，可以爲精舍。""四枝"即是"四肢"，與簡文相似。但上文已言，"心""中"個觀念爲當時諸子所共有之觀念，所以並不能將其視爲可靠之依據。那麼從思想内涵而言，仍可以判斷簡文與齊地黄老思想之關聯。

其一，簡文在論述"心"與"四相"之關係時提出了"因循論"思想，即"心所爲美惡，復何若影；心所出小大，因名若響"。據筆者理解，此處包含兩層含義：其一，心對四相具有發問和命令之作用；其二，四相對心要回復與因順。這裏提到了"因"即是黄老思想中十分重要的"因循論"，"復何若影"即是指"四相"回復"心"如同影子一般，但這個"回復"並没有主觀的喜好

---

① [清]黎翔鳳：《管子校注》，第 937 頁，937 頁，938 頁，943 頁。

或厭惡等，只是影子一般遵從客觀；"因名若響"是指"四相"因循"心"的命令如同聲響一般，這個"因循"只是完全依據"心"之決策，而無私心，無論"復"和"因"都是"應"，這個"應"關鍵不在於快慢，而是是否客觀無私。

　　"因循論"乃黄老道家思想之特徵。《吕氏春秋》載田駢説齊王："變化應求而皆有章，因性任物而莫不宜當。"①另《吕氏春秋》有《貴因》一篇，慎到亦有《因循》之文。除此，《管子·心術》也多次出現"因"，如："不宜，言應也。應也者，非吾所設，故能無宜也。不顧（頗），言因也。因也者，非吾所顧，故無顧也。""無爲之道，因也，因也者，無益無損也。以其形，因爲之名，此因之術也。""是故有道之君子，其處也，若無知；其應物也，若偶之，靜因之道也。"等。對此，陳鼓應先生認爲："因即是虚，意指排除個人主觀的好惡與偏見，以無私之心順應外在事物之實情而行事。"②司馬談在總結黄老道家思想之特點時亦言："其術以虚無爲本，以因循爲用；……有法無法，因時爲業；有度無度，因物與合。……虚者道之常也，因者君之綱。"③同樣多處提到了道家對"因"的重視。"'靜因之道'既是應物之原則，同時更涵括黄老重要的認識方法。所謂'靜'，指擯除個人主觀之臆斷，亦即避免先入爲主的預設立場；'因'則是因循順應，因順事物本來之情狀。"④而簡文"四相"對"心"的"復"即可以理解爲《管

①許維遹：《吕氏春秋集釋》，北京：中華書局，2009年，第470頁。
②陳鼓應：《管子四篇詮釋》，北京：商務印書館，2006年，第161頁。
③［漢］司馬遷：《史記》，第3289頁。
④陳鼓應：《管子四篇詮釋》，第163頁。

子·心術》中的"應","回復"、"回應"之義,而"因"之義同。那麼若如此理解,簡文"心"與"四相"之關係則體現的是黃老"因循論"。"四相"對"心"之"復"、"因"本身就具有"無爲"之思想,其不含有私欲偏見,只以一種客觀的態度來回復、因順。雖然簡文並未明言,亦甚簡約,但可依據《管子·心術》知其大概,或許《心術》內容是繼承簡文之思想而發展之。

其二,除了"復"、"因"體現了"因循"思想之外,簡文還有對"有爲"思想之否定,即對"無爲"之肯定。來看簡文第二部分内容:

> 人之有爲,而不知其卒。不惟謀而不度乎? 如謀而不度,則無以知短長。短長弗知,妄作衡觸,而有成功,名之曰幸。幸,天;知事之卒,心。①

這一段内容用字相對簡單,學者爭議並不多,但筆者認爲這段内容對判斷文本性質具有十分重要的作用。根據目前之認識試翻譯爲:人有所作爲,但是不知道事之終止。這不就是謀而不度嗎? 如果謀而不度,就無以知事物之短長(法度),不知道事物之短長(法度),就會妄自行動,横衝直撞,而(如果)這樣還能成功的話,稱之爲"幸"。"幸"源自"天";(能够)知道事物的終止,是"心"(的功能)。這段内容是説人如果不能做到謀且度,

---

① 筆者根據整理者釋文和句讀,有所修改,見李學勤主編:《清華大學藏戰國竹簡(捌)》,第149頁。

則不能够知"短長"(法度),由此就會妄作,這樣即便成功也是僥倖,也就是説正常情況下很難成功。這樣的理解看似文從字順,但實際上是不准確的,其中最爲關鍵之處在於首句"人之有爲,而不知其卒",需明晰此二者是什麽關係。按照一般理解,此處"而"表示轉折,即:"人有所作爲,但是不知道事之終止。"那麽,此處是對有所作爲之肯定,人們所關注的重心應在於知道有所"止",要求人們要有所作爲,同時要懂得"止",這樣的"止"則近似目標之義。但這樣的解釋,對"有爲"、"知止"與"心静"、"妄作"等之間的關係如何卻並不明確。

對此,筆者認爲"而"可表示順承關係,可結合《老子》第十六章内容可以對這段内容有新的解讀。

> 致虚極,守静篤。萬物並作,吾以觀復。夫物芸芸,各復歸其根。歸根曰静,静曰復命。復命曰常,知常曰明。不知常,妄作凶。(《老子》第十六章)

陳鼓應先生譯作:"萬物紛紛芸芸,各自返回到它的本根。返回本根叫做静,静叫做回歸本原。回歸本原是永恒的規律,認識永恒的規律叫做明。不認識永恒的規律,輕舉妄動就會出亂子。"[1]由此可以看出,《老子》認爲人要知道、認識"常",否則的話就會"妄作",也就産生"凶",這正好對應了簡文人要"知其卒",然後才能"知短長",否則就會"妄作",也就很難成功。簡

---

①陳鼓應:《老子注譯及評介》,北京:中華書局,2009年,第126頁。

單來說,簡文意指"不知卒"則會"妄作",而《老子》言"不知常"則"妄作凶"。那麼"知常"與"知其卒"就對應起來了,那麼什麼是"知常"呢?老子說是"常"就是"復命",那麼什麼是"復命"呢?老子說"靜",什麼是"靜"?老子說"歸根"。所以最終可以將認識"歸根"也就是"知常","歸根"即終止之義,那麼也就是簡文所謂"知其卒"。那麼這個理解是否正確呢?

　　簡文整理者認爲"卒"即是終竟之義,並引《國語·晉語一》"非謀不卒時"之韋注:"卒,盡也。"①實際上,"卒"就是終止之義,《詩·豳風·七月》:"無衣無褐,何以卒歲?"鄭玄箋:"卒,終也。"②《禮記·奔喪》:"三日無哭,卒,主人出送賓。"鄭玄注:"卒,猶止也。"③所以"卒"就是終止,終止引申爲最終的結果、歸宿,也就是如《老子》所言"歸根",其含義是一致的。

　　那麼,《老子》言"歸根曰靜"是在"致虛極,守靜篤"的條件下進行的,是作爲旁觀者"觀其復",是一種"無爲"的狀態。簡文則言"人之有爲,而不知其卒",按原有之理解,"而"是表示轉折,即"有所作爲卻不知道終止"。若按照《老子》思想來理解,"而"表示順承關係,如此"人之有爲"則是假設之條件,即如果人有所作爲,其結果就會不能夠認識到"其之終止、根本"等。這裏恰恰是對"有爲"之否定,因爲"有爲"即是"動",而《老子》主虛靜,簡文亦言"心靜毋有所至",其思想内涵是一致的,皆是

①李學勤主編:《清華大學藏戰國竹簡》(捌),第151頁。
②李學勤主編:《毛詩正義》,十三經注疏本,北京:北京大學出版社,1999年,第491頁。
③李學勤主編:《禮記正義》,十三經注疏本,北京:北京大學出版社,1999年,第1531頁。

主張"無爲"。

其三,更爲重要的是簡文中"心静"的思想,雖然《荀子·解蔽》有"虛壹而静"的説法,其言:"故心未嘗不動也;然而有所謂静;不以夢劇亂知謂之静。"可見,荀子是在承認"動"的基礎上言心"静",而簡文則更强調"静"。同時,荀子只言心"静",並未涉及耳目等,簡文則是言"四相"在"心静"的狀態下的行爲。這一點和《内業》相似,即:"能正能静,然後能定。定心在中,耳目聰明,四枝堅固,可以爲精舍。"静才能定,定才能使心爲中,才能"治心",如此也才能使的耳目聰明,四肢堅固,這也解釋了簡文强調"心静"的原因,可以説二者是很好的補充。相比較儒家思想,顯然受道家"無爲"思想影響更大,如《心術上》言:"天之道虛,地之道静,虛則不屈,静則不變,不變則無過,故曰不伐。潔其宫,闕其門,宫者,謂心也。心也者,智之舍也。故曰宫,潔之者,去好過也。門者,謂耳目也,耳目者,所以聞見也。"這裏不僅提及"心"與"耳目"之關係,同時還强調天地之道"虛静"的特點,而這一特點是影響了"心"以及"耳目"的。所以其言:"心術者,無爲而制竅者也。"何謂"無爲"?"毋代馬走,使盡其力,毋代鳥飛,使獒其羽翼。毋先物動,以觀其則。動則失位,静乃自得。"這也就對應了簡文"心静毋有所至",所謂"至",即是一種"動",所以要"毋至",這就含有了道家思想因素。

其四,《心是謂中》體現的政治關懷。簡文"心君章"最後一句:"爲君者鑑於此,以君民人。"整理者認爲:"爲君者憂民之

心,應以此爲鑑,統治其人民。"①那麼是否如此呢? 從"心"、
"四相"與"君"、"人"對應關係來看,無疑,簡文是在强調"心"
的地位與作用,對應的是强調君在治理國家中的地位作用,而並
没有憂民之色彩,所以簡文説"爲君者鑑於此,以君民人",是强
調作爲君主,統治人民的方式以及其地位的彰顯。那麼,爲君者
所鑑的内容是什麼呢? 筆者認爲就是鑑心之"静",爲人君者要
像"心"那樣保持"静",不妄爲,也就是道家之"無爲",如此才
能像"心"統御"四相"那樣統御人民,治理天下。張學智先生在
論述道家在戰國時期的發展時也提到:"老子道家在戰國發展
出二個大的系統:一是莊子,一是黄老。……黄老並稱,指將老
子的理論用於治理國家,也用於修養身心,治國治身,同一法
則。"②《心是謂中》中談"心"與"四相"之關係時,最終還是要落
到現實政治中去,注重人君要效仿"心静"的原則治理國家,這
一點無疑是符合黄老思想脈絡的。

四、《心是謂中》與戰國黄老思想研究之反思

在對先秦諸子文獻研究時,尤其是出土文獻的研究,往往會
先依據其内容進行學派劃分。以《心是謂中》爲例,依據"心"與
"五官"、君與民以及"身命"與"天命"之關係等很容易與孟子、
荀子等我們所熟知的内容聯繫起來,進而對其作出學派之判斷。

①李學勤主編:《清華大學藏戰國竹簡(捌)》,第148頁。
②張學智:《道家在先秦的發展軌跡》,《北京大學學報》2018年第6期。

但若單純從"心"、"中"、"命"等觀念來看,並不能輕易對其進行學派之劃分,因爲這些觀念在戰國中晚期是全社會所有知識份子都共同關心的重要話題,可謂是公共資源,而非某學派所獨有。① 那麽,要區分這些學派的依據則不在於提到了哪些觀念,而是在於如何去詮釋這些觀念,即詮釋路徑。如《心是謂中》一文在强調"心"對"四相"、"百體"主宰作用的同時,也提出"心靜"的重要思想,同時提出人君要效仿"心"之"靜"來統治人民。這正體現其詮釋路徑,也足見其學術特徵。再者,簡文突出了"無爲"的重要性,人一旦"有爲",就無法"知其卒",如《老子》如不"歸根"、"知常",其結果便是"妄作",不能成功。從這個角度而言,清華簡《心是謂中》一文並不能簡單歸結到儒家,而似乎與戰國時期道家學派,尤其是《管子》四篇等齊地黃老道家關係更緊密。

郭沫若曾將道家分爲三派,即宋鈃、尹文派,田駢、慎到派,環淵、老聃派,而黃老則是"培植於齊,發育於齊,而昌盛於齊的"。② 蒙文通《略論黃老學》將黃老之學分爲南北兩派,其言:"'虚無爲本'的思想是南北道之所同,故同稱道家,而'因循爲用'則是北方道家所獨有之精義。"③丁原明指出黃老在戰國時

---

① 對此離析派系的研究方法,學者已有反思,如李鋭先生通過對"九流""十家""百家"的知識考古,對出土文獻的學派判定方式進行總結與反思。(見李鋭:《對出土簡帛古書學派判定的思索》,載《人文雜誌》2012 年第 6 期。)

② 郭沫若:《稷下黃老學派的批判》,載《十批判書》,北京:東方出版社,1996 年,第142—143 頁。

③ 蒙文通:《先秦諸子與理學》,桂林:廣西師範大學出版社,2006 年,第 192 頁。

期分爲兩派，即："黃老之學作爲從老莊道家分化出來的新的道家支派，它在戰國有兩個形成中心，即一是楚國，一是齊國。前者以長沙馬王堆漢墓出土的《黃老帛書》、莊子後學中的黃老派、《鶡冠子》等爲代表，後者則以稷下先生田駢、慎到等爲前奏，並形成以《管子》《心術》《内業》《白心》等爲代表的北方黃老道家體系。"①從思想來看，《心是謂中》注重"四相"對"心"的因循，其應當是北方黃老道家之思想，而且其與《管子》四篇内容相關，似乎可斷定爲齊地黃老道家。但從地域上而言，清華簡爲楚簡，似乎應當爲楚地黃老之學，其中因由還需更多證據來説明，但也可見，蒙文通先生言"因循爲用的思想則是北方黃老道家所獨有"之觀點則稍顯武斷。

　　陳鼓應先生認爲黃老之學"昌盛於齊，爲稷下道家所宣導並在稷下學宫百家争鳴中取得主導地位"，並且"流傳於全國各地，儒家的孟、荀和法家的申、韓，都受到黃老道家的重大影響"。② 但李學勤先生認爲："漢初風行一時的黃老之學，過去的學者多以爲源於齊學，有人認爲與齊稷下一些學者有關。現在由馬王堆帛書的發現，知道齊的道家並非這一派的主流，黃老道家的淵源實在楚地。"③那麼，依據陳鼓應先生，可以理解楚簡中見到齊地道家思想乃是從齊地傳播過去，而根據李學勤先生則是齊地黃老思想乃是源自楚地。無論怎樣，由此也足見思想流

①丁原明：《從原始道家到黃老之學的邏輯發展》，《山東大學學報》1996 年第 3 期。
②陳鼓應：《黃帝四經今注今譯：馬王堆漢墓出土帛書》，北京：商務印書館，2007 年，第 10 頁。
③李學勤：《簡帛佚籍與學術史》，南昌：江西人民出版社，2001 年，第 15 頁。

動之廣泛,所以不可斷言"因循"思想即是北方黃老所獨有。

其實,按照地域和時間很容易對一派或者幾派學術進行劃分、定位,因爲無論地域還是時間都是相對客觀的,且爲天然存在的一種身份標識。但依據其思想内涵進行區分,則稍顯困難。首先,思想具有一定的流動性,並非一層不變;其次,思想的界限相對模糊,不如地域那樣明晰,所以很難斷定屬於或者不屬於某一流派。以清華簡爲代表的戰國中晚期思想更是如此,黃老之學内部不可輕易以某一觀念來劃分流派,而戰國諸子思想亦是如此。如果將先秦思想整體比喻爲一棵大樹,那麼儒、墨、道、法幾家中思想界限相對清晰,①正如樹上的主要枝幹,各自之間相對分明可見。而其他諸子則如樹上之細枝和樹葉,在各自所依附的主枝幹的基礎上,又相互交錯、疊加,則稍顯復雜難分了。所以要想明晰其所屬流派,則必須將其所依附的主枝幹找到,即其根本的思想特徵,而不是一兩個相近的觀念。

現在我們對戰國諸子稱爲"某家"以及對其學派之認識多是源自司馬談《論六家要指》,在此之前,無論是《莊子·天下篇》,還是《荀子·非十二子》皆是"以子代家",而與今天所理解的作爲學派的"家"不同。② 尤其是自班固《漢書·藝文志》根據學派進行圖書分類時,"家"與"子"才開始被固定在一起,並

---

①江瑔言:"大抵所謂某家之學者,皆綜其學術之宗旨言之。必其宗旨純一,可以貫徹初終,成一家言者,而後舉其綱以括其目。然竊援名以核實,惟名、法、墨、農、陰陽五家爲名正而言順(按墨爲學術之名,與名法諸字同,非墨子之姓,詳見下),餘皆於理有未安。"見氏著:《讀子卮言》,卷一,第二十頁,清華大學藏排印本。
②見李鋭:《"六家"、"九流十家"與"百家"》,《中國哲學史》2005年第3期。

一直影響了之後對先秦諸子的認識。這種分類方式十分清晰地對先秦學術進行了概括與梳理，但同時也存在一些問題，即如宋鈃、慎到等人或《呂氏春秋》等書的學派歸屬問題。① 另外，如此區分則難免使得"思想——人——學派"的聯繫變成了一對一的關係，簡單而單一。但是，思想即使有學派之區分，也不應輕易去找對應關係，應顧及多種可能性的存在，即一對多，多對多的可能性，因爲"一個人的思想不是簡單的，而是多方面的，常使人捉摸不定，困難就在於此"②，即一個人的思想不是單一的，應注重其複雜性，"某一思想家或流派可能會同時出現若干個思想傾向"③。同樣，同一思想也可能爲多個思想家或流派所共有，即公共資源，如《心是謂中》中的"心"、"命"與"中"等。這種情況下，更應該溯本追源去釐清其背後真正的思想特徵，及其詮釋路徑，如本文所談到的"静"、"因"等具有明顯流派屬性的思想。在出土文獻研究中，這是需要謹慎之處，不可不明辨之。

　　（在寫作過程中，本文曾於 2018 年 11 月 28 日在中國人民大學梁濤老師出土文獻讀書班上討論，得到梁濤老師以及讀書班的同學指導和幫助，對本文提出很多中肯的建

---

① 如錢穆先生《國學概論》"先秦諸子"一章中有所討論，見氏著《國學概論》，北京：商務印書館，1997 年，第 29—63 頁。蒙文通先生《周秦學術流派試探》一文亦有涉及。見氏著：《先秦諸子與理學》，桂林：廣西師範大學出版社，2006 年，第 179 頁。
② 蒙文通：《周秦學術流派試探》，《先秦諸子與理學》，桂林：廣西師範大學出版社，2006 年，第 179 頁。
③ 李鋭：《"六家"、"九流十家"與"百家"》，《中國哲學史》2005 年第 3 期。

議。另,本文曾在 2019 年 4 月華北電力大學召開的"先秦諸子的争鳴與共識"學術研討會上宣讀,得到了陳鼓應先生、曹峰教授以及丁四新教授等諸位老師的指點,在此一並表示感謝。)

作者簡介:曲禎朋,1992 年生,山東聊城人,清華大學人文學院歷史系 2018 級博士研究生。主要從事出土文獻與先秦思想文化史研究。立足傳世經典,結合出土文獻,對諸子思想進行比較研究,關注諸子之間的聯繫與溝通。